国家社科基金
后期资助项目

法人本质学说研究

Research on Juristical Person Essence Theory

仲崇玉 著

中国人民大学出版社
·北京·

国家社科基金后期资助项目
出版说明

　　后期资助项目是国家社科基金设立的一类重要项目，旨在鼓励广大社科研究者潜心治学，支持基础研究多出优秀成果。它是经过严格评审，从接近完成的科研成果中遴选立项的。为扩大后期资助项目的影响，更好地推动学术发展，促进成果转化，全国哲学社会科学工作办公室按照"统一设计、统一标识、统一版式、形成系列"的总体要求，组织出版国家社科基金后期资助项目成果。

全国哲学社会科学工作办公室

我们为什么要重视法人制度（代序言）

社会组织为什么能够具有法律人格并成为法律上的"人"？社会组织如何成为法律上的人？法人的本质是什么？法人是不是哲学意义上的实体？法人组织如何在现实的法律生活中行使权利并承担相应的义务及责任？应当说，这些问题的提出并不是凌虚蹈空的学术游戏。正如本书绪论部分所指出的，它们不仅关系到法人的概念界定与类型划分、法人设立的实体要件和审批程序、法人的登记和公示、法人消灭的认定和效力、法人的权利能力、行为能力、责任能力、法人是否具有人格权等私法问题，以及法人内部关系的规制、法人治理结构的规范化等组织法问题，而且涉及社会组织与国家的关系、法人组织的宪法地位、法人的刑事责任等公法问题。因此，法人本质问题理应是法人制度研究中的根本性问题。

自从罗马法时代，法学家们就对上述问题进行了初步探讨。到19世纪中叶以后，伴随着现代国家的发展和成熟，法人本质问题更是成了热点问题，并最终在世纪末发展为一场席卷大陆与英美两大法系的学术大论战——法人本质之争。因此，要深入探讨法人本质问题，对于法人论争的解读和梳理就是无法绕过的第一道坎儿。也同样因此，我国任何一本民法教科书都会郑重其事地介绍一番法人本质之争，也有不少专题论文尝试分析这场论争的来龙去脉及启示意义。然而，由于传统法人理论不仅立基于源远流长的民法学原理，而且牵涉到复杂的公法学、法理学、哲学、政治学、历史学以及社会学等专门知识，我国真正揭示其实质的研究极为少见，不仅教科书都是浮光掠影，大多数论文也属于浅尝辄止，所以对于传统法人理论的探讨实质上仍是一片学术空白。

仲崇玉教授的这本专著作为传统法人理论的专门学说史，不但给我们提供了非常有说服力的答案，而且以高超的学术水准有力地填补了这片空白。崇玉教授是我指导的硕士和博士生，这本著作是其博士论文的重写版。他本科毕业于北京师范大学哲学系政治教育专业，毕业后又多年教授马克思主义哲学原理和西方哲学史，在哲学和政治学方面具有较高的理论修养，这使得他在处理本研究的哲学和政治学问题方面得心应手，并能将两方面的知识与法学理论融会贯通，使本书达到了很高的学术水平。粗粗读来，至少有以下几点给我留下深刻印象，值得与大家分享。

一、研究目标高远深邃，使命担当意识突出

作者在绪论第三节"本书的宗旨"部分开门见山地提出："笔者的最终目标是经由传统法人理论、超越传统理论，摒弃'原装进口'、'进口组装'或'来料加工'式的学术移植，构建'自主知识产权'的法人理论。"应该说这是一个立意极为高远的研究目标。

翻开任何一本民法教科书或论文，会发现学界研究传统法人理论的动机几乎都是从中寻找我国法人制度的指导思想。在作者博士论文答辩过程中，多数老师也是在这个问题上刨根问底、穷追不舍，似乎不从中寻找出或者拼装出某种指导思想就白研究了一样。而在后来的论文投稿和本书的国家社科基金后期资助项目评审中，也有评审专家认为本书对我国的"启示"太少，有的甚至直言不讳地指出"整个研究完全丧失了价值"。说到底，这是一种"学术殖民地"心态，在他们看来，较之于西方制度，我国制度只是不成熟、不定型的半成品，只有在宗主国理论的指导和哺育下，才能走向成熟。在当前的学术环境中，这种心态很容易转化为重移植、轻反思，重实用、轻基础的走捷径思维和急功近利心态，其最终后果就是作者在后记中所指出的洞察力和创造力的丧失。而且这种心态显然并不仅仅体现在法人理论上，而是弥散于法学各个学科，故而最近几年学界也开始意识到其严重性，从而明确提出要建构中国自主法学知识体系。①

在这一背景下，我们更能深切地体会到作者研究目标的立意高远和难能可贵。学界今天才提出的奋斗目标，作者早已默默地身体力行了很多年！而且可以想见，在长期的拿来主义研究氛围中，作者会经受多少冷遇和坎坷！"古来圣贤皆寂寞"，做真学问是寂寞的，甚至常常是孤独的，作者在十几年的孤寂时光中坚持了下来，实属不易。

其实，作者并非不了解这样做的风险和困难。正如本书后记所坦言，作者一开始并没有重构法人理论的雄心壮志，而是与学界通行的做法一样，希望从中寻找出某种指导学说，并且很清楚这样做"既能免去从事基

---

① 参见张文显：《论建构中国自主法学知识体系》，《法学家》2023年第2期；王利明：《试论中国民法学自主知识体系的构建》，《重庆邮电大学学报（社会科学版）》2023年第2期；许中缘：《中国民法学自主性知识体系构建的方法论》，《政法论丛》2023年第3期。

础理论研究的辛劳，又能多快好省地出成果"。然而在研究过程中，随着对于传统法人理论局限性的深入体察和把握，作者毅然推翻了自己原定的目标，采取了批判的立场和反思的精神，而不是简单的拿来主义。这实际上给自己布置了一个更高、更难的研究任务，因为拿来可以蹲在低处，但批判必须站到高处。而这又恰恰说明了作者热爱学术、忠于学术的优良品质。

二、学术视野宏大开阔，融通开合特色显著

本书虽然研究的是民法问题，但并不局限于传统民法学的研究视野，而是拓展到了政治学、哲学以及历史学的广阔视野之中。

首先，本书总体上采取了政治学的视角，甚至可以说，政治分析构成了本书的底色。一方面，本书第二章到第五章从学者的政治立场及其政治社会背景对其法人学说的内涵、意蕴和优劣进行了深入分析。其中，对于本身就饱含政治意蕴的学说如萨维尼的国家拟制说、耶林的社团否认说以及基尔克的合作团体理论和有机体说，本书自然会全面展示其政治意涵。即使是代理说、机关说、法人分类以及法人登记等比较技术化的学说或制度，本书也力图呈现出其深层的政治动因，体现出了作者深刻的政治学洞察力。例如，第二章第一节关于萨维尼法人分类的政治背景分析，不仅视野宽广，而且深入细致。萨维尼将法人分为"自然法人"和"意定法人"两大类，并利用私法的原理和逻辑指出前者是历史上形成的法人，其法律人格是自然形成的，无须国家授予；而后者则是民事主体人为设立的法人，其法律人格必须来自国家的拟制。对此，作者从政治学视野出发，将这一分类置放于德国当时的近代集权国家转型这一大背景下加以剖析，认为前者实际上是指封建特权团体，而后者则是新兴的自由结社团体，并最后指出萨维尼的政治态度是半封建和半绝对国家的混合主义。这就完全突破了萨维尼精心设计的私法话语和逻辑窠臼，深入地揭露了其背后的政治立场。

另一方面，本书第六章第二节政治社会背景部分指出，法人论争是现代全能国家不断挤压和消解社会中间组织以及社会组织自身不断新陈代谢走向现代化这一社会结构变迁的学术反映：萨维尼既支持绝对国家对于新兴团体的遏制，又维护旧式封建团体的特权和地位，故而既认为法人人格源于国家拟制，又主张法人是超越于其成员的独立实体；耶林则将绝对主义观念贯彻到底，彻底否认法人的实体性和主体性，主张国家应当全面管控甚至完全吞并所有新旧社会团体；而基尔克则致力于构建国家与社会团体之间的平等合作关系，因而认为法人不仅具有独立本体，还有伦理人

格，其法律人格只是伦理人格在法律上的体现，不是国家的赐予。这些分析像三棱镜折射光谱一样全景式地呈现出了各学说政治立场的谱系和嬗变，让人一览无遗。

当然，有必要说明的是，作者自己也在第六章第二节末尾指出，政治学视野并不是将民法学转变为政治学，揭示传统法人学说的政治意蕴也不是否认其中的民法原理，而是使民法学经过政治学及其他学科的洗礼和淬炼，成为成熟的、开放的、深邃的、真正的民法学，而不是幼稚的、封闭的、肤浅的、虚幻的"私法学"。

其次，本书还贯彻了哲学反思的视野和立场。和政治学视野一样，哲学视野不仅体现于本书第二章到第五章对于各学说的哲学分析，更体现于第六章第四节对于法人论争文化背景的深入考掘。如作者指出，只有将萨维尼学说放置在德国古典哲学的背景中进行解读，才能理解其实质。萨维尼认为法人的本质乃是一种观念上的整体，看上去似乎否定了法人的实体性。但作者高屋建瓴地指出，在德国古典哲学的语境中，"观念整体"概念仅意味着"观念上的"、"精神上的"或者"抽象的"实体，而非"不存在的"实体，恰恰相反，精神实体或抽象理念往往比可见的物质实体更"实在"。最后作者指出："萨维尼不仅开启了将观念整体实体化之门，也潜在地开辟了通往客观化、先验化之途，故而也可以视为法人实在说的先驱。"应该说，这是一种很深刻的见解，它从底层逻辑层面揭示出了萨维尼拟制说与耶林法人否认说的真正区别以及与基尔克有机体说的相通之处。

本书第六章第四节专门分析了主体哲学在法人论争中的意义和文化预设作用。该节从主体哲学的基本观念入手，运用知识考古学的方法揭示了康德、萨维尼等人将主体哲学引入法学研究的历程，使法人人格研究一步步进入了主体哲学所预设的意义之网。在这一分析过程中，作者深刻地指出，萨维尼对于康德哲学的运用只是出于政治上的实用主义目的，将其当作掩盖政治前见的话语体系，而不是检验、反思其政治前见的理性标准，从而揭示出了主体哲学的政治话语功能，将法人论争的文化背景与政治背景有机融合起来。接下来，作者从宏观视角分析了耶林、黑格尔以及基尔克的法人理论在主体哲学之网中的挣扎、调适乃至"创造性"运用，并指出这些学说难以克服的深层矛盾以及主体哲学对法学研究的扭曲作用。然后，作者以狄骥和凯尔森为例分析了法人论争中法学界对于主体哲学的猛烈批判，并指出这些批判的局限性，从而揭示了整个法人论争的总体局限性、现代性以及西方性。作者以深厚的哲学修养指出了现代社会当中大写之人的死亡和主体哲学的死亡及其对于民法学主体理论研究的意义，为下一步独立研究法人本质问题清理了哲学障碍，指明了方向。总之，这部分论述既能穿林打叶、洞烛幽微，又能高屋建瓴、一览无余。读来让人不由得想起王国维先生所说的治学境界——"昨夜西风凋碧树。独上高楼，望尽天涯路"，因为作者的确已经"望尽"传统法人理论以及主体哲学的"天涯路"。

最后，本书在总体上还呈现出一种宏大又不失深刻的历史感。本书创造性地采取了"点线面"有机结合的逻辑框架来展示诸法人学说的主要内涵、流变脉络以及整体图景。在第二章到第五章，作者以各学说的创始人（萨维尼、耶林、基尔克等）的法人理论为重点，利用原始文献解读其内涵、意义以及深层意蕴，此所谓"点"。之后，作者从分析创始人学术影响的视角以点带线地缕述各学说的流变和发展，以学说史的视野和方法描画出法人本质学说发展的脉络以及法人论争的大体面貌，此所谓"线"。本书第六章运用福柯的知识考古学和谱系学，从法人论争的产生和消亡的法学知识背景、政治社会背景、法律制度背景和文化背景四个方面全面深入地呈现出这场论争的深层结构和完整图景，既展现了这场论战的意义，也揭示出了它的局限性，读来让人顿生"一览众山小"的感觉，此所谓"面"。这种"点线面"相结合的内在架构，本身就是一种历史学的视野和方法。如果说"点"和"线"主要表现为学说史层面，那么第六章则上升到学说史背后的知识史、政治史、法律制度史以及文化史层面。

总之，以上多学科视野完全冲破了学者们精心设计的私法话语和逻辑窠臼，深入地揭露了其背后的政治和哲学立场。如果没有开阔的研究视野，就不可能超越学者们刻意营造的话语体系，当然就更谈不上揭示出他们刻意隐藏的前见或其自身也未能觉察的潜意识。学术研究要像雄鹰一样，只有飞得高才能够看得远。

三、文献解读深入彻底，结论观点醍醐灌顶

对于学说史著作来说，深入解读文献是最基本的要求，然而也是最重要的品格。对于文献解读的深入性，作者有着自己的理解。他在绪论中说："本书将力求深入地呈现学者观点。所谓深入是指，本书试图不仅能够回答'学者原来说了些什么'和'学者所说的真正意义是什么'，甚至还要能够回答'学者所说的可能蕴含着什么'。"的确如此，文献解读的第一层面就是要准确而且全面地回答"学者原来说了些什么"，这是文义解释工作。第二层面则是要揭示学者的真正目的和意义是什么，这是哲学诠释学意义上的解释工作。这项工作不仅要实现视阈融合，还要揭示作者的

前见，因此需要诠释者调动更多的、甚至是比被诠释者还多的知识资源和实践经验。第三层面则是要揭示出学者自己也未曾意识到或者虽然意识到但却有意加以压制的意涵，这是创造性工作，属于冯友兰先生所说的"接着讲"。就民法学界来看，能够同时做到以上三个层面的研究并不多见，然而作者在这三个层面上都有着出色表现。

在第一层面上，关于本书文义解释的准确性，我没有阅读原著，不便多言。但可以肯定的是，作者的解读很全面。如从本书萨维尼部分的引注范围来看，作者全面解读了《当代罗马法体系》第2卷法人部分及自然人部分总论，并广泛引证了萨维尼的其他著作。耶林部分则不仅引用了《罗马法的精神》第三卷，更是全面分析了《法律中的目的》第一卷中的相关内容。基尔克部分更是不仅全面解读了《人类团体的本质》，还引用了《合作团体理论与德国司法制度》，并梳理了四卷本的《德国合作团体法》。而从结论观点上来看，本书令人信服地指出萨维尼的拟制说实质上是国家拟制说，而且拟制说只是其法人理论的面相之一，而另一个面相则是法人实在说，故其法人理论实质上是半全能国家和半封建国家的混合观念。这些论断颠覆了我国学界将萨维尼奉为反封建斗士的通常认知。至于耶林，本书也深入地分析了受益人主体说与社团否认说之间的一致性和内在张力。

在第二层面上，本书运用政治学、哲学诠释学、知识考古学等方法，以各学说的创始人（萨维尼、耶林、基尔克等）的法人理论为重点，从学者的时代背景、政治观念、哲学伦理观念以及法学方法等前见入手解读、剖析和评判，不仅可以明确地揭示其法人学说的法理内涵以及技术构成，而且能够深入地指出其政治意蕴、伦理观念和哲学基础，甚至能阐明其制度指向和实践效应，如萨维尼拟制说与特许制以及法人登记生效主义之间的谱系关系，有机体说与准则制以及法人登记对抗主义的内在关联。这些分析有力地实现了"学者所说意味着什么"这一研究目标。

在第三层面上，本书深刻地挖掘出了各学说的隐含意义和背后深层逻辑。如本书指出萨维尼关于法人具有独立本体的观念实质上是实在说的核心观点之一，甚至在某种意义上可以将萨维尼视为实在说的先驱，还指出萨维尼学说与管理者主体说及目的财产说存在着隐含的逻辑关联。又如，指出耶林法人否认说包含着自由主义、人本主义、哲学祛魅主义以及被耶林有意忽略的反对全能国家、反对特许制等潜质，并认为受益人主体说是不同于萨维尼的另一种拟制说——发起人拟制说，甚至可以将其视为不同于基尔克有机体说的另一种实在论——一种祛魅了的实在论。再如本书第六章第四节指出，狄骥和凯尔森虽然对主体哲学进行了激烈批判和决绝否弃，但实际上并未完全摆脱其影响，因为二者仍然下意识地秉持了主体哲学的底层观念——整体主义和基础主义。

四、分析论述通透明了，行文流畅引人入胜

研究和论述的穿透力是一种综合性的学术能力。笔者平时在阅读时经常感到有些作者说了很多，但读者却收获很少，原因是作者对问题把握的深度不够、不通透，往往进得去，却出不来，不能抓住要害。许多理论书籍完全不接地气，空对空地讨论问题，而有些制度书籍则完全是就事论事，见木不见林。前者沉不下去，后者则升不起来，无法站在另外一个角度反观自身，正所谓"不识庐山真面目，只缘身在此山中"。但本书就明显不同，既能沉得下去，又能够升得上来，能够挥洒自如地在哲学、政治学、法理学以及民法制度等不同的领域和层面之间来回穿梭，抽丝剥茧、条分缕析、层层深入，即使是复杂的问题也论述得十分通透。

本书阐述的通透性首先体现在绪论部分对于法人学说内在逻辑结构的整体把握上。在绪论第三节"本书宗旨及框架"部分，作者以法人的法律人格、伦理人格、实体性以及国家和法人之间的关系等四个标准，将传统法人学说分为四大知识谱系——拟制说、否认说、实在说以及折中说，并指出只有有机体说才能真正地称得上是实在说，而组织体说应当视为众多折中说的一种具体形态。最后该部分用一个简单的表格直观地呈现出了各学说的逻辑结构和本质区别，让人一目了然。

其次，通透性还体现在本书自觉将规范与事实、法律与社会相区分的法理学视角。只要看一些章节的标题就能清楚地发现这一点，如第二章第二节对于萨维尼拟制说的分析，其中分析为何拟制法人部分的副标题就是"法人本质的前法律分析"，而其如何拟制部分的副标题却是"法人人格的后法律分析"。在第三章指出耶林法人学说是双重意义上的否认说，一是法律技术层面上的法人否认说，二是社会价值层面上的社团否认说，实际上也体现了将法律与社会相区分的内在考量。在第四章第二节"团体人格的动态解释"部分中，作者将团体人格的产生，区分为在事实上的产生和在法律上的产生两个层面，也典型地体现了这一点。第五章第三节和第四节更是将社会与法律的区隔有意识地折射为法社会学与法教义学的对峙。这种法理学上的自觉意识让读者能够快速而深入地理解把握各法人理论的内在逻辑。

再次，本书采取一手文献与二手文献相结合的方式进行解读和阐述，也是通透性的重要体现。本书引用的二手文献，有相当一部分出自一些学术大家，如梅特兰、拉德布鲁赫、狄骥、凯尔森、拉伦茨、维亚克尔等。

但本书并没有机械地跟从二手文献的观点和结论，而是审慎地将其作为解读原始文献的入口，在二者的相互印证以及对二手文献的回应中，进一步提升了解读和论述的通透性。

最后，本书语言流畅，行文连贯，段落过渡和问题转换十分自然顺滑，如第二章第二节由"为何拟制"转向"如何拟制"问题时，就引用德国学者弗卢梅的观点加以过渡，让读者在不知不觉当中跟随作者的视角进入问题的深处。同时，本书文字活泼，表达生动，如第二章第二节指出："萨维尼关于法人本质的论述不仅很'罗马'，而且更重要的是，也很'德国'——表面上的法律技术分析掩盖了哲学和伦理学上的价值前见，表面上的个人主义法学方法掩藏了集体主义的价值内核。"此外，本书还渗透着强烈的人文精神。无论是本书引用的福柯所谓"沙滩上的脸"、尼采的"上帝阴影"等意象，还是引用的我国古代文学词句，如形容萨维尼拟制说命运的"浪花淘尽英雄"、描述法国大革命后社会结构的"一片白茫茫大地真干净"，无不体现出深切厚重的人文情怀。正因如此，虽然本书讨论的是非常专业的法学技术问题，并且涉及深奥的哲学理论，但既不晦涩，也不枯燥，而是移步换景，引人入胜，真正地让阅读成为一种乐趣。

总之，本书有重点、有脉络，也有整体图景；有深度、有广度，更有高度；有凝视、有扫视，还有俯视；有专业、有文采，更有情怀，可谓是对法人本质学说的全景式研究。这种学术水准和才情不仅在法人理论研究领域绝无仅有，就是在整个民法学界的学说史研究中也不多见。

当然，这本书也有明显的缺陷，如德语翻译、组织体说部分的研究资料以及法人论争的制度背景问题等等。对此，作者在其后记中都有详细而坦率的交代，此处无须赘言。从这个意义上来说，我本人更倾向于认为本书只是为传统法人理论的研究开了一个好头，希望有精通德语、法语的学者进一步跟进，从中获取更多的启示和教训。

对于读者来说，本书首先适于法律人学习阅读。特别是对于民法研习者来说，本书无论是作为民法教科书经典内容——传统法人本质理论的全面阐释著作，还是作为民法基础理论乃至民法哲学方面的优秀专著，都值得深入阅读。此外，本书还适合法史、宪法以及法理学科的研习者阅读。对于法史学者来说，本书不仅是法律思想史方面的著作，还可以作为法人制度史的重要参考资料。对于宪法学者来说，本书所阐述的国家本质以及国家——团体关系无疑能够为宪法学研究提供许多启示。[①] 而本书前法律

[①] 相关研究可参见：王天华：《国家法人说的兴衰及其法学遗产》，《法学研究》2012年第5期。

分析、后法律分析的视角以及对学者们法学研究方法的分析和评判，还可以为法理学者提供有益参考。

其次，对于政治学的研习者来说，本书不仅提供了国家——团体关系的历史演进图景以及相关的学说史，而且其中基尔克法人理论部分完全可以视为萧公权先生名著《政治多元论：当代政治理论研究》的前传，因为萧公权先生明确指出，多元主义最初就是由基尔克阐发的。①

最后，这本书也值得研习哲学的人士一读。这不仅是因为本书以法人论争为线索深刻揭示了主体哲学的内在矛盾和局限性，而且因为本书的哲学视角和哲学分析完全可以视作将哲学观念应用于具体制度分析的范例。

区区一篇序言，实在无法将本书完全介绍清楚。书已呈现在各位面前，您自己可以仔细品读、评判，虽然一百个人不一定真能读出一百个哈姆雷特，但我相信通过阅读本书，您一定会有意想不到的收获。再次向读者隆重推荐此书，市场主体的锻造、社会的繁荣和进步离不开社会各界的共同参与，让我们共同为之努力！

是为序！

赵万一

2023 年 8 月 30 日于重庆宝圣湖畔抱朴斋

---

① 萧公权：《政治多元论：当代政治理论研究》，周林刚译，北京，中国法制出版社，2012，第 1 页（弁言）。

目　录

第一章　绪　论 …………………………………………… 1
　第一节　问题的提出 ………………………………………… 1
　第二节　国内外相关研究综述 ……………………………… 16
　第三节　本书宗旨及框架 …………………………………… 27
　第四节　研究方法和术语界定 ……………………………… 36

第二章　萨维尼的法人学说 ……………………………… 41
　第一节　萨维尼的"前见" ………………………………… 43
　第二节　拟制说（Fiktionstheorie） ……………………… 53
　第三节　代理说（Vertretertheorie） ……………………… 75
　第四节　团体与成员及国家的关系 ………………………… 85
　第五节　萨维尼拟制说的流变及影响 ……………………… 90

第三章　耶林的法人学说 ………………………………… 100
　第一节　受益人主体说（Geniessertheorie） ……………… 104
　第二节　社团否定说 ………………………………………… 124
　第三节　耶林法人学说的影响和流变 ……………………… 139

第四章　基尔克的法人学说 ……………………………… 153
　第一节　基尔克的法人研究概述 …………………………… 155
　第二节　有机体说（organische Theorie） ………………… 175
　第三节　机关说（Organstheorie） ………………………… 188
　第四节　团体与成员以及国家的关系 ……………………… 194
　第五节　评　价 ……………………………………………… 202

第五章 折中说——组织体说（Organisationstheorie） ……… 219
  第一节 组织体说的法律实践及学术背景 ……………… 221
  第二节 权利及权利主体的界定 ………………………… 230
  第三节 对法人本质的法社会学解释 …………………… 233
  第四节 对法人人格的法教义学解释 …………………… 237
  第五节 评　价 …………………………………………… 240

第六章 法人论争的知识考古 ……………………………… 245
  第一节 法人论争的法学知识背景 ……………………… 247
  第二节 法人论争的政治社会背景 ……………………… 264
  第三节 法人论争的法律制度背景 ……………………… 286
  第四节 法人论争的文化背景 …………………………… 302
  第五节 法人论争的"死亡" …………………………… 337

结　语 ……………………………………………………… 342

参考文献 …………………………………………………… 350
后　记 ……………………………………………………… 368

第一章 绪 论

西欧的思想史和科学史就反映在"人"和"人格"含义的不断变化的命运中,而这一命运本身又是一部已经影响了社会斗争、又被社会斗争所影响的历史,由此,法律人格学说的重要性和复杂性十分显著。①

——约翰·杜威

据很多人说,关于法人人格的性质的法学争论已经死亡。如果真是这样,我们就得到了一具僵尸以及从其解剖中进行学习的机会。②

——H. L. A. 哈特

第一节 问题的提出

法人本质问题并不是关于法人本质的形而上学思辨研究,而是关于法人是否具有社会本体以及如何解释其法律人格的法学理论与实践问题。

关于法人本质研究的意义,梁慧星教授曾引用日本学者北川善太郎的观点指出,"不应因现在已鲜为人所关心,而否定法人本质的重要性","于解决法律问题时,作为提供法理前提的解释论,仍有其重要作用"③。谢鸿飞教授也认为:"法人性质理论不仅关乎法教义学体系的构建,而且对法律制度和规则的设计也有重要影响。在我国制定民法典之际,法人性质理论的澄清与取舍是法人立法的前提。"④ 笔者认为,法人本质问题不

---

① John Dewey, "The History Background of Corporate Legal Personality", *Yale Law Journal*, Vol. 35, No. 6, 1926, p. 665.
② H. L. A. Hart, *Essays in Jurisprudence and Philosophy*, Oxford: Clarendon Press, 1983, p. 36.
③ 梁慧星:《民法总论》,北京,法律出版社,2017,第121页。
④ 谢鸿飞:《论民法典法人性质的定位》,《中外法学》2015年第6期,第1510页。

仅有助于我们更加深入地理解和把握法人制度的功能和基本精神，而且有利于我们更加自觉地设计和完善具体的法律制度。在制度构建方面，法人本质问题不仅关涉法人的界定与类型、法人设立的实体要件和审批程序、法人登记和公示制度、法人消灭的认定和效力、法人的权利能力、行为能力、责任能力、法人是否具有人格权等私法问题，以及法人内部关系的规制、法人治理结构的完善等组织法问题，而且涉及社会组织与国家的关系、法人组织的宪法地位、法人的刑事责任等公法问题。可以说，即使是在当代，法人本质问题仍然是法人制度和法人研究中的根本问题。

然而不可否认的是，长期以来，人们不再关注法人本质问题，长达近一个世纪之久的法人论争也已被掩埋在历史的漫漫黄沙之中。对于多数学者来说，法人本质之争乃是"无益"之争，对于具体问题的解决毫无意义。[①] 上世纪80年代，德国学者托伊布纳曾经感叹道："的确，法人已经成为一个没有生命力的人。虽然在19世纪时，它曾经是追求政治和经济自由、反对政府规制的斗士，但在今天的重大经济政策争议中，人们已经不再赋予其以任何角色……曾经使数代法学家着迷的法人本质之研究，随着人们对于这一法律存在的日常熟悉，现已被默默地抛弃了。"[②]

在我国，情况更是如此。这不仅体现为《民法典》法人制度的一些深层问题需要进一步检讨，而且反映在学术研究中的某些不良偏好上。

一、法人本质与法人制度构建

在《民法总则》制定过程中，法人制度一直是争议的焦点之一。但由于法人理论研究储备不足，《民法总则》及后来的《民法典》仍然没有妥当地解决这些争议问题。

第一，法人的概念界定最能反映出立法者关于法人本质的认识和判断。中国《民法通则》（已失效）第36条规定："法人是具有民事权利能力和民事行为能力，依法独立享有民事权利和承担民事义务的组织。"这一规定被《民法典》第57条全盘继受。该定义赋予法人两个本质性规定，一是法人是组织，二是法人权利和义务的独立性。然而，首先，民法并未

[①] 相关总结，参见谢鸿飞：《论民法典法人性质的定位》，《中外法学》2015年第6期，第1509页。

[②] Gunther Teubner, "Enterprise Corporatism: New Industrial Policy and the 'Essence' of the Legal Person", *American Journal of Comparative Law* 36, 1988. 中译本参见〔德〕贡塔·托伊布纳：《企业社团主义：新工业政策与法人的"本质"》，仲崇玉译，《南京大学法律评论》2006年春季号，第22页。

规定组织的含义是什么，从字面来看，似乎是指《民法典》第 58 条所规定的"组织机构"，但作为法人的组织与组织内部的组织机构显然不是同一概念。其次，法人资格是否以独立享有权利承担义务为前提，仍然存在争议。① 特别是《民法典》第 102 条规定的非法人组织，许多学者认为，其既有组织属性，又能够依法以自己的名义从事民事活动，实际上就是法律上的人，因此也应当是"法人"②。最后也最重要的是，无论是法人还非法人组织，都以依法成立和登记为前提，对于那些未能获得登记的社会组织（德国民法典上的无权利能力社团）的法律地位，《民法典》未予以明确。而在实践当中，未登记组织却大量存在。③ 法律地位上的不确定不仅不利于保障这些社会组织的正常活动，而且不利于保障其利害关系的合法权益，甚至不利于维护社会秩序的稳定和谐。要解决未登记组织的难题，不仅需要反思法人和非法人组织登记准入的垄断地位问题，还要分析未登记组织法律地位的实然状态问题，而二者都能归结到法人的事实人格与法律人格的关系问题，这正是法人本质理论的核心问题之一。④ 总之，《民法典》上述问题都与法人本质理论研究的不足密切相关。

第二，与法人本质问题相关的，还有法人的成立和终止。《民法典》第 59 条规定："法人的民事权利能力和民事行为能力，从法人成立时产

---

① 许多学者提出，法人人格不应以其成员承担有限责任为前提条件，参见虞政平：《股东有限责任：现代公司法律之基石》，北京，法律出版社，2001，第 173 页；柳经纬：《"其他组织"及其主体地位问题——以民法总则的制定为视角》，《法制与社会发展》2016 年第 4 期；汪青松：《主体制度民商合一的中国路径》，《法学研究》2016 年第 2 期；张其鉴：《民法总则中非法人组织权利能力之证成》，《法学研究》2018 年第 2 期。当然，也有学者认为法人的根本特征就在于独立承担责任。参见梁上上：《中国的法人概念无需重构》，《现代法学》2016 年第 1 期。

② 柳经纬：《"其他组织"及其主体地位问题——以民法总则的制定为视角》，《法制与社会发展》2016 年第 4 期；柳经纬、亓琳：《比较法视野下的非法人组织主体地位问题》，《暨南学报（哲学社会科学版）》2017 年第 4 期；张永健：《资产分割理论下的法人与非法人组织——〈民法总则〉欠缺的视角》，《中外法学》2018 年第 1 期；汪青松：《主体制度民商合一的中国路径》，《法学研究》2016 年第 2 期；张其鉴：《民法总则中非法人组织权利能力之证成》，《法学研究》2018 年第 2 期。当然也有许多学者基本支持《民法总则》的规定，如杨立新：《〈民法总则〉规定的非法人组织的主体地位与规则》，《求是学刊》2017 年第 3 期；郭明瑞：《民法总则中非法人组织的制度设计》，《法学家》2016 年第 5 期；谭启平：《论民事主体意义上"非法人组织"与"其他组织"的同质关系》，《四川大学学报（哲学社会科学版）》2017 年第 4 期；张新宝、汪榆淼：《〈民法总则〉规定的"非法人组织"基本问题研讨》，《比较法研究》2018 年第 3 期；肖海军：《民法典编纂中非法人组织主体定位的技术进路》，《法学》2016 年第 5 期。

③ 参见刘培峰：《社团管理的许可与放任》，《法学研究》2004 年第 4 期，第 150 页。

④ 初步的探讨，请参见仲崇玉：《从他治到自治：论我国法人人格制度的改革》，《法学论坛》2011 年第 3 期，第 149~151 页。

生，到法人终止时消灭。"按照这一规定，法人成立的意义在于法人资格或权利能力的取得，而按照下位法规的规定①，除机关法人及特定的社会团体法人之外，其余法人均需经过登记或备案之后方能成立。也就是说，法人资格乃是国家登记或赋予的结果，如果没有这种登记或赋予，就没有法律人格。然而登记不过是将法人的相关信息和属性在法人登记簿上进行记录和公示而已，并没有为法人带来任何新属性和新要素，其何以能够凭空地、无中生有地赋予社会组织以法人资格呢？②再进一步来说，国家自己的主体资格是否也是登记产生的？同样的问题也发生在法人终止上，按照《民法典》第68条之规定，法人人格终止于注销登记，而在注销之前，法人人格事实上已经消灭，注销登记也不会给法人带来任何新的属性。

要回答这些问题，仍然要回到法人的本质问题上来，即在登记之前，法人已经具有某种意义上的法律人格，需要探究的是这一前法律意义上的法律人格与因登记而获得的后法律意义上的法律人格有何关系。而我们一旦深入探究这一问题，它就会立即转化为法人的法律人格是"实在的"还是由国家赋予的问题，这正是法人实在说与法人拟制说争论的症结所在。因此，这一探究必然要触及国家与社会组织、国家法与组织章程之间的法律关系、结社自由以及法人组织的宪法地位问题③，从而使我们可以站在更高的层面反思所谓无权利能力社团或未登记组织问题。

第三，关于法人的设立要件，也就是社会组织取得法人人格的条件，似乎学界争议不大，然而《民法典》的相关规定仍然值得进一步思考。《民法典》第58条虽然规定了法人成立要件，包括法人应当依法成立，法人应当有自己的名称、组织机构、住所、财产或者经费，但没有揭示法人的实质性要件。如：组织机构如何界定？大学中的一个系也有组织机构，其是否可以成为法人？甚至系中的一个班级也有组织机构，是否也可以成

---

① 参见《企业法人登记管理条例》第3条，《公司登记管理条例》第3条，《基金会管理条例》第6条，《民办非企业单位登记管理暂行条例》第3条，《社会团体登记管理条例》第3条，《宗教事务条例》第14、22条，《事业单位登记管理暂行条例》第3条。
② 在我国当前立法框架下，法人资格不同于法律人格，前者不仅包括法律人格，而且包括成员的有限责任这一特权；而非法人组织则只有法律人格，其成员没有有限责任特权。
③ 关于法人本质与法人宪法地位的关系，可以参见詹镇荣：《民营化法与管制革新》，台北，元照出版公司，2005，第60页。关于社会组织的宪法地位，可以参见莫纪宏：《法人的宪法地位与公益法人的法律特征》，载吴玉章主编：《社会团体的法律问题》，北京，社会科学文献出版社，2004；陈洁：《企业法人宪法权利的进路》，《环球法律评论》2011年第4期；曲相霏：《美国企业法人在宪法上的权利考察》，《环球法律评论》2011年第4期；王冠玺：《我国法人的基本权利探索——法人得否主张精神损害赔偿的宪法上论证》，《浙江学刊》2010年第5期。

为法人？另外，财产或经费是不是法人的必备要件？① 一般来说，社会组织必须取得事实层面上的法人人格之后，法律才能赋予其法律人格。② 在托伊布纳看来，这虽然并不意味着法律没有自由裁量的空间，但"只有在社会构造具有发达的内部秩序时，赋予这些社会构造以权利能力才有政策意义"③。也就是说，只有在法人组织具备了事实上的行为能力的前提下，法律赋予其法律人格和权利能力才有意义，否则被法律赋予法人资格的法人只能是"扶不起的阿斗"。从这个角度来看，机关法人、村民委员会和居民委员会等法人组织本身缺乏承担民事责任的财产能力，也没有成员等为其承担责任的主体，而且它们都是在上级机关的领导下开展工作，缺乏自我激励、自我控制的内部行动机制，究竟在何种程度或意义上被视为"法人"，有待从法人本质角度进一步研究。④ 另外，上世纪 90 年代我国关于国有企业法人财产权的论争中，表面上争论的是法人财产权问题，实质上争论的是法人组织结构问题，然而至今这一问题并未完全解决⑤，其深层的问题仍然需要从法人本质角度进行探讨，即国有企业在何种意义上是个"法人"。

第四，关于法人的类型，在《民法总则》制定过程中学界就存在激烈争论，最终《民法典》将法人分为营利法人、非营利法人和特别法人，然而仍然存在着许多问题。首先，在营利法人与非营利法人的区分标准上，立法者并没有准确地把握好二者的区分依据，导致《民法典》第 76 条和第 87 条采取了目的功能和产权结构双重认定标准，存在着不周延、可操作性差等问题。其次，《民法典》关于"禁止分配规则"的规定也不完善。

---

① 至少有学者就认为，非法人组织可以没有财产。参见张新宝、汪榆森：《〈民法总则〉规定的"非法人组织"基本问题研讨》，《比较法研究》2018 年第 3 期，第 76 页；蔡睿：《论"非法人组织"的认定标准——以〈民法总则〉的颁布为背景》，《司法改革评论》第 23 辑，第 74 页。

② 参见仲崇玉：《从他治到自治：论我国法人人格制度的改革》，《法学论坛》2011 年第 3 期，第 150 页。

③ 〔德〕贡塔·托伊布纳：《企业社团主义：新工业政策与法人的"本质"》，仲崇玉译，《南京大学法律评论》2006 年春季号，第 33 页。

④ 关于对国家机关的法人地位的批评，参见张彪：《国家机关法人地位正当性分析》，博士学位论文，湖南大学，2015，第 6 章；王春梅：《潮流与现实悖反：我国机关法人之定位与重构》，《北京行政学院学报》2016 年第 3 期。对于村民委员会法人地位的批评，参见葛云松：《法人与行政主体理论的再探讨——以公法人概念为重点》，《中国法学》2007 年第 3 期，第 90 页；刘忠平、刘云升：《村民委员会法人化之缺陷及其克服》，《河北法学》2018 年第 6 期；王苗苗、潘幼亭：《村民委员会民事责任承担研究——以"履行职能需要"为视角》，《山东法官培训学院学报》2018 年第 2 期。

⑤ 参见《国务院办公厅关于进一步完善国有企业法人治理结构的指导意见》（国办发〔2017〕36 号）。

关于非营利法人的剩余财产分配，《民法典》第95条只是规定了公益法人的剩余财产处理规则，未规定其他非营利法人的处理规则，等于默许其可以分配剩余财产。而对于非营利法人的关联交易、成员资格回购以及资金回报支付等方面则完全未作规定。再次，立法者忽视了法人分类的公示价值和交易安全保障功能，故《民法典》没有规定法人类型的公示途径。所以在当前的法人登记实践中，法人证书仍然按照《民法总则》生效以前的法人类型制作、颁发，而《民法典》所规定的营利法人和非营利法人却不能付诸公示实践，因而不能发挥出营利/非营利分类模式应有的制度收益。最后，特别法人这一类型法律内涵极不明确，具体类型公私混杂，既有营利法人（如合作社、村集体经济组织），也有非营利法人（居民委员会、村民委员会），完全沦为"流浪概念"的"收容所"[①]。因此，《民法通则》颁布之后，相关争议并未停息，虽然维护者有之[②]，但更多的是批评。[③]

要从根本上解决法人分类问题，仍然需要探讨法人的本质以及人格化的目的等问题，法人是法律交往的产物，法人组织的人格化是为了降低内外部交易主体的交易成本，法人分类也担负着相同的使命。而《民法典》在法人分类上的诸种偏差，说到底还是对法人的本质认识不清的体现。

第五，法人的行为能力与法人本质问题的关联更不待言，民法教材都会千篇一律地引述法人拟制说和实在说在这个问题上的分歧，便是明证。学界通常认为，我国立法采纳了实在说[④]，其证据就在于我国《民法典》第59条采取了明文规定法人有行为能力的立法体例。[⑤] 按照实在说，法

[①] 谭启平、应建均：《"特别法人"问题追问——以〈民法总则（草案）〉（三次审议稿）为研究对象》，《社会科学》2017年第3期；吴宜男：《特别法人制度的理论分析与体系构建——以〈民法总则〉的法人分类为基本背景》，《现代经济信息》2017年第7期。

[②] 参见张新宝：《从〈民法通则〉到〈民法总则〉：基于功能主义的法人分类》，《比较法研究》2017年第4期。

[③] 参见孟勤国、戴欣悦：《变革性与前瞻性：民法典的现代化使命——〈民法总则〉的现代性缺失》，《江汉论坛》2017年第4期；王涌：《法人应如何分类——评〈民法总则〉的得失》，《中外法学》2017年第3期；苏永钦：《体系为纲，总分相宜——从民法典理论看大陆新制定的〈民法总则〉》，《中国法律评论》2017年第3期；蒋大兴：《〈民法总则〉的商法意义——以法人类型区分及规范构造为中心》，《比较法研究》2017年第4期。

[④] 参见李适时：《中华人民共和国民法总则释义》，北京，法律出版社，2017，第170页；王利明：《中华人民共和国民法总则详解》，北京，中国法制出版社，2017，第256页；《〈中华人民共和国民法总则〉条文理解与适用》，北京，人民法院出版社，2017，第475页；陈甦：《民法总则评注》，北京，法律出版社，2017，第422页。

[⑤] 《民法典》第59条规定："法人的民事权利能力和民事行为能力，从法人成立时产生，到法人终止时消灭。"采取这种体例的，还有《瑞士民法典》第54条。另一种体例是不规定法人有无行为能力，采取该体例的有《德国民法典》《日本民法典》以及我国台湾地区的"民法典"。

人是通过其机关而亲自行为，而不是机关"代表"法人。但第61条第2款只规定："法定代表人以法人名义从事的民事活动，其法律后果由法人承受"，并未明确法定代表人的行为就是法人自身的行为。这说明立法者并没有完全贯彻机关说，而是回避了机关说和代理说的争议。不过，这样一来，法人承受代表人行为后果的法理依据也就成了悬而未决的问题。

此外，法人行为能力制度的内涵也十分空洞，除法定代表人的代表行为的后果由法人承受之外，并未负载其他的功能。在司法实践中，虽然少数案例涉及法人的行为能力，但其所针对的问题完全可以由权利能力制度解决，法人行为能力制度的独立规范功能并未彰显，"陷入了几近僵死的状态"[①]。因此，有学者认为应当取消法人行为能力制度，主张直接通过法律拟制解决法人的行为能力和责任能力问题。[②] 还有的学者认为应当实现该制度的再生。[③] 然而，无论是取消该制度，还是实现该制度的再生，最终还是要回到法人本质问题的探讨上来。

总之，虽然不能说法人本质研究能够为解决法人制度的所有具体问题提供现成的、终极的答案，但要构建一个科学的、体系化的法人制度，法人本质研究是不可或缺的基础理论支撑，也是必不可少的学术储备。而对传统法人本质学说进行解读，则是法人本质研究必须迈出的第一步。

二、法人本质与我国法人理论研究

法人制度中的上述问题，与我国的学术研究密不可分。不可否认，经过改革开放以来四十多年的发展，我国法人制度基础理论已经取得了长足的进步。但同时也应看到我国法人理论研究仍然存在着一些偏好，虽然其效应总体上未必全然是负面的，但是如果缺乏反思精神，过于依赖、强化这些偏好，就会在相当程度上制约法学理论的提升与本土化。

首先是私法主义偏好。表现之一是只关注法人制度中的传统私法问题。例如，将民法定位为"私法"或"市场经济基本法"[④]，将法人等同

[①] 蔡立东：《论法人行为能力制度的更生》，《中外法学》2014年第6期，第1545页。
[②] 参见蒋学跃：《法人制度法理研究》，北京，法律出版社，2007，第127、132～134页。
[③] 参见蔡立东：《论法人行为能力制度的更生》，《中外法学》2014年第6期，第1552页以下。
[④] 虽然徐国栋教授很早就提出了民法是市民法，也认识到民法乃是私法与公法相融合的综合性法律部门，但这些观念并未成为学界的共识。参见徐国栋：《市民社会与市民法》，《法学研究》1994年第4期；徐国栋：《寻找丢失的人格——从罗马、德国、拉丁法族国家、前苏联、俄罗斯到中国》，《法律科学》2004年第6期；徐国栋：《民法私法说还能维持多久？——行为经济学对时下民法学的潜在影响》，《法学》2006年第5期。

于公司或界定为"交易主体"①，名义上谈法人，但实际上是在讲公司，法人成了表面"在场"的"他者"。笔者并不否认这种视角的合理性，私法和市场经济法的确是民法的一个重要面向，而且在改革开放初期，甚至将民法界定为私法还具有相当程度的"革命性"。在上世纪90年代，指着公司谈法人总体上也并未脱离我国当时的实践状况。但时至今日，这种研究视野就往往让我们沾沾自喜于相对完善的公司法制，而忽视了非营利组织和非政府组织法人（特别是宗教法人）制度上的粗疏滞后②，既无法考察法人制度的深层次问题，也不能引领法人制度的改革和完善。再如，对于公私交融的、同时也是法人制度中更为根本性的问题，如未登记社会组织的法律地位、法人成立的要件、法人设立变更终止中国家审批权力的行使及限制，则往往较少关注。又如，在法人分类问题上，主张分为社团法人和财团法人两大基本类型的学者往往认为法人分类只是私法上的分类，所以设立原则、税收等公法考量都应当排除在法人分类之外。

表现之二是倾向于将法人制度中的公法问题"看成"或转换成私法问题。例如，法人设立原则实质上是私主体自我组织权利与国家公共管理权力的冲突与平衡问题，背后有着源远流长的多元主义与法团主义政治纠葛。③ 然而，在许多教材和论著中，设立原则演变成了特许主义、许可主义以及准则主义等几种技术准则的枯燥罗列。在私法的清水幻象中，其背后的政治意蕴几乎全被遗忘。当然，笔者并不否认私法视角的学术功能，更不会极端性地主张民法学者应当以公法的视角进行研究。笔者甚至认为，私法视角完全可以成为民法学者进入某些研究领域的一种策略④，但这一功能只有在学者对该领域的其他研究视角有着清醒认知的前提下才能得以正常发挥。否则，很容易导致"井蛙"效应，似乎私法就只应当关心"井内"的问题，"井外"的问题，是其他法律的事，私法学者无须过问。然而现实世界中的法律问题本身并不存在"井内"和"井外"之别，"井"

---

① 赵万一：《民法概论》，武汉，华中科技大学出版社，2014，第143页。
② 参见仲崇玉：《从他治到自治：论我国法人人格制度的改革》，《法学论坛》2011年第3期，第151~153页；仲崇玉、王燕：《我国宗教法人制度评析》，《中共青岛市委党校青岛行政学院学报》2015年第6期；仲崇玉、王燕：《我国宗教活动场所法律地位的现状、成因及其弊端》，《宗教与法治》2015年秋季刊。
③ 参见张静：《法团主义——及其与多元主义的主要分歧》，北京，中国社会科学出版社，2005；萧刚权：《政治多元论：当代政治理论研究》，周林刚译，北京，中国法制出版社，2012。
④ 本人近几年对于宗教财产和宗教法人制度的民法学研究就是一例，其研究进路就是在对宗教公法层面问题有着清醒认知而不是完全回避的基础上有意地选择其中的私法问题或转换为私法问题进行讨论。但即便如此，发表研究成果时也因为论题的敏感性而屡屡碰壁。

只是部门法划分和学者话语共同构建起来的研究对象而已。即使就私法所圈定的井内问题，私法视角也必须与公法视角相结合或经过公法视角的淬炼后才真正具有学术分析力和构建力。在完全不了解问题之公法面向的情况下，单纯依赖私法方法解决问题，往往流于表面，无法触及更为根本、更为深层的问题，最后事与愿违。例如，在国有企业公司制改革中，许多学者将国有独资公司这一公法主体视为纯粹私法主体，试图以私法手段解决国企改革问题，结果只是"公法向私法的逃逸"，无法在根本上解决问题。①

其次是技术主义，不仅倾向于将法人理论和制度问题片面理解为法律技术问题，而且习惯于通过所谓的法律技术解决实践问题。所以即使在面对很能激发法律想象力的"揭开公司面纱"和"一人公司"时，法人本质问题也仍然没有引起民法学界的理论兴趣，其主要研究者大都是偏好法律技术的商法学者。在《民法总则》起草过程中，虽然法人制度是改动较大的部分，也是争议最激烈的部分之一，但争论主要集中于法人类型划分和非法人组织的地位等技术性问题。尽管未登记组织问题明显涉及法人的本质问题，但我国学者争议的焦点是非法人组织是否可以拥有"法人"的名分这一技术问题。② 其结果就是，在技术意义上的法人制度已经渐趋成熟的今天，无人再去关心法人的真正本质是什么，法人为什么具有法律人格。

然而技术主义的代价是，法人法的概念体系和制度内涵失去了理论重心，越来越扁平化和空洞化。对于民法教义学中的重要概念如法人、法人的人格、法人的权利能力、法人的行为能力、法人的责任能力等，人们不再关心其背后的社会原理、历史演变、制度品格、制度旨趣以及制度谱系。在日常化和技术化的使用中，这些概念不仅丧失了理论分析力，而且也失去了实践观察力，似乎仅仅是证明法教义学的体系性和完整性的装饰品。③ 例如，我国学者普遍认为我国《民法通则》和《民法典》都采取了组织体说，其依据就是二者对法人下的定义。但一方面，我国学者并不了解组织体说的

---

① 参见方流芳：《国企法定代表人的法律地位、权力和利益冲突》，《比较法研究》1999年第3、4期。
② 主张非法人组织应纳入法人概念的主要有：汪青松：《主体制度民商合一的中国路径》，《法学研究》2016年第2期；柳经纬："其他组织"及其主体地位问题——以民法总则的制定为视角》，《法制与社会发展》2016年第4期；张其鉴：《民法总则中非法人组织权利能力之证成》，《法学研究》2018年第2期。相反的观点参见梁上上：《中国的法人概念无需重构》，《现代法学》2016年第1期。
③ 参见仲崇玉：《论权利能力的功能与实质》，《东方论坛》2007年第1期；蔡立东：《论法人行为能力制度的更生》，《中外法学》2014年第6期，第1545页。

真正含义①；另一方面，我们似乎没有准确界定"组织"的含义，在许多学者看来，组织就是团体②，而团体和组织的构成要素都是成员个人③，实际上混淆了团体与组织体。因此，要回答我国立法是否采取了组织体说的问题，至少有必要揭示法人组织体说的真实含义和价值取向。

　　再次是伦理主义，表现为特别注重关于法律主体的抽象伦理价值分析，而忽视法律技术和法律实践。实事求是地说，这些学者大都认识到私法主义和技术主义的局限性，并力求有所突破。然而其采取的对策是求助于一种抽象的、甚至是模糊的价值观念，往往忽视、甚至违背了法律实践，也不利于我们深入把握法律实践的内在机制和深层规律。如许多学者从抽象的哲学伦理分析出发，认为自然人是目的，源于先验的自然法或主体哲学，具有伦理性和神圣性；而法人只是手段，不过是实证法上的技术拟制，根本不具备成为民事主体的道德前提和伦理基础。④ 更让有些学者无法容忍的是，在我们当今的"法人资本主义"⑤社会中，强大的法人还对"高贵"的自然人构成了"欺压"！⑥ 这种观念，似乎是宣扬了自由主义观念，然而自由主义首先是指向国家的，这里却只是指向"法人"，因此不过是一种虚幻的自由主义而已。实际上，无论是自然人还是法人，都不存在所谓先验伦理基础，二者都是国家权力的产物，当然，从根本上来

---

① 参见仲崇玉：《组织体说的法理内涵和政治旨趣》，载《私法研究》，第20卷，北京，法律出版社，2016，第76页。笔者也不敢断定该文已经完全揭示了组织体说的真正含义。
② 例如江平先生曾说："法人者，团体人格也。"江平：《法人制度论》，北京，中国政法大学出版社，1994，第1页。
③ 参见梁慧星：《民法总论》，北京，法律出版社，2017，第118页。当然，梁老师认为组织体分人合组织体和财产组织体，后者的构成要素为财产。
④ 例如，王泽鉴：《民法总则》，台北，新学林出版股份有限公司，2014，第177~178页；徐国栋：《民法哲学》，北京，中国法制出版社，2009，第160页；王利民：《人的私法地位》，北京，法律出版社，2013，第65页；蒋学跃：《法人制度法理研究》，北京，法律出版社，2007，第48~64页以及第五章；张翔：《自然人格的法律构造》，北京，法律出版社，2008，第238页；崔拴林：《论私法主体资格的分化与扩张》，北京，法律出版社，2009，第149~150页；周清林：《主体性的缺失与重构——权利能力研究》，北京，法律出版社，2009，第202、210页；王春梅：《民事主体的历史嬗变与当代建构》，北京，法律出版社，2011，第197~198页；张善斌：《权利能力论》，北京，中国社会科学出版社，2016，第235页；谢鸿飞：《论民法典法人性质的定位》，《中外法学》2015年第6期，第1528页；庞春祥：《法人主体相对性研究》，《北方法学》2014年第3期，第13页。值得自我检讨的是，笔者早期也是持这种观点的，参见仲崇玉：《论受益人主体说的人文精神及其启示》，《河北法学》2005年第5期。
⑤ 关于法人资本主义的分析，参见〔日〕奥村宏：《法人资本主义》，李建国等译，北京，生活·读书·新知三联书店，1990。
⑥ 如王春梅：《民事主体的历史嬗变与当代建构》，北京，法律出版社，2011，第199~200页。

说都是社会关系发展的产物,所谓的伦理基础只是事后的意识形态包装而已。作为一项法律技术,自然人和法人一样都不"自然",都是"法"人①,都是法律上的"镜中之影"②,说法人欺压了自然人就如同说甲的影子如何打了乙的影子一样荒谬。

如果仅仅是虚伪和荒谬,倒也罢了。更成问题的是,这种褒自然人而贬法人的伦理错觉必然会歪曲、抹杀法人团体的正面功能,完全陷入狭隘的个人主义意识形态之中。如有人认为,我国传统上是团体本位,我国传统上就存在法人专横与团体崇拜。③还有人认为传统中国的民法文化以社会、家庭(族)、团体为本位,强调个人对家庭(族)、乡党、社会和他人的义务和责任,从而产生了许多弊端。④更为严重的是,这种伦理观念容易将法人本质问题闭锁在自然人与法人的关系上,而却把法人制度中的核心问题——社会组织与国家的关系——掩盖起来,甚至将团体与国家混为一谈,把国家造成的浩劫(如法西斯统治)归到法人名下⑤,极不利于我们正确把握法人制度的基本功能和根本宗旨。

最后是西方主义。其主要表现是,过于推崇和依赖西方的法学理论和法律制度,在制度设计上将其作为我国法律制度的指导思想、设计榜样乃至评价标准。平心而论,对于长期依赖法律移植的我国来说,这种倾向是自然的,在初创阶段可能也是必需的。但是,如果不加反思,就会走向极端。如有人在学术研究中致力于探寻我国法律制度的西方起源,然后构建从西方神圣起源到我国开花结果的线性发展过程,按照这种知识谱系,我国制度只是西方起源的不成熟、不定型的半成品。⑥甚至有人主张要实现民法的"被动地创造性转换"⑦,由此在学术研究中产生了严重的"主体意识缺失"的问题。⑧

例如,我国学者探讨西方传统法人理论的基本出发点就是从中寻找我

---

① 〔奥〕凯尔森:《法与国家的一般理论》,沈宗灵译,北京,商务印书馆,2013,第155~156页。
② 〔法〕莱昂·狄骥:《宪法论》,钱克新译,北京,商务印书馆,1959,第46页。
③ 参见张俊浩主编:《民法学原理》,北京,中国政法大学出版社,2000,第173页。
④ 参见章礼强:《民法本位论》,博士学位论文,西南政法大学,2004,第107页。
⑤ 参见谢鸿飞:《论民法典法人性质的定位》,《中外法学》2015年第6期,第1524页。
⑥ 具体分析,可参见本书第六章第一节。
⑦ 李静冰:"译后记",载〔美〕艾伦·沃森:《民法法系的演变及形成》,李静冰、姚新华译,北京,中国政法大学出版社,1992,第269页。
⑧ 具体论述,参见陈瑞华:《法学研究的社会科学转型》,《中国社会科学评价》2015年第2期,第24~25页。

国法人制度的指导思想：有人认为组织体说是我国立法的指导学说①，而有的人则提出为拟制说"辩护"②，还有的人则认为我国《民法典》应当兼采实在说和拟制说。③ 其实笔者在一开始也怀有这种研究动机，但这只是进入论题的一种机缘，是有待检讨、有待检验的"前见"，而不应该成为一条道走到黑的执念。否则，就陷入西方主义的泥淖之中，似乎我国的法律实践只能而且也必须从国外的、甚至是古老的学说中寻找理论依据，才能辨明制度改革与完善的方向和路径。

又如，在法人分类之争中，多数学者坚持财团法人与社团法人分类模式，虽然学者们列举的理由五花八门，但其背后的、深层的、甚至是下意识的思维定式是：这一分类模式是德国法上的基本分类，而且为许多国家所接受，因此也应当为我国所继受。

实际上，以上倾向并不仅仅存在于法人研究领域，而是或多或少地存在于民法学界甚至整个法学界，必须引起我们的关注和反思！

在这一学术背景下，传统法人理论研究就不再仅仅是探讨法人本质问题的文献综述而已，而是具有了独立的学说史的研究价值。因为无论从正面还是从反面来说，传统法人理论都为纠正前述倾向提供了一个极好的范例。实际上，上述几种倾向在传统法人论争中都有过比我国当前更为典型、更为"高级"的体现。如果说我国的私法主义是下意识的，那么萨维尼的拟制说就体现了深思熟虑后的私法主义；如果说我国的技术主义是肤浅的，那么耶林法人学说的技术取向就是一种更为"高明"的技术主义；如果说我国的伦理主义是浮躁的、幼稚的，那么弥漫于法人本质三学说的主体哲学则是更为"厚重"的、因而也更为"深沉"的伦理主义。如果我国民法学界的西方主义是尚未受到重大学术挑战和淬炼的简单思维，那么法人论争背后的罗马法主义就是受到日耳曼法学派洗礼之后更加成熟的学术进路。更重要的是，传统法人理论呈现出来的本质主义、基础主义、形式主义以及过度的构建主义和意识形态化，也表明传统诸法人理论都不是完美无

---

① 参见胡长清：《中国民法总论》，北京，中国政法大学出版社，1997，第100页；郑玉波：《民法总则》，北京，中国政法大学出版社，2003，第173页；施启扬：《民法总则》，台北，1995，第116页；梁慧星：《民法总论》，北京，法律出版社，2001，第143页；王利明：《论法人的本质和能力》，载王利明：《民商法研究》，第3辑，北京，法律出版社，2001，第33页；朱慈蕴：《公司法人格否认法理研究》，北京，法律出版社，1998，第27页。

② 江平、龙卫球：《法人本质及其基本构造研究——为拟制说辩护》，《中国法学》1998年第3期。

③ 参见谢鸿飞：《论民法典法人性质的定位》，《中外法学》2015年第6期，第1528页。

缺的知识体系，这无疑有助于疗治我国的西方主义倾向。因此，重温传统法人本质之争，以史为鉴，反思当前，就具有了不可替代的学术研究价值。

三、研究传统法人本质学说的意义

在民法传统上，法人本质学说（本书也称为"传统法人学说"）是指19世纪中叶所产生的关于法人本质是什么以及如何解释法人的法律人格的法学理论，主要有拟制说、否认说和实在说三大知识谱系。最初，这一论争主要限于德国学界，到19世纪末期，形成了席卷大陆与英美两大法系、持续长达半个世纪之久的一场国际性学术大论战（本书以下称"法人论争"）。在其19世纪末到20世纪20年代论争的白热化阶段，相关学说绝不止民法教材所罗列的三派六说[1]，参与论争的学者也不仅仅限于民法学界，甚至不限于法学界。[2] 英国学者报道当时的"盛况"时说："对于

---

[1] 当时有人统计，即使将狄骥的法人学说不计算在内，流行的学说也达到16种之多。See Martin Wolff, "On the Nature of Legal Persons", *Law Quarterly Review*, Vol. 54, No. 4, 1938, p. 496.

[2] 据笔者不完全统计，公法学者有：德国的耶利内克、施密特，奥地利的凯尔森，法国的奥里乌、狄骥，英国的戴雪，美国的弗洛因德；法理、法史方面的学者有：法国的米休德、萨莱耶、惹尼，英国的梅特兰、波洛克、维诺格拉多夫、哈里斯，美国的庞德、格雷，俄国的科库诺夫；政治学方面的有：英国的拉斯基、鲍桑葵、菲吉斯和G. D. H. 柯尔；哲学方面的有：美国的罗斯、杜威等。相关文献包括：Friedrich C. von Savigny, System des heutigen Römischen Rechts, Teil II, Berlin: Veit und comp. 1840; Georg Beseler, Volksrecht und Juristenrecht, Berlin: Weidman, 1843; Georg Beseler, System des gemeinen deutschen Privatrechts, I, Berlin: Weidmann, 1847; Aloys Brinz, Lehrbuch der Pandekten, 1 Bde., Erlangen, 1857; Demelius, Ueber fingierte Persoenlichkeit, Jena. 1861. Rudolf von Jhering, Geist des römischen Rechts auf den Verschiedenen Stufen einer Entwicklung, Teil 3, Leipzig, 1865; Otto F. von. Gierke, Das deutsche Genossenschaftsrecht, Bd. I—IV, Berlin: Weidmann, 1868—1913; Gierke, Die Genossenschaftstheorie und die deutsche Rechtsprechung, Berlin: Weidmann, 1887. Ernst Zitelmann, Begriff und Wesen der sogenannten juristischen Personen: Preisschrift, Leipzig: Duncker & Humblot, 1873; Ernst Freund, *The Legal Nature of Corporations*, Chicago: The University of Chicago Press, 1897; Hölder, Natürliche und juristische Personen, Leipzig, 1905; Binder, Das Problem des juristischen Persönlichkeit, Leipzig, 1907; Meurer, Die juristische Personen, Stuttgart, 1901; Eugen Ehrlich, Zur frage der juristischen person: vortrag, gehalten in der Juristisch-staatswissenschaftlichen gesellschaft in Czernowitz, Czernowitz, 1907; Otto Mayer, Die juristische Person und ihre Verwertbarkeit im öffentlichen Recht, Tubingen, 1908; Schwabe, Die juristische Person und das Mitgliedshaftsrecht, Basel, 1900; Rechtsubject und Nutzbefugnis, Basel, 1901; Die Körpershaft mit und ohne Persönlichkeit, Basel, 1904; von Karl Haff, Grundlagen einer Körperschaftslehre, A. Deichert, 1915. De Vareilles-Sommieres, Les Personnes Morales, Paris, 1902; Michoud, La Théorie de la Personnalité Morale, Paris, 1906, 1909; Pic, Sociétés Commerciales, vol. I, title II, ch. I, Paris, 1908; Raymond Saleilles, De La Personnalité

法人人格问题,哲学家、社会学家、历史学家、法学家已经进行了严肃的思考。法学家在研究宪法、法理学、法律史、公司法、合同法和侵权法时,都会专门探讨法人本质问题。"[3]

关于大陆法系,当时有人幽默地描述道:"企图抓住这一问题进行探讨的学者如此之多,乃至于全部法律学者可分成两类,一类是已经就法人人格问题进行著述的学者,另一类则是即将就此问题进行著述的学者。"[4]在大论争发祥地的德国,有人说:"人们致力于一个明显永无尽头的论争成为时尚,每个人都希望自己能够在这一序列当中最终一锤定音,最后却不得不绝望地承认这场争论没有任何结束的征兆。"[5]在法国,反拟制说的声浪最高,除了较温和的组织体说,甚至逆反性地出现了影响深远的"法国学派"以及狄骥的倾向于极端自由化的法人学说[6],并且与德国一样,诸说之间展开了声势浩大的"阵地战"[7]。即使在政治上极为保守的日本,也不仅围绕两部民法典特别是德式民法典草案展开了法人人格争论,甚至扩展至村与入会权的地位问题,在这期间,敏感的"天皇机关说"甚至演变为政治事件。[8]

(接上页) Juridique: Histoire et Theories, Paris, Arthur Rousseau, 1910; Francesco Ferrara, Le Persone Giuridiche, Naples, 1907—1910; Barillari, Sul Concetto della Persona Giuridica, Rome, 1910. F. M. Maitland, State, *Trust, and Corporation*, ed. By David Runciman and Magnus Ryan, New York: Cambridge University Press, 2003. (该书已译为中文,参见〔英〕F. W. 梅特兰:《国家、信托与法人》,〔英〕大卫·朗西曼、马格纳斯·瑞安编,樊安译,北京,北京大学出版社,2008) Max Radin, *The Legislation of the Greeks and Romans on Corporations*, New York: Columbia Univ. Press, 1909; Herbert A. Smith, *The Law of Associations, Corporate and Unincorporated*, Oxford: Clarendon Press, 1914; James Treat Carter, *The nature of the corporation as a legal entity: with especial reference to the law of Maryland*, Baltimore: M. Curlander, 1919. Hans J. Wolff, Organschaft und juristische Person, Berlin, 1933, 1934; René Clément, personnalité morale et personnalité juridique, Paris, 1935; Heinz Rhode, Juristische Person und Treuhand, Berlin, 1932; Heinrich Kronstein, Die abhängige juristische Person, München, 1931; Frederick Hallis, *Corporate Personality: A Study of Jurisprudence*, Aalen: Oxford University Press, 1930. P. W. Duff, *Personality in Roman Private Law*, London: Cambridge University Press, 1938;〔日〕恒藤恭:《法的人格者の理論》,东京,弘文堂书房,1936。

[3][4] Martin Wolff, "On the Nature of Legal Persons", *Law Quarterly Review*, Vol. 54, No. 4, 1938, p. 494.

[5] Max Radin, *The Legislation of the Greeks and Romans on Corporations*, New York: Columbia Univ. Press, 1909, p. 643.

[6] 参见〔法〕莱昂·狄骥:《宪法论》,钱克新译,北京,商务印书馆,1959,第362页。

[7] Arthur W. Machen, "Jr., Corporate Personality", *Harvard Law Review*, Vol. 24, No. 4, 1911, p. 254.

[8] 参见吴宗谋:《再访法人论争——一个概念的考掘》,硕士学位论文,台湾大学法学研究所,2004,第86、93~101页。

在美国，尽管法人论争只是"游击战"，但相关文章也"像雪片一样铺天盖地席卷而来"①，直到1928年哲学家杜威出面干预，才使这场大争论有所降温②，但仍是余音袅袅，绕梁不绝。③ 在英国，不仅有许多重量级学者参与论战，而且激发出日后在政治学领域影响深远的"政治多元主义"④，直到1938年还有人苦口婆心地劝说，不要没完没了地争论下去。⑤

法人学说及其论战有着深刻的社会历史背景，这就是西方近代以来绝对主义国家的发展和社会中间组织的崛起，这一事件从根本上改变了西方现代社会的基本结构。因此，法人论争并不仅仅是法人本质的法学技术和法律思维之争，甚至也不仅仅是法人人格的伦理与哲学之争，更是关于现代国家与社会中间组织关系的政治大讨论，绝非我国被认为"茶杯里的风浪"⑥的民法论争可比。它深入全面地展示了法律技术、伦理哲学和社会政治在法人本质问题上的复杂勾连关系，为我们深入理解源于大陆法系的法人制度以及与之相配套的学术传统中的社会背景、文化基因、法律技术乃至价值理念提供了一个难得的学术范例。因此，即使是法人本质之争已经成为明日黄花，我们也会得到——正如哈特所指出的——"一具僵尸以及从其解剖中进行学习的机会"⑦。

作为法律制度上的继受国，我们不可能完全跳过对于来源国相关制度的理解和借鉴、对其理论学说的发掘和吸收。因此，研究传统法人学说一方面有助于我们从历史角度更加深入地认识法人制度的内在结构和制度精

---

① 〔美〕格里高里·A.马克：《美国法中的公司人格理论》，路金成、郑广淼译，载方流芳主编：《法大评论》，第3卷，北京，中国政法大学出版社，2004。
② See John Dewey, "The History Background of Corporate Legal Personality", *Yale Law Journal*, Vol. 35, No. 6, 1926. 关于杜威此文的影响，可参见 William W. Bratton Jr., "Berle and Means Reconsidered at the Century's Turn", *The Journal of Corporation Law*, Vol. 26, 2001; Reuven S. Avi-Yonah, "The Cyclical Transformations of the Corporate Form: A Historical Perspective on Corporate Social Responsibility", *Delaware Journal of Corporate Law*, Vol. 30, No. 3, 2005.
③ 参见〔美〕莫顿·J.豪维茨：《回溯圣克拉拉案件：公司法理论的发展》，郑相随译，载方流芳主编：《法大评论》，第4卷，北京，中国政法大学出版社，2005。
④ 关于政治多元主义的分析，参见 Kung Chuan Hsiao, *Political Pluralism: A Study in Contemporary Political Theory*, New York: Harcourt, Brace and Company, INC, 1927（中译本参见萧公权：《政治多元论：当代政治理论研究》，周林刚译，北京，中国法制出版社，2012）。
⑤ See Martin Wolff, "On the Nature of Legal Persons", *Law Quarterly Review*, Vol. 54, No. 4, 1938, p. 511.
⑥ 苏亦工：《得形忘意：从唐律情结到民法典情结》，《中国社会科学》2005年第1期，第131页。
⑦ H. L. A. Hart, *Essays in Jurisprudence and Philosophy*, Oxford: Clarendon Press, 1983, p. 36.

神，深入体察社会组织与国家的关系，正确界定法人的内涵和类型，科学地制定法人的成立要件，合理地设计法人行为能力和责任能力制度；另一方面，也为我们开拓学术视野，突破私法主义和技术主义的桎梏，将法律技术与法律制度、社会实践相结合，从而独立构建我们自己的法人学说，提供了一个典型的历史镜鉴。

当然，传统法人理论也有许多值得反思和检讨的问题，而这些反思和检讨同样有助于纠正我国学术研究中的某些不良倾向。一方面，分析西方主体哲学文化背景对于传统法人之争的消极影响，有助于我们反思当前的伦理主义和医治哲学崇拜症，实现价值理念和研究方法上的祛魅；另一方面，揭示传统法人理论在空间上的西方性和时间上的现代性，进而在总体上把握其局限性，还有助于纠正我国法学界中普遍存在的西方主义倾向，促使我们面向中国自己的问题并进行理论重构，从而做出我们自己的理论贡献。

第二节　国内外相关研究综述

一、国内相关研究综述

我国学界对传统法人学说的研究早在民国时代就已经开始，其时许多学者都有留学欧美的学术背景，而在当时的欧美，法人本质争论方兴未艾，按理应当受到时风濡染，这种多元的教育背景亦本应极利于形成一种本土化的学术资源。但从总体上说，民国时期法学界并没有揭示出这场大辩论的真正意义。我国台湾地区学者吴宗谋认为，之所以如此，是因为一方面受到日本学术忽视法人人格研究的影响，另一方面又受到我国当时的党国一体的政体的钳制。[①] 笔者认同这两方面的原因，但同时认为还有更深层的原因，那就是从现实的社会结构上来说，我国民国时期尚处于古代国家转型、现代国家尚未完全形成的历史时期，在外有强敌加紧侵略，内有分裂势力抬头和地方势力割据的情况下，国家的组织动员能力、社会整合能力却都十分有限，因此，法人本质论争中的去集权化、去中心化甚至去国家化的论题相对于我国社会而言过于"超前"，故其难以引起当时学者的关注和共鸣。[②]

[①] 参见吴宗谋：《再访法人论争——一个概念的考掘》，硕士学位论文，台湾大学法学研究所，2004，第88、103页。
[②] 一个明显的例子就是受法人理论影响而产生的拉斯基政治多元主义在民国时期虽有一定影响，但却仅仅限于政治学界，在法学界则几无回响。参见孙宏云：《民国知识界对拉斯基思想学说的评价》，《中山大学学报论丛（社会科学版）》2000年第3期。

在早期的国内几部民法著作中，大都提到了法人本质问题以及欧美学界在此问题上的大争论①，并罗列了欧洲大陆学界形成的拟制说、实在说以及法人否认。实在说又可分为有机体说与组织体说，法人否认说则又分为目的财产说、受益人主体说以及管理者主体说。但是这些研究都没有注明所引资料的出处，也没有研究各学说代表人的原著，致使这部分内容满足于学说简要介绍，篇幅短小。在梅仲协先生的著作中，这部分内容才占区区10行字；胡长清先生的著作中其所占篇幅最长，但也不过4页。内容上说，他们都将这个问题视为一个纯粹的法律技术问题，而且都步萨维尼之后尘，将法人人格问题严格限于私法范围之内，因而都不可能深入研究法人本质问题隐藏的含义。较早酝酿而成书较晚的史尚宽先生著作，甚至还认为此种争论并无多大意义，史先生引日本学者药师寺光观点说："法人如同自然人，因其能发挥社会的作用，有适于具有权利能力之社会价值，故应予以权利能力。"②

民国时期学者关于法人本质学说的认识，长期影响了我国后来的法人研究。改革开放以来的许多民法教材和论文虽然也会简单介绍传统法人本质学说，但大多"属于补课性质，未能有所突破"③。进入20世纪90年代后期，学界对于法人本质问题兴趣日渐浓厚，出现了一些研究法人本质的成果。④ 这

---

① 如胡长清：《中国民法总论》，北京，中国政法大学出版社，1997，第97～100页；史尚宽：《民法总论》，北京，中国政法大学出版社，2000，第139～140页；梅仲协：《民法要义》，北京，中国政法大学出版社，1998，第65页；李宜琛：《日耳曼法概说》，北京，中国政法大学出版社，2003，第42页；余棨昌：《民法要论总则》，北平，朝阳学院出版部，1933，第67～70页。

② 史尚宽：《民法总论》，北京，中国政法大学出版社，2000，第140页。

③ 张俊浩主编：《民法学原理》，北京，中国政法大学出版社，2000，第175页。

④ 相关的重要论文有：李高中等：《法人组织说批判》，《法学》1996年第12期；李锡鹤：《论法人的本质》，《法学》1997年第2期；江平、龙卫球：《法人本质及其基本构造研究——为拟制说辩护》，《中国法学》1998年第3期；李庆：《论公司的法律人格》，《现代法学》1998年第6期；高依升：《法人人格新探》，《法学杂志》1999年第6期；蔡立东：《公司本质论纲——公司法理论体系逻辑起点解读》，《法制与社会发展》2004年第1期；邓峰：《作为社团的法人：重构公司理论的一个框架》，《中外法学》2004年第6期；蒋学跃：《法人侵权责任能力的理论预设与制度设计——以法人本质理论为线索》，《现代法学》2007年第2期；黄忠：《法人本质理论及其制度构建的关联分析》，《甘肃政法学院学报》2009年第3期；常健：《回归与修正：对公司本质的重新解读》，《法商研究》2007年第1期；李永军：《论权利能力的本质》，《比较法研究》2005年第2期；尹田：《论法人人格权》，《法学研究》2004年第4期；谢鸿飞：《论人法与物法的两种编排体例》，载徐国栋编：《中国民法典起草思路论战》，北京，中国政法大学出版社，2001；庞春祥：《法人主体相对性研究》，《北方法学》2014年第3期；谢鸿飞：《论民法典法人性质的定位》，《中外法学》2015年第6期。涉及这一问题的主要专著有：蒋学跃：《法人制度法理研究》，北京，法律出版社，2007；周清林：《主体性的缺失与重构——权利能力研究》，北京，法律出版社，2009；张翔：《自然人格的法律构造》，北京，法律出版社，2008；崔拴林：《论私法主体资格的分化与扩张》，北京，法律出版社，2009；王春梅：《民事主体的历史嬗变与当代建构》，北京，法律出版社，2011；龙卫球：《民法总论》，北京，中国法制出版社，2002；徐国栋：《民法哲学》，北京，中国法制出版社，2009，第160页。

些成果都对传统法人学说进行了讨论，但是与民国时期学者相似，都没有解读原始文献，甚至很少引用二手资料，基本的讨论对象仍然是民国时期所定型的法人学说内涵，因此其准确性和学术意义就大打折扣。一个较为明显的例子就是对萨维尼的法人人格学说的误解，学界普遍性地认为萨维尼坚持了拟制说，但实际上萨氏还支持实在说，而且将其某些观点归入所谓法人否认说也不是不可以。

就笔者掌握的资料而言，目前只有四位学者通过解读当年法人学说原始文献来揭示总结法人论战的当下意义。一是我国台湾地区学者吴宗谋先生的硕士论文《再访法人论争——一个概念的考掘》[①]（以下称"吴文"），二是蒋学跃博士的论文《法人本质理论的重新审视与评判》[②]（以下称"蒋文"），三是顾祝轩教授的《民法概念史·总则》[③]（以下称"顾书"）第2章，四是谢鸿飞教授的论文《论民法典法人性质的定位》[④]（以下称"谢文"）。

吴文对拟制说和实在说进行了法史学意义上的研究。吴氏将拟制说的学术脉络追溯到罗马法、中世纪的注释法学派和评注法学派以及教会法，并将解读视域扩展到传统政治学甚至哲学领域，极大地拓展了我们的视野。他对有机体说的研究也跟踪贝塞勒与基尔克的足迹，进行了宏观意义上的考察。吴文还很正确地指出：拟制说和有机体说在强烈对抗的同时，也存在共同性。具体来说，拟制说与实在说的根本对立不是法人的拟制或实在，因为拟制不一定是虚无，而实在也不是看得见的实体，二者的根本对立是在国家认同方面。和笔者的"前见"一样，吴氏在文章中也深刻地指出了法人本质问题中私法与公法、法律与政治双重性的问题，提醒我们应当重视法人制度的公法意义。更为难得的是，他基本用了第一手资料，深入地研读了德文、法文原著。这为其论证提供了资料上的保障，笔者也从中受到许多启发。

但是吴文的研究不能代替本书研究。首先，吴文研究的视角是法史学的。而非是民法学的，而且侧重于宏观性的探讨，民法法人制度上的权利能力、行为能力等技术性和制度性的问题并非其研究重点。因此，该文所

---

① 吴宗谋：《再访法人论争——一个概念的考掘》，硕士学位论文，台湾大学法学研究所，2004。
② 蒋学跃：《法人本质理论的重新审视与评判》，载梁慧星主编：《民商法论丛》，第39卷，北京，法律出版社，2008；蒋学跃：《法人制度法理研究》，北京，法律出版社，2007，第五章。
③ 顾祝轩：《民法概念史·总则》，北京，法律出版社，2014。
④ 谢鸿飞：《论民法典法人性质的定位》，《中外法学》2015年第6期。

揭示的法人本质之私法公法二重性在很大程度上停留在较为宏观的价值和制度层面,而未与相对而言比较微观的制度层面,特别是团体内部制度层面衔接起来。如该文就没有提及萨维尼的代理理论和基尔克的机关说,而这两个学说是分别与拟制说和有机体说结合在一起的,不分析前者,就难以透彻地理解后者。因此,有必要从民法学的视角出发,对法人传统论争进行系统解读。

其次,从研究资料上来说,吴文似乎并没有全面、深入阅读德文原著,而是基本上通过法国学者萨莱耶的转述而有选择地阅读德文原著,因而其对德文原著的理解以及整个研究的旨趣和视阈必然受到前者的强大影响。从这个意义上来说,该文的独创性必然受到一定影响。特别是该文的主要研究对象正是德国学者萨维尼和基尔克的学说,从此角度看,这不能不说是一个重大遗憾。

再次,从研究对象上来说,该文主要研究了萨维尼的拟制说以及基尔克的有机体说,对于否认说则未予讨论。而笔者认为,否认说作为法人论战中的"祛魅派",是研究法人本质之争不可忽略的一个环节,因为不了解否认说就无从理解和透视这场论争的哲学背景及"意义",就不能祛除先验主体哲学对于民事主体理论研究的限制和阻碍。

最后,总体而言,吴文的研究宏大但不深入。例如,萨维尼拟制说的特质一是自然法人与意定法人之区隔,二是国家拟制说,但吴文并未揭示二者的内在旨趣和意蕴。对于基尔克,吴文侧重于分析"合作团体理论"而没有揭示有机体说的法律内涵,特别是其要法律技术和制度构建层面上的贡献。

比吴文稍晚的蒋文,在我国学者对于法人学说的理解的基础上,主要是结合民法上的一些技术性问题,对法人学说原始文献进行了一定程度上的解读,从而在一定意义上纠正了我国学者对于传统法人学说的错误认识。例如,蒋文认识到团体与法律间的关系问题,即法人的法律人格乃是法律是否承认法人团体的社会存在问题。[①] 再如蒋文揭示了法人人格权的实在性[②],还在法律技术层面上总结了有机体说的基本观点。[③] 但相较于吴文,蒋文对于原始文献的解读更不全面,只是点读式地分析引证了原始文献的个别段落,反而将大量篇幅放在凭空发挥上。例如,蒋文中的拟制

[①] 参见蒋学跃:《法人本质理论的重新审视与评判》,载梁慧星主编:《民商法论丛》,第39卷,北京,法律出版社,2008,第241页。

[②] 同①,第237页。

[③] 同①,第236~237页。

说与有机体说隔空对话。① 因此，总体而言蒋文对于传统法人学说的宏观理解有些表面化、技术化，甚至对法人本质三学说都或多或少地存在误解，如没有正确认识萨维尼学说与拟制说的关系，未能把握萨维尼拟制说中的实在论倾向和萨维尼学说中的逻辑矛盾，对有机体说与主体哲学的复杂勾连关系也缺乏认识，从而难以真正揭示这场学术论争的意义所在。

顾书本身是一项大型研究的成果之一，在该项研究中，作者试图运用卢曼的"概念史"研究方法，侧重于揭示概念与社会结构变迁间的相互指涉和作用关系，这对于澄清外国学术演进脉络、消除法学概念上的误解和歧义、提高学术研究水平具有重要意义。实际上，这也是笔者写作本书的主要写作目的，因而顾书对本书也提供了一些有益的启示。

顾书采用了一些原始文献资料，梳理了从古罗马时代一直到19世纪的法人概念的历史语义学与社会结构变迁的勾连关系，立意宏大。但是笔者认为，由于篇幅上的限制，顾书只是部分地实现了其研究目标。因为法人概念背后的社会结构变迁本身就是一个非常复杂的政治、经济和社会现象，不太可能通过简单的勾勒解释清楚。而且法人概念的语义变化与相关社会结构变迁的内在关联性也是复杂的，有时甚至是间接的，也需要深入细致的分析。此外，概念语义的变化并不仅仅、甚至也不直接决定于社会结构的变迁，而是受到各种复杂因素的谱系性影响。例如，如果不了解德国主体哲学所构建的意义之网，就可能不太理解萨维尼、耶林和基尔克法人学说中的许多概念，如主体、实体、本体、实在、有机体等，更不可能理解基尔克法人理论的深层内涵。

谢文也是从民法学角度展开的，认为法人性质理论不仅关乎法教义学体系的构建，而且对法律制度和规则的设计有着重要影响，因此谢文也在解读原始文献的基础上挖掘传统法人理论的法教义学和制度构建方面的指导意义，分别分析了拟制说和有机体说的缘起和传播、理论内核、历史社会学分析以及法教义学分析等问题，概略性地揭示了法人理论的产生、基本观点、知识谱系以及法律技术方面的特征等。谢文比较突出的贡献在于意识到了法人本质理论的政治意义，如他正确地揭示了拟制说与国家集权传统及国家对法人的忄喿惕之间的关联，再如揭示出了基尔克实在说旨在赋予现代社会民间组织以合法性的学术努力。

但首先，谢文也没有全面系统地解读原始文献，更多地是以二手文献

---

① 参见蒋学跃：《法人本质理论的重新审视与评判》，载梁慧星主编：《民商法论丛》，第39卷，北京，法律出版社，2008，第256~261页。

为线索"寻读"原始文献,故难以深入全面地揭示法人本质学说是如何将伦理与政治诉求结合在一起的。

其次,谢文没有解读否认说,其原因在于"在法人与自然人并行,成为独立的法律主体之后,否认说已不具有任何法律意义,且其根本内容与拟制说并无实质差异"①。其实这是对否认说的误解。否认说不仅与拟制说有着根本性的差异,而且有重要的制度构建意义,忽略否认说将无法全面揭示传统法人学说的意义。

最后,也可能最重要的是,从研究的出发点看,谢文的基本动机是从传统法人本质理论中去寻求法人制度的立法指导思想。其认为我国未来的民法典应以实在说为基础,在一些特殊问题上则以拟制说为基础。② 但笔者认为,这种研究意义不是很大。一是因为这种在法人性质上采取不同学说的做法是自相矛盾的,与该文所批评的"同一法律对法人机关与法人的关系采不同学说"一样,都"有违潘德克顿法学的体系要求"③。二是因为传统法人学说针对的是当时的法律实践,未必契合我们现在的实践情况。毕竟,从故纸堆里练就绝世武功,只是武侠小说中的虚构。三是因为这种研究进路难以避免学术上的急功近利和实用主义倾向,不利于提升学术研究的反思性和批判性,无益于我们"站在前人的肩膀上"揭示法人理论的真正意蕴、并总结其经验教训。四是因为在不深入探讨每种法人学说的产生背景、政治旨趣、价值取向和实践效果的前提下,如果过分地依赖这些外国理论——用朱苏力的话来说——"都会限制我们的想象力和理论创造力"④。

总之,学术研究无捷径,只能沉心下苦功。

二、外国相关研究综述

虽然在当年世界性学术论争中,传统法人学说传遍大西洋两岸,每一篇相关文献,无论是专著还是论文,都要对法人拟制说、有机体说、目的财产说和受益人主体说⑤进行一番评析,然后再结合实践提出自己的观

---

① 谢鸿飞:《论民法典法人性质的定位》,《中外法学》2015年第6期,第1511页。
② 同①,第1528页。
③ 同①,第1510页。
④ 苏力:《从契约理论到社会契约理论——一种国家学说的知识考古学》,《中国社会科学》1996年第3期,第103页。
⑤ 之所以主要限于法人拟制说、有机体说、目的财产说和受益人主体说,是由于组织体说和管理者主体说创立于法人论战晚期,其时法人论争早已在大洋两岸如火如荼地开展起来,因此并未成为论战中的核心学说。

点。但根据笔者的阅读经验，学者们在激辩法人本质学说的同时，似乎少有静下心来全面系统地研究被痛批抑或被激赏的传统法人学说，多数学者忙于提出自己的理论构想，根本无暇顾及先贤到底说了些什么，在有些学者那里，传统法人学说毋宁是引出自己观点的开场白或者修辞。因此，许多论著只是浮光掠影地解读法人学说原著，或者是寻读性地寻找学术依据乃至批判的靶子。

例如，在论战期间，虽然狄骥算是对当时的法人理论阅读得比较深入的学者，但在笔者看来，这种阅读更是在其本人的学术前见影响下进行的寻读。这些前见首先包括狄骥本人的学术立场，那就是来自孔德的实证主义哲学和涂尔干的社会学思想。按照这种立场，所有的德国学说都是"玄想"的思辨哲学，即使是组织体说也仍然摆脱不了玄想色彩，因而是应彻底加以排斥的。① 这就使其无法客观全面地解读其他法人学说。其次还包括狄骥的多元主义政治立场。狄骥对于现代集权国家的怵惕、敌视和规制在当时的学者中是最彻底的，鼎鼎大名的公共服务理论就是著例，但因此也呈现出极端化的倾向。在他看来，只有基尔克和他自己的学说不求助于国家，其他法人学说都会使社会组织匍匐于国家脚下②，这样其解读也就可能过于简单化。最后，似乎德法两国的关系也是一个微妙的因素。众所周知，自 1870 年普法战争以来，两国就是一对冤家。而法人论争正酣的 20 世纪初到 20 年代正笼罩于第一次世界大战的阴影之中，自然更是不共戴天。作为一位爱国者，狄骥也难免将这种情绪带入学术研究之中。

这种情况并不限于论争期间，即使多年以后，许多学者回到法人本质理论时③，仍然"顾不上"深入系统地阅读原著。④ 如拉伦茨对拟制说评论道："他们把'法人'看作是一种法律技术的产物，是把不相同的东西

---

① 参见〔法〕莱昂·狄骥：《宪法论》，钱克新译，北京，商务印书馆，1959，第 15、364 页。
② 同①，第 364 页。
③ 第二次世界大战之后德国的法人本质争论主要围绕企业的法律性质和地位，其旨趣与第二次世界大战前的法人本质之争迥然不同。可参见〔德〕贡塔·托伊布纳：《企业社团主义：新工业政策与法人的"本质"》，仲崇玉译，《南京大学法律评论》2006 年春季号；〔德〕托马斯·赖塞尔：《企业和法人》，赵易译，载易继明编：《私法》，第 1 辑第 1 卷，北京，北京大学出版社，2001。关于第二次世界大战之后美国法学界关于法人本质的争论，可参见 William W. Bratton Jr., "The New Economic Theory of the Firm: Critical Perspectives from History," Stanford Law Review, Vol. 41, 1989。
④ 笔者的阅读经验得到蒋学跃博士的印证，他也认为，西方学者很少阅读法人学说原始文献。参见蒋学跃：《法人本质理论的重新审视与评判》，载梁慧星主编：《民商法论丛》，第 39 卷，北京，法律出版社，2008。

看作相同,但并没有回答法人的本质是什么以及从这种本质出发它在哪些方面和多大程度上同自然人是相同的。"① 这就是对拟制说的误解,至少明显是对萨维尼拟制说的误解,萨维尼绝不像拉伦茨所想象的那么简单,萨维尼已经清楚地回答了法人的本质是什么,这就是"观念实体"。不仅如此,"观念实体"还是萨维尼法人学说的主线,串起了他的国家拟制说、代理说及其他主要制度构想。当然,笔者并不否认有些学者如沃尔夫、弗卢梅、维亚克尔对法人本质学说进行了深入分析,但由于时代的变迁,解读者似乎更关心一些公司法上的技术性问题②,法人本质之争的全部学术意义不可能被呈现出来。

当然,论战后期也有一些论著专门系统地解读了法人本质学说,值得我们总结分析。就笔者所收集到的文献来说,主要有美国哲学家杜威发表于 1926 年的论文《法人法律人格的历史背景》③(以下称"杜文")、维诺格拉多夫的高足英国学者哈里斯初版于 1930 年的研究法人学说的专著《团体人格:一项法理学研究》④(以下称"哈著")以及日本学者石本雅男于 1949 年出版的专著《法人格的理论与历史》⑤(以下称"石著")。

杜文的基本任务是从哲学的视角厘清大陆法系法人学说与主体哲学的复杂勾连关系,同时,从历史和文本两个角度揭示不同学说的政治目的,认为每一个法人学说在被用于支持相同目的的同时,也被用于支持相反的目的。该文认为,主体哲学的渗入不是澄清了法人本质问题,而是使得问题更加复杂,因而建议法学界将法学问题与先验哲学问题区分开来,在比较纯粹的法律技术意义上讨论法人制度的构建问题。杜文深入地揭示了德国法律人格学说与德国主体哲学的关系,指出拟制说和有机体说都是一种哲学理论,而不是纯粹的法律理论,因此建议法学界应当有鉴别有批判地吸收其某些观念。该文出自公认的哲学权威和公共知识分子杜威之手,在哲学上高屋建瓴,理论分析透彻,虽然该文没有全面解读相关原始文献,

---

① 〔德〕卡尔·拉伦茨:《德国民法通论》上册,王晓晔等译,北京,法律出版社,2003,第 180 页。
② 参见〔德〕贡塔·托伊布纳:《企业社团主义:新工业政策与法人的"本质"》,仲崇玉译,《南京大学法律评论》2006 年春季号;〔德〕托马斯·莱塞尔、吕迪格·法伊尔:《德国资合公司法》,高旭军等译,北京,法律出版社,2005,第 16~17 页。
③ John Dewey, "The History Background of Corporate Legal Personality", *Yale Law Journal*, Vol. 35, No. 6, 1926.
④ Frederick Hallis, *Corporate Personality: A Study of Jurisprudence*, Aalen: Oxford University Press, 1978.
⑤ 〔日〕石本雅男:《法人格の理論と歴史》,东京,日本评论社,1949。

但是可以确定的是他至少解读了该文所需要研究的部分，不仅引用了萨维尼、基尔克的德文原著和英译资料，还引用了包括狄骥、米休德、萨莱耶等人在内的许多法文资料。因此，该文对于美国当时高涨的法人本质之争明显起到了降温作用。不过，杜文的旨趣是哲学和政治角度的宏观研究，并没有、也不可能深入探讨法人本质的制度指向和法律技术功能。同时，作为一篇论文，该文对原始文献的解读也只是以点带面式的，不可能全面揭示法人学说的内涵。

哈著则是一部法理学著作，其研究旨趣不仅体现于民法领域，更体现于公法、法理甚至政治学领域。甚至有人直言不讳地指出，该书所讨论的问题远远超出它的题目。① 但在所有法人学说研究论著中，该著对传统法人学说的研究仍然是最具全面和最深入的。就全面性而言，该著以学者个人的著述而不是以逻辑上的某种学说为核心全面研究了当时德国、法国、英国以及俄国的主要学者的学说。最深入是指该著作贯穿了三条主线，一是法人的本质与法学方法，二是团体与国家的关系问题，三是国家与法律的关系问题。根据法学方法上的不同，哈著将上述学者分为三大知识谱系。第一类是理性主义，即皈依德国古典哲学即康德、黑格尔的学派，包括萨维尼、戴雪、施塔姆勒、凯尔森、博赞基特（鲍桑葵）；第二类是社会学理论，主要包括狄骥、孔德、涂尔干等；第三类是法学理论，主要包括基尔克、耶林、科库诺夫（N. M. Korkunov）、耶利内克、克拉勃（H. Krabbe）、奥里乌、米休德、萨莱耶等。对每一学者，哈著不仅分析了其对法人本体、法人伦理人格、法律人格的观点，还梳理了其在团体与国家的关系、国家与法律的关系上的看法，全面地呈现出了法人本质之争的公法和政治维度。从法学方法上来说，哈著赞成第三类学者的折中性研究进路，既能维持源于罗马法的现代法教义学体系，如权利、权利主体、意志、利益、权利能力等，又能将这些概念当作一种法律工具用于观察、解释和规制社会现实，既反对萨维尼、施塔姆勒、博赞基特、基尔克等人将法学概念先验化、哲学化，也反对凯尔森掏空这些概念的内在价值和实质内容从而建构所谓的"纯粹"法学，更反对狄骥完全抛弃现有法学概念从事所谓"纯粹"的社会学研究。从政治观念和制度价值取向上来说，哈著也开辟了两条战线：一方面反对贬低扼制社会中间组织的形形色色的拟制说，包括萨维尼、戴雪、耶林等人的拟制说，倡导重视社会组织的正面

---

① See Henry Rottschaefer, "Review of Frederick Hallis's Corporate Personality", *Michigan Law Review*, Vol. 29, No. 4, 1931, p. 534.

功能、独立价值和法律主体地位，指出团体权利并不源于国家的恩赐，也无须国家恩赐，主张结社自由；另一方面反对团体问题上的无政府主义，批评狄骥等人在规制团体行为上的无所作为倾向，赞成国家通过民法制度即法人制度实现对团体行为的法律规制，主张法人取得法人资格实行准则制、国家拥有一定的实质审查权。哈著上述观念无疑对我国有着重要的启示意义。

但是，以我们今天的眼光来看，哈著也有一定的局限性。首先，哈里斯本人是组织体说的坚定支持者，因此，哈著毋宁是哈氏将组织体说作为一种批判标准对其他学者所展开的学术批判[①]，而在当年法人学说激烈论争的大环境中，难免无法对所有的学者做到客观公正。一个显著的例子就是该著对于凯尔森法人学说的解读存在错误，笔者认为，哈著并没有真正把握住凯尔森著作的自由精神，只是简单地抓住凯尔森的新康德主义法学方法而一味加以贬斥。另外，该著对于狄骥的解读也受到组织体说的代表人物如米休德和萨莱耶的强烈影响，如米氏和萨氏都指责狄骥法人学说有无所作为倾向，将导致无政府主义。笔者认为，狄骥本意并非如此，也未必产生这一实践结果。其次，哈里斯对于某些学者的解读也存在表面化问题，最显著的例子就是他将萨维尼视为康德、黑格尔的学派的代表，而将基尔克视为法学理论的代表。其实，从哲学上讲，基尔克与萨维尼一样，都应当归入康德、黑格尔的学派。再次，哈著将研究视野扩展至权利的内涵、权利与法律的关系、国家与法律的关系等问题上，的确开阔了我们的视野；但其相应地带来了一个副作用，那就是内容上的驳杂和研究深度上的牺牲。哈著对于法人本质学说的解读并没有紧扣法人本质问题，因此，他基本忽略了萨维尼的代理说、基尔克的机关说，而这两个学说是分别与拟制说和有机体说联系在一起的，忽略前者，就难以全面把握后者。此外，对于法人制度层面上的问题，如民法上的法人登记制度、法人行为能力制度、法人责任能力制度，哈著更是很少触及。最后，从研究方法上来说，哈著仍有概念法学重视逻辑推演的倾向，如在讨论法人的法律人格之前，应当先界定法律主体即权利主体的概念，而要界定这一概念，还必须先界定权利的概念，这使得法社会学研究在某种意义上成了概念法学的逻辑推演。

石著出版于第二次世界大战结束之后的 1949 年，其时世界性法人本

[①] 杜威甚至认为哈里斯的目的是用一种思想学派去反对另一种思想学派，即一会儿用社会学批判理性主义法学，一会儿又用理性主义批判社会学派。See John Dewey, "Review of Frederick Hallis's Corporate Personality", *The Yale Law Journal*, Vol. 40, No. 8, 1931, p. 1340.

质之争渐趋尾声，而日本则正在美国主导下进行深层的政治和社会改革，意在消除日本明治维新以来的现代中央集权，厘清国家与社会的界限，赋予社会团体以更多的自由权利和独立空间，正是回顾这场争论的大好时机。从内容上来看，石著共分为两章，第一章用了该书近一半的篇幅从法哲学和法社会学的角度一般性地总结了法律人格理论、法人人格理论的内涵和意义，第二章则用了160多页的篇幅集中研究了团体理论自古罗马时代一直到拉伦茨法人理论的学说演进过程，从研究的历史跨度上来说显然比哈著更为广泛。从内容上来说，石著在梳理历史上的法人理论时，不仅能够分析其法律内涵，还能结合时代背景分析其公法和政治意蕴，其学术贡献应当得到肯定。

但石著有三个显著的缺陷：一是在如此有限的篇幅内，容纳如此之多的内容，势必摊薄学术研究的细致和专注，就此而言，石著虽然体系性和脉络性很强，但并不深入。二是石著基本上是以基尔克的研究成果为基础的，从其引证的资料来看，除对基尔克以后的学者的分析外，其他多以基尔克已有的著作作为参考资料，因此，石著对于其他学者的研究必然带上基尔克自己的痕迹。一个明显的例子就是石著在分析萨维尼拟制说时，很少直接引用萨维尼原著，反而更多地引用基尔克的相关论著。三是其关于团体理论的历史演变颇有些黑格尔哲学的意味。或许受基尔克影响，也许是石本氏自己缺乏反思精神，石著让人感觉似乎是罗马法法人学说经由中世纪学者和近现代法学家自然而然地"成长"为后世法人本质学说，团体观念成了一种先验精神，在漫长的人类发展历史中经由罗马人、中世纪法学家以及近现代法学家而不断地发现、完善并显现自身。这完全是黑格尔和基尔克的现代哲学神话！因此，总体而言，石著对于法人本质学说的解读并不如哈著的深入、有质感。

法人论争结束之后，最重要的研究文献是日本学者福地俊雄出版于1998年出版的《法人法的理论》[①]（以下称"福著"）一书。该书与笔者的研究最为相近，该书从民法学立场出发，同时又兼顾了政治学和法社会学的研究视角，运用知识社会学方法研究了萨维尼、耶林、基尔克以及埃利希的法人理论，不仅总结了它们的法律技术和方法，而且揭示了它们的历史背景和政治意蕴，具有很高的学术价值。

当然，该书与本书仍然有所不同：首先，从研究目的上来说，福著并不是专门的学说史研究，尽管学说研究占了该书相当大的篇幅。该书的主

[①] 〔日〕福地俊雄：《法人法の理論》，东京，信山社，1998。

要写作背景是日本国内关于无权利能力社团法律地位的争论[①]，因此，福地俊雄的主要研究目的乃在于从传统法人本质理论中发掘相关的学术资源，因而有重点地解读了萨维尼、耶林、基尔克以及埃利希的法人理论，并着重探讨了"法人理论的对象""法人法律上的主体性与社会上的主体性"以及非法人团体的相关制度问题。而本书则完全是一部学说史研究，虽然笔者也怀有制度上的研究动机，但并不仅仅限于无权利能力社团地位问题。其次，福著没有从总体上分析法人论争的源起、消亡、特质以及局限性的问题。最后，福著对于法人论争的先验哲学和主体哲学意味分析较少，而在笔者看来，这是法人论争的一个不可忽略的知识背景和研究线索。

总之，结合我国民法学术和法人制度的实际情况，独立地对法人本质论争进行解读是一个不能以其他方式（如翻译外国研究著作）加以替代的任务。

第三节 本书宗旨及框架

一、本书的宗旨

笔者的最终目标是经由传统法人理论，超越传统理论，摒弃"原装进口"、"进口组装"或"来料加工"式的学术移植，构建"自主知识产权"的法人理论。

基于此，本书并不是法人本质研究中附随的、不独立的文献综述研究，而是一项相对独立的学说史研究。本书力求实现两个基本宗旨：一是结合我国法人理论研究中存在的问题，剖析传统法人论者的学术背景、政治前见、研究方法及视角，揭示传统法人学说的真正内涵、深层意蕴以及论争焦点，梳理三大法人理论谱系演变的社会背景以及知识脉络，最后从总体上进行分析和评判，从而挖掘出对于我们构建法人理论具有重要意义的正反两方面学术资源；二是要揭示各法人本质学说的制度指向和制度效应，并从法律实践角度反过来对理论学说进行评判和反思。

具体来说，本书将实现以下研究目标：

首先，本书将从民法学视角出发进行研究，对于法人论争中的公法

[①] 关于这一问题的梳理，参见〔日〕山口敬介：《"无权利能力社团论"在日本的历史及今后的课题》，渠涛译，载渠涛主编：《中日民商法研究》，第14卷，北京，法律出版社，2015。

学、法理学以及政治学问题，本书不作过多涉及。本书将集中解读各主要学者关于法律（权利）主体、法人本质（本体）、法人人格、法人权利能力、法人行为能力、团体成员与团体关系、团体与国家关系等问题的观念，并从中挖掘这些概念当时所可能蕴含的、而现在却已经消失的原始内涵，为我们从概念语义演化的角度把握法教义学概念体系的内涵作出贡献。当然，笔者并不认为，从故纸堆中寻找出的内涵就是"正统"的含义，更不会倡导法学概念上的"原教旨主义"。而是说，历史毕竟是我们的学术资源之一，考察概念意义的流变能够说明，作为法学研究的工具，法学概念曾经被以现在我们意想不到的方式加以使用，从而扩展我们的想象力和法学研究的视野。

其次，完整地解读各学者的学说内涵。所谓完整是指本书将从学者的整体学术思想入手把握其法人本质学说，并反过来以其法人本质学说深化对其总体学术思想的认识，避免就事论事，见木不见林。为此，本书将以学者个人的著述而不是以逻辑上的某种法人学说为核心分析法人本质学说，从分析学者个人的时代背景、政治观念、哲学伦理观念以及法学方法等前见入手，按照学者本身的阐述逻辑剖析其法人观念，然后分析其学术影响并展示其学术脉络与流变，最后进行总体评价并总结其启示意义。

再次，本书将力求深入地呈现学者观点。所谓深入，是指本书试图不仅能够回答"学者原来说了些什么"和"学者所说的真正意义是什么"，甚至还要能够回答"学者所说的可能蕴含着什么"。笔者认为，这是实现前文提出的"经由传统理论，超越传统理论"研究目标所必须跨越的步骤。

最后，本书将以一章的篇幅，运用福柯谱系学和知识考古学的方法，从更加宏观的视角考察这场法人本质论争的法学知识背景、政治社会背景、法律制度背景和文化背景，从而从总体上揭示法人论争的现代性、西方性和局限性，以真正实现"经由传统，超越传统"的研究目标。一是从法人论争的法学知识背景角度，运用谱系学方法研究法人本质学说与罗马法文本之间的知识起源和话语构建关系，以揭示传统法人学说的现代性、西方性和构建性，从而在法学方法和研究视界上反思并超越传统法人学说。二是从社会和政治背景上聚焦于近代以来西方社会结构和国家结构的变迁，以及法人本质之争与这一社会变迁的内在关联，揭示法人制度所依存的社会基础和政治基础，从而在更广阔的社会政治视野中理解法人制度和法人学说的"社会现代性"。三是在法律制度背景部分主要研究法人特许制的产生、发展及法人特许制与法人论争的谱系学关联，揭示法人本质理论的法律实践指向，也为我们面向法律实践开展理论研究提供镜鉴。四是于文化背景中，对传统法人学说进行"知识型"分析，力求揭示传统法人学说的西方性和现代性，具体来说是西方主体哲学、特别是"人"这一现代知识型核心与法人学说的内在关联，为实现法学研究上的祛魅、超越传统法人学说的局限性打下坚实的学术基础。

二、本书的研究范围

伟大的英国法律史学家梅特兰先生（Frederic William Maitland）在讲到历史的整体性时曾说："这就是整个历史的统一性，任何企图讲述其某一片段的人，都必定会感觉到，他的第一句话就撕裂了一张没有接缝的网。"[1] 也许历史真是一张没有接缝的网，然而任何历史研究都免不了为了叙说的方便，而对材料进行重新组合。因此，如果将从古罗马一直到当前的对于法人本质的全部认知比喻为一张"网"，那么本书就必须两次"撕裂"这张网。

第一，本书只切割下其中的一块"网"作为本书的研究对象。具体来说，本书将聚焦于自19世纪中叶到20世纪中叶，在社会转型和国家转型的大背景下所发生的、受到德国古典哲学强大影响的、以法人本质和人格为话语形式的法人学说。

在这之前的法人理论，如罗马法和中世纪的法人观念，不仅社会及政治背景明显不同，而且思维模式和概念术语都不相同，更重要的是探究的"意义"迥然有异。因此，本书只是在第六章作为法人论争的知识参考系进行谱系学解释，分析其某些局部观点上的连续与总体上的、意义上的断裂。

而在这之后的法人理论，本书将会作为分析法人本质之争的学术对照物和线索，也不欲纳入学术研究的范围。主要原因在于，首先，法人本质论争之后的法人本质研究视域基本上已经转到公司法领域。[2] 其次，研究视阈上的变化必然带来研究旨趣上的变化，即主要旨在解决公司内部治理结构问题，研究的对象不再包括具有政治和社会功能的非营利法人及非政

---

[1] Frederick Pollock and Frederic William Maitland, *The History of English Law*, vol. 1, Cambridge: Cambridge University Press, 1968, p. 1.

[2] 参见〔德〕贡塔·托伊布纳：《企业社团主义：新工业政策与法人的"本质"》，仲崇玉译，《南京大学法律评论》2006年春季号；〔德〕托马斯·莱塞尔、吕迪格·法伊尔：《德国资合公司法》，高旭军等译，北京，法律出版社，2005，第16～17页；〔德〕迪特尔·梅迪库斯：《德国民法总论》，邵建东译，北京，法律出版社，2000，第823页；〔德〕卡尔·拉伦茨：《德国民法通论》上册，王晓晔等译，北京，法律出版社，2003，第180页。

府组织，研究的核心问题也不是社会中间组织与国家关系的问题，研究的背景也不再是整个社会和国家的结构性变迁①，无人再关注传统法人论争中所隐含的国家和社会的现代化问题。最后，"人格"和"本质"这两大深受德国古典哲学熏陶的核心术语也失去了以往的核心地位，要么被边缘化，要么被技术化，德国哲学赋予其上的浓重的价值伦理和本质主义意味被消解。因此，此后的法人本质之争，尽管还在一定程度上保留着当年法人论战的概念体系和话语样式，但实际是另外一种话语了。

第二，对于切割下来的这块"网"，本书还要再次限缩。本书不可能将法人论战期间的全部论著都毫无遗漏地进行解读，实际上这也没有必要。

首先，由于本书是从民法视角研究法人论争，故而不专门研究公法学家的论战著作，如拉班德、迈耶、耶利内克、凯尔森、奥里乌、狄骥等，尽管这些人的论著也非常重要。

其次，本书也不专门研究英美法系的法人本质学说，只是在必要的时候加以提及。主要原因有二：一是我国民法制度及学术基本由德国法系移植而来，因而要提升我们的学术品格，就必须正本清源地揭示德国法学理论的文化基因。二是从德国角度来看，英美法系的法人本质之争就显得相当"不典型"。其一，尽管在当年的法人论战中，英美法系也是主战场之一，直接参战的有许多重量级学者，如杜威、梅特兰、弗德雷克·波洛克、维诺格拉多夫、拉斯基、柯尔（G. D. H. Cole）、庞德、格雷等。但毕竟大陆打的是"阵地战"，而英美法系打的只是"游击战"，大陆法系的学说更有"体系性"，学者多数都写有专著，有的甚至是多卷本专著，而英美法系的许多学者往往只发表了一两篇论文，过于零散。其二，更为实质的原因是，英美法系关于法人本质的争论基本上没有超出大陆法系的知识谱系，绝大多数研究都是先行综述大陆法系的理论学说，然后，在此基础上再提出一些个人的想法或者进行某种程度上的折中，但都没有提出原创性的法人本质理论体系。即使是有专著问世的哈里斯本人，也只是完全附合组织体说而已。其三，即使是在综述大陆法系学说时，英美法系大多数法学论著也没有全面解读德国法人学说。他们在讨论法人本质时，颇有些类似我国的相关讨论，只是按照标签化了的法人学说进行思维逻辑上的评

---

① 由此，我们可以理解，在后世学者看来，正如梅迪库斯指出的，当年法人本质这一争论是无益之争，人们更倾向采纳中性的表述，法人就其宗旨而言被视为归属载体。参见〔德〕迪特尔·梅迪库斯：《德国民法总论》，邵建东译，北京，法律出版社，2000，第823页。

论，因而相当一部分观点流于表面。而阅读较多的学者，多从政治学视角进行解读和发挥，如梅特兰、拉斯基，但如此一来又忽视了法人理论的民法属性。其四，还有一个重要原因在于，德国人格哲学和德国式体系性思维在英美法系产生了"排异反应"，正如美国学者指出的，讨论法人本质的德国文献"所使用的资料大多来自陌生的法律文化，或者根本就不是法律方面的资料。这些论文大多相当抽象，而且对于以富于实践和贴近生活为荣的社会（指英美社会——引者注）来说，这些论文思考法律问题的方式是非常新奇怪异的"[1]。正因如此，许多学者实际上并没有真正理解德国文献，还有很多学者则是简单地加以排斥[2]，因而英美法系的论争体现不出德国法学理论的文化基因。因此，在本书中，英美法系的相关研究只是做一个参照物加以涉及，尽管从笔者个人的外语水平考虑，研究英美法系更便利。当然，如果将来有可能，笔者倒是很想另外单独讨论英美法系从特许说一直到制度经济学企业理论的法人学说，但研究的视角和旨趣主要不在于大陆法系法人学说和英美学说的共时性比较，而在于英美法系内部探讨法人本质问题的学术视角、理论工具以及研究进路上的历时性演变。

再次，由于同样的学术考虑，本书将重点研究三种典型的法人本质学说——拟制说、否认说和实在说，这不仅是因为这三种学说是当年法人本质之争中最核心的三种话语形态，并被后世学界称为传统法人学说；而且因为这三种学说是后世学者讨论法人本质问题的三种基本进路，虽然后来产生了许多所谓的"新学说"，但都未超出这三种知识谱系；更重要的是，这三种学说从逻辑上更符合哈特所说的理论"三重态"——"法人不是人"（否认说）、"法人虽然是人但是虚构的人"（拟制说）、"法人是真实的人"（有机体说）[3]，从而最能典型地体现出德国学术和文化的特质，故而对于德国民法制度和文化继受国的我国来说，尤其值得研究。

---

[1] 〔美〕格里高里·A. 马克：《美国法中的公司人格理论》，路金成、郑广森译，载方流芳主编：《法大评论》，第3卷，北京，中国政法大学出版社，2004，第289页。

[2] 比较典型的是英国的达夫、史密斯和美国的雷丁、格雷。分别参见 P. W. Duff. *Personality in Roman Private Law*. London: Cambridge University Press, 1938; Herbert A. Smith, *The Law of Associations, Corporate and Unincorporated*, Oxford: Clarendon Press, 1914; Max Radin, *The Legislation of the Greeks and Romans on Corporations*, New York: Columbia Univ. Press, 1909;〔美〕约翰·齐普曼·格雷：《论法律主体》，龙卫球译，载《清华法学》，第2辑，北京，清华大学出版社，2002。

[3] 〔英〕H. L. A. 哈特：《法理学与哲学论文集》，支振峰译，北京，法律出版社，2005，第27页。

此外，虽然组织体说很难称得上具有开创性意义，甚至从理论体系性上来说，也算不上多么圆融自洽，但本书还是专门进行探讨，原因在于：其一，中国和日本学界都将该说视为学界通说，并认为是现行立法的"指导思想"，却缺乏对于"通说"的深入解读。因此，这种说法有待验证，而验证的前提当然就包括揭示组织体说的真正意涵。其二，在法人论争之中，该说是以折中说的面目出现的。该说不仅几乎综合了法人论争中的各主要学说，如拟制说、机关说、受益人主体说和管理者主体说，而且在法学研究方法、法教义学体系、政治观念和价值判断等诸多方面也表现了出明显的折中性和综合性，因此，完全可以作为折中说的典范[①]加以专门解读。对其进行解读，可以回答在传统法人理论原有研究范式下简单地进行综合和折中是否能够构建起科学的法人理论这一重要问题，有助于深入反思我国"进口组装"式的法律移植思维。其三，虽然该说是法国学者的创造，但与前三者分享着共同的思维模式和文化基因，并表现为相同的概念体系，完全可以视为概念法学的典型体现。因此，解读组织体说不仅可以从一种折中和综合的视角反观前述三种学说，从而有利于深化对前述三种学说的解读，还可以从中揭示概念法学和传统法教义学的局限性，从而实现本书经由法教义学超越法教义学的研究目的。当然，相较于前三者来说，本书对于组织体说的解读是有限的，也是次要的。

最后，本书将对各学派的代表性学者进行有主有次地研究解读。具体来说，本书重点研究每种法人学说谱系的创始学者，即萨维尼、耶林、基尔克、米休德以及萨莱耶，特别是前三者。之所以如此，是因为这些学者大都是某一理论话语的奠基者，他们原创性地提出了一套全新或几乎全新的学说体系，因此在相应学派的形成和发展中起到了决定性作用，也更典型地呈现了该学派的基本内核和特质，故而应当重点进行解读。对于这些学者，本书将全面系统地解读其原始文献，详尽深入总结评论其学说观点。而对于其他诸学者和学说，如温德沙伊德、目的财产说、管理者主体说、法国学派等则做相对简略的分析。如此处理不是因为这些学者的学说不深邃、不重要，而是要么因为其在该学派中处于继承者的地位，完全展开则有嫌重复，要么因为该学派本身的学术影响和实践意义较小。

[①] "作为折中说的典范"意味着法人论争中存在多种折中说，的确如此，如德国的耶利内克、贝克尔、图尔、拉伦茨以及英国、美国、意大利的许多学者的法人学说都具有某种程度的折中性。具体参见本书第五章导语。

三、本书的框架结构

本书的内容分为四部分：第一部分是第一章绪论；第二部分是第二到第五章，分别讨论法人本质四学说；第三部分是第六章，从总体上探讨法人论争的起源、特质和局限性；第四部分是结语，总结法人论争的启示和教训。

这里主要想交代一下第二部分的框架结构，这实际上是本书对法人本质诸学说依照其内在逻辑和理路所进行的整理和归纳，也就是继上文"撕裂历史之网"之后所进行的"重构历史之网"的工作，这是学说或思想史研究所必然具备的前见之一。

其实，这项工作后世学者已经从不同的角度进行过多次。如拉德布鲁赫曾根据学者的基本立场将德国的法人本质理论归纳为三种类型：个人主义论（萨维尼的拟制说）、超个人主义（基尔克的有机体说）和超越人格的法律观（布林兹的目的财产说）。① 上文提到的英国学者哈里斯则主要从研究方法上将法人学说分为理性主义、社会学理论和法学理论三大知识谱系。哈特则从语言逻辑上提出法人学说逐步渐进的"三重态"：法人是一个技术上的简称或符号（否认说），法人是一个拟制的人（拟制说），法人是真实存在的人（实在说）。② 美国学者库利三世还按照法人学说的知识来源和主要立场分为罗马学派或威权主义学派（主要是萨维尼的拟制说），日耳曼学派或集体主义学派（主要是基尔克的有机体说），法国学派或者个人主义学派（主要是耶林的受益人主体说及在其影响下产生的法国学派）。③ 应当承认，上述学者的梳理并非仅为方便而已，而是都在相当程度上揭示出了各说的精神倾向。

作为民法学著作，本书在考察法人学说的哲学立场和法学方法等抽象问题的同时，更强调挖掘法人学说的制度指向和实践面向。因此，笔者将不采取拉德布鲁赫和哈里斯的类型划分作为本书的框架结构，而是集中以各学者法人本质问题上的"家族相似性"为标准，对传统法人学说进行归纳和组织，分为四大知识谱系——拟制说、否认说、实在说以及折中说。

---

① 参见〔德〕古斯塔夫·拉德布鲁赫：《法哲学》，王朴译，北京，法律出版社，2005，第134～135页。
② 参见〔英〕H. L. A. 哈特：《法理学与哲学论文集》，支振峰译，北京，法律出版社，2005，第27页。
③ 参见 John Henry Cully Ⅲ, People's Capitalism and Corporate Democracy: An Intellectual History of the Corporation, Article for Ph. Doctor, Santa Barbara: University of California, 1986, pp. 18～24。

要说明"家族相似性",则应当从学者们的总体论证思路上说起。从法人人格问题的论证进路上来说,法人论争中贯穿着一条西方知识系统中所特有的思路:法人的法律人格以事实人格或伦理人格为基础,而伦理人格则又以其社会本体为基础,社会本体又外化为社会组织可观察得到的各种外部标识——公章、标牌、办公楼、办公人员等。因此,从逻辑上来说,如果要"否认"法人,否认的路径应当不外乎以下三种:一是否认社会组织的法律人格,二是否认社会组织的事实人格(社会人格或伦理人格)①,三是否认社会组织的独立本体。由此,从否认的对象和程度上来说,法人否认说也应当由轻到重体现为三种"理想型",一是仅仅不承认社会组织②的事实人格,并不否认其有独立本体和法律人格,笔者将其界定为法人否认说Ⅰ;二是不否认社会组织的法律人格,但否认其事实人格和独立本体,充其量承认其具有一定的客观基础,但基础不同于其本体,可将其界定为法人否认说Ⅱ;三是只承认生物人的法律地位,不承认社会组织的独立本体和事实人格,甚至不承认其法律人格,从而必然在法律上否认法人(legal person)概念的存在,可将其界定为法人否认说Ⅲ。当然,最后这种观念将所有组织行为完全还原为个人行为,与法律实践明显冲突,根本无法解释大量社会组织作为社会行动者的社会事实,因而事实上也不存在这种"否认说"。从逻辑上来说,否认说只能体现为否认说Ⅰ和否认说Ⅱ。那么,它们与传统法人学说的基本对应关系是什么呢?

本书前文已述,萨维尼的拟制说并不否认法人的本体,相反,萨维尼一再强调法人本体相对于其成员、创始人的独立性,但是萨维尼并不承认法人的伦理人格或事实人格,故其法律人格只能由国家从外部赋予,从这个意义上来说,萨维尼的拟制说显然符合否认说Ⅰ的特征,因此将拟制说视为否认说的一种也顺理成章。目的财产说主张目的财产本身就是法人的社会实体,但这一实体本身并不具备事实人格,只有借助于国家或法律的力量才可以成为法律上的主体,也符合否认说Ⅰ。如果将否认说界定为否

---

① 西方著作一般将法人事实或社会层面上的人格称为伦理人格(moral personality),而将法律层面上的人格称为法律人格(legal personality)。本来按照康德的哲学,此处的伦理并非伦理学上的伦理,所谓伦理不过意味着与人的行为有关或者社会性而已,与自然法上那些先验价值观念没有直接关联,本书一般使用事实人格或社会人格一词,日本学者福地俊雄也将其称为社会上的主体性。参见〔日〕福地俊雄:《法人法の理論》,东京,信山社,1998,第259页。但在当年法人本质论争中,许多学者如萨维尼、基尔克和耶林等人往往并不严谨地限于这一意义,而是常常导向与前述先验价值直接关联的先验人格。

② 笔者采用社会组织一词仅仅是表明其社会形态,这一形态是所有否认说都不否认的。

认说Ⅰ，则根本不存在所谓的拟制说，我国学者认为否认说是否认法人具有主体地位的学说，这一界定显然是有问题的。因此，只有否认说Ⅱ才是民法教科书中所指的否认说。

按此，只有管理者主体说和受益人主体说才可以归入否认说Ⅱ，才是民法教科书中所说的法人否认说。因为在传统法人学说中，只有受益人主体说和管理者主体说既否认了其独立的社会本体，也否认其事实人格，只不过在受益人主体说那里，法人则是其受益人的法律符号，而在管理者主体说那里，法人不过是管理者的法律外衣。在否认说那里，法人不仅在法律教义学上被解构，在社会学层面也被消解。但正如上文所述并不存在否认说Ⅲ，在法律实践层面，二者都不否认法人（legal person）的实践意义，也就是说，二者都不否认法人本身是个拟制。但如此一来，受益人主体说和管理者主体说是否应当也可归入拟制说呢？这涉及拟制说的逻辑界定问题。

从广义上来说，只要承认法人本质是个拟制的学说都可称为拟制说，这实际上是广义上的拟制说，可以称为拟制说Ⅰ。从这个意义上来说，不仅萨维尼的拟制说、普夫塔和温德沙伊德的拟制说、目的财产说应归入拟制说的阵营，受益人主体说和管理者主体说也要归入拟制说的范畴，甚至连组织体说及其他类似的折中说也要列入拟制说系谱之中，即除了基尔克的法人实在说，其他学说都应归入拟制说。但如此一来，学说之间的区别就被模糊了。正如前述"否认"是个多义词一样，拟制也是一个多义词，在论战中，实际上至少存在两种意义上的拟制，一种拟制是法律拟制，即作为法律技术的拟制；另一种拟制是萨维尼式的拟制——国家拟制，是作为政治控制手段的拟制。否认说并不排斥前一种意义上的拟制，甚至离不开这种拟制，因此真正意义上的拟制说应是后一种拟制，也就是狭义上的拟制说，即只否认社会组织的事实人格，但不否认其独立本体，而这种意义上的拟制可称为拟制说Ⅱ，而此说实际上恰恰就是否认说Ⅰ。拟制说与否认说这种智识上的交集往往导致后来许多论者在提到当年的法人本质之争时，无法厘清论争的对象和焦点，从而笼而统之地得出各派实际上分歧很小的结论。

而所谓实在说则应当是不仅承认社会组织的独立本体、也承认其事实人格和法律人格，但这样理解，则只有有机体说可以称得上是实在说。因为在该说看来，至少是合作团体作为一种社会存在具有独立于其成员、也独立于国家的实在本体，具有先验的伦理人格，其法律人格不过是其伦理人格在法律上的体现和反映而已，所以根本无须国家或法律进行拟制。而组织体说虽然承认社会组织的社会本体，但并不承认法人具有先验人格或事实人格，因此，该说承认社会组织的法律人格是由法律赋予的，但法律不是任意地赋予这一人格，必须以社会组织本体的要素（社会组织成员集合体和内部机关）为基础。从其法律观念来看，组织体说似乎应当归入拟制说，但组织体说与拟制说，至少与萨维尼的拟制说在政治理念、具体法律分析方面迥然有异，不应纳入拟制说体系。故本书将其视为折中说的一种典型。

因此，本书的研究框架可以列表如下：

表 1-1　本书的研究框架

要义＼学说	拟制说	否认说	实在说	组织体说
法人是否具有实体性	有	无	有	有
法人是否具有伦理人格	无	无	有	无
法人是否具有法律人格	有	有	有	有
国家-法人关系	威权主义	威权主义/自治主义	自治主义	自治主义

当然，以上都是粗线条的框架性区分，实际上，以上"独立本体""事实人格""法律人格"在不同的学者那里，往往还有着不同的理解，被赋予了不同的含义。这些将在本书正文中具体展开论述，作为本书绪论，这里无须一一分析。

第四节　研究方法和术语界定

一、研究方法

（一）哲学诠释学方法

作为文本性的学说批判研究，本书将首先采用诠释学方法解读相关文献。笔者承认自己也是带着一定的前见研究法人学说的，但笔者首先将力求客观地翻译和解读传统法人学说原始文本上的字面含义。然后在此基础上，通过全面解读其法人学说及其他论著，结合当时的历史背景，从学者的整个思想体系层面归纳出作者的主要意图、主要立场和研究方法，反过来将其作为理解其文本的"前见"，再根据这些前见进一步解读其法人学说文献。最后，在根据其上下文把握学说的内在关联性的同时，揭示其意义断裂之处，从而深入地揭示其法理内涵、法学方法、政治意蕴以及制度价值取向。

此外，本书还将运用诠释学方法研究法人本质学说与罗马法文本之间的知识诠释和再造关系，拟制说、目的财产说和受益人主体说都明确宣称其学说来自权威的罗马法文本，本书将揭示后世学者在罗马法文本解读过程中是如何再造性地诠释发挥罗马法文本，从而改造为其法人学说的学术资源的。

在运用诠释学方法过程中，笔者将采取一手文献与二手文献相结合的方式。这一研究方式当然与本书的胚胎——博士论文主要依靠二手文献资料写成有关，但也不仅仅是出于路径依赖，而是因为该种方式一方面可以在一二手文献的相互印证和辩驳当中，深化对一手文献的解读和诠释，另一方面有助于纠正二手文献中许多陈陈相因，乃至积非成是的谬误。

(二) 谱系学方法

本书采用的谱系学方法源于福柯。谱系学认为一个事物的出现并不是只有一个同一性的源头，其发展也不是一元的线性发展过程，而往往是由诸多因素相互影响、相互制约，甚至是相互冲突的结果。[1] 对于法学学说的产生和流变，学界往往习惯于运用知识社会学的方法进行研究，但在笔者看来，谱系学方法包含了知识社会学，但又超越了知识社会学。因为，一方面，谱系学通过权力—话语关系的微观考察，超越了传统知识社会学往往利用一些较为宏观的社会存在，例如经济结构、政治结构、文化结构以及阶级等来解释人类知识的倾向，因而能够考察社会知识更为微观的因而也更为深层的各种条件；另一方面，谱系学还矫正了以往的知识社会学所构建起来的知识主体性和连续性，在其看来，知识并不是某个遥远的先验主体所构建的内在连续性整体，而是各种主客观因素综合起作用的结果。总之，谱系学不仅探讨人类知识与社会环境的关系，而且要分析知识与知识之间的谱系关联。因此，本书不仅将运用谱系学方法考察影响每种法人学说产生和流变的各种因素，还要专门在第六章分析整个传统法人论争的诸多产生原因。

对于各具体法人学说，本书将首先分析其创始人的政治背景与其学说内容上的关联，揭示法人学说的政治和实践价值取向。其次，还要指出社会组织在不同历史阶段所呈现出来的不同特征对法人学说的影响，如揭示萨维尼拟制说的法人原型是中世纪共同体，耶林法人否认说的法人原型是合伙，而基尔克的法人原型则是合作团体，并说明这些现实和理想中的法

---

[1] 参见〔法〕米歇尔·福柯：《尼采、谱系学、历史》，王简译，载杜小真编：《福柯集》，上海，上海远东出版社，2003，第148~149页。

人类型如何直接影响了每种法人学说的法律技术判断，并进而如何影响了伦理和政治前见的表达。再次，本书还要揭示相对比较技术化、专业化的法人本质理论与社会上流行的意识形态是如何榫接在一起的。如萨维尼的拟制说与康德主义、近代绝对主义国家观念和封建主义的复杂勾连关系，再如耶林受益人主体说与机械社会学、全能国家主义的关联。又次，本书还要揭示传统法人理论背后所依据的哲学观念，即笛卡儿以来的主体哲学，特别是康德以来的德国古典主体哲学。如果前三个方面旨在辨异，这里则侧重于求同，从而从宏观上揭示整个法人本质之争的"现代知识型"特征。最后，本书还将勾勒每种法人理论的传播、流变轨迹以及立法影响，一方面进一步揭示该种学说在其奠基者那里尚未完全呈现出来的其他特质，另一方面分析理论学说与立法活动之间的互动关系及张力。

第六章则试图从总体上揭示整个法人论争的罗马法知识背景、政治社会根源、政治思想背景、法律制度背景以及哲学思想背景，从而从总体上揭示这场论争的实质和局限性，并从中得出启示和吸取教训。

（三）知识考古学

知识考古学是福柯的重要理论贡献之一，它认为知识或话语的历史往往是不连续的，或者说是断裂的，西方知识性文化存在着由不同"知识型"所构成的"地质层"，其中18世纪末19世纪初以来的现代知识型所塑造的文化主角就是大写的"人"。

笔者认为，传统法人本质学说典型地体现了西方"现代知识型"的根本特征——以"人"作为研究的中心。自19世纪以来，"人"取代了中世纪"上帝"所曾占据的位置，人成了大写的人。法人论争之所以持续百年，之所以出现哈特所说的理论"三重态"，最核心、最深层的原因就在于这个大写的人。通过知识考古学的方法，本书力求呈现出传统法人学说的"西方"性和历史性，揭示西方主体哲学以及"人"这一现代知识型核心与法人本质之争的复杂勾连关系，并结合法人制度实践指出这种关联对于法学方法、法律解释和制度构建的负面效应。最后本书将指出，法律主体理论应当进行祛魅，要与先验主体哲学保持一定的距离，应当主要以法社会学方法和分析法学方法解决法人本质问题。

（四）法社会学的方法

在本书中，法社会学的方法也是运用于学说解读和评判，这主要体现于贯穿本书始终的前法律和后法律分析法。具体来说，该方法主要是分析评判各法人学说如何体认和解释法人这一前法律现象，又如何将这一前法律现象纳入或反映到法律世界之中，使转变为法律概念，最终在此基础上做出何种制度设计。这实际上对应着法人本质之争的三个不同层面：一是社会解释，即如何从法律的角度观察社会团体，其是否具有独立的社会本体，或者说在何种意义和范围内具有独立本体，其是否具有不依赖于法律的事实人格。二是法律解释，即分析法律上的法人人格有何法律意义和社会意义，其与法人独立本体和事实人格有何关联，法人之法律人格在何种意义上是对事实人格的承认，又在何种意义上是对事实人格的规制。三是制度效应，即探讨法人登记、法人权利能力、法人行为能力、法人责任能力等制度包含着何种法律技术，体现了何种伦理观念，又隐藏着何种政治前见，其实际效果如何。

二、术语界定

(一) 法人

我国的法人一词一般在两种意义上使用，一是在社会学意义上，也可在不太严格的法学意义上使用，指各种具有分工比较明确、职责比较固定的内部机关的社会组织，无论有无成员、成员是否承担有限责任，如公司、合伙组织、协会、基金会、寺庙等。在这种意义上，法人是一种前法律现象，与个人相对，与英文 Corporation 一词含义一致。[1] 本书将根据上下文以"社会组织"、"法人组织"、"社会中间组织"、"民间组织"、"法人团体"、"团体"以及"社会团体"指称这种意义上的法人，尽管严格来说，这几个术语的外延可能并不相同。二是在严格的法律意义上运用，指具有民事主体资格能够以自己的名义享有权利承担义务的特定类型的主体，即 Juristical Person（法文 Personne Morale，德文 Juristische Person）[2]，与自然人相对，这种意义上的法人是法律观察社会生活并进行确

---

[1] 在英国法上，Corporation 是一个本国固有的概念，而 Legal Person 则为受德国法影响而产生的一个外来词。参见何勤华：《西方法学史》，北京，中国政法大学出版社，1999，第 324 页。

[2] 周枏先生认为罗马法上并无这一名称，它是由注释法学派在总结罗马法的基础上，作为自然人的对称而提出来的。参见周枏：《罗马法原论》，北京，商务印书馆，1994，第 290 页。不过准确地说应当是评注法学派提出来的，参见本书第六章。方流芳教授将罗马国家内部的各种法人（Corporation）都称为"公司"，这是出于一种理论上的自觉：公司是社会自然现象，而法人则必与法律甚至国家权力相关。参见方流芳：《中西公司法律地位历史考察》，《中国社会科学》1992 年第 4 期，第 154 页。但英文中的 Corporation 一词源于拉丁词汇 corpus，表示人的团体，即被许可可以如个人一样行动的一群人，Corporation 原始意义就是指具有独立于其个人成员的法律人格的任何组织。See C. A. Cooke, *Corporation Trust and Company: An Essay in Legal History*, Cambridge, MA: Harvard University Press, 1959, p. 7. 所以方流芳教授的译法毕竟不合于中国目前法律用语习惯。

认的结果。本书将直接采用法人一词指称这种意义上的法人主体。对于英文中的 Legal Person 一词，笔者仅在严格限定的法律语境中称为法人，而在大多数情况下则称为法律上的人。

（二）法人本质与法人人格

本章第一节在说明法人本质的内涵时，实际上采取了广义界定，既包括法人本体问题，也包括法人人格问题。严格来说，二者的含义是不同的。法人本质是指法人的本体或实体，其探究的问题是法人是否具有独立于其受益人的本体，或者说法人是否是一种实在。而法人人格则是指法人的法律人格或法律主体资格，其探讨的问题是法人是否以及为何具有或不具有法律人格。

虽然法人人格与法人本质是两个不同的问题，但又存在着密切联系。法人本质分为社会本质与法律本质，而后者就是法律人格。法律人格应当以社会本质为前提和基础，所以研究法人的法律人格问题，必然也要考察法人的社会本质问题。同时考虑到我国学界也往往将这两个问题放在一起进行探讨，因此，无论是讨论法人人格的还是讨论法人本质的学说，都被笔者纳入本书研究范围之内。

在此附带对本书的标题作一下说明。本来笔者不愿采用民法学界常用的"法人本质"这一用语作为本书标题，因为个人觉得这种本质追问很容易导致无休止地向一种终极实体追溯或递归，从而陷入本质主义的漩涡。因此，笔者的博士论文采用的标题就是"法人人格学说研究"。但正如本书第六章第四节所示，只要我们在科学实证的意义上探讨法人本质，就可以避免这种问题。此外，还考虑到我国学界已经习惯于使用"法人本质"，故而在课题申报时仍然采用了这一表述，以免增加读者的理解负担。

第二章 萨维尼的法人学说

法人与自然人的区别在于，前者由国王创造，而后者由上帝创造。[1]
——爱德华·柯克

法人是，并且必须是国家的拟造物。进入这一拟造物鼻孔的，必定是国家发出的虚拟生命的气息，因为没有这种气息，它就不是活的生命体，而仅仅是个人主义的尘埃。[2]
——F. M. 梅特兰

我国学界普遍认为，拟制说为德国法学家弗里德里希·卡尔·冯·萨维尼（Friedrich Carl von Savigny, 1779—1861）所创。[3] 有人认为，萨维尼是人道主义、民主主义、人文主义的先行者[4]，反封建的斗士，

---

[1] Tipling v. Pexall, 3 Bulstrode 233 (1614), 80 ER 1085. 转引自 Reuven S. Avi-Yonah, "The Cyclical Transformations of the Corporate Form: A Historical Perspective on Corporate Social Responsibility", *Delaware Journal of Corporate Law*, Vol. 30, No. 3, 2005, p. 783.

[2] F. M. Maitland, "Introduction", in Gierke, *Political Theories of the Middle Age*, Trans. by F. M. Maitland, New York: Cambridge University Press, 1900, p. xxx.

[3] 例如：胡长清：《中国民法总论》，北京，中国政法大学出版社，1997，第97页；史尚宽：《民法总论》，北京，中国政法大学出版社，2000，第139页；梅仲协：《民法要义》，北京，中国政法大学出版社，1998，第65页；李宜琛：《日耳曼法概说》，北京，中国政法大学出版社，2003，第42页；梁慧星：《民法总论》，北京，法律出版社，2001，第141页；张俊浩主编：《民法学原理》，北京，中国政法大学出版社，2000，第175页；孔祥俊：《公司法要论》，北京，人民法院出版社，1997，第115页；朱慈蕴：《公司法人格否认法理研究》，北京，法律出版社，1998，第20页；龙卫球：《民法总论》，北京，中国法制出版社，2001，第321页；王利明：《民法总则研究》，北京，中国人民大学出版社，2003，第378页；蒋学跃：《法人制度法理研究》，北京，法律出版社，2007，第194页。实际上，在德国，多数学者也是如此理解，参见吴宗谋：《再访法人论争——一个概念的考掘》，硕士学位论文，台湾大学法学研究所，2004，第23页。当然，也有人持不同看法，详细论述请参见下文。

[4] 例如，马俊驹教授曾说："萨维尼正是基于人道主义、民主主义的思想，继承了罗马法中对团体赋予人格、认为团体人格是拟制的看法"。参见马俊驹：《法人制度的基本理论和立法问题探讨（上）》，《法学评论》2004年第4期，第4页。

还有人提出要为拟制说"辩护"①，更有人提出"缅怀萨维尼与重倡拟制说"②。情况果真如此吗？答案只能在仔细全面阅读原著的基础上给出。

作为罗马法学派的一代宗师，萨维尼的拟制说思想主要体现在其晚期作品——1840 年出版的《当代罗马法体系》第 2 卷③（以下称《体系》Ⅱ）中，法人问题几乎占了本卷一半的篇幅，说明萨氏对于法人问题极为重视。正如萨氏名篇《论占有》的译者朱虎博士对该书的赞美一样，《体系》Ⅱ的语言也是"清晰、流畅，有着贵族的从容和克制"④。笔者阅读该书的英译本时⑤，也能感受到这一点。在萨氏从容、冷静的笔触下，罗马法像是一泓清澈的江水，从容沉静地穿越纷乱的中世纪，流淌到当今时代。然而实际上，江水里有急流、有旋涡，甚至还有险滩，只不过在萨维尼刻意营造的私法幻象里，这些都被忽略了。

为了叙述方便，笔者将先行揭示萨维尼的学术"前见"，作为本节之"纲"。在诠释学看来，前见并非揭穿别人险恶动机的诛心之论，而是一个中性概念。海德格尔认为任何理解和解释都脱离不开解释者的前见，解释者生存的历史经验决定了其对对象的理解。⑥ 伽达默尔进一步发挥了前见的思想，认为任何解释都避免不了解释者的"偏见"，这些偏见构成了解释者理解的合法的基础。⑦ 因此，前见往往决定或预示了学者的立场、视角以及基本结论，揭示其前见可以更加深入地解读其学说。前见之后是本节的主体部分，笔者将分别讨论拟制说和代理说，剖析贯穿于其中的主要问题和线索，总结其精神实质，然后介绍拟制说的流变和影响。

---

① 江平、龙卫球：《法人本质及其基本构造研究——为拟制说辩护》，《中国法学》1998 年第 3 期；张骏：《关于法人本质的再思考——从拟制说出发》，《江南大学学报（人文社会科学版）》2005 年第 2 期。当然，龙卫球教授并未特意要为萨维尼的拟制说辩护。
② 蒋学跃：《法人本质理论的重新审视与评判》，载梁慧星主编：《民商法论丛》，第 39 卷，北京，法律出版社，2008，第 253 页。
③ Friedrich Carl von Savigny, System des heutigen Römischen Rechts, Teil Ⅱ, Berlin, Veit und comp. 1840.
④ 〔德〕萨维尼：《论占有》，朱虎、刘智慧译，北京，法律出版社，2007，译者前言，第 44 页。
⑤ Friedrich Karl von Savigny, The Roman Law of Persons as Subjects of Jural Relations, trans. by William Henry Rattigan, London: Wildy & Sons, 1884. 在本书写作过程中，也参考了德文原著。
⑥ 参见〔德〕海德格尔：《存在与时间》，陈嘉映、王庆节译，北京，商务印书馆，2016，第 215 页。
⑦ 参见〔德〕伽达默尔：《诠释学Ⅰ 真理与方法》，洪汉鼎译，北京，商务印书馆，2010，第 292～293 页。

第一节 萨维尼的"前见"

一、萨维尼的政治态度

萨维尼并不是我们所想象的象牙塔里沉浸于构建纯粹法学体系的法学教授,虽然其一生的活动以学术及教学为主,但其政治身份不容置疑。他于1812—1813年继哲学家费希特之后担任普鲁士柏林大学校长,1814年(维亚克尔认为是1819年)后成为王储威廉四世的老师,1817年任普鲁士枢密院法律委员,1829年成为国务委员,并于1842年出任其学生威廉四世的立法部长,直到1848年因革命而下台。终其一生,萨氏在学界与政界的地位都极为尊崇,他是当世(包括官方)公认的法学界(而非仅仅是历史法学派,更不用说罗马法学派)领袖,甚至当时有人认为他可以成为普鲁士的首相。① 因此,他对法人问题的研究主要是以政治家的眼光和视野展开的。

要了解萨维尼的政治态度,首先要了解他所处的社会阶层。萨氏出身于因军功起家的封建贵族家庭,并终身保有继承而来的贵族身份和封地。② 由此我们可以理解萨维尼在政治上的保守立场③:一方面,他"支持现存的政治宗教与秩序,维护王室、教会、社团与特权阶级历史上传来的权利",而且"这种态度——如同一般的情况——随其年龄的增加以及感受到新兴力量的威胁而趋于强硬。这自然也会影响到其学术研究"④,

---

① 参见〔德〕维亚克尔(Franz Wieacker):《近代私法史——以德意志的发展为观察重点》,陈爱娥、黄建辉译,台北,五南图书出版公司,2004,第358页;〔德〕施罗德:《萨维尼的生平及其学说》,许兰译,载《萨维尼与历史法学派》,桂林,广西师范大学出版社,2004,第294页;〔德〕威廉·格恩里:《弗里德里希·卡尔·冯·萨维尼传略》,程卫东、张茂译,载《萨维尼与历史法学派》,桂林,广西师范大学出版社,2004,第306~322页;冯引如:《萨维尼评传》,博士学位论文,华东政法学院,2005,第五章。
② 参见〔德〕康特罗维茨:《萨维尼与历史法学派》,载《萨维尼与历史法学派》,桂林,广西师范大学出版社,2004,第341页。
③ 这一观点已为许多学者所揭示。参见〔美〕E. 博登海默:《法理学——法律哲学与法律方法》,邓正来译,北京,中国政法大学出版社,1999,第90页;〔德〕茨威格特、克茨:《比较法总论》,潘汉典等译,北京,法律出版社,2003,第213页;〔美〕汤普森:《历史著作史》下,孙秉莹、谢德风译,北京,商务印书馆,1996,第217页;〔德〕曼海姆:《保守主义》,李朝晖、牟建君译,南京,译林出版社,2002,第224页。
④ 〔德〕维亚克尔:《近代私法史——以德意志的发展为观察重点》,陈爱娥、黄建辉译,台北,五南图书出版公司,2004,第360页。

而萨维尼的法人理论恰恰正是其晚期作品。另一方面，萨维尼对法国革命怀有一种本能的敌视①，对本国"经由公民平等来解散古老等级社会"的革命也同样怀有深深的疑虑。② 这种态度必然会反映到其法人理论上，这就是萨维尼对于新旧团体的不同态度。

在《体系》Ⅱ中，萨维尼将社团组织分为三种类型：第一类是"自然法人"，主要包括各类历史久远的社会共同体。在当时的德国，这类共同体应当包括村庄、公社、自治市、教会甚至各侯邦，萨氏称其为"自然的甚至必要的存在"。它们是国家的基本要素，从存在的时间上看比国家还要古老，在历史上已经形成了自己的特权和独立的法律人格，因此其法律地位是毋庸置疑的。③ 也就是说，该类团体的人格和特权是自然形成的，无须国家赐予或法律拟制，该类团体的人格具有实在性，国家无权进行否认。显然，这种观念体现了法人实在说的基本精神④，甚至比基尔克版的法人实在说走得更远，因为后者虽然认为法人具有实在人格，但其认为这并不意味着国家只能承认而不能加以规范。萨维尼这一观念既是对当时集权国家尚未能全面管控社会、封建残余依然存在的反映，也是其努力维护地主阶级利益的体现，我国学者将萨维尼打扮成反封建的产儿完全是信口开河。第二类是手工业行会及其他社团，但这类团体的地位是不稳定的，它们要么依附于前述共同体而成为其组成部分，要么属于第三类社团。⑤

---

① 关于萨氏对于法国革命的敌视态度，可参见〔德〕萨维尼：《论立法与法学的当代使命》，北京，中国法制出版社，2001，译序第 4 页，正文第 42 页；支振锋：《防止僭越的理性——论〈论立法与法学的当代使命〉》，载《萨维尼与历史法学派》，桂林，广西师范大学出版社，2004，第 269 页；〔德〕康特洛维茨：《萨维尼与历史法学派》，载《萨维尼与历史法学派》，桂林，广西师范大学出版社，2004，第 350 页。这种仇视法国革命的态度甚至都蔓延至《法国民法典》，在其名篇《论立法与法学的当代使命》第一版中，对于法国民法几乎无一赞语，而对体现古老等级观念的大杂烩式的《普鲁士法典》青眼有加。参见〔德〕萨维尼：《论立法与法学的当代使命》，北京，中国法制出版社，2001，第 42~81 页；另可参〔德〕维亚克尔：《近代私法史——以德意志的发展为观察重点》，陈爱娥、黄建辉译，台北，五南图书出版公司，2004，第 365 页。实际上，萨氏厚此薄彼，也是出于政治上的成见，一是因为拿破仑曾在德国部分地区推行《法国民法典》，伤害了其民族感情；二是因为如果当时就制定民法典，必然是法国式的，以德国当时的法学学术、政治氛围不可能制定出德国式民法典。
② 参见〔德〕维亚克尔：《近代私法史——以德意志的发展为观察重点》，陈爱娥、黄建辉译，台北，五南图书出版公司，2004，第 365 页；〔德〕康特洛维茨：《萨维尼与历史法学派》，载《萨维尼与历史法学派》，桂林，广西师范大学出版社，2004，第 341 页。
③ See Savigny, *The Roman Law of Persons as Subjects of Jural Relations*, trans. by William Henry Rattigan, London: Wildy & Sons, 1884, pp. 180, 204.
④ 关于这一问题的展开，参见下文。
⑤ 同③，p. 180。

第三类是萨氏称为"人为且意定的"法人,即各种广义的社团与财团,它们的产生和存在取决于一人或多人的任意决定,实际上也就是成员通过自由结社而成立的法人组织。在罗马时代,此类团体包括宗教社团、公务员协会、商业行会和社交协会(各种社交俱乐部)。[1] 在萨维尼的时代,这实际上主要指是新兴的各种社会中间组织。萨维尼认为,这一类法人本身并无自然形成的法律人格,只能由国家拟制,也就是说该类法人获得国家的特许方可合法。[2] 可见,萨氏的拟制说实际上仅仅适用于第三类社团。

萨维尼的分类有着深刻的政治背景。19世纪上半叶的德国正处于社会急剧转型的时期,这种转型一方面体现为近代集权国家的发展,另一方面则体现为新旧社会组织的消长。在英国和法国早已实现的近代绝对主义国家在普鲁士也已经获得了长足发展,专制君主逐步在消除诸侯割据局面,废除国家中的团体和个人的特权,军队、税收及司法等权力都收归中央,强化中央集权。在强化集权的过程中,国家权力与旧有的社会团体以及新兴的社会团体产生了激烈冲突,许多旧式社会团体(如村社、市镇、自治市以及教会组织)要么被国家吸纳、吞并,要么被新兴团体所取代(如封建行会被新兴的企业联合会及工会所取代)。发生激烈冲突的并不限于国家与社会组织,在新旧社会组织之间同样存在着矛盾和冲突。与集权国家互为表里的是从各种古老共同体中解放出来的"自由"的个人,建立在自由民事主体基础上的市场在相当程度上取代了传统社会组织的功能,可以说个人的解放本身就意味着传统共同体的削弱和解体。同时这些自由的个人又自由地重新组织起来,成立各种新兴团体。新兴团体在相当意义上又替代、排挤了传统社会组织,促使旧式团体更加迅速地走向解体。按照基尔克对于德国历史的分期[3],进入1807年以后,德国进入一个新的自由结社时期,由于现代民族国家的出现与发展,"伴随着旧式特权团体的消亡,法律上的特权和不平等也被消除,公民自由和法律平等的确立,这些条件促进了'现代型自由结社'的兴起"[4]。从18世纪开始,一直到19世纪,德国出现了一大批新兴的市民组织,如文学社、报纸期刊社、

---

[1] See Savigny, *The Roman Law of Persons as Subjects of Jural Relations*, trans. by William Henry Rattigan, London: Wildy & Sons, 1884, pp. 188~191.

[2] 同[1], pp. 180, 204。

[3] 基尔克将德国历史分为五个时期,1806年以后直到基氏所处的时代为最后一个时期。参见本书有关有机体说的部分。

[4] John D. Lewis, *The Genossenschaft-Theory of Otto von Gierke: A Study in Political Thought*, Madison: University of Wisconsin Press, 1935, p. 53.

音乐社以及各种教育协会等。① 在哈登堡、施泰因改革中,封建领主团体、农村公社以及旧式行会要么逐渐解体或转型,要么受到致命冲击,而新兴团体如商会、城市及其他社会团体的自治权得到了国家的认可。然而,集权国家对于新兴团体的承认不过是一种缓解社会矛盾的权宜之计,1815年维也纳会议后保守主义回潮,1816年普鲁士对社会团体重新采取敌视政策,争取自由结社成了资产阶级和无产阶级的一致追求。②

只有置放于这一历史背景中,才能深刻理解萨维尼对于新旧团体的不同态度。作为封建容克地主阶级的一分子和代表者,萨维尼一方面欢迎集权国家的诞生,因而武断地宣布意定法人没有自然人格,只能由国家赐予。这实际上也就是主张由集权国家对新兴团体进行甄别,对其中可以加以利用和控制的团体许可其成立,对于有潜在危险的团体则禁止其成立,以此来钳制新兴团体的发展。因为在萨维尼看来,新兴团体不仅直接侵蚀了旧式团体,其中追求政治社会目的的组织还容易引发萨维尼所拒斥的社会革命,故而是政治上的不安定因素。③ 另一方面,他又担心集权国家对于旧式团体的压制以及对其传统特权的剥夺,因而提出自然法人先于国家而具有自然人格,实际上从理论上否定了国家对旧式团体的管控权力。因此,日本学者福地俊雄认为,萨维尼对旧式团体与新兴团体区别对待的理念具有绝对国家和半封建的性质。④ 这一评价,可谓至论。

当然,萨维尼并不是顽固保守的封建主义者,而应将其归入开明容克地主之列。他并不一概反对解散旧团体,他只是反对损及特权阶层利益的改革。他也不全然反对农村公地分割,甚至支持废除农村封建关系,因为这些改革会使地主受益。萨维尼还主张地主应当主动地转化为资本家:"如果以往的土地用益权的分享模式在几个世纪里满足了所有的需求,那么同样无可争辩的是,这样一个时代已经到来,即失去了古老的习惯法的束缚后,任何人都不能无视所有商事企业的巨大能量而拒绝加入商事企业。"⑤

---

① 参见王绍光:《多元与统一——第三部门国际比较研究》,杭州,浙江人民出版社,1999,第134页。
② 参见杨祖陶:《德国古典哲学逻辑进程》,武汉,武汉大学出版社,2003,第4页;关勋夏:《关于1848年德国革命任务问题》,《暨南学报(哲学社会科学)》1997年第3期,第63~65页,王建芹等:《从自愿到自由——近现代社团组织的发展演进》,北京,群言出版社,2007,第140~141页。
③ See Savigny, *The Roman Law of Persons as Subjects of Jural Relations*, trans. by William Henry Rattigan, London: Wildy & Sons, 1884, London: Wildy & Sons, 1884, p.191.
④ 参见〔日〕福地俊雄:《法人法の理論》,东京,信山社,1998,第151页。
⑤ 同③, p.265。

二、萨维尼的法人原型

作为一项谱系学研究，本书有必要揭示萨维尼构建其法人理论所依据的典型法人类型。首先，从客观背景上来说，不同时代的法人在类型、结构和功能等方面都有所不同，因此，法人学说中的学术原型必然会受到时代的限制。就此而言，与我国许多学者总是透过公司理解法人的思维惯性迥然不同，在萨维尼那里，公司、企业并不是萨维尼构建法人学说的法人原型。19世纪30年代的德国，仍是"一个手工业和以手工业劳动为基础的家庭工业国家"[①]。德意志的农业人口占总人口70%以上。[②] 1846年，德意志每12人中才有1人从事工业，而英国是每4人中就有1人从事工业。1840年，德意志蒸汽机只有4万马力，1845年，德意志的煤、生铁产量、原棉消费量分别为610万公吨、18.4万公吨、2.15万公吨，分别为英国的1/7、1/9、约1/9。[③] 德意志的大型企业很稀少，成立于1810年的克虏伯工厂1846年只雇用了140名工人。[④] 1848年，克虏伯、伯西格尔这些最大的企业，雇用的工人分别为150名和1 000人。[⑤] 现代意义上的公司法人制度并没有出现，除了各邦国设立的国有企业和特许合股公司这些公法上的企业，私法意义上的企业主要采取的是业主制和合伙制。这种时代背景决定了萨氏的法人本质学说的实践基础不可能是公司[⑥]，尽管萨氏也认识到商业组织的巨大力量，并偶尔提及商业组织。实际上，德国学者也认为："在德国法学中，那种认为股份公司是法人的观点，是19世纪下半叶才被广为接受的。"[⑦] "在这场学术争论（指法人本质论争——引

[①] 〔德〕弗·恩格斯：《关于共产主义者同盟的历史》，载《马克思恩格斯全集》，第21卷，北京，人民出版社，1965，第260页。

[②] 参见〔英〕彼得·马赛厄斯、M. M. 波斯坦主编：《剑桥欧洲经济史》，第7卷上册，徐强等译，北京，经济科学出版社，2003，第479页。

[③] W. W. Rostow, *The World Economy: History and Prospect*, Austin: University of Texas Press, 1978, pp. 52～53.

[④] 参见〔美〕科佩尔·S. 平森：《德国近现代史——它的历史和文化》上册，范德一译，北京，商务印书馆，1987，第112页。

[⑤] 参见〔意〕卡洛·M. 奇波拉：《欧洲经济史》，第3卷，徐璇译，北京，商务印书馆，1991，第314页。

[⑥] 普鲁士于1843年才制定《股份法》，而德国《有限责任公司法》则是1892年通过的。参见〔德〕格茨·怀克、克里斯蒂娜·温德比西勒：《德国公司法》，殷盛译，北京，法律出版社，2010，第418、288页；〔德〕托马斯·莱塞尔、吕迪格·法伊尔：《德国资合公司法》，高旭军等译，北京，法律出版社，2005，第8页。

[⑦] 〔德〕赫尔穆特·科英：《欧洲私法史上的法人理论》，傅广宇译，载《罗马法与现代民法》，第10卷，厦门，厦门大学出版社，2019，第66页。

者注）中，资合公司并不是讨论的中心，争论只是稍稍涉及资合公司法而已。"①

其次，从学术研究自身的特点来说，鉴于法人类型的多样性和性质上的差异性，理论研究并不可能一一进行考察，只能选取一些学者自己认为典型的或者其最关心的类型作为构建法学理论的基础。德国法学家托伊布纳曾说："理论工具总是有选择性地观察现实，并相应地提出仅仅针对这些被选中的现实的法律政策建议。"② 从上文所述的政治背景和萨维尼政治态度来看，萨维尼所关注的法人类型基本上限于具有社会、政治功能的社团。从《体系》Ⅱ来看，萨维尼论述的法人类型主要包括公社、村庄、城镇、行会、城市、宗教组织以及社交协会等新旧社会组织，纯粹的私法性商业组织并非萨氏考察的重点。这又从另一角度印证了前述萨维尼法人学说的政治意蕴。

再次，从法律技术上来说，上述法人类型具有鲜明的"社团性"，即团体被想象成为由成员所直接构成的整体，团体的构成要素是成员，法人管理者、代表者与成员分化不显著，管理者、代表者的地位在很大程度为其成员身份所吸收。而现代企业及非营利组织中则普遍实行职业经理制，多数情况下职业经理未必是成员，大企业中普遍存在着伯利与米恩斯所说的所有权与控制权两权分离的现象③，也就是现代社会组织的典型特征是"组织性"。可以说，萨维尼笔下的"理想型"法人乃是合伙组织这种内部分工不清晰、成员与管理者高度同质化的老化模型，根本不存在现代企业中的所有权与控制权相分离的现象。这种模型的法人特征只能源于两个方面：一是团体财产与成员财产的相互区隔，二是独立于团体的代表者。在萨维尼看来，前者决定了团体的本质和权利能力范围，而后者则弥补了团体的行为能力上的不足。可以说，这两个方面构成了萨维尼法人学说的主要内容，前者体现为拟制说，后者则是代理说。

最后，由于法人原型的社团性，萨维尼的法人理论具有很强的社团

---

① 〔德〕托马斯·莱塞尔、吕迪格·法伊尔：《德国资合公司法》，高旭军等译，北京，法律出版社，2005，第15～16页。
② 如他举例说："系统理论家只会看到要素、结构和过程，而其他观察者则看到有血有肉的人在行动。" Gunther Teubner, "Enterprise Corporatism: New Industrial Policy and the 'Essence' of the Legal Person", *American Journal of Comparative Law* 36, 1988, p. 153.
③ 参见〔美〕阿道夫·A. 伯利、加德纳·C. 米恩斯：《现代公司与私有财产》，甘华鸣等译，北京，商务印书馆，2005。

法而非组织法倾向。① 所谓社团法倾向是指将法人的社会载体视为一个团体，并主要从结社的角度分析成员与团体的关系。组织法倾向则是将法人的社会载体视为一个内部具有严格分工的数个机关（或权力）所构成的组织体，并从组织结构角度分析法人的本质。② 在社团法视角下，法人理论关心法人与其成员的关系问题，甚至包括所有团体成员所组成的集体与法人的关系问题。而萨维尼对于这一问题的回答则受到了他对于团体自治的悲观态度的影响。在萨维尼笔下，团体内部关系俨然是霍布斯笔下的原始状态，不仅充斥着成员之间的明争暗斗和尔虞我诈，还有团体利益与成员个人利益的截然两分和尖锐对立，更有团体成员或团体代表对团体利益的瓜分侵吞。③ 通过这些分析，萨维尼暗示，仅仅依靠团体成员和管理者，根本无力建立维持团体内部的和平秩序，只有通过来自外部的国家监控才能实现团体内部的公平和正义。他之所以拒绝将团体人格和利益寄托于团体的成员及代表者，而是将其置于国家的羽翼下，最深层的原因恐怕就在于此。

三、萨维尼的法学方法

萨维尼的法学方法源于康德的影响。维亚克尔认为：从康德的伦理学中已经衍生出学术性形式主义（亦即法学实证主义）的主要血脉，后者进而将嗣后的现代运用改造成一种实证法的自主学科。④ 这种方法继承了盛行于欧洲大陆长达两个世纪之久的理性法学的某些方法，但是逐渐摆脱其伦理倾向，而侧重于视法律为一个自主的系统，实为概念法学之滥觞。

对于萨维尼来说，形式主义法学方法具有特殊的意义，这不仅体现于学术上，更体现于政治方面。就前者而论，形式主义法学特别适合于罗马法研究。从某种意义上来说，具有千年发展史的罗马法，经过注释法学派

---

① 下文将分析，受益人主体说、有机体说也是如此。
② 在传统法人学说中，只有管理者主体说和组织体说才试图从组织法角度探讨法人本质，当然，笔者认为二者都没有实现这一目标。具体分析参见下文相关部分。
③ See Savigny, *The Roman Law of Persons As Subjects of Jural Relations*, trans. by William Henry Rattigan, London: Wildy & Sons, 1884, 第 99 和 100 节。英国学者哈里斯认为，萨维尼对于法体自治的悲观态度，可能源于其对德国政治局面的总体感受："面对当时诸侯并立的政治图景，萨氏的脑海中充满了慈善的独裁政府与侯国们钩心斗角造成的混乱之间的对比"。See Frederick Hallis, *Corporate Personality: A Study of Jurisprudence*, Aalen: Oxford University Press, 1978, p. 12.
④ 参见〔德〕维亚克尔：《近代私法史——以德意志的发展为观察重点》，陈爱娥、黄建辉译，台北，五南图书出版公司，2004，第 338 页。

和主流法学派的学术挖掘与整理，再由历代德国罗马法专家不懈提炼与移植，已经成为脱离古罗马社会和文化的抽象化的因而也是形式化的法学体系，萨维尼之后的罗马法演变为潘德克顿法学并成为概念法学的内在机理也在于此。而法学出身的蒙森和韦伯之所以最终告别法学，前者成为纯正的历史学家，而后者则成为社会学的一代宗师，都是由于不满足于法学的形式性，而欲探究法学概念所对应的社会（历史）事实的内在规律。就后者来说，形式主义的法学方法与萨维尼的保守政治观念是完全和谐的。基于其保守的政治观念，萨维尼强烈反对势必带来政治和社会改革的立法①，明显的例证就有众所周知的与蒂堡的论战②以及就任立法部长长达6年却鲜有重大立法活动的事实。③ 一方面，形式主义的、部门法化了的私法学有助于在不触动社会根本政治制度的前提下，完成法学的体系化，并进而制定出统一的民法典，萨维尼身后的德国民法典编纂历史正好说明了这一点。另一方面，正如本书后文在基尔克法人学说部分所指出的，形式主义法学有利于将政治上的决断隐藏在高度抽象化、技术化的法学概念和原理体系中，使普通民众无法辨别，甚至使法学专业人士都难免陷入其中。本章上文已经指出，下文还将继续指出，萨维尼的法人理论典型地体现了这一特点。

在这一前提下，就不难理解萨维尼对理性法学体系性特征的特别强调。在他看来，体系是法律科学的基本任务。④ 萨氏在其早期的课程《法

---

① 参见〔德〕弗朗茨·维亚克尔：《历史法学派形象的变迁——1967年1月19日在卡尔斯鲁厄法学研究会上的报告》，载〔德〕弗里德里希·卡尔·冯·萨维尼著，〔德〕艾里克·沃尔夫编：《历史法学派的基本思想（1814—1840）》，郑永流译，北京，法律出版社，2009，第71页。
② 萨维尼之所以强烈反对蒂堡关于制订统一德国法的主张，固然有学术上的考虑，但从根本上说仍然是其政治观念所致，因为在当时的民主氛围中制定法典，难免会引发激进的社会变革，势必会破坏他所维护的等级秩序。所以他在论战中的成功，与其说是学术上的胜利，不如说是政治上的共鸣，即萨氏的主张更符合当时各阶层的政治情感。更能说明问题的是，萨氏在此后的罗马法研究中，并没有真正遵守其在论战中阐发的民族精神——按照这一精神他应当着重研究日耳曼法而非罗马法——恰恰说明民族精神之说不过是一种论说策略而已，在萨氏那里，民族精神既是学术的也是政治的，但主要还是政治的。反倒是在日耳曼学派那里，才真正地贯彻了"民族精神"说。
③ 萨维尼就任立法部长的6年（1842～1848年）正是德国1848年革命从暗潮涌动到全面暴发的阶段，作为这段历史的当事人，萨维尼不可能不清楚自己的时代、身份和职责，因此他拒绝全面修订邦法而选择了局部性地修改单行法，不顾对手的冷嘲热讽和朋友的委婉批评，而"安于很少的成就"〔〔德〕弗里德里希·卡尔·冯·萨维尼著，〔德〕艾里克·沃尔夫编：《历史法学派的基本思想（1814—1840）》，郑永流译，北京，法律出版社，2009，第41页〕，其原因也在于担心大规模立法难免成为引发社会变革甚至革命的导火索。
④ 参见冯引如：《萨维尼评传》，博士学位论文，华东政法学院，2005，第31页。

学方法论》中已经提出了这个问题，他认为历史研究为法学研究提供素材，而哲学的处理则将这些素材组织成内部体系。① 在他看来，法学研究的最高境界就在于将历史性研究和体系性研究结合起来，"法学完整的品性就建立在这个结合的基础之上"②。萨氏认为，理论上有两种方法可以实现法学和民法典的完备性：一是列举一切可能的情形，以穷尽一切可能性；二是可以通过一套原则概念术语的法律逻辑构件，来建构一个严密的逻辑体系，使得任何特殊案件都被涵盖在这一体系之中。他同时指出，第一种方法注定要失败，因为社会生活不可能穷尽列举，因此唯有第二种方法值得追求。③ 出于构建法律科学体系的需要，萨氏必须将法人与自然人统合起来，从而形成统一的法律主体（或人）这一最高概念。④

而打造法律概念的方法也来自理性法学：萨维尼认为，每个法学概念都必须符合法律现实⑤，法学概念与其所指涉的事物之间的关联性不是任意的，而是有其内在规定的。⑥ 杜威认为，这种方法认为每一事物都因其内在的基本元素（essence）、本质（nature）和"实质形式"而成为其自身，事物的本质可以通过定义获得，定义可以解释事物的本质和结构。⑦ 这种概念界定方法可以追溯到古希腊，并一直持续到萨维尼所处的德国古典哲学时代。那么根据这种方法，法律主体的内在本质又应当是什么呢？这就涉及对萨维尼影响甚巨的康德伦理人格主义哲学。⑧

---

① 参见〔德〕维亚克尔：《近代私法史——以德意志的发展为观察重点》，陈爱娥、黄建辉译，台北，五南图书出版公司，2004，第348页。
② 〔德〕萨维尼、格林：《萨维尼法学方法论讲义与格林笔记》，杨代雄译，北京，法律出版社，2008，第5、74页。
③ 参见薛军：《蒂堡对萨维尼的论战及其历史遗产——围绕德国民法典编纂而展开的学术论战述评》，载徐国栋编：《中国民法典起草思路论战》，北京，中国政法大学出版社，2001，第441页。
④ 冯引如博士认为《当代罗马法体系》标志着萨维尼私法法律科学体系的建立，参见冯引如：《萨维尼评传》，博士学位论文，华东政法学院，2005，第78页。《当代罗马法体系》共9卷，实际上只完成了私法的总论部分，贯穿该书的线索、同时也构成该书主体部分的内容就是法律关系理论，《体系》II只是法律关系理论下的第二章，其标题就是"作为法律关系主体的人"，其下包括自然人和法人。
⑤ 同②，第108页。
⑥ 同⑤，第111页。
⑦ See John Dewey, "The History Background of Corporate Legal Personality", *Yale Law Journal*, Vol. 35, No. 6, 1926, p. 660.
⑧ 参见〔德〕卡尔·拉伦茨：《德国民法通论》上册，王晓晔等译，北京，法律出版社，2003，第46页。

四、萨维尼的伦理——法律上的"人"

德国学者维亚克尔曾指出:"从学术成熟期起迄至宏大的晚期释义学巨著,萨维尼均严守理性法学与康德的自由伦理。"① 康德认为:"人,是主体,他有能力承担加于他的行为。因此,道德的人格不是别的,它是受道德法则约束的一个有理性的人的自由……因此,结论是,人最适合于服从他给自己规定的法律——或者是给他单独规定的,或者是给他与别人共同规定的法律。"② 而"物,是指那些不可能承担责任主体的东西。它是意志、自由活动的对象,它本身没有自由,因而被称之为物"③。也就是说,在康德看来,伦理主体(人格)构成了法律主体的内在规定性,法律主体首先必须是伦理主体。所以,当萨氏发表其对于法律与法律主体的意见时,他说:

> 所有的法律都为保障道德的、内在于每个人的自由而存在。因此,法律上的人或权利主体的原初概念,必须与生物人的概念一致,并且可以将这二种概念的原初同一性以下列公式表述:每个个体的生物人,并且只有个体的生物人,才具有权利能力。④

萨维尼这一权威公式将康德的主体哲学引入了法学研究,使法律主体、法律上的人、人格这些概念成了神圣的"大词",对此后大陆法系关于法律主体、自然人以及法人主体资格的研究产生了深远的影响。无论是耶林的法人否认说还是基尔克的有机体说,甚至整个法人论争,都是在主体哲学悬设的意义之网中进行的。

其实,萨维尼虽然提出了这一公式,但他清楚其中包含着明显的矛盾和缺陷:第一,这一权利主体概念会直接造成法人获得法律人格的障碍,不仅有违于各种团体能够实实在在地取得财产权利、承担义务的事实,而且有碍于法学体系的构建。第二,即使严格执行康德的伦理哲学,也并非所有生物人都有权利能力,因为那些无行为能力的生物人就很难说具有"理性",而按照康德的法律哲学,私生子显然也不是法律主体。⑤ 此外,作为罗马法

---

① 〔德〕维亚克尔:《近代私法史——以德意志的发展为观察重点》,陈爱娥、黄建辉译,台北,五南图书出版公司,2004,第360页。
②③ 〔德〕康德:《法的形而上学原理——权利的科学》,沈叔平译,北京,商务印书馆,1991,第26页。
④ Savigny, *The Roman Law of Persons as Subjects of Jural Relations*, trans. by William Henry Rattigan, London: Wildy & Sons, 1884, pp. 1~2.
⑤ 关于康德对于私生子的观念,请参见本书第六章第四节。

专家,萨维尼也很清楚有理性的奴隶在罗马法上并不是法律上的"人"①。因此,要解决这些问题,必须限制理性法学的伦理之维,即对萨维尼的公式进行限缩。

为了限缩其先验的法律主体公式,萨维尼对"权利能力"理论做了进一步阐发。② 他认为:"人的一般品性决定了他是所有权利的主体与核心,而且,也正是由于人在许多极为重要场合下的自由行动,产生了或帮助产生了法律关系。"③ "在私法中,个人本身就是目的,所有的法律关系都只是此个人的存在或此个人的特别情势的手段。"④ 所以,法律关系的本质是个人意志独立支配的领域。⑤ 在《体系》Ⅱ一开始,萨维尼就从法律关系理论引出了法律主体的界定问题:

> 任何一个法律关系都由一个人和另一个人之间的关系所构成。法律关系中第一个需要仔细考虑的实质要素就是其相互关系能够产生法律关系的人的本质。于是,接下来必须立即回答的问题就是,谁可以作为法律关系的承担者或者说法律关系的主体?这个问题涉及享有某种权利的可能性,或者说涉及权利能力,而非取得这些权利的可能性,或者说行为能力……⑥

可见,萨尼从伦理上的人出发构建了法律关系理论,又反过来从法律关系概念出发构建了他的法律主体理论。按照萨维尼,法律上的人之本质规定性就是权利能力,如果具有权利能力就是法律主体,反之,则不是。那么法人团体有没有权利能力呢?这就是著名的法人拟制说所要解释的问题。

第二节 拟制说(Fiktionstheorie)

萨维尼认为他在公式中所表达的法律主体概念只是其原始的概念或自

---

① Savigny, *The Roman Law of Persons as Subjects of Jural Relations*, trans. by William Henry Rattigan, London: Wildy & Sons, 1884, p. 206.
② 参见〔德〕哈腾鲍尔:《民法上的人》,孙宪忠译,《环球法律评论》2001年冬季号,第85~86页。
③ 〔德〕萨维尼:《法律冲突与法律规则的地域和时间范围》,李双元等译,北京,法律出版社,1999,第5~6页。
④ 〔德〕萨维尼:《当代罗马法体系Ⅰ:法律渊源·制定法解释·法律关系》,朱虎译,北京,中国法制出版社,2010,第24页。
⑤ 同④,第260页。
⑥ 同①,第1页。

然法上的概念①，无论是在罗马时代，还是在当时，这一概念都要受到实在法的双重修正，一是限制，二是扩张。

关于限制，实在法可以全部或部分地否定某些个体生物人的权利能力，前者如奴隶，后者如仆人。实际上，在《体系》Ⅱ的自然人部分，萨维尼仅用一页纸的篇幅交代了上述公式，之后转而用 173 页（第 2～174 页）的篇幅讨论自然人权利能力上的各种限制和不平等，公式反倒成了例外。更重要的是，即使在当时，前述自然人权利能力上的限制和不平等不仅明显与主体哲学的教条相冲突，而且受到了包括康德在内的许多学者的批判②，但萨维尼仍对这些限制和不平等总体上持一种认可和支持的态度，这明显反映了其保持旧有体制的政治立场。因此，萨维尼的康德公式似乎更是一种姿态和理论修饰而已，并未对实在法构成实质性的评价标准和内在约束，根本性的决定因素是政治立场，伦理哲学不过是为了掩盖政治前见。

至于扩张，实在法可以将权利能力转而授予个人之外的某些主体，从而可以通过这种方式人为地创造法人。③ 只有在这种情况下，法人才具备了成为民事主体的可能性。在《体系》Ⅱ中，萨维尼在讨论完自然人的权利能力及其诸种限制之后，接着讨论了法人的权利能力问题，从而阐发了其法人拟制说。

萨维尼拟制说的内容可以根据三"W"（What、Why、How）思维方法归纳为以下相互联系的三个部分：（1）法人是什么？（2）为何拟制法人？（3）怎样拟制法人？

一、法人是什么——法人的形式主义法律界定

在法人部分一开始，萨维尼就说：

> 上述权利能力（该书第 60 节自然人权利能力部分——引者注）与个体生物人观念相符。现在，我们必须考虑权利能力扩张至通过纯粹拟制而得以承认的人造主体的情形。我们称这一主体为法人（Ju-

---

① 《体系》Ⅱ中这一节的题目即为"自然的权利能力及实在法对它的限制"。See Savigny, *The Roman Law of Persons as Subjects of Jural Relations*, trans. by William Henry Rattigan, London: Wildy & Sons, 1884, p. 1.

② 康德对于特权阶级的批判，可参见〔德〕康德：《法的形而上学原理——权利的科学》，沈叔平译，北京，商务印书馆，1991，第 155、207～210 页。

③ See Savigny, *The Roman Law of Persons as Subjects of Jural Relations*, trans. by William Henry Rattigan, London: Wildy & Sons, 1884, p. 2.

ristische Person），即纯粹出于法律目的而被承认为法律主体的人。在其中，我们发现了一个和个体生物人一样的法律关系承担者。①

虽然萨维尼断定法人是一个拟制产物，但是他并没有接着分析法人是谁拟制的，又是如何拟制出来的，也没有说明为什么要拟制法人这样一个主体，而是接着讨论了法人可以参加法律关系的范围，以此来进一步界定法人的内涵。他说：

> 为了赋予法人这一观念以合理的精确性，有必要严格限定其权利能力所涉及的法律关系的范围，如果没有这一界限，就会在论及这一问题时产生不小的混乱。②

第一个限定是，法人的人造权利能力仅仅适用于私法关系，不能运用于公法关系领域。萨氏还顺便批评了将世袭君主制国家的一系列君主视为法人的独体法人观念。③ 第二个限定源于法人自身的本质，即法人本身意味着一种财产能力，因此家庭领域中的身份关系被排除了。在作出这两个限定之后，萨维尼总结了适于法人参加的法律关系：所有权与他物权、债权、遗产继承、奴隶所有权和庇护权。相反，以下关系不适用于法人：婚姻、父权、亲属关系、夫权、奴役和监护。

在精确界定了法人适用的法律关系之后，萨维尼对法人下了一个定义："法人是一个人为假设出来的享有财产能力的主体。"④

可见，萨维尼的法人是一个形式化的法人概念，它仅仅切割下法人的部分特征——私法上的财产能力，而将其他特征排除在外。萨氏自己也意识到了这个问题，所以他接着说：

> 在私法中，我们可以将法人的本质仅仅限定于财产能力之上，但绝不能因此就宣称财产能力是实际存在的法人所具有的唯一属性，其实还可能有更重要的特征。相反，法人的概念总是以诸多不同的、独立的目的中的某一个为前提，该目的同样为财产能力所支持，但该目的常常可能比财产能力要重要得多。只是在私法体系中，法人才被仅

---

① Savigny, *The Roman Law of Persons as Subjects of Jural Relations*, trans. by William Henry Rattigan, London: Wildy & Sons, 1884, p. 176. 该书第 85 节的中文译文可参见〔德〕萨维尼：《萨维尼论法人的概念》，田士永译，载张谷、张双根等主编：《中德私法研究》，总第 9 卷，北京，北京大学出版社，2013，第 37~40 页。

②③ Savigny, *The Roman Law of Persons as Subjects of Jural Relations*, trans. by William Henry Rattigan, London: Wildy & Sons, 1884, p. 176.

④ 同②，p. 178 页。

仅作为具有财产能力的主体而不能作为其他事物,而法人其他的任何本质属性都完全处于私法体系之外。①

也就是说,萨氏实际上清楚地认识到团体组织具有其他方面的属性,而且这些属性的重要性高于其财产能力,或者说财产能力只是支撑其他能力的手段,但是他立即重申法人团体的其他属性超出了私法范围而进入了公法领域。他以罗马法上的市镇为例,指出其存在的基础是个政治和行政上的属性,其私法属性,即其作为法人而存在,就其重要性而言,却相形见绌。② 在该书第二版中,萨维尼则举国家为例,认为:"其本质基础就是政治和管理性质,而它的私法特征,也就是作为法人的存在,在重要性上则较为劣后。"③ 由此,萨维尼放弃了将团体组织其他属性纳入法人概念的努力,而基尔克的有机体说则企图将法人概念重塑为一个实质性工具,从而奠定包括下至私人俱乐部上至国家的全部团体组织产生和存在的法理基础。

萨维尼将法人概念限定于财产能力和私法领域的做法有着鲜明的时代背景。资本主义生产方式的发展使得人的财产能力越来越突显和重要,并得到了学界的认识和强调。黑格尔明确指出:"所有权之所以合乎理性不在于满足需要,而在于扬弃人格的纯粹主观性。人唯有在所有权中才是作为理性而存在的。"④ 赞成萨维尼拟制说的两位法国权威民法学者 Aubry 和 Rau 提出的"广义财产理论"则更将财产提到人格的高度。⑤ 萨维尼也

---

① 在此,笔者引用了田士永教授的中文译文,参见〔德〕萨维尼:《萨维尼论法人的概念》,田士永译,载张谷、张双根等主编:《中德私法研究》,总第9卷,北京,北京大学出版社,2013,第39~40页。而该部分的英译本译为中文应为:"但由于本书已经将法人的本质仅仅限定于财产能力这一私法属性,所以,不能宣称这是在实际存在的法人那里所发现的唯一属性。相反,法人概念总是预示某一与其相独立的客观事物,这一事物甚至由财产能力所促进,而且,说来奇怪,这一客观事物经常被认为比财产能力更重要。只是在私法体系中,法人才仅仅作为具有财产能力的主体而不能当作其他事物,而法人其他的任何本质属性都完全处于私法体系之外。" Savigny, *The Roman Law of Persons as Subjects of Jural Relations*, trans. by William Henry Rattigan, London: Wildy & Sons, 1884, p. 178. 二者差异在于英译本翻译的为1840年德文版,而中文翻译的为1841年德文版,后者更能清晰地体现萨维尼的观点。
② Savigny, *The Roman Law of Persons as Subjects of Jural Relations*, trans. by William Henry Rattigan, London: Wildy & Sons, 1884, p. 178.
③ 〔德〕萨维尼:《萨维尼论法人的概念》,田士永译,载张谷、张双根等主编:《中德私法研究》,总第9卷,北京,北京大学出版社,2013,第40页。
④ 〔德〕黑格尔:《法哲学原理》,范扬、张企泰译,北京,商务印书馆,2009,第57页。
⑤ 关于"广义财产理论"的内涵,可参见尹田:《无财产即无人格》,《法学家》2004年第2期。

说:"财产,按其真正本质,乃是个人能力的扩展,因此也是自由行为的保证和提升。"① 而对于缺乏伦理属性的法人团体来说,财产能力自然显得更为基础和重要。正如萨维尼自己所指出的,财产能力是法人团体存在的基础,并且能够促进法人团体其他方面的能力。② 因此,萨氏这一界定具有合理性。

当然,萨维尼将法人能力闭锁在私法上的财产能力,更有其深思熟虑的主观动因:首先,它满足了形式主义法学体系的构建需要。联系萨维尼时代纯粹的私法人如公司尚不发达、而公法性团体却比我们现在还要丰富多样,并且"自然法人"与"意定法人"并存的历史事实,这种界定,至少萨维尼自己看来,的确有助于消除法人过于纷繁复杂的个性,而直接突显其共性。其次,这应当还与萨维尼对于法学研究范围的认识有关,在他看来,"法学的目的在于:从历史的视角对国家的立法职能进行阐述"。而真正的立法只有两种类型:民法与刑法,因此,"法学只有两个主要部分:私法学和刑法学。国家法学是对宪制进行的体系化阐述,无论如何也不应被纳入法学范畴,因为它只是以现实存在的国家为基础,而法学则是把国家看作一个(立法)行动者"③。可见,在萨维尼看来,法人的其他属性不仅超出私法学之外,甚至超出于整个法学之外。最后,可能也最重要的是,这与萨维尼的政治态度有关。回避法人的其他属性,甚至将国家法学排除于法学研究之外,不仅可以在不从根本上触动国家政治体制的前提下,实现法学知识的体系化,而且有利于避免因民事立法引起政治上的动荡。萨维尼的这种政治态度暗合了当时资产阶级只求发展经济,不求政治权利的心态。而到了后来的埃利希,则明确地将权利能力的范围扩张至公法上的权利能力。④

---

① Savigny, *The Roman Law of Persons as Subjects of Jural Relations*, trans. by William Henry Rattigan, London: Wildy & Sons, 1884, p. 178.
② 类似的表述还有:"现在财产关系就像适用于自然人一样适用于法人,法人的目标(承认其法律人格的全部必要性正是建立于这一目标之上)将会得到大大促进,就如通过财产个体生物人的目标会得到促进一样。" Savigny, *The Roman Law of Persons as Subjects of Jural Relations*, trans. by William Henry Rattigan, London: Wildy & Sons, 1884, p. 178.
③ 〔德〕萨维尼、格林:《萨维尼法学方法论讲义与格林笔记》,杨代雄译,北京,法律出版社,2008,第 70 页。
④ 埃利希列举了四种权利能力:享有和行使各种政治权利的能力;进入法律承认并保护的家庭关系的能力;取得并享有财产权的能力;请求人格、自由、生命和身体的法律保护的权利能力。参见〔奥〕埃利希:《权利能力论》,转引自〔日〕星野英一:《私法中的人——以民法财产法为中心》,王闯译,载梁慧星主编:《民商法论丛》,第 8 卷,北京,法律出版社,1997,第 165 页。

对于概念的界定，学者当然有一定的自主性，从这个角度来说，萨维尼将法人能力界定为私法能力无可厚非。不过，这种自主性应当受到两个限制：一是学说体系上的自洽性，二是实践上的契合性和实用性。然而，这两点，萨维尼都没有做到。

就前一方面而言，萨维尼并未将私法的逻辑贯彻到底。下文将指出，萨维尼认为，法人存在的基础和依据不在私法范围之内，而在于公法领域；法人人格的产生和消灭，不是基于发起人、成员以及捐助者等私法主体的私法行为，而是基于国家的公法行为。因此，法国民法学家萨莱耶认为，拟制论不是私法理论，而是伪装在私法概念下的公法理论。[1]

就后一方面而言，无论是在当时还是在现代，萨维尼的法人概念都与法律实践相脱节。财产能力固然是法人的基础性能力，但却不是法人的全部法律能力。从萨维尼时代的法律实践来看，非营利法人类型比营利法人种类更丰富、数量也更多，并且拥有着许多在我们时代早已消失的非财产权力，显著的例子就是当时商业行会的行业管理权力和行会名册的公示权力[2]，以及自治市所享有的诸多自治权力。[3] 就我们时代而言，按照萨氏对法人的理解，法人仅仅意味着一种财产能力，这将无法解释法人的人格权问题；也无法解释法人团体的其他社会权力：如中国法学会授予某位学者学术成果奖的权力或资格[4]，家电协会认证家电产品合格的权力，商会证明商品原产地的权力，消费者协会为某位消费者提起代位诉讼以及居中调解消费者与产品经营者的争议的权力，环保协会提起环境公益诉讼的权力，体育协会给予运动员终身禁赛、主管教练终身取消教练员资格的处罚之权力等等[5]；

---

[1] Saleilles, *De La Personnalité Juridique: Histoire et Theories*, 2nd edition, Paris: A. Rousseau, 1922, p. 366. 转引自 Frederick Hallis, *Corporate Personality: A Study of Jurisprudence*, Aalen: Oxford University Press, 1978, p. 10。

[2] 参见谢非：《德国商业登记法律制度的沿革》，《德国研究》2000年第3期，第21页；张民安：《商法总则制度研究》，北京，法律出版社，2007，第435～436页。后来，德国改为法院登记制，但是目前正拟改革现行法院登记制，登记簿管辖权将由法院移交行会。

[3] 关于城市的公法权利，可参见 Gierke, *Community in Historical Perspective*, ed. by Antony Black, trans. by Mary Fischer, Cambridge: Cambridge University Press, 1990, 第四章和第十三章；〔比〕亨利·皮朗：《中世纪欧洲经济社会史》，乐文译，上海，上海人民出版社，2001，第2章；〔比〕亨利·皮雷纳：《中世纪的城市》，陈国樑译，北京，商务印书馆，1985，第七章。

[4] 笔者用权力一词而不是权利，是为了突显其超越传统私法的特质。

[5] 如中国游泳协会于2008年决定给予欧阳鲲鹏终身禁赛、其主管教练冯上豹终身取消教练员资格的处罚，参见易秋璃：《欧阳鲲鹏已离开国家队，终身禁赛表明泳协态度》，载 http://sports.163.com/08/0627/22/4FFSOLP200051CB4.html。

第二章　萨维尼的法人学说

更无法说明法人的宪法权利问题。① 对此，法国学者也提出了中肯的批判。②

萨维尼虽然承认了法人的主体地位，但是同时严肃地指出法人的非伦理性。为了表明法人缺少伦理基础，萨氏还批评了法国民法中运用"道德人"（moral person）指称法人的做法，认为"moral"（伦理的、精神的）与作为同伦理道德无关之存在的法人的本质无缘，故以之表达反伦理或者无伦理的法人人格，徒然增加混乱。③ 同时，萨维尼还以他精心选定的罗马法文本，来证明法人拟制性。他说："罗马人本身没有法人这一总称。当他们希望表达这类主体的法律性质时，他们仅仅说法人代替了人，这等于说法人是虚构的人。"④ 萨维尼这一论断等于宣布罗马法支持了拟制说，结果引出了一场波及英美法系的关于罗马法法人观念的世界性学术论战，构成了整个法人论争的重要组成部分。结果最后证明，萨氏这一论断的证据并不充分，甚至错误。⑤

萨氏将法人观念闭锁于私法和财产能力的形式主义做法，使人们只是看到了自然人、法人的二元对立，从而埋下了法人理论研究向抽象的价值哲学转变的伏笔，而他对于自然人法人伦理差异性的强调更加助长了这一趋势。因为在每个自然人都已经是法律上的人的时代，只有在自然人—法人的二元对立模式中，探讨自然人的伦理性才有点儿"学术"意义，特别是经过德国主体哲学思维习惯放大之后，这种对立可以反射出法人这个自然人地位的"篡夺者"并不具备伦理基础，反衬出"自然人"的神圣与伟大。⑥ 这样，活生生的法律实践不再重要，重要的只是法律主体的伦理名分。这种观念在一个半世纪之后的我国学界仍有回响，尽管二者并无知识上的传承关系。如本书开头提到，许多人认为法人本质或法人人格问题关注的核心是自然人与法人的伦理关系，其结论自然是褒自然人而贬法人。

萨维尼将法人概念扁平化以及突显自然人法人伦理差异的思路将真正

---

① 具体分析，参见莫纪宏：《法人的宪法地位与公益法人的法律特征》，载吴玉章：《社会团体的法律问题》，北京，社会科学文献出版社，2004；曲相霏：《美国企业法人在宪法上的权利考察》，《环球法律评论》2011 年第 4 期；陈洁：《企业法人宪法权利的进路》，《环球法律评论》2011 年第 4 期。

② 〔法〕柯仑、加比当：《民法》，第 1 卷，1923，第 4 版，第 664 页，转引自〔法〕莱昂·狄骥：《宪法论》，钱克新译，北京，商务印书馆，1959，第 359～360 页。

③④ Savigny, *The Roman Law of Persons as Subjects of Jural Relations*, trans. by William Henry Rattigan, London: Wildy & Sons, 1884, p.179.

⑤ 关于详细情形，参见本书第六章第一节。

⑥ 值得自我检讨的是，笔者早期也是持这种观点的，参见仲崇玉：《论受益人主体说的人文精神及其启示》，《河北法学》2005 年第 5 期。

的问题，即民事主体制度中的国家权力和社会权力的运作问题遮蔽起来，极大地限制了法人理论的研究视界，进而抑制了法人理论的制度说明和构建能力。因为如果将法人的非财产性权利纳入法人概念，那么进入法人理论视域的必然将是市民社会自我组织、自我管理问题，孕育法人的市民社会自生自发秩序①自然也就摆在了我们面前。法人的财产能力与其他权利能力都是这种草根秩序的产物，这显然会导向实在说。而基尔克的有机体说则深入细致地展现了上述场景，为法人理论开辟了新的天地。

接下来，萨维尼还从历史角度进一步阐述了拟制法人的历史和现实基础，并探讨了法人的本质。这就涉及下一个"W"。

二、为何拟制——法人本质的前法律分析

为什么要拟制法人这个问题涉及法人制度的前法律分析，即法社会学或法哲学意义上的分析。我国有人潜意识地认为，拟制说是没有内在根据、没有现实基础地拟制出法人这一主体，在他们看来，拟制说没有研究法人人格的前法律问题。② 其实不然，按照萨维尼的观念，拟制法人是有着一定现实基础的。

首先，萨维尼明确地认识到法人这一主体出现的历史必然性。在讨论法人的历史发展时，萨维尼说：

> 在罗马时代，在很久远的时代就存在许多类型的盟会，特别是宗教和产业方面的盟会，还有低级官员如侍从官联盟。然而这些盟会的存在并未导致需要法人观念。正是在非独立团体（包括自治市和殖民地）方面，随着国家的扩张，法人观念才最初获得了显著应用，同时获得了更明确的完善。因为这些社团与自然人一样，一方面，需要财产并且也有机会取得财产，但，另一方面，它们具有非独立性，这使得其能被法院传讯。③

---

① 此处的内部自生自发秩序概念取自哈耶克，关于哈耶克对此观念的阐述，参见〔英〕弗里德利希·冯·哈耶克：《法律、立法与自由》，第1卷，邓正来等译，北京，中国大百科全书出版社，2000，第55页以下，另可参见〔英〕弗里德利希·冯·哈耶克：《自由秩序原理》，上海，上海三联书店，2003，第63~64页。

② 如有人说："传统视角下的法人本质学说多较少考察自然人与法人历史变迁背景下的关系问题，给人以妄下断语之感。"刘成伟：《民事主体演变的历史逻辑与法人本质的解说》，载http://www.civillaw.com.cn/weizhang/default.asp?id=8399。另可参见梁慧星：《民法总论》，北京，法律出版社，2007，第119页。

③ Savigny, *The Roman Law of Persons as Subjects of Jural Relations*, trans. by William Henry Rattigan, London: Wildy & Sons, 1884, p.183.

第二章 萨维尼的法人学说

尽管萨氏仍然从财产能力角度分析法人的历史动因,但是必须承认,他在一定程度上揭示出了法人观念产生的历史契机,这就是自治市和殖民地的发展,导致原有的个体自然人观念无法解释其法律状态,必须将其视为一种新型的法律主体——法人。而基尔克则进一步深入地研究了中世纪的城市在法人制度和法人观念发展过程中的重要地位。①

其次,萨维尼指出了法人观念产生的社会实践必要性,尽管萨维尼并没有从根本上超越罗马法上的观念。在谈到法人的权利时,他说:"所有这些财产权利作为一个整体整个地、不可分割地归属于法人,从而,决不个别地归属于组成法人的个体成员。"② "法人所有权与法人的其他每一项权利一样,不可分割地归属于作为整体的法人,其成员不能分享。"③ 在谈到法人诉讼时,他说:"法人的诉讼代表不是各个成员的各自的代表,而是像一个个人的代理人那样,是作为一个整体的法人的代表人。"④

由以上两个方面可知,萨维尼清楚地认识到自然人主体的局限性,社会实践的发展需要一种新型主体的出现。但是这只是一种必要性,还得具备可能性,新的法律主体才可获得现实性。那么可能性是什么?或者说新主体的现实基础是什么呢?

再次,萨维尼总结了法人组织的外在基础,他在对意定的法人进行历史考察之后总结道:"在罗马法中,意定法人被认为是城镇的仿制品,它们和城镇一样有财产和自己的代表人,而财产和代表人在事实上构成了法人的特征。"⑤ 应当承认,这一分析指出了法人成立的两个重要条件,二者都属于法人的外在客观条件,尽管萨氏关于法人的外部基础的分析并不全面深入。基尔克则在此基础上,以更为恢宏的学术构建力分析了法人相关制度的历史演进。⑥

---

① Vgl. Gierke, Das deutsche Genossenschaftsrecht, Bd. II, Berlin: Weidmann. 1873.
② Savigny, *The Roman Law of Persons as Subjects of Jural Relations*, trans. by William Henry Rattigan, London: Wildy & Sons, 1884, p. 211. 类似的表述在《体系》II中还有多处。这一观念在罗马法时代就有了,布莱克斯通也曾提到,参见〔英〕威廉·布莱克斯通:《英国法释义》,第 1 卷,游云庭、缪苗译,上海,上海人民出版社,2006,第522页。萨氏进一步发展了这种观念。而基尔克则进一步以前所未有的广度和深度揭示了独立人格产生的历史契机。
③ Savigny, *The Roman Law of Persons as Subjects of Jural Relations*, trans. by William Henry Rattigan, London: Wildy & Sons, 1884, p. 212.
④ 同③,第 221 页。
⑤ 同③,第 193 页。
⑥ Vgl. Gierke, Das deutsche Genossenschaftsrecht, Bd. I, Berlin: Weidmann. 1868.

不过，外在基础并不等于法人概念产生的充分条件，因为法人作为一种抽象存在，不能完全由现实可见的因素所证成，财产和代表人仅仅是法人的必要条件，而非法人本身。因此，法人概念的产生还需要有其社会本体，而关于法人之社会本体的研究才是真正的"德国味的"① 法人本质问题。

最后，萨维尼探讨了法人的本质或本体问题。关于这一问题，李锡鹤教授曾认为，拟制说、实在说和否认说"三种观点中没有一种探讨了法人的本质"②。在他看来："如果把探讨法人的有无作为对法人的认识的第一阶段，那么，探讨法人的定义可称为第二阶段，而探讨法人的本质应该算第三阶段。法学史上耶林、萨维尼、基尔克等人关于法人的争论属于第一阶段。"③ 即使是在德国，也有类似的论断，如拉伦茨说："他们（拟制派）把'法人'看作是一种法律技术的产物，是把不相同的东西看作相同，但并没有回答，法人的本质是什么以及从这种本质出发它在哪些方面和多大程度上同自然人是相同的。"④ 这些论断完全是主观臆测，实际上，萨维尼并不像他们所想象的那么肤浅，探讨法人（人格）的有无必然以对法人本质的认识为前提。

在《体系》II 第 86 节，萨维尼将法人分为团体法人和机构法人两类。他分析道：

> 有些法人具有可见外在代表——数个个人成员，这些成员作为集合整体构成了法人（Juristische Person）；其他法人则相反，不具有这一可见的基础，仅仅是一个更为观念性的存在，依赖于通过它们所实现的共同目的。我们可以借用一个拉丁词语称第一类为社团（Korporationen）……第一类法人包括所有的公社，以及被授予法人权利的行会和社团。然而，第一类法人的本质属性存在这一点上：权利主体并不存在于其中的个人成员（甚至也不存在于所有的成员整体），而是存在于观念整体（idealen Ganzen）：由此导致的一个独特的但特别重要的结果就是，当某一成员发生了变化，甚至全部成员都确实改变了，法人团体的本质和统一性都不会受到影响。第二类通常以通用性术语"机构"（Anstalt）表示，其主要目的在于宗教服务（众多的

---

① 语出〔美〕约翰·齐普曼·格雷：《论法律主体》，龙卫球译，载《清华法学》，第 2 辑，北京，清华大学出版社，2002。
②③ 李锡鹤：《论法人的本质》，《法学》1997 年第 2 期，第 16 页。
④ 〔德〕卡尔·拉伦茨：《德国民法通论》上册，王晓晔等译，北京，法律出版社，2003，第 180 页。

教会机构属之)、教育和慈善。①

在此，萨维尼明确指出，法人的本质或本体就是所谓的"观念整体"，无论是团体法人还是机构法人，都是如此。但要真正深入理解萨维尼的"观念整体"，还应从以下几个方面进一步分析。

第一，应当承认萨维尼关于社团和机构的分类在当时具有一定的实践意义。萨莱耶曾表示，萨维尼是近代第一个对团体法人和机构法人概念进行澄清的学者，具有重要的实践意义。② 这一分类后来为普夫塔和温德沙伊德所继承，并由后者确立为社团法人与财团法人之分，直接植入《德国民法典》③，后又为许多国家的民法典所继受。④ 而在基尔克看来，该分类还有很高的学术构建价值，但萨氏本人并没有意识到。后来基尔克在此基础上进一步提出了关于法人演进的总体矛盾运动规律——团体法人观念与机构法人观念的斗争，作为其整个法人制度史和观念史研究的中心线索。笔者认为，以上学者夸大了这一分类的理论和实践意义，其实，这一分类应当属于法人法上的认知性分类，而不应当是规制性分类。⑤

第二，应当承认萨维尼关于二者的本体都是"观念整体"的判断也是大体正确的。按照萨维尼的理解，法人的本体或本质并不同于法人的基础如财产、成员、创立者和目的等因素。因为就团体法人来说，作为法律主体的法人的确与其成员的法律人格相独立，甚至与全体成员构成的集合体也不相同，并且团体人格的社会存在形态正是一个观念上的整体，并没有可见的物质形态的本体。就机构法人而言，作为法律主体的法人也独立于

---

① Savigny, *The Roman Law of Persons as Subjects of Jural Relations*, trans. by William Henry Rattigan, London: Wildy & Sons, 1884, p. 181; Savigny, System des heutigen Römischen Rechts, Teil II, Berlin: Veit und comp. 1840, S. 243~244.
② Saleilles, Etude sur l'histoire des sociétéen commandite, in Annales de droit commercial et-industriel, français, étranger et international, t. IX, 10~26 et 49~79. 1895, 77. 转引自吴宗谋：《再访法人论争——一个概念的考掘》，硕士学位论文，台湾大学法学研究所，2004，第 27 页。不过，德国学者科英认为，这一分类应当追溯到海泽（Heise）。参见〔德〕赫尔穆特·科英：《欧洲私法史上的法人理论》，傅广宇译，载《罗马法与现代民法》，第 10 卷，厦门，厦门大学出版社，2019，第 65 页。
③ 《德国民法典》法人部分总共分为三小节，第一小节的标题为社团，第二小节是财团，第三小节是公法上的法人。参见《德国民法典》，陈卫佐译，北京，法律出版社，2006，特别是第 24 页下脚注 47。
④ 如《日本民法典》《中华民国民法典》《瑞士民法典》等，具体可参见罗昆：《财团法人制度研究》，武汉，武汉大学出版社，2009，第一章第二节。
⑤ 参见仲崇玉：《论宗教活动场所的法人类型定位——兼评〈民法总则〉的得失》，《西北师大学报（社会科学版）》2018 年第 4 期，第 21 页。

其创立者、捐助者以及受益者的法律人格①，甚至不等于机构法人所追求的目的，目的仅是其法律人格存续的基础之一，因而其本体只能是个观念上的主体。萨维尼关于"观念整体"的论述不仅隐含着重要的学术构建价值，还有潜在的制度构建价值，可以说既有理论意义也有实践意义。② 甚至可以这样说，关于法人本质的任何研究都绕不开"观念整体"和"拟制"，关键问题是什么样的观念整体，怎样的拟制。当然，萨维尼本人并没有、也不可能有意识地发掘这些意义。

第三，当然，萨维尼关于法人本体的前法律分析或者说法社会学分析从一定意义上来说并不清晰，甚至是自相矛盾的。观念整体既然是一个"整体"，就会涉及由何种要素构成的问题。对此，萨维尼一会儿说社团法人的成员作为一个整体构成了法人（注意这里的法人是 Juristische Person，而非 Korporationen），一会儿又强调这里的成员并不仅仅是普通成员，而是法人的管理者和代表者，即只有作为法人代表的那些成员才可以作为一个整体构成法人本身，从中不难发现管理者主体说的影子；一会儿又强调法人不同于其成员个人（包括代表法人的成员），也不同于其成员构成的整体。就机构法人而言，萨维尼有时说观念整体就是法人目的，是目的本身被拟制成了法人，他在分析医院的法人本质时说："真正的权利主体是一个被当作一个人的观念，即慈善目的，它必须以法定方式并通过法定方法才能成为权利主体。"③ 这一论述完全可以视为布林兹目的财产说的前身，从中不难推测布氏目的财产说与萨维尼法人学说的知识传承关系。但萨维尼有时又说目的不同于观念整体本身，正如前述引文所示，观念整体只是依赖于法人目的，法人目的仅是其基础，正如社团法人的成员仅仅是社团法人的基础一样，二者并不等同。

第四，最根本性的矛盾在于，萨维尼虽然一开始认为法人的本体是观念整体，似乎表明法人是由特定组成部分构成的"整体"，然而，他并没有进一步分析这一观念整体由什么要素构成，如何产生，又存在于何人的观念之中，反而最终明确宣布观念整体既不同于团体成员个人，也不同于

---

① 萨维尼还特别分析了医院的病人只是医院这一机构法人的受益者或慈善事业的对象，但不是医院财产的所有者。See Savigny, *The Roman Law of Persons as Subjects of Jural Relations*, trans. by William Henry Rattigan, London: Wildy & Sons, 1884, p. 181.
② 关于这些意义的初步总结，请参见〔德〕贡塔·托伊布纳：《企业社团主义：新工业政策与法人的"本质"》，仲崇玉译，《南京大学法律评论》2006 年春季号，特别是第 43 页。
③ Savigny, *The Roman Law of Persons as Subjects of Jural Relations*, trans. by William Henry Rattigan, London: Wildy & Sons, 1884, p. 181.

团体成员全体。① 他一直反复强调:"成员整体全然不同于法人团体本身"②,"成员不同于法人团体本身,正如监护人不同于其被监护人一样"③。相应地,团体利益也全然不同于其全体成员的总体利益。④ 这样,萨维尼上述结论实际上就将所谓的观念整体与团体成员相隔离,阻断了由团体成员的行为来说明观念整体的产生的进路。虽然上文已经指出,萨维尼完全可以走向所谓的法人否认说,要么通过强调法人成员整体构成法人走向受益人主体说,要么通过强调法人管理者的实质地位而通向管理者主体说,要么通过强调法人目的的实体性而得出目的财产说。但萨维尼对于法人本体的独立性的一再强调阻断了这些通道。既然观念整体没有来源,那它岂不成了莱布尼茨尼式的先验"单子"? 同时,既然观念整体的产生与存续也不能从成员的行为以及管理者的行为中得到说明,即不能从"下面"⑤ 的法人内部秩序中得到说明,那这个观念整体岂不成了"上面"的先验实体? 实际上,萨维尼正有这种倾向。

第五,只有置放于德国古典哲学的语境中,我们才能真正理解萨维尼的这种倾向,也才能发现萨维尼的法人拟制说⑥与耶林的法人否认说的真正区别所在,以及与有机体说的相通之处。德国古典哲学的一个总体特征就是强调在可见的物质世界之外,存在着一个观念或精神的世界,而且相较于前者,后者更具有终极性和本原性。例如,水果概念的实在性并非源于苹果、桃子和梨子等具体水果的实在性,而是因为在这些具体的水果之前和之外存在着一个先验的水果理念(或精神),各个具体的水果不过是水果理念的偶然的和不完善的体现而已,所以即使是具体水果在世界上都已灭绝,水果概念的实在性也不受影响。这种哲学观念在

---

① 进一步分析,可以参见下文代理说部分。
② Savigny, *The Roman Law of Persons as Subjects of Jural Relations*, trans. by William Henry Rattigan, London: Wildy & Sons, 1884, p. 210.
③ 同②,p. 211。
④ 参见 Savigny, *The Roman Law of Persons as Subjects of Jural Relations*, trans. by William Henry Rattigan, London: Wildy & Sons, 1884, § 86. 萨维尼这一观念与卢梭关于公意(总体意志)有相似性,关于这个问题,笔者将在本书第六章展开论述。
⑤ 这里的下面与上面,是借用了苏力所说的"向下"和"向上",也就是实证研究与形而上的思辨研究。参见苏力:《研究真实世界中的法律(译序)》,载〔美〕罗伯特·C. 埃里克森:《无需法律的秩序——邻人如何解决纠纷》,苏力译,北京,中国政法大学出版社,2003,第18页。
⑥ 正如细心的读者所见,此处称"萨维尼的拟制说"的确意味着还有"其他版本的"拟制说,例如温德沙伊德的拟制说和布林兹的目的财产说。甚至耶林的受益人主体说、赫德尔的管理者主体说以及组织体说,也可以视为广义上的拟制说。

柏拉图那里就已经系统展开，近代经过康德的阐发，后来典型地呈现于黑格尔的哲学体系中。[①] 它导致的一个结果就是，看得见的物质世界是虚幻不定的，而看不见的、抽象的理念世界才是"实在"的。在这一背景下，我们可以理解，观念整体概念并非意味着法人在现实世界中没有相应的实体，特别是萨氏有时还用"观念实体"（Ideale Wesen）这一概念[②]替代观念整体，更能显示所谓观念整体的实体性。因此，笔者赞同吴宗谋先生的观点：萨维尼笔下的"虚拟"法人其实仅意味着"观念上的"、"精神上的"或者"抽象的"实体[③]，而非"不存在的"实体。[④]

不唯如此，在萨维尼那里，观念实体不仅是实体，而且是个与其成员一样实在甚至更"实在"的实体，因为萨维尼屡次强调，当法人全部成员都死亡了，法人的实体性不受影响。[⑤] 再联想一下萨维尼在其早年的名著《论立法与法学的当代使命》中对集体精神、民族精神的热情憧憬："设若每一阶级、每一城镇，不，每一村庄，都能创生一种特定的集体精神，则此特征鲜明而又多元纷呈的个体性，必将增益公共福利。"[⑥] 其中的"集体精神"一词正是基尔克法人有机体说的核心概念之一。可以说，萨维尼不仅开启了将观念整体实体化之门，也潜在地开辟了通往客观化、先验化之途。既然观念整体是个独立于社团法人成员、机构法人创立者以及国家的客观实体，法人就具备了先验的独立本体，因而将观念整体拟制为法人不仅可能，而且必需，否则观念整体的独立法律地位就无从展现，整体相对于成员的独立财产权利也无法保障。可见，萨维尼的法人本质理论是其法人人格理论的必不可少的逻辑前设。

从谱系学的角度来看，萨维尼时代的学术实践和社会实践提供了团体本

---

① 批判性的论述，可以参见〔英〕丹尼斯·罗伊德：《法律的理念》，张茂柏译，北京，新星出版社，2005，第231～232页。

② Vgl. Savigny, System des heutigen Römischen Rechts, Teil Ⅱ, Berlin: Veit und comp. 1840, S. 283.

③ 其中，抽象性这一特征为后来的耶利内克所挖掘并进一步论证。参见〔德〕格奥格·耶利内克：《主观公法权利体系》，曾韬、赵天书译，北京，中国政法大学出版社，2012，第18页。

④ 参见吴宗谋：《再访法人论争——一个概念的考掘》，硕士学位论文，台湾大学法学研究所，2004，第26页。

⑤ See Savigny, *The Roman Law of Persons as Subjects of Jural Relations*, trans. by William Henry Rattigan, London: Wildy & Sons, 1884, p. 208.

⑥ 〔德〕萨维尼：《论立法与法学的当代使命》，北京，中国法制出版社，2001，第32页。当然，即使在该书中，萨氏心中的最高精神实体仍是民族精神，实际上就是国家精神。有人认为萨氏承认超个人的民族，但持个人主义的拟制说，显然是自相矛盾。参见林文雄：《德国历史法学派与萨维尼》，载《萨维尼与历史法学派》，桂林，广西师范大学出版社，2004，第23页。笔者认为，萨维尼的拟制说并非是个人主义的，恰恰是集体主义的。

体完全脱离成员的观念基础。一是罗马法某些观念的影响，如罗马法认识到团体是与其成员不同的实体，如船舶的船员都换了，但船舶仍然存在；军团也是如此，其成员走了一批，又来了一批，但军团照旧存在。① 二是对德国所谓"必要法人"的历史的反映。前文已述，萨维尼认为它们在历史上已经形成了不受成员变化影响的独立本体以及团体的特权和人格，这一点也得到了日耳曼学派学者基尔克的印证。而从萨维尼自身来看，独立的法人本体这一观念是实现萨维尼的学术目标的重要工具，它不仅可以如前述将法人人格的产生与成员相隔离，而且更重要的是，能够用以维护自然法人的独立存在，避免其因成员瓜分而解体。对此，本书将在第六章讨论法人本质之争的社会背景时再加以分析。

但从法律实践角度来说，萨维尼的法人先验实在论非常不利于灵活地构建法人制度。例如，按照法人本体完全不同于成员或成员全体的观念，股东直接诉讼就是不可能的，最多只有股东派生诉讼，因为公司的权利与股东个人的权利是完全隔离的，即使股东个人利益受到损害，也只能以公司名义起诉管理者。再如，法人成员决议解散法人也是不可能的，更不用说将清算后的剩余财产在成员之间进行分配，因为法人的独立本体是先验的，关于这个问题，下文还将进一步分析。

总之，萨维尼关于法人本质的论述不仅很"罗马"，而且更重要的是，很"德国"——表面上的法律技术分析掩盖了哲学和伦理学上的价值前见，表面上的个人主义法学方法掩藏了集体主义的价值内核。② 正是基于对萨维尼拟制说这种倾向的清醒认识，耶林釜底抽薪地否认了法人的客观性、实体性和独立性，并进一步否认了法人的法律主体性，法人不过是一种法律符号，真正的主体是法人团体的成员。③ 这一观念构成了拟制说与

---

① 参见周枏：《罗马法原论》，北京，商务印书馆，1994，第291页。萨维尼在一个脚注中也提到了观念整体与罗马法的关联。See Savigny, *The Roman Law of Persons As Subjects of Jural Relations*, trans. by William Henry Rattigan, London: Wildy & Sons, 1884, p. 181.

② 基尔克也认为，萨维尼秉承了个人主义的思想，参见 Gierke, *The Nature of Human Associations*, trans. Lewis, in John D. Lewis, *The Genossenschaft-Theory of Otto von Gierke: A Study in Political Thought*, Madison: University of Wisconsin Press, 1935, p. 153. 该文中译本参见〔德〕基尔克：《人类团体的本质》，仲崇玉译，载梁慧星主编：《民商法论丛》，第57卷，北京，法律出版社，2015；〔德〕基尔克：《人的社团之本质》，杨若濛译，载张谷、张双根等主编：《中德私法研究》，总第9卷，北京，北京大学出版社，2013；〔德〕基尔克：《人类联合体的本质》，载〔德〕基尔克：《私法的社会任务》，刘志阳、张小丹译，北京，中国法制出版社，2017.

③ Vgl. Jhering, Geist des römischen Rechts auf den Verschiedenen Stufen einer Entwicklung, Teil 3, Leipzig, 1906, S. 357.

受益人主体说的根本对立。再联系前文萨维尼关于自然法人之实在人格的论述，将萨维尼视为实在说的创始人，似乎也算顺理成章。正因如此，吴宗谋认为将萨维尼视为拟制说的头号代言人是一种误解[①]，德国学者弗卢梅也认为人们将萨氏的学说称为拟制说是出于误解。[②]

然而，如果我们了解了萨维尼对于如何拟制法人这一问题的回答，我们就会发现，吴宗谋和弗卢梅并没有真正触及萨维尼心灵深处。

三、如何拟制——法人人格的后法律分析

既然法人人格是拟制的，那么，接下来的问题就是：谁来拟制？如何拟制？这涉及法人的设立和终止等法律制度问题，因此属于法人的后法律分析或法律分析（与前述法社会学分析相对）。当然，正如本书在绪论中所指出，在当年英美法系大多数学者和我国大多数学者看来，法人人格或本质问题与法人的设立、终止问题根本风马牛不相及。[③] 但是法人人格的产生、消灭并非仅仅是个抽象的法律推理过程，更重要的也是一个具体的法律实践过程，也就是说其本身是一个法律制度——法人人格制度，即国家赋予、变更和消灭社会组织的法人资格的制度，也就是法人设立变更终止制度，因为：（1）法人设立制度特别是法人登记制度的民法意义就在于赋予法人以正式的法律人格，法人的分立与合并实际上就是法律人格的变更，而终止制度则在于消灭其法律人格，因此（2）法人设立变更终止制度中，虽然有政策上的考量，但政策只能附丽于民法原理之上；虽有公法的因素，但从根本上来说应是民法制度。[④]

[①] 参见吴宗谋：《再访法人论争——一个概念的考掘》，硕士学位论文，台湾大学法学研究所，2004，第24~27页。

[②] 参见〔德〕卡尔·拉伦茨：《德国民法通论》上册，王晓晔等译，北京，法律出版社，2003，第180页下脚注；另参见蒋学跃：《法人制度法理研究》，北京，法律出版社，2007，第194页下脚注。

[③] 在英美法系，只有除梅特兰、维诺格拉多夫、哈里斯、拉斯基等少数学者认识到二者的联系之外，其他学者都认为二者是两回事。在我国，也只有为数不多的学者将这两个问题联系到一起。参见方流芳：《公司：国家权力与民事权利的分合》，博士学位论文，中国人民大学法学院，1992，第26页；王利明：《论法人的本质和能力》，载王利明：《民商法研究》，第3辑，北京，法律出版社，2001，第27页；刘得宽：《民法诸问题与新展望》，北京，中国政法大学出版社，2002，第496~497页；施启扬：《民法总则》，1995，第116页；吴宗谋：《再访法人论争——一个概念的考掘》，硕士学位论文，台湾大学法学研究所，2004；谢鸿飞：《论民法典法人性质的定位》，《中外法学》2015年第6期。

[④] 详细分析，请参见仲崇玉：《从他治到自治：论我国法人人格制度的改革》，《法学论坛》2011年第3期，第151~153页。

第二章 萨维尼的法人学说

然而，就本书来说最关键的问题还不在此，而在于在萨维尼自己看来，法人本质问题本来就是与法人设立变更终止制度联系在一起的。

在《体系》II第89节中，萨维尼专门讨论了法人的成立和终止问题。

关于法人的成立，按照萨维尼自然法人和意定法人的分类，应当分为三种情况：第一种是一些特定的公社和殖民地，它们是公法法人，其本身即由国家设立，它们的公法特征是私法人格的基础。第二种是历史久远的公社和国库，无论最初如何成立，都无须国家特许，原因是它们在历史上已经形成了不受成员变化影响的独立本体以及团体特权和人格。第三种是剩余的其他法人组织，它们的成立需要国家统治权力的许可。① 他说：

> 除必然的法人之外，就其余的意定法人而言，有一条规则：法人的地位不能仅仅由多个成员的任意联合所证成，也不能由单个设立者的意志所证成，因此，国家统治权力的许可是必不可少的，这种许可既有可能是明示授予的，也有可能是默示授予（通过有意识的容忍或实际上的承认）的。②

在此，萨维尼将法人之完全脱离于其成员的独立本体的制度构建意义完全呈现了出来——法人的合法性不能由其成员所证成，而是源于国家的特许，法人人格不能由成员拟制，而只能由国家拟制。因此，萨维尼的所谓独立法人本体不过是"项庄舞剑"，而体现现代集权国家观念的特许制才是"沛公"。可见，萨维尼所一直坚持的法人之独立本体在旧式团体和新兴团体那里具有完全不同的逻辑：在前者那里是法人独立于国家、维护封建残余的内在依据，而在后者那里则是法人依附于国家、维护集权国家的根本原因。

从法律技术上来说，在法人设立登记制度上，萨维尼坚持了登记生效主义，而不是对抗主义。而耶林虽然在《罗马法在其不同发展阶段之精神》第三卷中指出法人成员的本源性和法人的派生性，似乎将国家的许可置于可有可无的境地，但在《法律中的目的》一书中又回到萨维尼的老路上来。基尔克则一方面指出了团体成员、管理者在团体人格产生中的决定作用，坚决主张登记对抗主义；另一方面正视了国家和国家法的提升作用。

但是，在萨维尼时代，法人应由国家拟制或特许的主张就已经受到诸

---

①② Savigny, *The Roman Law of Persons as Subjects of Jural Relations*, trans. by William Henry Rattigan, London: Wildy & Sons, 1884, p. 204.

多质疑,许多学者认为,社团法人的成立应以国家的特许为前提,这自然无可厚非,一方面是因为一些罗马法文本就如此规定,另一方面是因为自由创立法人团体会给国家带来危险;但对于慈善法人,则无须特许,其理由是:(1)罗马法允许自由设立慈善机构;(2)慈善是无害的、值得嘉许的。① 对此,萨维尼极不赞同,他认为即使慈善组织的设立也要取得国家的审查许可。② 理由如下:

首先,对于罗马法允许自由设立慈善机构的规定,萨维尼指出,罗马法的规定无须句句遵从,一是因为罗马法文本还没有经过注释,二是因为现在情况发生了变化,使得罗马法不再适用③,所以,罗马法的规定不能作为支持慈善法人自由设立说的依据。④

其次,萨维尼还从政治、经济上的考量角度反驳了慈善法人自由设立主义者,他以少有的严厉口吻说:

> 团体法人的危险可能性固然得到了大家的承认,但是也绝不能将上文提到的捐助基金想象成绝对有益的和不可或缺的。如果有人设立一项巨额基金用于支持传播具有政治危险性的、反对宗教信仰的或者是不道德的理念和书籍,国家应当容忍吗?即使是济贫机构也不应在任何情况下听由私人的任意意志加以设立。……此外,即使是涉及政治上无害的机构,也应注意防止出现财富过量地聚集于死手(dead hands)⑤ 的问题。诚然,国家可能会发现现存的已经得到许可的捐赠也会引起这种财富聚集,但是如果个人可以不受限制地按照其意志设立新的捐赠,那么国家对于财富聚集的监控将会完全落空。⑥

---

① Savigny, *The Roman Law of Persons As Subjects of Jural Relations*, trans. by William Henry Rattigan, London: Wildy & Sons, 1884, p. 205.
②③ 同①, p. 206。
④ 这一点再明确不过地说明了萨维尼对于罗马法"六经注我"的态度。对于萨维尼来说,罗马法更是一种半成品化的、更便捷的学术资源,还体现了他所追求的优雅法学之品格,虽然罗马法比日耳曼法更符合萨维尼的气质和性格,但是萨氏并不像某些学者所想象的那样在价值观念上对罗马法亦步亦趋。朱虎博士认为萨维尼对于罗马法采取了一种批判的立场(参见朱虎:《法律关系与私法体系——以萨维尼为中心的研究》,北京,中国法制出版社,2010,"前言",第 9 页),笔者认为可能更是一种"挑选"的立场,而且这种立场可能是每个有志于构建法学体系的罗马法研究者共同的宿命,因为罗马法是"不体系"的,是犹豫的,甚至是自相矛盾的,总之是不"现代"的。
⑤ 指永久管业,即财产属于法人或家庭永久占有,但不能变卖或转让的状态。在这里,萨维尼关心的是大量国家财产游离于国家控制之外、无法收税,从而削弱国家财政的问题。
⑥ 同①, pp. 206~207。

最后也最重要的是，在上述政治、经济考量之外，萨维尼还提供了为国家拟制或特许辩护的法理基础，这一法理不仅适用于慈善法人，而且适用于社团法人。从萨氏的行文来看，这一法理基础的逻辑地位明显优于政治、经济考量。① 他说：

> 创立法人的国家许可的必要性有其正确的法理基础，这一基础独立于所有的政治考量。自然人因其有形外表而天然地拥有权利能力，这一观念在现在获得了比罗马时代更加广泛的承认，因为在罗马时代大量的奴隶形成这一规则的例外。通过这一外观，其他任何人都会知道他必须尊重他人的人权，并且每个法官会知道他必须保护这一权利。现在，如果将个人的自然权利能力通过拟制转移给一个观念主体，这将完全缺乏上述自然确证；只有国家最高权力的意志才可补足这一缺陷，因为国家最高权力创造了虚拟的权利主体②，而且假如同样的权力被允许由私人意志恣意运用，即使完全不考虑因不诚信地运用这一权力而可能导致的巨大滥用，也无疑会导致法律状况的极大不确定性。③

在这段说明中，萨维尼沿着个人主义和理性法学进路，社会存在之所以能够成为法律主体是因其具有特定的内在规定性——自由，个人因具有内在自由，其成为法律主体有着自然法和伦理上的先验基础，但法人缺少这种内在自由，而国家最高权力意志则可以点石成金地、凭空补足这一基础。正如本章开头所引梅特兰的论述，法人只不过是法律上的"僵尸"，如果国家没有将权利能力这种神秘的"虚拟生命的气息"注入它的鼻孔之中，它就不可能成为法律上的人，萨氏所称的国家拟制法人的故事正是上帝造人这一传说的法学翻版。这段论述可以证明，在萨维尼那里，法人人格这个所谓的抽象问题是与国家审查登记制度密切地结合在一起的。由此，我们还可以明白，萨氏先前对于法人是个拟制主体的界定，关于罗马法支持拟制说的论断，将法人这一观念整体与团体成员相隔离的价值取向，以及拒绝从法人的内部秩序说明观念整体的研究思路，不过是为了论证国家拟制打下基础。

---

① 在《体系》II 中，萨维尼先进行了法理论证，然后又指出了政治和经济考量。See Savigny, *The Roman Law of Persons as Subjects of Jural Relations*, trans. by William Henry Rattigan, London: Wildy & Sons, 1884, pp. 206~207.
② 着重号为引者所加。
③ Savigny, *The Roman Law of Persons as Subjects of Jural Relations*, trans. by William Henry Rattigan, London: Wildy & Sons, 1884, p. 206.

这段论述以私法理论的面目论证了法人特许和许可制度的合理性，将法人理论纳入了当时流行的政治哲学观念之中，引起了后世无穷无尽的争论，这才是拟制说的核心内容。而笔者上文所提到的吴宗谋与弗卢梅所未触及的萨维尼内心深处也正在此：在萨维尼那里，深层的问题不是拟制抑或实在，而是政治理念，是对于中央集权国家的推崇和对市民社会自治的贬抑。只有置放于这一政治观念背景下，我们才能理解一向强调逻辑的萨维尼为何对法人的独立本体在旧式团体和新兴团体那里赋予完全不同的逻辑。因此，将萨维尼的拟制说称为国家拟制说，不仅在法理上符合萨维尼的原意，而且符合其政治立场。

当然，我们不能完全否认其中合理的一面。正如萨氏所担心的，如果完全自由地创设法人，极有可能出现社会主体不诚信地滥用法人人格的现象，从而导致社会、经济乃至政治秩序的混乱，不利于对法人之交易对手的保护。现代国家也普遍没有采自由设立主义立法模式。同时，国家对于法人的登记或备案制度以其公示性使社会组织得到了广泛的社会承认，大大降低了团体的交易成本，因此，国家对于法人的登记或备案制度不可或缺。但问题似乎并不到此为止，我们还要问：在自由设立和国家特许之间，有没有将国家权力和社会公共利益相协调的空间？可不可以采用准则制、"分离主义"立法模式以及形式主义审查模式？[①] 萨维尼对此的回答是否定的："无须就所有法人制定一个关于其设立条件的实定法规则。"[②] 其原因在于：多数公社与国家相比一样古老、甚至更古老；而国家出现以后的公社总是通过政治行为而非依照私法规则设立；而国库的设立更是个历史问题。[③] 言外之意就是，除国家和所谓自然法人之外，其他法人的设立都取决于国家的政治自由裁量行为，对于该行为，法律无缘置喙。[④] 应当说，这一点也是基尔克批评的焦点之一，后者认为应当对所有的团体一视同仁地采用准则制。[⑤]

关于法人的终止，萨维尼说：

> 法人一旦正式成立，其解散不能仅仅由现有成员的主观意志来决定，因为法人确实独立于现有成员而存在，相反，国家最高权力的许

---

① 关于"分离主义"立法模式、形式主义审查模式的论述，请参见仲崇玉：《从他治到自治：论我国法人制度的改革》，《法学论坛》2011年第3期。

②③ Savigny, *The Roman Law of Persons as Subjects of Jural Relations*, trans. by William Henry Rattigan, London: Wildy & Sons, 1884, p. 204.

④ 详细讨论，参见下文"团体与国家的关系"。

⑤ 详细讨论，参见本书第四章有机体说部分。

可是解散法人所不可缺少的。反过来说，如果为了国家的安全与福祉而使得解散法人成为必要，只需国家的意志就可解散之，即使这有悖于其成员的意志。解散法人既可以按照法律的普遍性规则，也可以在特例中，通过超出法律定则之外的政治行为来解散。关于具有国家机构性质的捐赠法人，国家在解散它们时可以有更多的自由裁量空间；例如，解散原因不限于现有机构可能表现出危险性或邪恶性，而是仅仅因为，如果建立新机构，捐赠目的可能会更成功地得到实现。①

萨维尼还在讨论法人的权力结构时，进一步论述了由法人成员决定法人未来的危险性②，关于这部分内容，笔者拟在下文再行讨论。总之，可以用萨维尼自己的话来总结："无论在何种情况下，解散法人都需要国家的许可。"③ 即便法人全体成员都死亡了，只要没有国家宣告法人也的死亡，法人就应继续存在。④ 这就是基尔克所称的法人"既不能生也不能死"的混乱观念。⑤

综观萨维尼的拟制说，我们会发现，在萨氏笔下，法人概念仅仅意味着一种私法上的财产能力，为抽空法人概念的制度构建功能立下基调；法人具有全然不同于其成员全体的独立实体，为将法人置于国家羽翼之下埋下伏笔；罗马法文本被有选择地运用和再造性地诠释，成为证明法人是拟制之物的法学证据；德国古典伦理哲学也得到了重申和强调，引以为证明法人不具伦理性的哲学基础。就这样，在萨维尼那里，所谓冷静科学的法理分析、中立客观的罗马法研究和谨严人文的哲学理念都被统一到当时盛行的政治理念——霍布斯、卢梭以及黑格尔的现代中央集权型全能国家观念上来。由这种政治观念和萨氏本人的政治倾向所决定，法人存在的基础不在私法范围之内，而在于公法领域。在公法领域里，国家觉得有必要，就创造这些法人；如果觉得其有害，则禁止这些法人。而且对于那些经过国家批准的法人，国家仍可随时剥夺其法律人格，法人的生死全部操于国家之手。总之，萨维尼在私法上拟制出一个团体主体的同时，却在公法上制造出了一个团体奴隶。正因如此，萨莱耶才会认为拟制论是一个公法理论。笔者认为，萨莱耶这一论断符合萨维尼对于公法的认识："在公法中，

---

①② Savigny, *The Roman Law of Persons as Subjects of Jural Relations*, trans. by William Henry Rattigan, London: Wildy & Sons, 1884, p. 207.
③ 同①, p. 259。
④ 同①, p. 208。
⑤ Vgl. Gierke, Die Genossenschaftstheorie und die deutsche Rechtssprechung, Berlin: Weidmann, 1887, S. 75.

整体是目的，而个人是从属。"[①] ——个人尚且从属，法人岂不更加从属？再联系到前文所述萨维尼对于公法的认知，将拟制说界定为政治理论而不是法律理论可能更加符合该说的实质。

四、国家的法律人格

国家也是法律关系主体，但是如果按照法人拟制说推论，必将得出国家的法律人格也是拟制的结论。如果国家的法律人格也是拟制的，那么国家何以能够创造虚拟的权利主体——法人呢？萨维尼怎么解释这一矛盾呢？

萨维尼认为，国家本身也可以视作私法关系的主体，国库是最伟大最重要的法人。但国家（库）不是社团法人，将国库想象为社团法人，就像将所有邦联国家想象为社团法人一样，这种观念容易导致将不同的法律关系混乱地同质化。他认为，国库本身应当是公法上的内容，国库的私法方面只构成其无数特权中的一部分，也仅构成其法律人格的一部分。如在古罗马，法人长期没有继承遗产的资格，但国库有这种特权。[②] 按照萨维尼的观点，国家的法律人格毋庸置疑，这一法律人格虽然有私法上的意义，但其公法意义更为重要。关于其原因，萨维尼解释道：

> 这一现象可以由国有财产的特殊性质来解释。所有权利都发源于人民（Populus），人民也不能被剥夺任何权利能力（资格）。任何世代都是如此，因此，对于国家没有赋予权利能力的问题。[③]

可见，萨维尼是从"人民"概念入手论证国家法律人格的实在性的，这里的人民概念是政治哲学概念而非法律学概念。实际上，萨维尼是以当时流行的政治学观念而不是从法律角度论证的，这种观念可以追溯到西塞罗，由霍布斯、卢梭等社会契约论者进一步宣扬，其主旨在于："利用政治权力来自人民这样一个古老的原则来为现代的各种类型的代议制政府辩护，这只不过是用古老的思想来适应新的情况而已。"[④] 但不同的是，萨维尼坚决反对社会契约论，否认国家是通过其个体成员之间的任意契约而

[①] 〔德〕萨维尼：《当代罗马法体系Ⅰ：法律渊源·制定法解释·法律关系》，朱虎译，北京，中国法制出版社，2010，第 24 页。
[②][③] Savigny, *The Roman Law of Persons as Subjects of Jural Relations*, trans. by William Henry Rattigan, London: Wildy & Sons, 1884, p. 269.
[④] 〔美〕萨拜因：《政治学说史》下册，盛葵阳等译，北京，商务印书馆，1986，第 208 页。

得以产生①,而是认为国家是"原始地、自然地在民族中、通过民族并且为了民族而产生"②。因此,在萨维尼那里,人民与民族实际上是同一个概念,由于人民或民族概念都是先验的而非实证的,因此,作为"原始地、自然地"产生的国家之法律人格也就具备了先验性。

从理论自身的逻辑性来说,萨维尼的这一论证还有另外两个问题:第一,由于萨维尼在前文中已经否认了将国家视为社团法人的合理性,而这里他所运用的人民或民族概念又潜在地承认了国家的社团法人特征,特别是对照他先前的论断:"民族首先在国家中才获得了真正的人格,也就是行为的能力"③,这不能不说是一个严重的思维漏洞。而基尔克则在深入研究和批判之后,开辟了运用社团法人理论说明国家人格的学术路线,这种路线直到凯尔森都未曾中断。④ 第二,最大的断裂和矛盾存在于国家与法人团体法律人格的来源上:二者都是抽象的存在,何以国家的人格可以从其成员全体得到证明,而法人人格却不能由其成员全体来确证?何以前者是先天具有而后者则需国家授予?对此萨维尼没法给出答案,他只好以罗马法来搪塞:"古代法学家认为国家与法人的这种区别⑤是天然的,不是问题,也无须研究,他们致力于国库与法人的具体区别。"⑥ 而基尔克则旗帜鲜明地将合作团体视为国家的原型,逻辑一贯地运用法人理论解释了国家的法律人格,揭示了现代国家的起源和危机,甚至开创了政治学研究的新局面。

第三节 代理说(Vertretertheorie)

萨维尼认为法人不仅具有抽象的财产能力,而且要实实在在地取得权利并承担义务⑦,那么法人如何通过可操作的现实行为实现其权利能力

---

① 参见〔德〕萨维尼:《当代罗马法体系Ⅰ:法律渊源·制定法解释·法律关系》,朱虎译,北京,中国法制出版社,2010,第28~30页。
② 同①,第28页。
③ 同①,第24页。
④ 参见〔奥〕凯尔森:《法与国家的一般理论》,沈宗灵译,北京,中国大百科全书出版社,1996,第181页以下。
⑤ 即法人的权利能力是国家所赋予的,而国家本身则不存在赋予权利能力的问题。
⑥ Savigny, *The Roman Law of Persons as Subjects of Jural Relations*, trans. by William Henry Rattigan, London: Wildy & Sons, 1884, p. 269.
⑦ 同⑥, p. 217.

呢？这就涉及行为能力问题，萨维尼关于这一问题的解释被称为"代理说"[①]。尽管这部分看上去与本书所研究的法人人格或本质理论似乎关系不大，但是笔者认为这部分内容也需要放在法人本质理论的知识背景下解读，这主要出于以下考虑：

首先，就人格（权利能力）和行为能力的关系而言，权利能力与行为能力是联系在一起的，如果没有行为能力制度相配套，则权利能力制度所承载的法律政策就无从实现。法人制度中的行为能力制度是权利能力制度甚至整个法人制度的基础，因此，对于法人而言，法人的行为能力问题显得更为根本和关键。所以要深入研究权利能力制度，就必须说明其现实运作层面，这就有必要研究行为能力问题。

其次，由于拟制说侧重于法人团体的外部关系如团体与国家、团体与团体、团体与自然人之间的法律关系，代理说则侧重于分析法人团体内部关系，而笔者认为，团体生活的内外关系是联系在一起的，甚至团体的内在关系更具有决定性的作用，如果只关注外部关系，则错过了一次挖掘法人理论制度构建意义的大好时机。例如，由于民法学界的法人人格（本质）研究基本放弃了对团体内部生活的解释，故而在公司法学界的热点问题——法人治理结构上，民法学者普遍性地"失语"，研究

[①] 当然，学界对于代理说的称谓存在争议，有人认为法人拟制说下的法人行为能力学说是代表说，例如蒋学跃：《法人制度法理研究》，北京，法律出版社，2007，第128页；〔德〕福尔克·博伊庭：《德国公司法中的代表理论》，邵建东译，载梁慧星主编：《民商法论丛》，第13卷，北京，法律出版社，1999，第545页。但大部分学者认为是代理说。持代理说观点的学者又可根据其对于对立学说的称谓分为两派：一派认为与代理说相对立的学说是机关说，持此观点的有黄立：《民法总则》，北京，中国政法大学出版社，2002，第126页；马俊驹：《法人制度的基本理论和立法问题探讨（中）》，《法学评论》2004年第5期，第34页；胡家强：《我国法人代表制论纲》，《山东大学法律评论》2007年第4辑，第65页。而另一派则认为对立学说是代表说，持此观点的有梁慧星：《民法总论》，北京，法律出版社，2001，第154页；石慧荣：《法人代表制度研究》，《现代法学》1996年第4期，第78页；朱慈蕴：《公司法人格否认法理研究》，北京，法律出版社，1998，第45页；江平、龙卫球：《法人本质及其基本构造研究——为拟制说辩护》，《中国法学》1998年第3期，第76页；蔡立东、孙发：《重估"代表说"》，《法制与社会发展》2000年第1期，第29页；张从容：《论法人代表制》，《暨南学报（哲学社会科学）》2000年第5期，第84页。蒋学跃博士认为，这一争议是我国学者将代理与代表进行了区分所致，而在德国学界却无此分别，德语中代表和代理都是同一个词：Vertreten。笔者认为，问题似乎并非这么简单，因为德文现代语言中的代表是Repräsentation。德国学者博伊庭也指出民法上的代理（bürgerlichrechtliche Stellvertretung）与公司法上的代表（gesellscaftsrechtliche Vertretung）是不同的，参见〔德〕福尔克·博伊庭：《德国公司法中的代表理论》，邵建东译，载梁慧星主编：《民商法论丛》，第13卷，北京，法律出版社，1999，第545页。笔者认为，从内涵上来说，应当称代理说，详细论述，参见下文。

这一问题的学者只能从经济学输入需要的理论工具。①

再次，从萨氏本人而言，其代理说和拟制说贯彻的是同一种知识谱系和政治立场，前者是后者的延续和补充，如果只解读后者而忽视前者，则不能全面深入地揭示萨氏法人理论的内在意蕴。

从次，就我国学界的现状而言，我国学界普遍地忽视了三大法学说关于团体内部关系的研究。即使在德国学者博伊庭专门研究法人代表理论的论文被译介之后②，上述情况仍然没有实质性的改善，甚至近年直接阅读萨维尼原著的吴宗谋和蒋学跃也对这部分内容只字未提，于是产生了许多误解。如有人臆测三大法人学说"只选取立足于法人外部研究法人的观察角度，只着眼于解决法人何以成为民事主体以及这种民事主体具有何种特征的问题，对于法人与外部关系具有一定的解释力，但对于法人的内部组织关系则无法作出解释和评判"③。实际上，萨维尼的本意并非仅仅限于说明法人如何通过某种机制进行对外交易，而是也关心团体内部权力配置和监督这些在我们现在看来属于法人治理结构的问题，它们甚至构成了萨维尼法人学说的中心话题和内在基础。为了消除上述错误认识，也有必要对代理说加以诠释。

最后，从我国当前法律实践来看，伴随着国有企业改革的推进、事业单位改革的展开、公司治理问题的兴起以及社会团体的蓬勃发展，民商法学者已经关注团体内部权力特别是代表权力的配置与限制问题。④ 而在当

---

① 目前，公司法学界已经有人提出将法人本质理论作为公司治理的指导理论，但由于他们没有发掘法人学说关于法人内部结构的研究，因此，这些学者没有成功地将法人人格（本质）学说与法人（公司）治理结构问题有机地榫接起来，未能避免理论与实务两张皮的问题。参见吴越：《公司人格与公司治理》，载 http://www.swupl.edu.cn/kyc/article.asp?id=257&board_id=43；王文钦：《公司治理结构之研究》，北京，中国人民大学出版社，2002。

② 参见〔德〕福尔克·博伊庭：《德国公司法中的代表理论》，邵建东译，载梁慧星主编：《民商法论丛》，第13卷，北京，法律出版社，1999。当然，博氏该文的技术定位使得我国学者不能从他的论述中获取更深层次的意义挖掘，一方面，博氏没有全面解读萨维尼的相关论述，所以也就没有全面阐释代理说的内涵和旨要；另一方面，他侧重于从技术方面对法人代表制度进行理论解释。尽管他的论述渗透出从国家—法人关系角度进行考察的研究旨趣，但从总体上说，这并非重点。

③ 蔡立东：《公司本质论纲——公司法理论体系逻辑起点解读》，《法制与社会发展》2004年第1期，第61页。

④ 参见石慧荣：《法人代表制度研究》，《现代法学》1996年第4期，第80页；方流芳：《国企法定代表人的法律地位、权力和利益冲突》，《比较法研究》1999年第3、4期；蔡立东、孙发：《重估"代表说"》，《法制与社会发展》2000年第1期，第31页以下；张从容：《论法人代表制》，《暨南学报（哲学社会科学）》2000年第5期，第87页；马俊驹：《法人制度的基本理论和立法问题探讨（中）》，《法学评论》2004年第5期，第37～39页；胡家强：《我国公司法人代表制论纲》，《山东大学法律评论》2007年第4辑，第72页以下；张力：《古罗马法中家庭的主体性质争议及其启示》，《浙江学刊》2008年第3期。

年的法人本质大论战中，这些问题一直是论争的焦点，因此，对于传统民法学说——法人代理说进行挖掘清理也具有重要的现实意义。

一、法人——法律上的残疾人

由于萨维尼在拟制说中已经将法人的权利能力禁锢于财产能力上，所以，他关于法人团体的"行为"的论述也仅仅限于如何取得、行使财产权利的问题：

> 暂且不论特殊的家庭关系和其他一些不太重要的个别情形，单就财产权来说，它不会自动产生，只有通过行为才能取得。而行为会预示一个能够思考和形成意志的人，而仅仅是个拟制的法人则不会有此情形。于是就产生了一个关于主体的天然矛盾，这一主体具有财产能力却不能满足取得财产权利的必要条件。在许多自然人那里，也有相同的矛盾（尽管在较小的程度上），特别是未成年人和精神病人，由于他们具有最广义的权利能力但又完全没有行为能力。当这种矛盾出现时，就必须通过代表这种人为的机构（Anstalt, Institute）加以解决。在缺乏行为能力的自然人那里，代表制度是通过监护制度进行运作的，在法人那里是通过法人章程进行运作的。①

萨维尼循此批评了当时的法人实在说观念，如瓦恩科尼格（Warnkoenig）认为成员的多数决构成法人团体的意志本身这一原则，是固定原则。萨氏认为，即使是全体成员的一致同意也不能视为团体的意志和行为，他说：

> 此处将法人行为能力的天然欠缺断定为设立一个必不可少的人为替代者的基础理由，然而，这点必须从字面上理解。许多学者认为，事情仿佛是法人团体的所有个人成员的共同行为实际上就是法人团体自身的行为，并认为替代者的介入仅仅在所有成员就共同意志和行为难以达成一致同意的情况下才是必须的。然而，实际并非如此：成员整体全然不同于法人团体本身（86节②），且即使所有个人成员毫无例外地共同行为，也不能认为这一行为就好像是我们称其为法人的观念存在的行为。法人可以比作未成年人，其监护权按照如下方式行

---

① Savigny, *The Roman Law of Persons as Subjects of Jural Relations*, trans. by William Henry Rattigan, London: Wildy & Sons, 1884, pp. 209~210.
② 即《体系》II 第86节的论述。——引者注

使：有章程的社团法人由人为构建的权力机关行使监护，而无章程的社团法人则由现有的成员行使监护权。因此，成员不同于法人团体本身，正如监护人不同于其被监护人一样。①

可见，萨维尼不仅将拟制说的观念贯彻下来，而且进一步重申了先前的团体独立于成员全体的价值判断，他进而批评瓦恩科尼格和其他许多学者一样，没有理解法人的本质，错误地认为法人也和自然人一样，可以通过有意识的行为取得占有。②

从这里，我们可以看出，萨维尼仍然沿着一种形式主义的法学进路，按照这种进路，概念推演代替了社会现实的考察③：既然法人仅仅是个拟制的产物，即法人只能是一个虚拟存在或观念存在，那么，谈论法人"有"行为能力就如同说影子能走路那样成为奇谈怪论。因此，萨维尼直接凭借直觉从其法人概念中推导出法人没有行为能力，法人只能是一个需要他人扶持的"法律残废"，这从逻辑上来看似乎也能自圆其说。那么，法人如何实际取得权利呢？对于这个问题，他也是从自然人与法人的形式化对比中寻找答案，法人可以比作未成年人，后者通过监护制补足其行为能力，前者则以代表制补充。也就是说，萨维尼是从制度的形式化对比——自然人的监护制度和法人的代表制度对比——切入团体内部生活秩序的，这更是一种规范性研究而非社会实证研究。由此可见，在萨维尼身上，概念法学已经初现端倪。

总之，在萨维尼那里，代理说不仅是拟制说的延续，也可以视为拟制说的基础，正如他所说："法人代表的法律行为被看作法人自身的行为，这一点就在事实上构成了法人的真正本质。"④ 可见，萨维尼的主张是，先由国家拟制出一个德国学者博伊庭戏称为"小法人"（Juristisches Persönchen）的"法律残废"，然后再将法人代表的行为"拟制"为法人自身的行为，这就是博氏所说的两次拟制。⑤

萨氏认定法人是个必须由他人代表的"法律残废"，这一点至为重要，

---

① Savigny, *The Roman Law of Persons As Subjects of Jural Relations*, trans. by William Henry Rattigan, London: Wildy & Sons, 1884, pp. 210~211.
② 同①，p. 218。
③ 当然，实际上，萨维尼对于团体内部权力运作有着深入研究，而且正是这种研究决定了他要采取这种形式主义法学路线。参见下文"团体与成员的关系"。
④ 同①，p. 217。
⑤ 博伊庭认为，代表说的两次拟制不必要地耗费了过多的概念，得到的却是逻辑上的漏洞百出。参见〔德〕福尔克·博伊庭：《德国公司法中的代表理论》，邵建东译，载梁慧星主编：《民商法论丛》，第13卷，北京，法律出版社，1999，第540~541页。

它决定了代表者地位的独立性和法定性。

二、代表人——法人的监护人

按照萨维尼的观点，法人代表是法人的机构（Anstalt）[①]，请注意，在此他采用了 Anstalt 一词。而前文指出，萨维尼曾经将法人分为团体法人和机构法人，其指称后者的德文词汇正是该词。而基尔克则以 Organ（器官）一词指称法人内部机关，意在撮取"器官"既不能外在于人体，也不能脱离人体而独立存活之属性，表明机关对于法人团体的内在性和非独立性。两相比较，可以看出，萨维尼并不认为法人机关和机构法人有什么分别，因为在他那里，法人机关和机构法人一样，都是一种外部化、独立化的组织，法人机关与法人的关系不是内部关系，而是一种外在化的平行关系。从逻辑上说，这为法人机关独立承担法律责任而非由法人为其机关的职务行为承担责任埋下了伏笔。[②] 不过从萨维尼的行文可以看出，萨维尼并没有严格地将法人代表当作一个机关对待，而往往是直接看作一个或一群个人，在他那里，代表者、管理者与成员没有多少分别。可见，正如前文所示，萨维尼在解释团体内部关系时，其私法样本与耶林的相似，也是合伙——在合伙那里，由于缺乏现代意义上的所有权（成员权）和经营权的分离，管理者、代表者都是成员。

萨维尼接下来以大量的篇幅论证法人作为一个抽象的观念存在，既无意志，也无行为能力，因此，法人不能承担侵权责任和刑事责任，萨氏还据此严肃地批判了当时已经出现的法人有侵权责任能力和刑事责任能力的论点。

他首先批评了法人有侵权责任能力的观点。当时有观点认为在法人进行侵权行为的情况下，法人无疑是债务人，而且其债务与自然人的无异。[③] 萨维尼认为上述观点错误，他举例说：法人的代表人在执行法人职

[①] 博伊庭曾指出团体的机关与机关中的自然人是不同的，即使是在机关仅有一名成员的情况下，如一人公司，机关也不能混同于充任机关的自然人，博氏据此批评萨氏代理说没有区分法人机关和机关担任者。参见〔德〕福尔克·博伊庭：《德国公司法中的代表理论》，邵建东译，载梁慧星主编：《民商法论丛》，第 13 卷，北京，法律出版社，1999，第 542～543 页。实际上，萨维尼似乎并没有犯这样低级的错误，因为他已经指出他的代表人乃是一个机关而非单纯是一个人或一群人。当然，博氏的批评也非无的放矢，因为萨氏虽然指出代表人是个机关，但他在下文论述过程中，仍然下意识地将代表人当成一个人或一群人。

[②] 详见下文。

[③] See Savigny, *The Roman Law of Persons as Subjects of Jural Relations*, trans. by William Henry Rattigan, London: Wildy & Sons, 1884, p. 219.

务过程中实施了欺诈，也只能是代表人自己对该欺诈行为负责，当然，如果法人的财产因该欺诈而增加，则这些收益必须交出。① 他还从罗马法找例证，如有人以自治市的名义将一片土地的所有者驱赶出去，假如自治市因驱赶行为而得到这块地，则防止暴力令状才会指向自治市。② 以此说明，罗马时代法人并不承担侵权责任。

随后，萨维尼以大量的篇幅论证法人不能承担刑事责任。当时有人就已经提出了法人刑事责任肯定说，认为法人能承担刑事责任（当然，他们也指出法人不能承担特定刑事责任：如城市不可犯通奸罪，村社也不可能重婚），因为他们认为法人既有权利能力也有意志能力。③ 萨维尼批评道：刑法仅适用于自然人，法人存在于刑法调整范围之外，法人的真正存在依赖于特定的有限的几个人的代表意志，这一意志被转归于法人，作为拟制的结果，被当作法人自己的意志。然而如果代表行为没有实施代表者个人的意志（而仅仅实施了法人章程），通常仅仅可被认为与私法有关，而与刑法无缘。④ 萨维尼还指出了刑事责任肯定说的错误原因：一在于绝对意志能力的空洞抽象，在没有任何根据的情况下，这一意志被归属于法人。二在于将法人与其个体成员完全相混淆，罗马法在多处反对这一错误观念。⑤ 萨氏还进一步解释道，法人的代表人或成员犯罪后，会有双重性，使人会误以为是法人在犯罪。如政治组织叛国，该组织就会被取缔，军团可能被取消军旗，但这些都是政治行为而非法院的司法行为，所以并不存在法人犯罪问题。⑥ 帝制德国时代的刑事处罚指向团体，但这也不过是政治行为，而不是法律行为。⑦ 最后，萨氏又搬出罗马法，在引用数例后，他权威地总结道："罗马法中对法人的处罚是政治行为，不是法律行为，不能说明法人能犯罪。"⑧ 可见，萨氏的言外之意就是——政治行为不受法律约束，法院也无权主管，因此也就不是刑法问题。

表面看上去，萨维尼认为法人不能承担侵权责任和刑事责任的主张，似乎有利于保护团体利益，因为团体承担责任往往意味着最终由团体成员

---

① See Savigny, *The Roman Law of Persons as Subjects of Jural Relations*, trans. by William Henry Rattigan, London: Wildy & Sons, 1884, p. 235.
② 同①，p. 238。
③ 同①，p. 231。
④ 同①，p. 232。
⑤ 同①，pp. 233~234。
⑥ 同①。
⑦ 同①，p. 240。
⑧ 同①，p. 239。

买单。置放于今天的公司、社团语境中，法人无侵权责任和刑事责任可以促进社会成员积极投资兴办企业和社团，推动工商业发展的同时，亦可促进社交、文化、慈善事业的繁荣。正因如此，杜威认为，萨维尼的拟制说有时更有利于扩张法人的权利，如拟制说认为没有意志的法人不能侵权、犯罪的观点，赋予了法人相当大的活动空间。[①]

但是从根本上说，萨氏的主张并不利于团体的发展，自然最终也不利于团体成员的利益。首先，萨维尼并未绝对主张法人可以完全逍遥法外，法人仍会受到严厉惩罚，只不过这种处罚是国家的政治行为而非法律行为而已，而且在萨维尼看来，法律不能规制政治活动，政治行为超越于法律之外。[②] 可以想见，与依法作出的法人承担侵权责任和刑事责任的司法行为相比，不受法律约束的政治行为对于法人只会是一种不可预测的灾难。也就是说，萨维尼的政治处罚比刑事处罚更不利于保护团体和成员利益。因此，杜威所认为的自由空间实际上并不存在。第二，法人不能承担侵权责任就意味着代表人直接承担法律责任，如果代表人承担了更多的责任和风险，那么逻辑上就可能出现三种情形：（1）无人愿意出任法人代表或管理者，法人组织的发展和壮大受到抑制；（2）虽然有人就任法人代表，但在法人团体业务开展过程中畏首畏尾、无所作为；（3）代表既然承担了较大的责任，自然就倾向于采取"行政首长负责制"，其结果就是积极攫取权力，从而独立于团体之外并凌驾于团体之上，真的成了萨维尼所说的法人"监护人"。毫无疑问，无论出现哪种情形，都不利于社会中间组织的发展和壮大，最终不利于市民社会的成熟和自立。

就法人外部关系而言，代表人直接承担法律责任，还不利于外部当事人利益的保护。实践表明，确实存在着无法或不适于还原为自然人个人行为的法人行为，而且这些行为的成立无须考虑当事人的过错，即当事人是否有意思能力不影响这些行为的构成。最为典型的就是法人因生产过程中污染环境侵害他人人身和财产、因产品存在缺陷造成人身和财产损害等不是执行法人职务的特定自然人，而是法人集体实施的侵权行为。[③] 在这些场合，法人的代表人对于损害的发生可能根本没有过错，而按照萨维尼的

---

① See John Dewey, "The History Background of Corporate Legal Personality," *Yale Law Journal*, Vol. 35, No. 6, 1926, p. 668.
② 参见〔德〕萨维尼、格林：《萨维尼法学方法论讲义与格林笔记》，杨代雄译，北京，法律出版社，2008，第70页。
③ 参见蔡立东：《公司本质论纲——公司法理论体系逻辑起点解读》，《法制与社会发展》2004年第1期，第68页。

意见，必然会产生如何认定代表人的过错的问题，徒增受害人的举证负担，甚至导致其无法获得赔偿。①

从本书研究的旨趣来说，最为重要的问题是，这一主张体现了萨维尼一贯的政治诉求。因为代表人直接承担法律责任就意味着将代表人直接纳入了国家法的体系，而实际上，代表人是团体内部法律秩序的产物，它的权力本是由团体章程所授予，它的选任也是由团体成员按照内部章程完成。对此，萨维尼也予以承认。那么，它承担的责任就应当是团体内部责任。说到底，代表人只有在团体内部法律中才有人格，在国家法层面，代表人既无权利能力，也无行为能力，毫无法律人格可言。② 萨维尼将代表人纳入国家法的直接统辖范围，其目的无非是希望通过国家法而非团体内部秩序直接规制代表人行为，从而控制团体行为，从本质上来说，这是一种一竿子捅到底的（国家）法律全能主义观念，其背后就是国家至上主义。

不过，尽管萨维尼将代表人界定为法人的监护人，但正如他认为自然人的监护人也可能侵害被监护人的利益一样，他并不认为代表人是法人利益绝对的代表者。萨维尼曾指出："法人在转让其财产时，经常陷入与其代表者的个人利益所发生的冲突之中。"③ 由此可以看出，萨维尼笔下的法人团体有其自身利益，这一利益既不同于其成员全体的利益，也不同于其代表者的利益，相反，成员或代表者的个人利益往往与团体利益发生冲突。④ 所以，萨维尼既没有将团体的前途和命运寄托于法人成员，也没有托付于代表人，他拒绝赋予代表人以罗马家父或独裁君主那样的统治地位，萨氏笔下的代表人更类似于罗马后期权力受到国法大大挤压的家父，其监护职责也类似现代社会中受到国家法严格限制的监护职责。

因此，在萨维尼那里，代表的权限并不大，萨维尼说：

为了将法人观念引向生活实践，有必要为法人设计一个常规性代

---

① 因此，当代侵权法不仅确立了法人责任制度，而且其责任性质不再是替代责任，而是组织过错责任，无须以具体雇员的侵权责任为基础。参见班天可：《雇主责任的归责原则与劳动者解放》，《法学研究》2012年第3期；郑晓剑：《揭开雇主"替代责任"的面纱——兼论〈侵权责任法〉第34条之解释论基础》，《比较法研究》2014年第2期；郑晓剑：《组织过错理论与受害人保护》，《法制与社会发展》2013年第6期。
② 参见〔德〕福尔克·博伊庭：《德国公司法中的代表理论》，邵建东译，载梁慧星主编：《民商法论丛》，第13卷，北京，法律出版社，1999，第540页。
③ Savigny, *The Roman Law of Persons as Subjects of Jural Relations*, trans. by William Henry Rattigan, London: Wildy & Sons, 1884, p. 262.
④ 关于团体成员个人利益与团体利益发生冲突的问题，请参见下文"团体与成员的关系"。

表，通过这一代表，人为地补足法人所缺乏的行为能力，其目的仅仅在于使法人得以经营财产。……代表职能限于这一范围：它不适用于财产转让和债务承担，因此也不适于为数众多的、比较重要的由对待性支付和受领所构成的法律交易（如购买），也不适于所有类型的诉讼交易，最后，还不适于重要商业事务的管理，仅仅限于与执行这些事项有关的细节问题。①

然而，代表人的权力虽小，并不意味着其作用不大，他说：

虽然代表的职能范围很小，但这一代表形式很重要，因为有了代表，法人才可以通过要式法律交易直接取得所有权，如果没有这一代表形式，交易将无法进行。②

这句话似乎表明：虽然代表不可以决定法人做什么，但可以决定它做不成什么③，从抑制法人行为的立场来看，代表人完全可以以轻驭重，控制法人行为。而上文提到，代表人直接被纳入国家法序列，也无非是使国家法可以四两拨千斤，通过控制代表人的行为达到控制团体行为之目的。

因此，以上两个方面是完全可以统一起来的，萨维尼并不完全信任法人代表，所以，他一方面限制法人代表的权限，另一方面将其纳入国家法体系中，希望以国家法驯服法人代表。其背后的原因乃在于萨氏对于团体自治的悲观态度——在萨维尼看来，团体内部秩序根本不能约束法人代表的行为，故而必须由国家法直接介入。这种思路明显地体现于以后的立法当中，《德国民法典》第26条第2款规定："董事会在诉讼上和诉讼外代表社团，董事会具有法定代理人的地位"④，其意义在于以国家法的方式将法人的全部代表（理）权固定于某一特定机关，以国家法赋予法人机关以法定地位，这与萨氏以国家法直接干预团体内部生活的思想一脉相承。

代理说将国家法一竿子捅到底，越过法人内部秩序直接规制法人内部生活，尽管这种直接规制在现代法人法中也是普遍现象，如法人治理结构、法人人格否认、法人管理者的对外责任等，但是问题一方面是现代社会中的直接规制是受到很大限制的，另一方面是这种直接规制的目的是实现服务和救

---

① ② Savigny, *The Roman Law of Persons as Subjects of Jural Relations*, trans. by William Henry Rattigan, London: Wildy & Sons, 1884, p. 241.
③ 关于这一问题的生动注脚就是我国的国企法定代表人制度，关于它的详细论述，请参见方流芳：《国企法定代表人的法律地位、权力和利益冲突》，《比较法研究》1999年第3、4期。
④ 杜景林、卢谌：《德国民法典全条文注释》上，北京，中国政法大学出版社，2015，第26页；《德国民法典》，陈卫佐译注，北京，法律出版社，2015，第12页。

济等私法精神。如果直接规制成为常态,并且是贯彻管制和规训的政治宗旨,法律中充斥着强制性规范和"为民做主"的自信,自然最终势必会贬抑法人内部的草根秩序,挤压团体自治的空间。说到底,代理说中真正的对立不是法人与外部化的代表,而是团体自生自发秩序与国家法的对峙。

从私法技术上说,代理说将代表人独立化,将代表权法定化,以国家法直接规制代表人行为,这些特点都说明其内在思路正是民法上的代理原理,而且是法定代理。所以,萨维尼的这部分理论应称为代理说。①

总之,贯穿于萨氏法人学说始终的主题就是如何强化国家对于各类法人组织的监控。拟制说关心的核心问题是国家权力如何在法人人格的取得和消灭等层面抑制具有潜在危险的社会权力中心,而代理说则关注国家权力如何在团体日常运作方面的加强监控,以防止既有秩序发生危害性的变化。按照这种观念,在国家拟制前,法人不过是一具法律僵尸,而拟制之后,法人也不过是一个"法律残废"。

不可否认,从法律技术上来说,机关说过于刚性,而代理说则具有更多的灵活性。如对于代表机关的越权代表行为,按照机关说,则都属无效行为,不利于保护外部善意当事人的利益;而按照代理说,则可以适用表见代理规则,从而比较合理地平衡法人和外部当事人的利益保护问题。但是我们应当了解法律概念以及法律技术最初出现时被赋予的"意义",从而在运用这些概念和技术时,可以根据我们自己的目的赋予不同的意义,使概念(技术)的"旧瓶"能够装进功能和价值的"新酒"。尼采认为,事物的"形式是可变的,而意义的可变性更大",一件事的最初的意义完全可以按照新的目的而改写。②

当然,要进一步说明萨维尼赋予的意义,有必要探讨两个更为宏观、更为基本的问题:一是团体与其成员的关系,二是团体与国家的关系。

第四节 团体与成员及国家的关系

一、团体与成员的关系

团体与成员的关系涉及团体内部权力运作问题,萨维尼在讨论法人章

---

① 与之相对立的机关说实际上是个形式上的称谓,从实质上说,应当称之为代表说。
② 参见〔德〕尼采:《道德的谱系》,周红译,北京,生活·读书·新知三联书店,1992,第56页。

程部分，以极长的篇幅细致地论述了法人内部的权力运作，展现了一幅团体内部生活的工笔长卷。①

在一开始，萨维尼就再次强调了前文所述的团体独立于成员全体这一价值判断。② 该论断是萨维尼关于团体与成员关系的总纲，它从根本上将团体与成员的关系对立了起来。

他首先分析了法人成员大会的议事规则，指出了法人内部决议面临的三个不可克服的障碍：一是多数决和一致同意的矛盾对立，二是普通成员和分属于不同阶层并且享有不同权力的成员之间的对立，三是现有成员的全体和不受个体成员的变化影响而不朽的法人团体自身之间的对立。通过揭示这三个对立，萨维尼所要表达的结论是：法人全体成员大会的决议是不自足的，甚至是非法的，团体作为整体的命运不能交由法人全体成员大会决定。③

其次，萨维尼还不厌其烦地对法人机关议决事项进行了详尽说明④，他将团体内部事务分为两类：第一类涉及日常行政管理事务，第二类涉及其他对法人自身条件以及法人财产产生不同影响的行为。由于前类事务与法人命运关系不大，他将分析的重心放在后一类事务之上。通过对后一类事务议决规则的分析，萨维尼以实例进一步说明了多数决乃至一致同意可能带来的危害。如他举例说：假如一个工匠有许多钱，他去世后将其财产遗赠给其生前所在的行会。如果这一行会由15个成员构成，那么，按照多数决规则，其中8个成员就可以作为当权的多数派瓜分这笔遗赠，而不给其余7位以任何财产。如果不是按照多数决原则，而是按一致同意原则，则实际上法人团体的整体利益被其15个成员损害，正如上述7个成员被其余8个侵害一样。⑤ 总之，萨维尼不相信单纯通过团体内部秩序就能实现正义，所以他坚定地否决了全体成员大会自身可以有不受限制的权力，以及对于团体财产和命运的处置权。⑥ 萨氏还主张，法人成员大会的议决事项和议事规则都应由法律明文规定，并由相关机关进行许可监督，如1821年《公有地分割条例》即属此类。⑦

---

① See Savigny, *The Roman Law of Persons as Subjects of Jural Relations*, trans. by William Henry Rattigan, London: Wildy & Sons, 1884, pp. 96~100.
② 同①，p. 210~211。
③ 同①，p. 96~97。
④ 同①，p. 98~99。
⑤ 同①，p. 260。
⑥ 同①，p. 247。
⑦ 同①，p. 265。

从深层原因上说，萨维尼对于团体内部秩序的消极印象应当是当时德意志各侯邦钩心斗角、尔虞我诈的政治局面在法人学说上的投射。正是由这种对团体自治的悲观态度所决定，在他眼中，法人不仅是，而且应当是一个"法律残废"，而这一论断恰恰又是当时群龙无首的德意志的写照。由此，我们也可以理解上文所提到的，萨维尼为何多次划清成员全体与法人的界限，拒绝将法人人格和利益建立于法人成员全体之上；为何不信任代表人，从而致力于将其纳入国家法调整范围之内、以国家法驯服代表人；为何采取一种形式主义的法学进路，将法人代表制度与自然人的监护制度相提并论。

既然萨维尼认为团体内部秩序无法公正地保护团体利益，那么他会将团体利益托付于谁来照料呢？

这自然就是国家。

二、团体与国家的关系

在上文，笔者已经提到无论是萨维尼的拟制说还是代理说，其内在的深层问题都在于团体与国家的关系问题。按照拟制说，法人的人格是国家拟制的，法人的设立和终止都需要国家的许可；根据代理说，国家法深入团体内部生活，草根秩序受到忽视和挤压。除此之外，萨维尼还以大量篇幅集中讨论了国家对法人团体的监控问题。

他在讨论法人代表处分法人财产时，认为这种处分会侵害法人利益，但是有时它又是有益的，有时甚至是必需的，那么怎么解决这一矛盾呢？他说：

> 对于法人来说，处分法人财产的合法性被托付予保护神那至高无上的权力，这一权力是国家所应当行使于所有需要保护者，因此也行使于法人的权力。在这里，国家相应地要有所作为，这不仅是为了保护其自身对所有最重要的法人团体所享有的利益，而且是由于其所享有的一视同仁地控制所有法人的权力。[①]

这意味着，法人内部的众多决策行为只有得到了国家的许可之后才具备合法性。在他看来，国家不仅应决定法人的成立、变更和终止，而且要决定着法人运营期间的内部决策行为，国家对于法人监控几乎无所不包。

---

① See Savigny, *The Roman Law of Persons as Subjects of Jural Relations*, trans. by William Henry Rattigan, London: Wildy & Sons, 1884, p. 265.

可见，萨维尼赋予了国家无以复加的监控权力。

不过，萨氏也认识到了将全部权力托付给国家的争议性，因为当时已经有了许多反对的声音，这本身也说明，萨氏的观点不可能完全用什么时代局限性加以开脱。他说：

> 关于国家对于法人的这种支配力，现代不仅在德国而且在法国，都已经有许多著作问世，并被激烈争论，尽管更多的是从政治立场而非私法角度。因此，国家的这种支配力的反对者们迄今也未能达成最后一致意见。其中有两种截然不同的态度，一种主张放任，认为法人的代表者可以为所欲为；另一些则主张管制，认为法人财产的任何变更都在禁止之列。尽管两种论调都打着维护法人福祉的旗号，但就其准确的后果而言，二者都易于极端地损害法人。①

从字面上看，萨维尼似乎将采取一种真正有利于法人的折中立场，其实正好相反，从国家权力所受限制角度来看，他是极端管制论的支持者。因为，他认为法人财产的变动是否合法应当取决于国家的自由裁量权，而上文中的放任论和管制论要么公然地、要么潜在地剥夺了国家的这种裁量权。因此，在萨维尼那里，法人的福祉不过是国家权力的附属物而已。

当然，萨维尼也认识到国家权力的危险性，所以他承认：

> 下列公正的考虑是毋庸质疑的：通过夸大国家对于法人（特别是公社）的监护地位，已经产生了相当大的危害。曾经先是税务法庭，后来是国家官员追逐权力的贪欲，对共同体造成了极大损害，由于仍然有许多经营问题受到国家持续性的并且经常是非常阻碍性的支配力监控，而经营问题最好留给共同体的独立管理，独立管理又仅仅服从于国家的一般性监督这一自然隐性条款。②

虽然萨维尼提出了"独立管理"这类口号，但也仅仅是个口号和姿态而已。从总体上看，他关心的是国家权力如何实现对团体内部重大事务的监控，适于独立管理的事务只能是无关大局的"细故"，因为从根本上说，他并不相信团体的"独立管理"能够实现正义和公平。所以，他关于限制国家权力的论述也只能是轻描淡写、避重就轻。他说：

> 国家权力的这种滥用不能通过确定的规则加以避免，而只能通过

---

① Savigny, *The Roman Law of Persons as Subjects of Jural Relations*, trans. by William Henry Rattigan, London: Wildy & Sons, 1884, p. 263.
② 同①, pp. 263~264。

当权者的睿智和善意加以避免，监控原则的正当性不会因国家权力的滥用而受影响。如果一种负责的情感激励着当权者，则国家对于法人重大事务的管制只会对法人团体产生巨大利益。这一管制将不仅服务于将来成员的利益，而且会服务于那些可能会受到多数派自私意志损害的成员个人。这一管制将会在所有的共同体中大有作为……①

可见，萨维尼并没有真正地限制国家权力，相反，在宣示国家管制的正当性的基础上，进一步扩大了国家管制的适用对象和事务范围。萨维尼甚至主张法人某些事务的代表权应当掌握于政府之手，如他举例说如果公社成员侵害公社利益后，又成功地阻止了针对他们的诉讼，在这种情况下，"除政府任命一些官员以公社的名义提起诉讼以外，别无他法"②。总之，在萨氏眼中，"国家对于法人的监护建立在与监护人对于未成年人的监护相同的基础上"③，国家权力的正确性是先验的，不应因权力执行者的颟顸和贪欲而受到任何质疑。出于证明国家权力正当性的学术需要，法人就不仅是，而且必须是一个"法律残废"了。

当然，萨维尼似乎也并不希望所有法人团体在所有方面都为国家所吸纳，正如被监护人在人格上独立于监护人之外一样，在萨维尼看来，法人团体也有独立于国家的方面。除上文萨氏提出的"独立经营"之外，在谈到机构法人时，他还说："每一家医院及类似机构就是独立财产的所有者，正如单个的生物人或团体，许多现代学者将这些机构的财产赋予国家、或一个镇区、或一个教会，是极端错误的。"④ 另外，在谈到法人终止时，他还指出，在法人没有成员的情况下，并非所有法人都终止。例如，如果一个城市发生了瘟疫，在此期间，一个手工业行会所有成员先后死亡，那种认为在这种情况下行会本身已经消灭、进而主张其财产无人继承或应归国家所有的观点是绝对错误的。⑤ 不过，总的来说，一方面，萨维尼阐述的法人独立性乃是其法人具有独立本体之观念的必然推论。在上文，萨维尼决绝地将法人整体与成员整体划清界限，而如果这里不照应性地宣示法人独立于国家的一面，则其关于法人独立本体的核心观念将出现重大逻辑漏洞，这是坚持体系化研究方法的萨维尼必须避免的。

---

① Savigny, *The Roman Law of Persons as Subjects of Jural Relations*, trans. by William Henry Rattigan, London: Wildy & Sons, 1884, p. 264.
② 同①, p. 266。
③ 同①, p. 242。
④ 同①, p. 199。
⑤ 同①, p. 208。

因此，萨维尼对于法人独立性的说明更多的是出于学说逻辑上的需要，而非制度理念上的判断；另一方面，法人的独立性与萨维尼所强调的国家监管并不冲突，法人独立性并非意味着法人自治，而仅仅体现于财产方面与国家不相混同而已。而且从萨维尼的学说整体而言，法人对于国家的独立性与他对国家监控权力的极力推崇相比，似乎显得微不足道。

第五节　萨维尼拟制说的流变及影响

一、温德沙伊德的法人学说

从体系化的角度来看，萨维尼的法人理论是不系统、不连贯的。首先，从法学方法上来说，虽然萨维尼强调法学概念的体系性和独立性，但是仍然没有摆脱对于哲学论证的信赖，例如他在界定主体的本质时，康德伦理哲学上的结论就是其无须论证的法学前设，然而，在论证国家拟制说时，又产生了法学论证与哲学说明的巨大矛盾——国家使没有内在自由意志的法人成为"人"，难道不违反康德伦理吗？其次，萨维尼对于法人本质的解释包含着逻辑冲突：自然法人是实在的，而意定法人则是拟制的。最后，萨维尼的政治态度也是纠结的。这在后起的潘德克顿法学看来是不能令人满意的。温德沙伊德（Bernhard Windscheid，1817—1892）就是在这种背景下阐发了自己的法人学说。

温德沙伊德是概念法学的著名代表人物，故其法人学说也应当在概念法学这一背景下加以检视。概念法学与法曹法（学者法）有很大关系，法曹法是法律学者阶层自主性和独立性得到强化的产物，而概念法学则是法曹法的极端体现。例如普夫塔就主张作为民族之"机关"的法学家应当独占法的理论与实务，而法学家应当构建法的最高概念，然后再从这一概念向下推导出个别权利，法条的正当性只建立在体系上的正确、逻辑上的真理与合理性上。[1] 而温氏则直接说："伦理、政治或国民经济上的考虑均不是作为法律学者所关心的。"[2] 于是形成了封闭、自治的潘德克顿法学。

---

[1] 参见〔德〕维亚克尔：《近代私法史——以德意志的发展为观察重点》，陈爱娥、黄建辉译，台北，五南图书出版公司，2004，第371~372页。

[2] 〔德〕维亚克尔：《近代私法史——以德意志的发展为观察重点》，陈爱娥、黄建辉译，台北，五南图书出版公司，2004，第399页；〔德〕霍尔斯特·海因里希·雅科布斯：《十九世纪德国民法科学与立法》，王娜译，北京，法律出版社，2003，第6页。

第二章 萨维尼的法人学说

在《学说汇纂法教科书》① 第一卷第二编中，温德沙伊德先讨论了权利概念的界定，然后讨论了权利主体，在权利主体这一章中，又分为三节：通论、自然人和法人。按照温氏思路，权利、权利主体、自然人和法人，这些概念形成了一个封闭自洽的体系：权利主体概念是由权利概念派生出来的，因而必须包含权利概念的基本要素。因此，要分析法人是否是权利主体就必须从权利概念入手，而不需要从自然法或先验哲学上寻找依据。

那么，权利的实质又是什么呢？温德沙伊德为权利下了一个定义："权利是某种由法律秩序所赋予的意思力（Willensmacht）或意思支配（Willensherrschaft）。"② 可见，权利的本质有二：一是意志力，二是法定性。也就是说，无论自然人还是法人，其主体地位都是基于法律的授予，而不是先验主体哲学。当然，温德沙伊德也清楚法人并不同于生物人，所以他指出："法人不是一个现实存在的人，而是作为权利义务主体设想出的'人'。"③ 这与萨维尼拟制说是一致的，不同之处在于，前者删除了伦理哲学论证。

接下来，温德沙伊德指出了法人权利能力范围的限制，将萨氏割裂法人制度之公私两面，并有意忽略其公法层面的做法推到极致。④ 这种法人制度公、私法分治的理路在素有"小温德沙伊德"之称的民法典第一次草案中也有所体现。该草案第 41 条规定："社团与财团得享有权利能力，并独自拥有财产权利及财产义务"⑤。该草案之理由书对此解释道："对民法来说，法人的本质在于，可依实证法而赋予某一人之社团或某一财产集合体享有本属于自然人的财产能力。甚至可以进一步地说，法人与财产能力就是同一个意思……"⑥

---

① Bernhard Windscheid, Lehrbuch des Pandektenrechts. Ⅰ, Düsseldorf, 1870.
② 金可可：《论温德沙伊德的请求权概念》，《比较法研究》2005 年第 3 期，第 116 页。
③ Bernhard Windscheid, Lehrbuch des Pandektenrechts. Ⅰ, Düsseldorf, 1870, S. 156.
④ 参见吴宗谋：《再访法人论争——一个概念的考掘》，硕士学位论文，台湾大学法学研究所，2004，第 28 页。
⑤ Entwurf eines bürgerlichen Gesetzbuches für das Deutsche Reich (Erste Lesung), Amtliche Ausgabe, Berlin und Leipzig: J. Guttentag. 1888, S. 14. 转引自吴宗谋：《再访法人论争——一个概念的考掘》，硕士学位论文，台湾大学法学研究所，2004，第 27 页；〔德〕托马斯·莱塞尔：《德国民法中的法人制度》，张双根、唐垒译，《中外法学》2001 年第 1 期，第 26 页。
⑥ Mugdan：《德国民法典的立法动机》，第 1 卷，第 359 页，转引自〔德〕托马斯·莱塞尔：《德国民法中的法人制度》，张双根、唐垒译，《中外法学》2001 年第 1 期，第 26~27 页。

此外，在温德沙伊德那里，也不存在自然法人和意定法人之分。温氏将法人分为三类：一是多个人的集合体；二是追求宗教的或者具有其他公益目的的机构，如救助站、医疗站、学校、教会等；三是权利本身，主要包括未分割遗产、国库以及基金会。① 可见，温氏将萨维尼的机构法人细分为两种：机构和权利。他在解释权利何以成为主体时说，"当国库被视为法人时，不能将国家和个人结合起来人格化，而是人格化国家权力"②，这应当是对萨维尼的继承和补充。

但在解释法人为什么要将上述类型设想为法人时，温德沙伊德似乎有意回避了萨维尼的实体理论，他认为，各种法人类型差异很大，每种都有各自不同的法人化基础，因而不存在统一的法人本质。但从温氏的分析来看，法人化的基础不外乎特定的目的和习惯，因此透出某些目的财产说的意味。而且其与萨维尼一样，强调法人不同于其成员，法人财产不是其成员的财产，虽然后者对团体享有一定的权利③，因而其与耶林的受益人主体说迥然有别。

关于法人的设立，温德沙伊德先指出国家的设立行为不属民法讨论范围，但其他法人的权利能力都需要由国家授予。④ 此举显示，温氏已将其拟制说推广至所有的团体。也就是说，在温德沙伊德看来，无论是哪种法人，都不具有成为法律主体的内在依据，无论是"必然的法人"还是"人为且意定的法人"都应接受国家的辖制。吴宗谋认为："德语世界中真正彻底主张法人拟制说的，并非萨维尼，而是参与了德国民法第一次草案的温德沙伊德。温德沙伊德可以说是透过概念法学的观点与方法，将萨维尼的法人理论推展到形式化的极端。"⑤ 从政治倾向上来说，这个论断是可以成立的。

总之，温氏的法人观念应当归入萨维尼式拟制说谱系之中。

二、目的财产说（Zweckvermögenstheorie）

目的财产说（也称为无主体财产说，Theorie der Subjektlosen Rechte）

---

① Bernhard Windscheid, Lehrbuch des Pandektenrechts. I, Düsseldorf, 1870, S. 157-159.
② Entwurf eines bürgerlichen Gesetzbuches für das Deutsche Reich (Erste Lesung), Amtliche Ausgabe, Berlin und Leipzig: J. Guttentag. 1888, S. 160.
③ 同②，S. 164。
④ 同②，S. 170~172。
⑤ 吴宗谋：《再访法人论争———一个概念的考掘》，硕士学位论文，台湾大学法学研究所，2004，第27页。

为德国罗马法学派的潘得克顿学者布林兹（Aloys Brinz，1820—1887）所创。[①] 德、日及我国民法学界往往将目的财产说、受益人主体说以及管理者主体说并列为法人人格否认说（Negationstheorie）的三种具体观念。[②] 但是，笔者认为目的财产说应当归入萨维尼拟制说的变体之列，原因有二：其一，此说与萨维尼拟制说明显存在知识上的传承关系[③]；其二，该说与耶林的受益人主体说在价值理念方面存在根本上的对立，而与萨维尼拟制说相近，所以不应将三者并列为一个学术流派。

目的财产说与萨维尼法人学说在知识谱系上的亲缘关系显而易见。前文已述，萨维尼将法人界定为财产能力实际上就已经暗含了财产的独立性和主体化，而且指出了目的在法人概念中的主导地位和对法人财产的统摄作用。在分析机构法人时，萨维尼更是指出，真正的权利主体是一个观念整体，而这一观念整体就是机构法人的目的。[④] 布林兹显然受到了这些观点的启发，认为没有成员的机构法人的财产并非属于某一个个人，而是从属于某个目的（Zweckvermögen）。[⑤]

但是，在布林兹那里，真正成为法律主体的并不是目的，而是财产本身，目的不过是财产的限定语。布林兹指出，不管是财团法人还是社团法人，由于外观上仅仅表现为财产的形式，由此为了解决无主体的问题，财产本身就被看作主体，而这一做法完全来源于法律的规定，并且这一财产是附随于一定目的的。[⑥] 由于目的财产相对于法人成员或者受益者的独立性，从而构成了法人的独立本体，这与萨维尼强调法人具有不同于其成员的独立本

---

① Aloys Brinz, Lehrbuch der Pandekten, 1 Bde., Erlangen, 1857.
② 关于中国，可参见梁慧星：《民法总论》，北京，法律出版社，2001，第118页；王利明：《论法人的本质和能力》，载王利明：《民商法研究》，第3辑，北京，法律出版社，2001，第29页；李开国：《民法基本问题研究》，北京，法律出版社，1997，第72页；黄立：《民法总则》，北京，中国政法大学出版社，2002，第109页；刘得宽：《民法诸问题与新展望》，北京，中国政法大学出版社，2002，第497页；郑玉波：《民法总则》，北京，中国政法大学出版社，2003，第171页。关于日本，可参见〔日〕北川善太郎：《民法总则》，东京，有斐阁，1993；〔日〕富井政章：《民法原论》，第1卷，陈海瀛、陈海超译，北京，中国政法大学出版社，2003，第138页。
③ 当然，在一种较弱的意义上，受益人主体说与萨维尼法人学说也存在某种知识上的亲缘关系，但关键是该说与萨维尼的拟制说在研究方法、政治意蕴、价值旨趣上迥然有异，故而应当加以区分。
④ See Savigny, *The Roman Law of Persons as Subjects of Jural Relations*, trans. by William Henry Rattigan, London: Wildy & Sons, 1884, p. 181.
⑤ See Arthur W. Machen, Jr., "Corporate Personality", *Harvard Law Review*, Vol. 24, No. 4, 1911, p. 256.
⑥ 参见蒋学跃：《法人制度法理研究》，北京，法律出版社，2007，第221页。

体是一致的。所以，德国学者莱塞尔认为，目的财产说只是法人拟制说的"一个分支，更确切地说是拟制思想的逻辑产物"①。而在受益人主体说那里，相对于法人的成员或受益人，法人并无独立本体，因此目的财产说不应被纳入法人否认说的阵营。

在法律技术上，布林兹正确地认识到特定目的和独立财产在团体人格拟制上的重要地位，不仅可以说明机构法人，而且对于团体法人有一定的解释力。但其缺陷也很明显，因为单纯目的和财产本身并不能构成一个能够行动的法人。② 正如英国学者达夫所说："但对于律师来说，这一理论（指目的财产说）永远不能流行，因为他不能起诉一个目的。"③

也许正是看到了这一问题，布林兹在其1873年出版的《潘得克顿教科书》第二版中进行了修改，增加了人的因素，从而具有了管理者主体说的色彩。他认为，法律命令最终总会落实为某个自然人的义务，而且最终总是特定的自然人来作出和表达那些重要的法律决定。④ 当然，布氏认为这些自然人或管理者自己不是权利义务主体，而是由目的财产享有权利承担义务。可见布氏将法人的主体性拆解为两个方面：积极方面和消极方面，前者是管理者，后者是目的财产。

潘得克顿学者贝克尔（Ernst Immanuel Bekker，1827—1916）被我国学界公认为布氏继承者。但贝克尔明显突破了目的财产说，他放弃了财产因素，仅从目的概念进行分析，这明显地受到了耶林《法律中的目的》一书的影响。他认为目的包含两个要素，一是价值要素，二是行动要素。前者即满足受益者需要，是其合法性所在；后者是实现这一目的行动者。他认为权利的主体是由两个不同要素组织而成的：一个是享有利益者（Genüsser），另一个是意志或行动者（Verfüger）。⑤ 贝氏这一观念可以说

---

① 〔德〕托马斯·莱塞尔：《德国民法中的法人制度》，张双根、唐垒译，《中外法学》2001年第1期，第28页。
② 布氏还以此原理解释从被继承人死亡到继承人接受遗产这一阶段中的尚未继承的遗产（hereditas jacens），认为其也是一个目的财产，而耶林则认为布氏此举同样是主张所谓的无主体权利，从而进行深入批驳。参见〔美〕约翰·齐普曼·格雷：《论法律主体》，龙卫球译，载《清华法学》，第2辑，北京，清华大学出版社，2002。
③ P. W. Duff, *Personality in Roman Private Law*, London, Cambridge University Press, 1938, p. 221.
④ Aloys Brinz, Lehrbuch der Pandekten, 1 Bde., 2. Aufl., Erlangen, 1873, §59. 转引自〔德〕莱恩霍德·齐佩利乌斯：《德国国家学》，赵宏译，北京，法律出版社，2011，第126页。
⑤ Ernst Immanuel Bekker, *system des heutigen Pandektenrechts*, Band 1, Weimar, 1886, S. 196. 另可参见〔法〕莱昂·狄骥：《〈拿破仑法典〉以来私法的普通变迁》，徐砥平译，北京，中国政法大学出版社，2003，第55页。

综合了受益人主体说和管理者主体说的观念，既强调了法人受益者的基础性，又重视了团体管理者的存在，因为所谓财产的目的也就是服务于受益者的利益，当然，要实现这一目的，还必须有一个行动者，这就是财产管理者，只有这两个要素同时具备才构成一个法律主体。

贝氏将权利主体界定为两个部分，具有一定的说服力，它不仅可以有力地解释财团法人的法律人格问题，甚至对于其他类型的法人团体也具备一定的解释能力。后来，萨莱耶和米休德所倡导的组织体说就从中吸取了许多学术资源。[1]

但笔者认为，从根本来说，作为法律主体的法人既不是作为一群个人或单个个人的受益者，也不是作为一群个人或单个个人的管理者，而是区别于二者的另外一个实体，因此贝氏的法人学说虽有一定的解释力，但并不比萨维尼的理论更正确。

三、拟制说的影响

就立法而言，拟制说为国家对社会组织设立上的特许及许可主义和运行上的国家干预主义提供了理论掩护。关于特许主义和许可主义，在当时的德国以及其他欧洲国家都是通例。而在运营监管方面，1870年以前，国家深度介入公司监管。此后，国家逐步退出公司监管领域，作为国家替代物的监事会遂被规定为必设机关，以股东委员会的身份行董事会监督之职。[2] 在社会政治功能的社会组织监管方面，包括普鲁士在内的各邦国更是积极推行管制政策。

在《德国民法典》起草过程中，虽然第二草案的立法报告书指出："法人是具有行为能力的实体、通过机关亲自参与交易，抑或不具有行为能力、因而需要借助代理制度，这一结构问题，应交由学术作出判断。"[3] 但实际上，立法者并未说到做到，细究相关条文，更多的还是体现了萨维尼的拟制说。

首先，如果采用实在说，即法律真正认为法人具有实在人格，按照德国式抽象思维偏好，则应当有统辖自然人与法人的通则，然而实际上并没有，在《德国民法典》中，自然人与法人的共同点仅仅在于二者同处于一个标题之下——人。[4] 只此一点就可说明立法者采用的是拟制说之下自然

---

[1] 参见〔法〕莱昂·狄骥：《宪法论》，钱克新译，北京，商务印书馆，1959，第350页。
[2] 参见朱庆育：《民法总论》，北京，北京大学出版社，2013，第415页。
[3] 同②，第462页。
[4] 德国民法典第一章的标题是人，其下分为两节，第一节是自然人，第二节是法人。

人与法人截然有别的总体思路。

其次，法人设立原则体现了拟制说。根据《德国民法典》第 21 条，对非营利性社团实行登记制，而据第 22 条和第 80 条，对营利性社团和财团则采取行政许可制。前文已经论证，行政许可制是拟制说的制度体现，因此第 22 条、第 80 条体现拟制说当属无疑。那么第 21 条的登记制是否就体现了实在说呢？答案当然是否定的。要判断第 21 条的价值取向，应当结合当初的立法背景和法律实践进一步分析。正如拉伦茨所言，这种登记审查行为实质上乃是对这种社团进行一次官方的以政治、社会政策和宗教为目的的审查[①]，而在立法者看来，追求政治、宗教或社会宗旨的社团属于"有害于公共利益的组织"[②]。因此字面上的登记制绝不意味着有人所认为的国家对于此类组织的信任甚至鼓励。否则就无法解释大量的追求政治、宗教或社会宗旨的社团只能以无权利能力社团方式存在这一现象。[③]

再次，在其他监控方面也体现了拟制说的思路。如第一次民法草案第 63 条的脚注曾指出："特决议于施行法中设下列规定：各邦法律关于管理与监督社团及财团、限制其财产取得能力及关于 1877 年 1 月 30 日民事诉讼法施行法第 15 条第 4 项所称法人之财产清算效力等规定维持不变"[④]。实际上，在民法典生效后，根据德国《民法施行法》第 1 条第 2 款的规定，各州钳制团体的旧有法令依然有效。[⑤] 此外，《德国民法典》第 43 条第 3 项保留了公权力机关对于以宗教、政治、劳工或者说社会政治为目的的社团的解散权。[⑥] 第 61 条、第 72 条对于追求政治、宗教和社会目的的社团取得权利能力附加了许多限制，第 54 条对无权利能力社团的法律地位的规定更是极其"吝啬"[⑦]。

---

① 参见〔德〕卡尔·拉伦茨：《德国民法通论》上册，王晓晔等译，北京，法律出版社，2003，第 236 页。
② 〔德〕迪特尔·梅迪库斯：《德国民法总论》，邵建东译，北京，法律出版社，2000，第 853 页。
③ 石碧波认为，德国无权利能力社团在数量上超过了有权利能力社团，并且主要包括追求宗教和社会政策宗旨两类社会组织。参见石碧波：《无权利能力社团在德国》，《中国社会报》2004 年 8 月 4 日。
④ 吴宗谋：《再访法人论争——一个概念的考掘》，硕士学位论文，台湾大学法学研究所，2004，第 28 页。
⑤ 德国《民法施行法》第 1 条第 2 款规定："除非在《民法典》或本法中保留或确定州法不得作出相反的保留或颁行，现有州法有效且可以颁布新的州法。"关于德国民法典起草过程中对于对法人进行管制的州法之处理，参见吴宗谋：《再访法人论争——一个概念的考掘》，硕士学位论文，台湾大学法学研究所，2004，第 62 页。
⑥ 同④，第 62 页。
⑦ 〔德〕迪特尔·梅迪库斯：《德国民法总论》，邵建东译，北京，法律出版社，2000，第 852～854 页。

复次，从法人内部治理方面来说，也主要是拟制说思路的体现。《德国民法典》在社团法人部分，先界定了董事会的职权，然后再提到社员大会，而《瑞士民法典》则正好相反。《德国民法典》也没有明确成员大会作为权力机关的地位，反倒是在第 26 条明确了董事会为必设机关，且具有法定代理人的地位。而《瑞士民法典》第 64 条则明确规定了社员大会为社团的最高权力机关，第 69 条规定："董事会有权利与义务依照章程管理社团和代表社团"。而且《德国民法典》对于法人社员大会的权限的规定颇值玩味。其第 32 条第 1 款规定："以社团事务不能由董事会或其他社团机关处理为限，它们以社员大会中的决议的做出加以处理。"① 联系该条的位置，似乎可以认为，在立法者看来，应当将法人权力优先赋予其他法人机关，而所谓"权力机关"则仅享有那些实在无法由其他机关行使的剩余的权力。而且这些剩余权力到底包括哪些权力，又语焉不详，只能从第 27 条关于董事会的选任和业务执行以及第 33 条、第 41 条对社员大会决议程序的规定中归纳出董事选任权、章程修改权和社团解散权。与之形成对照，《瑞士民法典》第 65 条则明确了社员大会的权限范围。

最后，萨维尼的代理说观念在《德国民法典》中也有反映，如第 26 条第 2 款规定："董事会在诉讼上和诉讼外代表社团，董事会具有法定代理人的地位"②；第 27 条第 3 款规定："对于董事会的业务执行准用第 664 条至第 670 条关于委托的规定"③。虽然没有直接规定董事会是法人的法定代理人并直接适用委托的规定，但这不过是表述上的"打马虎眼"而已。

当然，从根本上来说，《德国民法典》的上述规定并不是因为拟制说影响过于强大，以至于立法者无法抗拒，更不是因为该说更合理科学，甚至主要不是因为身为起草人之一的温德沙伊德本人就是拟制说的主张者，而是这些规定更符合统治者的意志和利益。因此，尽管起草者表示，对于法学争议将保持沉默和中立④，但所谓的"中立"和"沉默"毋宁是暗渡

---

① 《德国民法典》，陈卫佐译注，北京，法律出版社，2015，第 15 页。
② 杜景林、卢谌：《德国民法典全条文注释》上，北京，中国政法大学出版社，2015，第 26 页；《德国民法典》，陈卫佐译注，北京，法律出版社，2015，第 12 页。
③ 《德国民法典》，郑冲、贾红梅译，北京，法律出版社，2001，第 3 页。
④ 参见〔德〕福尔克·博伊庭：《德国公司法中的代表理论》，邵建东译，载梁慧星主编：《民商法论丛》，第 13 卷，北京，法律出版社，1999，第 532 页；以及〔德〕霍尔斯特·海因里希·雅科布斯：《十九世纪德国民法科学与立法》，王娜译，北京，法律出版社，2003，第 171 页。

陈仓地贯彻当局政治判断的立法策略。当然，笔者并不否认法典在法律技术层面上的某些实用立场和超然态度，但由此而认为它"为我们提供了一个正确处理理论与实践关系的优秀范例"①，是"高明的立法境界的表现"②，未免是过誉之词。实际上，只有到 1919 年魏玛宪法第 124 条第 3款确认并保护社团获得权利能力的权利③、1949 年《基本法》第 19 条第 3款又进一步明文规定法人的宪法地位时④，才真正地实现了实在说的政治诉求。

除《德国民法典》之外，拉丁美洲的许多民法典更是直接将法人明文规定为"拟制人"，如颁布于 1855 年的《智利民法典》第 545 条⑤和 1860年的《厄瓜多尔民法典》第 583 条，虽然不确定是否受到萨维尼拟制说的影响，但其谱系性是明显的。

在学界，除上面提到的温德沙伊德学说和目的财产说外，深受萨维尼影响的还有普夫塔⑥、弗卢梅⑦等人，后来该说传入奥地利，学者昂格尔（Unger）从之。⑧ 又经德国学者林根塔尔（Karl S. Zachariä von Lingenthal）在法国风靡一时的《法国民法讲义》传到法国，该书由法国当时两位权威民法学者奥布里（Aubry）和劳（Rau）译为法文，并对拟制说更是毫不保留地加以肯定。⑨ 而后来法国学者盖鲁松（Guenoux）则将萨氏原著引入法国，为法国本来就盛行的特许制度提供了法学辩护，致使该

---

① 蔡立东：《公司本质论纲》，《法律与社会发展》2004 年第 1 期，第 60 页。
② 龙卫球：《民法总论》，北京，中国法制出版社，2001，第 328 页。
③ 该条规定：德国人民，其目的若不违背刑法，有组织社团及法团之权。此项权利不得以预防方法限制之。宗教上之社团及法团，得适用本条规定。社团得依据民法规定，获得权利能力。此项权利能力之获得，不能因该社团为求达其政治上、社会上、宗教上目的而拒绝之。
④ 《联邦德国基本法》第 19 条第 3 款规定："基本权利依其性质也可适用法人的，即适用于国内法人机构。"
⑤ 该条规定："能行使民事权利和承担民事义务，并能在法院内外被代表的拟制人，谓法人。"《智利共和国民法典》，徐涤宇译，香港，金桥文化出版（香港）有限公司，2002，第 139 页。
⑥ See G. F. Puchta, etc., *Outlines of the Science of Jurisprudence: An Introduction to the Systematic Study of Law*, Translated by W. Hastie, Edinburgh: T. & T. Clark, 1887, p. 101.
⑦ 参见〔德〕福尔克·博伊庭：《德国公司法中的代表理论》，邵建东译，载梁慧星主编：《民商法论丛》，第 13 卷，北京，法律出版社，1999，第 534 页。
⑧ 参见胡长清：《中国民法总论》，北京，中国政法大学出版社，1997，第 97 页。
⑨ Saleilles, Etude sur l'histoire des société en commandite, 1895, 79. 转引自吴宗谋：《再访法人论争——一个概念的考掘》，硕士学位论文，台湾大学法学研究所，2004，第 28 页。

制度在法国长期流行，直到 1901 年《结社法》的颁布。在俄罗斯，拟制说也有不少拥趸，如舍尔舍涅维奇、梅耶尔和古里亚耶夫。①

然而，萨翁可能想象不到，他为国家威权辩护的拟制说打开了"潘多拉的盒子"，在他身后，不仅产生了对其进行解构的受益人主体说，而且激发了与其激烈对抗的有机体说，以及其他名号的林林总总的法人学说，最后演变为一场席卷两大法系的国际性学术大辩论。经过这场论战，国家拟制说及其背后的绝对主义观念受到彻底批判，可谓众矢之的。回顾萨翁这段起伏跌宕的学术命运，不免油然而生"浪花淘尽英雄"的感叹。

---

① 参见〔俄〕E. A. 苏哈诺夫：《俄罗斯民法》，第 1 册，黄道秀译，北京，中国政法大学出版社，2011，第 150~151 页。

第三章　耶林的法人学说

　　它们（法人——引者注）是拟制的人，而之所以拟制它们的原因是为了言语的简短便捷。①

——约翰·奥斯丁

　　个人——社团——国家，这就是社会目的的历史阶梯。一个目标先是被个人追求，当目标变得更大以后，它就会由联合起来的利益所接管，当目标到达极盛阶段时，就会进入国家的地盘。如果这一从过去到将来的推理是正确的话，国家自身将在最后的未来接管所有的社会目的。社团是使通往国家之路平坦起来的先锋——现在的社团就是几千年后的国家。所有从事公共福利的社团自身都承担了国家的使命，后者何时接过这一使命仅仅是个时间问题。②

——鲁道夫·冯·耶林

　　我国及日本民法学界将目的财产说、受益人主体说以及管理者主体说并列为法人否认说（Negationstheorie）的三种具体观念③，但关于法人否认说的界定互有参差。有人认为，否认说是否认法人具有主体地位的学说。④

---

① 〔英〕约翰·奥斯丁：《法学讲演录》，支振锋译，南昌，江西教育出版社，2014，第307页。
② Rudolf von Jhering, *Law as a Means to an End*, trans. by Isaac Husik, Boston: The Boston Book Company, 1913. pp. 229~230.
③ 关于中国可参见梁慧星：《民法总论》，北京，法律出版社，2001，第141页；王利明：《论法人的本质和能力》，载王利明：《民商法研究》，第3辑，北京，法律出版社，2001，第29页；李开国：《民法基本问题研究》，北京，法律出版社，1997，第72页；黄立：《民法总则》，北京，中国政法大学出版社，2002，第109页；刘得宽：《民法诸问题与新展望》，北京，中国政法大学出版社，2002，第497页；郑玉波：《民法总则》，北京，中国政法大学出版社，2003，第171页。关于日本，可参见〔日〕北川善太郎：《民法总则》，东京，有斐阁，1993；〔日〕富井政章：《民法原论》，第1卷，陈海瀛、陈海超译，北京，中国政法大学出版社，2003，第138页；〔日〕我妻荣：《新订民法总则》，于敏译，北京，中国法制出版社，2008，第115页。
④ 参见龙卫球：《民法总论》，北京，中国法制出版社，2002，第317页。龙卫球教授没有将法人否认说放在"法人的本质"标题之下，而是在"法人主体地位的实在性"中加以论述。

有人则认为，否认说就是不承认法人存在的学说①，即否认说将法人还原为多数个人之集合或财产，认为在社会生活中除个人及财产以外，别无所谓法人之存在。② 实际上，引者自己似乎并没有辨明被否认的对象究竟是什么，如"否认法人具有主体地位"到底是否认何种意义上的主体地位，是实证法上的主体地位，还是自然法上的主体地位；是后法律主体地位，还是前法律主体地位。再如"不承认法人存在"的界定也属语焉不详，因为它没有说明被否定的是何种意义上的法人，是法律意义上的法人（legal person），还是社会意义的"社会组织"或"法人团体"（corporation），实际上，没有哪种学说主张否认后者的实在性，甚至极少有人明确否认前一种意义上的法人之存在。③ 笔者已经在本书绪论中说明，所谓法人否认说实际上只是否认了社会组织的独立本体和事实人格，但并不否认其法律主体地位。学界通常所认为的法人否认三学说中，只有受益人主体说以及管理者主体说符合这一界定，目的财产说应当归入拟制说阵营。

笔者下文将分析，从受益人主体说和管理者主体说的知识传承关系上来说，无疑是耶林的法人学说开了法人否认说之先河，应当是耶林开启了民事主体理论上的"祛魅"历程，而管理者主体说对权利、权利主体、人、法人等概念的理解，无疑都继承并体现了耶林的总体进路。因此，应当视耶林为法人否认说的开山之人。

按照我国两岸及日本学界通常的理解，耶林（Rudolf von Jhering④，1818—1892）⑤ 的法人理论被称为受益人主体说，是法人否认说的一种理论形态⑥，似乎耶林的法人学说总体上是一种否认说，而受益人主体说只是

---

① 参见王利明：《民法总则研究》，北京，中国人民大学出版社，2003，第379页；郑玉波：《民法总则》，北京，中国政法大学出版社，2003，第171页。
② 参见史尚宽：《民法总论》，北京，中国政法大学出版社，2000，第139页；梁慧星：《民法总论》，北京，法律出版社，2007，第118页；刘得宽：《民法诸问题与新展望》，北京，中国政法大学出版社，2002，第497页。
③ 在笔者阅读范围内，只有狄骥明确否认法人（legal person）概念，这是因为狄骥从根本上否认了法律主体概念。参见〔法〕莱昂·狄骥：《宪法论》，钱克新译，北京，商务印书馆，1959，第323页。具体分析，参见本书第六章第四节。
④ 也作 Rudolf von Ihering，关于耶林姓氏拼写的讨论，请参见吴从周：《民事法学与法学方法：概念法学、利益法学与价值法学——探索一部民法方法论的演变史》，北京，中国法制出版社，2011，第3～4页。
⑤ 关于耶林的具体生平，请参见吴从周：《民事法学与法学方法：概念法学、利益法学与价值法学——探索一部民法方法论的演变史》，北京，中国法制出版社，2011，第一编第二章。
⑥ 王泽鉴教授认为耶林是目的财产说的主要代表，似存在误解。参见王泽鉴：《民法总则》，台北，新学林出版股份有限公司，2014，第178页。

其否认法人的论据和手段而已。但这是一种误解，耶林的法人本质理论总体上应当就是受益人主体说，法人否认说只是这一学说的必然结论而已，受益人主体说只有根据其结论才可以归入法人否认说阵营。实际上，下文将指出，从其他角度和意义上来说，受益人主体说也可以归入实在说和拟制说之列，尽管归入实在说多少有违耶林本意，但在逻辑上是没有问题的。英美法系中，耶林的学说却有其他更为普遍的名称：符号理论（Symbolist Theory, Symbolism）[1]、集合体说（Aggregate View）[2]、括弧理论（Bracket Theory）、集体主义理论（Collectivist Theory）[3] 等多种称谓。英美法系之所以出现这些形形色色的称谓，是因为英美国家激辩法人人格之时，实际上许多学者并没有仔细阅读德国原始文献，并不真正了解德国学说的意涵，所以出现了五花八门的称谓。其中，符号理论和括弧理论多少能够形象地揭示出耶林法人否认说的某些特质。至于集合体说、集体主义理论的称谓，虽然反映了耶林将法人的重点置放于法人团体的所有受益人之上，但似乎表明这些受益者所构成的集合体成为一个不同于受益者个人的另外一个实体，所以将其用以指称耶林学说并不准确，而用于组织体说则比较合适。

在法人理论中，耶林对于法人问题的探讨似乎是最为"漫不经心"的。他既不同于萨维尼那种类似现代民法教科书式的系统全面但并不深入的研究，也不同于基尔克那种将法人理论本身作为法学体系的基本框架、并对法人问题从历史到现实、从制度到理念、从立法到司法的专题性全景式深入研究，而是按照自身的法学理论体系，在相关主题之下附带性地讨论了法人问题的不同方面[4]，因此这些论述散见于其著作的不同章节甚至不同学术时期的著作之中。而且，耶林关于法人本质问题的论述在传统几

---

[1] P. W. Duff, *Personality in Roman Private Law*, London: Cambridge University Press, 1938, p. 233; Martin Wolff, "On the Nature of Legal Persons", *Law Quarterly Review*, Vol. 54, No. 4, 1938, p. 497; F. M. Maitland, Introduction, in Gierke, *Political Theories of the Middle Age*, New York: Cambridge University Press, 1900.

[2] Reuven S. Avi-Yonah, "The Cyclical Transformations of the Corporate Form: A Historical Perspective on Corporate Social Responsibility". *Delaware Journal of Corporate Law*, Vol. 30, No. 3, 2005; Sanford Schane, "The Corporation is a Person: the Language of a Legal Fiction". *Tulane Law Review*, Vol. 61, No. 3, 1987.

[3] Katsuhito Iwai（岩井克人）, "Persons, Things and Corporations: The Corporate Personality Controversy and Comparative Corporate Governance". *American Journal of Comparative Law*, Vol. 47, 1999, p. 585.

[4] 例如日本学者福地俊雄就将耶林的法学说分为"来自法的技术论视角的法人分析"和"来自权利本质论视角的法人分析"分别进行探讨。参见〔日〕福地俊雄：《法人法の理論》，东京，信山社，1998，第146~156页。

大法人本质学说中篇幅是最短的——只有区区十来页纸。但是,耶林的法人论述仍然具有原创性的内在统一性,完全可以构成一个体系性学说,足以作为一个与拟制说、实在说并列的知识谱系。

从耶林自身的法学体系来说,其体系性著作主要有两部:一是三卷四册的早期著作《罗马法在其不同发展阶段之精神》(以下简称《罗马法的精神》),二是两卷本的中晚期著作《法律中的目的》。耶林的法人学说就体现于《罗马法的精神》第三卷和《法律中的目的》第一卷中。《罗马法的精神》第三卷初版于1865年①,比萨维尼的法人学说晚了25年,但比基尔克的法人学说则早了3年。因此,在该书中,耶林的学术批判对象主要是萨维尼和贝塞勒的法人学说。②《罗马法的精神》第一卷主要讲该书的任务和方法、罗马法的起源等。第二卷共两册,讨论了罗马特有的法体系和古代法的法律技术。第三卷前一部分仍然探讨法艺术,耶林将法艺术分为两个问题——法律的分析性和法学的精简性,而后者又分为三个问题——诉讼、法律交易和抽象分析技术。耶林认为法人就是在诉讼和法律交易中简化法律关系的一种法律工具,法人的主体地位乃是形式上的。③

第三卷后一部分则是权利论,在该部分中耶林先是界定了权利的概念:权利是受法律保护的利益,权利的实质要素就是利益,而其形式要素则是法律保护,然后分为两节分别进行讨论。在第二节"权利的形式要素"中,耶林主要讨论了利益的私力救济与公力救济的问题,在其中的第三个问题"与公司和基金会相关的诉讼机制及受益人权利"中,耶林认为法律保护利益的形式有两种,一种是赋予当事人以诉权,通过当事人提起诉讼的方式保护;另一种方式则不赋予当事人以诉权,而仅仅依靠国家机构保护。而在诉讼保护方式中,耶林又区分两种情况,一种是对自我利益的诉讼,另一种是针对公共利益的诉讼,即公共诉讼(actiones popu-

---

① 该书初版之后又多次改版,以下笔者将主要以耶林去世之后的1906年版(第五版)解读其法人学说。

② 贝塞勒的法人实在说观念最初于1843年提出。Vgl. Georg Beseler, Volksrecht und Juristenrecht, Leipzig: Weidmann, 1843, §6.

③ Vgl. Rudolf von Jhering, Geist des römischen Rechts auf den Verschiedenen Stufen einer Entwicklung, Teil 3, Leipzig, 1906, §.55. 甚至可以说,他整个法人本质学说从总体上就是在一种技术角度下展开的,以至于英国学者哈里斯惊讶地认为,耶林在阐述其法人本质理论时,他是以实务律师的语言情绪,而非以一个批判性的法学家的反思进行论述。See Frederick Hallis, *Corporate Personality*: *A Study of Jurisprudence*, Aalen: Oxford University Press, 1978, p.171.

lares），然后由公共利益引出法人团体的利益保护问题，并从这个角度指出受益人的主体地位才是实质上的。① 与前述法技术部分的论述正好一正一反，相互补充，共同构成了法律解释学层面上的法人学说——受益人主体说，该说又在结论上表现为法人否认说，故法人否认说应当视为受益人主体说的组成部分或一个侧面。

在 1877 年初版的《法律中的目的》第一卷中，耶林从法社会学的角度探讨了法人的社会功能、价值异化以及社会团体与国家间的关系问题，这部分内容构成了政治学或社会学意义上的法人学说，笔者称其为"社团否定说"，以区别于作为受益人主体说组成部分的"法人否定说"。尽管从逻辑上来说，受益人主体说和社团否定说存在着断裂的可能，但在耶林那里，它们是联系在一起的。因此，要真正理解受益人主体说，就必须剖析其社团否定说。本章将分为三部分，首先解读受益人主体说；其次，分析社团否定说；最后，梳理耶林法人学说的流变，从中指出法人否认说何以能够形成一个独立于拟制说、实在说之外的知识谱系。

第一节 受益人主体说（Geniessertheorie）

在本节中，笔者将先分析耶林关于权利主体的界定；然后从受益人的主体地位和法人的本质两个方面揭示耶林法人本质学说的法理内涵、价值理念和政治意蕴，指出受益人主体说在何种意义上是法人否认说，在何种意义上又是拟制说，甚至导向实在说；最后从政治社会背景、法学方法、罗马法的影响以及政治立场四个方面挖掘耶林法人学说的学术背景和政治立场。在上述过程中，笔者还将通过与萨维尼和基尔克进行对比，旨在从法人本质论争的总体脉络上反思检讨耶林法人理论。

一、权利与权利主体

从耶林的研究思路来看，他也是从权利—权利的主体这种思路入手展开法人本质问题的，有些类似温德沙伊德。但由于耶林在界定权利概念时，已经充分认识到权利意志说的缺陷，以及此说与德国古典哲学的复杂

---

① Vgl. Rudolf von Jhering, Geist des römischen Rechts auf den Verschiedenen Stufen einer Entwicklung, Teil 3, Leipzig, 1906, S. 355.

勾连，故明确提出权利是法律所保护的利益。① "财产是保障社会生活的，而法律则是保障财产和社会生活的。众所周知，法律或客观主义的权利保护财产和社会生活这两种利益的形式是主观意义上的权利。"② 从这一界定来看，权利的实质要素是利益③，而利益源于社会生活，权利的形式要素则是法律的确认和保护。④ 也就是说，耶林在界定权利时已经有意与先验哲学进行切割，权利并非源于先验的自由意志，而是源于社会生活和法律认可，相应地，社会主体也必须具备利益和法律保护两个要素才可以成为权利主体。耶林指出，权利和主体性不是生物人的固有属性，个人不是因其拥有自由意志而成为权利主体，而是因为其利益受到法律保护才成为权利主体。⑤ 也就是说，个人不是基于其先验的主体地位而成为法律上的主体，因此，耶林的利益说使法学与德国主体哲学保持了距离，可以说是朝向民法学祛魅的重要一步。

然而，这并不意味着法人可以为法律上的真正主体。首先，耶林虽然与德国哲学观念保持了距离，但并未完全摆脱其影响。例如他仍认为："人的一项权利的承认是建立在他本身的基础之上的：其人格、权利能力及自由是其所享有的所有权利在逻辑上必不可少的条件。"⑥ 也就是说，耶林虽然不认为人的哲学上的主体性派生了其法律主体资格，但仍然承认前者是后者的基础和条件。再如，耶林曾在《实用法学中的诙谐与庄重》中对将需役地视为法律上的人的做法进行了嘲弄："你看到雨水顺着远处的老屋顶滴入邻居家的土地了吗？对这事，你怎么想？——一个老屋顶而已。——没错，然而你难道没有看到人格的神圣光环用一道电光照亮了它吗？让我告诉你这是怎么回事吧：那个老屋顶是一个法律上的人，因为它是滴水地役权的所有人。"⑦ 在这一"诙谐"中，我们完全可以体会到耶林心目中法律人格所具有的"庄重"。其次，权利的利益因素也使耶林只看到了个人，而排除了团体，因为所有的利益归根结底都是服务于个人

---

① Vgl. Rudolf von Jhering, Geist des römischen Rechts auf den Verschiedenen Stufen einer Entwicklung, Teil 3, Leipzig, 1906, S. 339.
② Rudolf von Jhering, *Law as a Means to an End*, trans. by Isaac Husik, Boston: The Boston Book Company, 1913. p. 49.
③ 同①，§ 60。
④ 同①，§ 61。
⑤ 同①，S. 343。
⑥ 同①，S. 352。
⑦ 转引自 Ernst Freund, *The Legal Nature of Corporations*, Chicago: The University of Chicago Press, 1897, p. 38. 关于供役地和需役地拟制为法人的情况，可以参见〔英〕约翰·奥斯丁：《法学讲演录》，支振锋译，南昌，江西教育出版社，2014，第 307 页。

的，法人本身"没有任何利益和目的，因此也不能享有权利"①。最后，作为权利利益说的提出者，耶林并没有完全排斥权利中的意志因素。他认为在研究权利的客观意义，即权利的本质是什么时，不应考虑意志因素；而在研究权利的主观意义，即谁享有权利时，必须考虑意志因素。② 并且从根本上来说，权利只有服务于或者归属特定的主体之后，才具有现实意义。③ 也就是说只要涉及具体的或确定的权利，就要确定其归属于何人，并进而考察该主体的主观意志，而法人显然并不具备意志因素。总之，在耶林那里，萨维尼的那个著名公式仍然是成立的，法人的主体性在逻辑上也被预先排除了④，那么，耶林如何解释法人现象呢？这就涉及著名的受益人主体说。

二、法人的"本质"

不同于萨维尼在法律主体公式上的虚晃一枪，明确将法人视为公式的一种例外，耶林坚定地将该公式完全贯彻下去，认为在法人情形下，并不存在例外，真正的主体仍然是个人——法人的受益人。当然，耶林也承认，由于在法人团体情况下，利益要素呈现出公共利益的特征，或多或少地陷入不特定性和一般性⑤，故其诉讼保护机制与个人主体相比有特殊之处，因而需要特别研究。与萨维尼和温德沙伊德一样，耶林也将法人团体分为社团与财团两类分别进行探讨。

耶林先讨论了社团法人的利益归属状态：

> 在社团当中自然的事实关系被法律形式以相对较小的程度隐藏。没有人会怀疑，各个成员（现在的和将来的）受益于他们对法人作出安排的权利，这种效果不是一种偶然的（反射效果），而是整个法律关系的目的，因此各个成员是法人（Juristische Person）真正的受益人（Destinatär）。⑥

---

① Rudolf von Jhering, Geist des römischen Rechts auf den Verschiedenen Stufen einer Entwicklung, Teil 3, Leipzig, 1906, S. 356.
② 同①, S. 350。
③ 同①。
④ 英国学者哈里斯也认为，在耶林那里，一如罗马法学家一样，法律主体只有一个，即个人。See Frederick Hallis, *Corporate Personality: A Study of Jurisprudence*, Aalen: Oxford University Press, 1930, p. 172.
⑤ 同①, S. 355。
⑥ 同①, S. 356。

而在财团法人情形下,也存在着同样的法律关系:

> 上述受益关系在基金会中呈现出一个更为复杂的形态。基金会这个法律机器的目的和重心也不是它本身,而是在于从它受益的自然人……穷人,病人,寡妇,孤儿,热爱艺术的人是其相应基金会的受益人。①

无疑,至此为止,耶林的观点是正确的,因为就社团而言,不论合伙、股份公司还是其他自益和互益法人,其成员都是当然的受益人;就财团而言,每个基金会也都以其特定的服务对象作为其合法性来源。从终极意义上来说,不存在完全独立于其受益人之外的团体利益,法人也没有独立本体。因此,从价值理念上来说,耶林无疑高举了自由主义和人本主义旗帜,揭示了法人组织对于其成员或受益人的工具性价值,仅此一点,耶林无愧于法人否认说的开山鼻祖。

但是,他将受益人限定于成员的做法使得团体管理者、职工等利益相关者都被排除了②,这至少不合于我们时代的受益人观念。就社团法人来说,由于法人制度和观念的变迁,受益人已经不再局限于其成员,正如经济学、管理学以及法学上逐渐受到重视的利益相关者理论所揭示的,法人的管理者、职员、债权人,甚至所在社区的居民都是法人的受益者。③ 在耶林的祖国,1976年还专门制定了《企业劳资共同决定法》,赋予了职工类似成员的地位。就财团法人而言,情况也是一样,其受益人并不仅限于受救济资助的所谓"穷人,病人,寡妇,孤儿,热爱艺术的人",还包括其管理者、职员。而美国学者汉斯曼则指出,捐助者是基金会的"顾客",或者说基金会本身就是为其捐助者服务的④,按照这一观点,捐助者也是财团法人的受益人,因为只有通过基金会的专业运作,才能实现其最终的捐助目的。当然,不能以今天的现实苛责古人,每个学者都有其时代局限性。

---

① Rudolf von Jhering, Geist des römischen Rechts auf den Verschiedenen Stufen einer Entwicklung, Teil 3, Leipzig, 1906, S. 359。
② 至于排除的原因,参见下文。
③ 参见〔美〕爱德华·弗里曼等:《利益相关者理论现状与展望》,盛亚、李靖华等译,北京,知识产权出版社,2013;林曦:《企业利益相关者管理》,沈阳,东北财经大学出版社,2010;刘美玉:《企业利益相关者共同治理与相互制衡研究》,北京,北京师范大学,2010;杨瑞龙、周业安:《企业的利益相关者理论及其应用》,北京,经济科学出版社,2000。
④ 参见〔美〕亨利·汉斯曼:《企业所有权论》,于静译,北京,中国政法大学出版社,2001,第334页。

既然团体受益人才是利益的真正享有者,那就只有受益人才享有权利,耶林接着从法律实践和技术层面分析受益人的权利:

> 法人这种形式对于内部交往没有任何意义,此时个体实践之法律观点获得了完整的体现;根据社团章程每一个成员应当得到的权利,如果被否认或者被一个违背社团章程的决议剥夺,那么该成员可以通过诉讼来主张。因这种关系的特殊本质所引起的个别支配权之排除,在组织决议中个别意志在多数意志之下的从属地位,使得这种权利虽然也在内部方面具有与通常的权利不一样的特征,但是它并不丧失其所谓权利的特征。想要否认这一点,就必须证明我们的权利定义(权利是受法律保护的利益或者利益的自我保护——引者注)是建立在一个错误之上。①

在财团法人情况下,也是如此:

> 他们(基金会的上述受益人——引者注)也是基金会的主体吗?也就是说,他们使用基金会的请求是否具有权利的特征?这取决于他们是否享有一项诉权。对基金会的请求是在以下情况下发生的:有权享受基金会的人在每一个个案中都是完全确定的,因此存在一项针对基金会的请求权,通过诉讼的方式实现该请求权不会损害任何礼俗。②

既然受益人才是利益和权利的享有者,那就只有受益人才是真正的权利主体,法人只不过是个表象:

> 法人没有任何利益和目的,因此也不能享有权利,因为权利只有在它获得确定性之后(也就是说能够服务于一个有权的主体的时候)才是可能的——一项权利人享有的但从来不能执行它的这个目的的权利是荒谬的,和权利观念是相悖的。在(法人)这样的一个异常情况的表象(Schein)出现时,这正好仅仅是表象,在这个表象背后隐藏着真正的幕后主体。人们曾经偏离这个基本的法律观念,这个法律观念在如下原理中得到表达:只有受益人才是权利的确定主体。……不! 真正的权利主体不是法人,而是各个成员。③

---

① Rudolf von Jhering, Geist des römischen Rechts auf den Verschiedenen Stufen einer Entwicklung, Teil 3, Leipzig, 1906, S. 357~358.
② 同①, S. 359.
③ 同①, S. 357.

第三章 耶林的法人学说

显然，耶林是以论战的姿态强烈主张受益人的法律主体地位，其批判的矛头明显指向萨维尼法人学说，后者一再强调，法人具有完全脱离其成员或受益人的独立实体，耶林批评该观念是在不健康的土壤中发展起来的理论①：

> 关于法人的违反自然的观点在上述意思形式主义当中已经扎根，这种观点使得每个成员（受益人）的权利被忽略并且把这个意志机器（Willismaschinerie，指法人——引者注）上升为法律主体。由谁和为谁问题的法律关系之意义是清楚的，法人的意义也是清楚的。②

至此，耶林从利益概念出发，经由权利概念，最后证成了受益人的权利主体地位，从概念法学来说，逻辑严密，而且不乏法律技术支撑，更重要的是彰显了人本主义，似乎无懈可击。然而，在笔者看来，耶林直观的价值前见蒙蔽了法律分析，最终得出了错误的结论。从价值理念上来说，任何人都不怀疑个人的目的性和团体的工具性，法律当然也要承载这一价值追求。但关键的问题是，法律是以其特有的方式和技术构成实现这些价值的，而且这些法律技术必须与社会现实榫接起来才具有可行性。正如日本法学家我妻荣先生所言："不去探究应实现的理想，法律学是盲目的；不去探究法律中心的实际，法律学是空洞的；不具有法律构成的法律学是无力的。"③ 在法人本质问题上，价值判断、对于社会组织现实结构的法社会学考察以及法人制度上的法律技术构建，"一个都不能少"，法人的法律概念必须反映社会事实，而不是用价值前见裁剪这个事实。按照我妻荣先生的标准，耶林的法人学说虽然避免了"盲目"，但多少有些"空洞"和"无力"。

实际上，即使就团体内部关系而言，耶林所说的受益人的权利也不能否认法人的主体地位，因为团体是受益人权利所指向的对象或者说义务主体，而非客体，所以正好相反，耶林所说的受益人的权利恰恰证明了法人的主体地位。也就是说，法人人格不仅是外部交往的前提条件，也是团体内部秩序得以正常运转的必要条件。首先，成员的成员权是指向团体的。

---

① Rudolf von Jhering, Geist des römischen Rechts auf den Verschiedenen Stufen einer Entwicklung, Teil 3, Leipzig, 1906, S. 358.

② 同①, S. 336~337.

③ 〔日〕我妻荣：《债权在近代法中的优越地位》，王书江、张雷译，北京，中国大百科全书出版社，1999，第408页。

如股东的知情权、分红权，都以公司为对象，尽管股东也可以起诉管理者或其他股东，但这并不能否认公司的主体地位；而在成员通过诉讼撤销团体决议的情形，最方便的办法是以团体作为被告，而不是以作出决议的所有自然人为被告。其次，在团体内部，成员并非仅是权利主体，也是义务主体，如果某一成员未能依照章程规定完成出资或出资之后又撤回出资，公司完全可以以自身名义对其提起诉讼。最后，也最重要的是，团体的财产和权利义务与成员的财产和权利义务是明确区分开来的，正如韦伯所言："最合理的贯彻团体法人的思路是把成员的法律范围彻底地同团体的一种独立构建的法律范围区分开来"[①]。受益人的成员权并不意味着其对团体财产享有直接的支配权，对该财产直接享有权利的只能是团体法人本身，有位英国法官准确地指出："尊敬的法官们，通过说即使某人掌握了公司所有的股份，他也不是一个法人，并且无论是此人还是公司的债权人在该公司财产上都不享有普通法或衡平法上的财产权利，就可平息这一呼吁（指受益人主体说）。"[②]

此外，总有一些团体权利不能完全还原为成员权利，如公司法人的营业资格权不能还原为股东个人的权利，公益法人的财产权即使在法人终止时也不能还原为捐助者或受益者的财产权，再如某些社团法人如教会、协会对于其成员的纪律处分权也不能还原为任何成员个人的权利。[③] 还有一些团体义务也不能还原为个人义务，或者还原为个人义务的司法成本过高，如公司环境污染、产品质量侵权责任。[④] 这些都说明，即便在团体内部关系上，法人的利益无论在法律上还是社会学意义上，也都无法还原为其受益人的利益，法人的独立主体地位不可否认。

当然，笔者并不排除，在公司企业化，而企业又财产化、客体化的今天，企业作为一个集合财产成了其业主的权利客体，业主甚至可以将

---

① 〔德〕马克斯·韦伯：《经济与社会》下卷，林荣远译，北京，商务印书馆，1997，第64～65页。

② Lord Wrenbury in Macaura v. Northern Assurance Co., [1925] A. C. 619, at p. 633. 转引自 P. W. Duff, *Personality in Roman Private Law*, London: Cambridge University Press, 1938, p. 219。

③ 有两位法国学者就是据此对法国的耶林式学说提出批评，参见〔法〕柯仑、加比当：《民法》，第1卷，1923，第4版，第664页附注，转引自〔法〕莱昂·狄骥：《宪法论》，钱克新译，北京，商务印书馆，1959，第360页。

④ 关于这方面的详尽论述，可参见蔡立东：《论法人之侵权行为能力——兼评〈中华人民共和国民法典（草案）〉的相关规定》，《法学评论》2005年第1期，第68页；另可参见〔美〕德沃金：《法律帝国》，李常青译，北京，中国大百科全书出版社，1996，第152～154页。

其转让。① 但是，作为法律主体的企业与作为集合财产的企业存在于不同的法律语境和法律层面之中，前者是指企业作为一个组织参与社会交易，而后者是指企业作为一个集合财产或科尔曼所说的"共有资源"②，后者不过是前者的环境或基础，而非前者本身。③ 进而言之，业主转让企业的行为，从法律上来说，不过是转让其成员权或业主权而已，转让合同的标的是成员权而非作为法律主体的企业。如果放眼于其他互益法人或公益法人，就会发现法人的前述客体性不过是营利法人的特殊性而已，成员能将整个公益法人作为集合财产转让吗？显然不能，严格来说，甚至公益法人的成员资格都不能转让和继承。④ 耶林将主体意义上的法人与客体意义上的法人财产集合相混同，显然是个严重错误。

总之，受益人的价值主体地位与团体的法律主体地位并不矛盾，耶林将受益人的权利作为解构团体独立法律地位的理由并不成立。实际上耶林对于团体利益相对于成员的独立性是很清楚的，即便在合伙中，耶林也清楚地认识到，合伙的共同利益与合伙人的个人利益是明显相互区分的。⑤ 因此，耶林对于萨维尼的批判只能从价值理念上说是正确的，而从法律技术上来说，耶林这种还原论反不如萨维尼的拟制说正确。在萨维尼那里，法人是个拟制的主体，只意味着法人在事实上是一个"观念上"的事物，但并不是"不存在"的事物，这是符合法律实际的。而在耶林看来，在团体内部关系中，法人既无独立利益，也不享有权利，法人既不是实体，更无独立本体，完全没有存在的必要和可能，用梅特兰先生的话来说，法人只能是"个人主义的尘埃"⑥。因此，在团体内部关系方面，受益人主体说必然通向法人否认说，不仅否认法人的实体性和主体性，甚至要彻底地否认法人概念本身。然而，这种观念虽然符合直觉上的主体哲学价值理念，但在法人内部关系的解释上就已经捉襟见肘，而在外部关系的解释

---

① 参见王卫国：《现代财产法的理论建构》，《中国社会科学》2012 年第 1 期，第 154～155 页。
② 〔美〕詹姆斯·S. 科尔曼：《社会理论的基础》，邓方译，北京，社会科学文献出版社，2008，第 28 页。
③ 参见〔德〕贡塔·托伊布纳：《企业社团主义：新工业政策与法人的"本质"》，仲崇玉译，《南京大学法律评论》2006 年春季号，第 39 页。
④ 参见〔德〕迪特尔·梅迪库斯：《德国民法总论》，邵建东译，北京，法律出版社，2000，第 818 页。
⑤ See Rudolf von Jhering, *Law as a Means to an End*, trans. by Isaac Husik, Boston: The Boston Book Company, 1913. p. 165.
⑥ F. M. Maitland, Introduction, in Gierke, *Political Theories of the Middle Age*, New York: Cambridge University Press, 1900, p. xxx.

上，更将无法自圆其说。因为在实践中，只有法人而非其成员，才能成为团体外部关系的主体，这是任何人都无法否认的事实。因此，耶林从内部视角对法人的解构必须接受外部视角的检验和限制，从而迫使耶林在一定意义上承认法人的存在和价值，并进而回答法人的主体资格问题。

三、法人的"人格"

众所周知，如果将成员作为法律主体，全部的团体法律关系都需要还原为其成员的法律关系，即使对于合伙组织来说，这在法律技术上也是不现实的。因为如果团体对外签订合同，则必须由全体成员一起参加谈判，团体对其他社会主体提起诉讼，则必须由全体成员提起诉讼，而其他主体如果对团体提起诉讼，则必须将全体成员告上法庭。对此，狄骥曾指出："在实际上，这位大法律家已陷入一种绝境。他不得不承认，实际的情况仿佛组合团体是所谓组合权利的执掌者。"[①] 其实，耶林并未陷入绝境，他对这一逻辑结果有着清醒的认识，如何应对也早有成竹在胸。

他在《罗马法精神》第三卷分析法学的精简性时，分析了以独立概念和法律关系的形式对某些要素进行剔除的技术，其例证一是抽象的物权行为与债权行为的相区分问题；二是"抽象的债务"，如票据之债；三是"抽象的权利主体"，如尚未继承的遗产；四是连带之债和法人。在第四部分中，耶林先是假设如果没有法人这一概念，那么法人成员将直接对外享有权利承担义务，他认为，这样一来，法人成员的对外权利义务就和连带债权、连带债务没有多少区别，并将它们合并归纳为共同享有权利承担义务的情况一并讨论。耶林认为，从内部关系来看，共同权利的行使和共同义务的履行都会因共同权利人（义务人）的人数众多而变得困难，特别是在因为成员不断加入或者退出而使成员人数不断变化的情况下，更是如此。当然，对于共同权利人来说，他们作为原告的时候，难度尚不是很大。另一部分是因为他们自身知道其内部关系，一部分是他们有共同的代理人。但是对于想起诉他们的外部第三人来说，在诉讼中必须陈述并证明其与每个成员的单个法律关系，也就是说要将共同法律关系还原为其成员个人的法律关系，是十分困难的，经常是不可能的——"即便是最简单的确定无疑的请求权，如果不克服上述障碍

[①] 〔法〕莱昂·狄骥：《宪法论》，钱克新译，北京，商务印书馆，1959，第357页。

也一定会难以实现。"①

耶林认为，克服上述困难的出路是，将共同法律关系区分为内部关系和外部关系，人为地拟制外部法律关系的承担者，以简化外部法律关系。在共同权利义务人较少的情况下，可以人为地使仅仅承担某一份额的内部主体对外充当全部权利义务主体的角色，相对人可以要求其承担全部债务，也可以向其履行全部债务，这就是连带之债。而在共同主体较多的情况下，则只能将共同法律关系区分为内部关系和外部关系，然后人为拟制外部法律关系的承担者，这就是法人。对外部当事人来说，法人就完全是真正的法律主体，他是诉与被诉的当事人，实施法律行为的主体②，法人的法律关系就无须还原为单个成员的法律关系。

然而，法人的这种形式主体地位绝不意味着成员丧失了真正的主体地位，耶林又指出：

> 如果现在要考虑团体利益诉讼的可操作性，那是因为对外来讲，不是单个的成员，而只有全部成员（以人为的人的联合的形式）才能追求这种共同利益，那么，虽然在这点上偏离了私权的一般形态，在私权的一般形态当中，份额诉讼还要与一个份额权（Quotenrecht）相对应，但这是法律形式主义当中的偏见，它在这种法律形式中搞错了整个法律关系的意义和目的，并且否认了单个成员享有任何权利。③

所以耶林最后总结道，法人不过是起辅助作用的，为了把团体的各种关系对外展现出来的媒介或诱导装置而已。具体来说："（社团）法人仅仅是其成员与外部世界的法律关系的特有的外表形式和中转形式"④，"基金会的人格化仅仅是为了不特定的人的目的和利益而对某一项财产进行捐助和确定的一种形式"⑤。也就是说，法人只不过是社会组织成员或受益人简化对外法律关系的一种权利义务归属的中转点和法律符号而已⑥，终极意义上的主体仍然是团体受益人；而在内部关系中，这一形式根本没有意义，法人不是权利人，真正的主体仍然是成员或受益人。⑦ 法人既非实

---

① Rudolf von Jhering, Geist des römischen Rechts auf den Verschiedenen Stufen einer Entwicklung, Teil 3, Leipzig, 1906, S. 221.
② 同①, S. 222。
③ 同①, S. 356。
④ 同①, S. 357。
⑤ 同①, S. 359。
⑥ 同①, S. 225。
⑦ 同①, S. 222。

体，也无本体，只不过是形式意义上的法律主体，并不具有先于法律人格的伦理人格，那么也就不能上升到"人"的序列之中。他还进一步批评了"通过地役权将地块提升到人的行列"的做法①，其中的"提升"一词再也明确不过地表明耶林的伦理前见——法人根本不能配享"人"之神圣地位。这些观念无疑构成了法人否认说的基本内核。

但将耶林的上述判断仅仅理解为法人否认说，并不能全面揭示其在法人本质学说演变过程中的意义，还应当从以下几个方面进行挖掘。

首先，从法律解释学角度来说，上述判断也可以引申为法人实在说。虽然耶林对于法人的承认附加了限制条件，但毕竟是承认了法人的存在价值和必要性。哈里斯甚至认为耶林不仅宣称法人人格概念是不可缺少的，而且强调法人这一法律思考中不可缺少的东西正是司法实践中的本质部分。② 笔者认为，哈里斯的引申是有道理的，因为法人是法人成员或发起者在现实生活中进行外部交往所必需的法律技术手段，这是不以立法者意志为转移的法律现实。也就是说，如果以国家法为参照系，法人分明是一种前法律存在，因而耶林这一论断完全可以通向法人实在说，而且是无须基尔克式的先验哲学论证，直接通过法律分析而得到的实在说——一种祛魅了的实在说。

其次，从法律技术上来说，耶林的论断还可以理解为法人拟制说。因为法人本身不是主体，但又必须成为主体，那就只能通过拟制解决这个问题。那么耶林会不也会也倒向萨维尼式的拟制说呢？答案是否定的。笔者在分析萨维尼的拟制说时已经指出，拟制的问题可以从拟制出来的结果是什么、为什么拟制、由谁拟制三个角度理解。在萨维尼那里，拟制的结果是将高贵的法律人格赋予观念整体，拟制的必要性来自法人团体的实体性和独立本体，但拟制法人的主体是国家。③ 而在耶林这里，拟制的结果仅仅是个权利义务的归属点和中转点，拟制的必要性是成员或发起者简化对外法律关系的需要，而拟制的主体则应当是团体成员或发起者等私主体，尽管耶林没有明确指出这一点。可见，萨维尼的拟制说是国家拟制说，而耶林的拟制说则是成员（发起人）拟制说，萨维尼的法人是集体主义的法

---

① Vgl. Rudolf von Jhering, Geist des römischen Rechts auf den Verschiedenen Stufen einer Entwicklung, Teil 3, Leipzig, 1906, S. 357.

② See Frederick Hallis, *Corporate Personality: A Study of Jurisprudence*, Aalen: Oxford University Press, 1978, p. 173.

③ 参见仲崇玉：《论萨维尼法人拟制说的政治旨趣》，《华东政法大学学报》2011年第6期，第81页。

人，而耶林的法人才是个人主义的法人。

再次，从法人理论的研究范式角度来说，耶林的论断开启了法人人格上的祛魅之旅。在萨维尼那里，本无伦理人格的团体却是法律上的"人"，虽然是个"法律残废"，但仍然还是被"提升"为"人"，其中的逻辑矛盾十分明显；在基尔克那里，法人具有先于法律的伦理人格，法律只能根据其伦理人格确认其法律人格，法人唯其是伦理上的"人"，才是法律上的"人"；而耶林则明确否认了法人的伦理人格，并拒绝将法人理解为法律上的"人"，而是"贬谪"为一个法律上的权利义务归属点。因此，甚至可以说，在法人人格理论研究上，耶林开创了一种新的研究范式——一种祛魅了的、去主体哲学的、去"现代性"的研究进路，尽管耶林并未有意识地贯彻到自然人。到管理者主体说、法国学派，特别是到狄骥和凯尔森那里，则将这一进路全面贯彻到自然人之上，甚至转换为一种后现代立场。

最后，但并非最不重要的是，联系耶林对于团体产生机制的分析①，他的这一判断还具备潜在的制度构建意义，完全可以作为法人的设立、人格变更和终止制度的指导理念。按照耶林的观点，法人的设立、变更和终止本身应当是成员的私法行为——共同法律行为的法律效果，法人既然是个权利义务的归属点和法律符号，不是神圣的"人"，那就根本无须屈尊神圣的国家权力来拟制这样一个徒有其名的符号②，国家无须、也无权在成员申请取得、变更或消灭法人资格时进行强制性的政治审查，国家所做的只是承认成员的私法行为的法律效果——法人人格的产生、变更和消灭而已，相应地，法人设立、变更和终止制度应当是私法制度而不是公法制度。正如基尔克的论断——国家只能承认法人的伦理人格，耶林的学说实际上有异曲同工之妙。但是，很明显，耶林并没有按照这条思路展开论述，没有有意识地发掘其学说中的这一潜在价值。结合他的《法律中的目的》一书，笔者发现，这并不是耶林的疏忽，而是他有意地忽略，因为在国家与团体的关系上，耶林并没贯彻其自由主义理念。对此，笔者将在下文详细说明。

虽然耶林这一判断有着重要的潜在意义，但其中的缺陷是明显的。首

---

① 耶林认为，法人的设立、变更和终止本身应当是成员的私法行为——共同法律行为的法律效果。关于这个问题，下文还要详细说明。
② 美国学者梅琴在评论耶林及法国 M. de Vareilles-Sommières 和瑞士的 Schwabe 的法人人格学说时说："他们同时又坚持虚拟人格并非由国家'创造'，因为这一虚拟人格并不存在。对于他们来说，法人不过是书写其多数成员的名字的一种简便方式。"See Arthur W. Machen, Jr., "Corporate Personality", *Harvard Law Review*, Vol. 24, No. 4, 1911, p. 257.

先，法人这一法律形式的必要性不仅体现在简化法律关系这一法律技术层面上，更重要的是法人是决定团体成员、特别是机关担当者行为的决定性因素，也就是说在法人内部关系上，法人也是主体。恰如韦伯所指出的，法人集合体虽然仅仅是法官、政府官员和社会公众头脑中的"观念"，但这一集合体在现实的个人行动过程中"具有强大的、经常是决定性的原因性影响"①。正如英国一位学者所指出的："如果法人（Legal Person）概念纯粹是个拟制，完全没有真实内容，那么根据其定义，我们就不能认定它是一个真实世界中的模型，我们就会陷入二元主义的困境之中：我们要么是得到能够理解但却不能规范的客观世界，要么是得到一个能够规范却不能理解的虚构世界。"②

其次，法人团体事实意义上的人格并非仅仅是成员拟制的问题，更重要的是这一拟制还要取得其他社会成员的承认和接受，否则，法人团体将无法在事实上参与法律关系，其法律人格仅仅在法人内部具有意义，而没有外部意义。实际上，团体一旦与其他社会主体建立法律关系，团体人格的确立就不仅体现成员或受益人的利益，而且包含了外部交易主体如债权人的利益考量。此外，团体的人格化还应当包含着保护管理者、劳动者利益的动机。根据利益相关者理论，团体可以视为股东、管理者、劳动者和债权人共同利益的载体，只是这几种利益集团的利益保护模式不同而已——股东是通过团体章程和团体法上的成员权，劳动者则通过劳动法上的劳动者权，债权人通过民法上的债权。因此，团体人格的得丧变更并非是成员可以自由处置的事项，例如某些变更事项未经公示对外不发生效力、注销登记前应当进行清算程序等都是出于该立法目的。

再次，耶林将法人还原为一个权利义务归属点，无疑是精确的，也是深刻的。但从语言哲学角度来说，没有脱离具体语境的"精确的"词。维特根斯坦指出，将国际象棋盘称为 32 个黑方格与 32 个白方格的组合，或将一个扫帚称为一个扫帚把和与扫帚把相匹配的扫帚头，可能在一个意义上对说话者是更"精确"，但在另一个意义层面上对于理解者则是更含混。③ 将法人还原为一个归属点，或许在哲学上、在科学上来说是精确

---

① 〔德〕马克斯·韦伯：《经济与社会》，第 1 卷，阎克文译，上海，上海人民出版社，2010，第 103 页。

② J. A. Smith, The Economic Doctrine of the Concept, Aristotelian Proceedings, 1925, p. 122. 转引自 Frederick Hallis, *Corporate Personality: A Study of Jurisprudence*, Aalen: Oxford University Press, 1978, p. xxxi。

③ 参见〔奥〕维特根斯坦：《哲学研究》，汤潮、范光棣译，北京，生活·读书·新知三联书店，1992，第 33、42 页。

的，对专业学者来说是精确的，但在日常生活层面上，反而让人们（例如法官、律师、当事人）觉得不能理解。因为实践中，我们的日常用语都是将法人作为一个"人"来对待的。① 法律用语没有必要、也不可能拽着自己的头发脱离地球，脱离日常生活，另起炉灶。因此，在法律技术上，我们也离不开法"人"这个概念。反过来说，像耶林这样决绝逆反地还原解构法人，实际上是主体哲学仍在作祟的结果——团体根本没有资格配享大写的人！因而是耶林在先验哲学上尚未完全祛魅的表现。

最后，也最重要的是，耶林显然忽视了团体机关的地位和功能。在耶林看来，团体利益是由全体成员以人为的人的联合的形式追求的，法人仅仅是其成员与外部世界的法律关系的特有的外表形式和中转形式，完全忽视了法人的社会"肉身"——机关。英国的组织体说支持者哈里斯也认为，耶林忽略了法人的意志因素，而在哈里斯看来，意志因素对应的正是法人的机关。② 现代法人制度的重要特征不仅是法人权益与其成员权益明确区隔，而且是法人事务由专门机关而非其成员负责管理，对外的法律活动也是由机关代表法人进行。对于与团体进行法律行为的外部当事人而言，谁是团体的受益人并不重要，重要的是谁可以代表或代理该团体进行法律行为。对此，韦伯正确地指出："成员个人本身既不能授予团体权利，也不能给它义务。在法律上，这只有机关才有可能（为团体设定权利和义务）。"③ 机关的存在，使得法人团体在事实上无法也无须还原为其成员，真正使团体可以摆脱法人成员的流动性和人类自然寿命所带来的局限性。其实耶林不是没有认识到法人机关的存在，但是，一方面，耶林对于法人的管理者怀有明显的偏见和敌视④；另一方面，耶林认为机关是成员的代表者，而不是法人团体的代表者，即从目的价值上来说，成员才是目的，而机关不过是手段而已。因此，他在分析法人本质时，有意地完全忽略了机关的作用。可以说赫德尔提出的管理者主体说正是对于耶林这一观点的反动。

总之，受益人主体说秉持着本质主义和还原主义的视角和方法，正确地揭示了法人服务于其成员或受益人的价值理念，开创了法人人格学说中的人本主义和自由主义传统，无疑是首先值得肯定的。其次，耶林对于先

---

① 详细论证，请参见 Sanford Schane, "The Corporation is a Person: the Language of a Legal Fiction", *Tulane Law Review*, Vol. 61, No. 3. 1987。

② See Frederick Hallis, *Corporate Personality: A Study of Jurisprudence*, Aalen: Oxford University Press, 1978, p. 168.

③ 〔德〕马克斯·韦伯：《经济与社会》下卷，林荣远译，北京，商务印书馆，1997，第65页。

④ 具体分析参见下文。

验意志说的批判也引领了法人本质问题上的祛魅潮流,对于我们清算德国先验哲学对于民法学术的负面影响也具有重要的启示作用。最后,耶林从法律技术角度对于法人主体地位的解释也具有重要的示范意义,从一定程度上揭示了法人人格赖以产生和存在的法律实践基础,完全可以视为运用分析法学解释法律实践的经典范例。

四、受益人主体说的学术背景

耶林这套学说并非横空出世,而是时代背景、其独特的法学方法、罗马法知识背景以及政治立场相结合的结果。

(一) 政治社会背景

耶林构建其法人理论时代的德国,包括普鲁士在内的各封建邦国已经陆续转变为现代集权国家,虽然在整个德意志层面建立集权国家的目标并未实现,但其成功已经不可逆转。在中世纪的德国,国家权力为其内部的封建领主、教会、行会以及自治市等所瓜分,根本不存在统一的国家权力中心。而到19世纪50、60年代,经由强化中央集权、打击封建组织的哈登堡—施泰因改革,普鲁士自上而下地转化成为现代集权国家。在这一过程中,旧式团体,即中世纪建立在身份血缘基础上的各种社会组织,如封建领主组织、行会、教会、公社、村庄、城镇、自治市,受到集权国家的致命打击,纷纷解体。旧式团体的解体造就了无数从中解放出来的直接面对国家的原子化的个人,反映到民法中就是作为自由平等民事主体的所谓"自然人"。

当然,社会中间组织的历史并未随着旧式团体的消亡而终结,因为与此同时,新兴的建立在成员自愿结社基础上的社会组织如雨后春笋般出现,其中的许多新型组织,如商会、职业协会,成功取代了旧式行会的功能。[1]

在这一背景下,我们不难理解,耶林将法人完全解构并否认其实体性和人格的主张实质上是对旧式身份团体不断解体的直观反映,而其关于法人团体的重心不在于其自身、而在于其成员或受益人的观点也源于对新兴的以自由结社团体的直观印象,因为法人组织的成立、其法人资格的产生,无不源于成员(受益人)的利益和意志。另外,下文将要指出的耶林晚年认为所有团体最终都应当被国家吸收吞并的观念也是现代国家挤压解

---

[1] See Gierke, *Community in Historical Perspective*, ed. by Antony Black, trans. by Mary Fischer, Cambridge: Cambridge University Press, 1990. pp. 165~167.

构社会中间组织这一历史进程在其法学理论上的直接投射。

(二) 耶林的法学方法

耶林写作《在不同阶段发展中的罗马法精神》(以下简称《罗马法的精神》)一书的本意乃在于仿照孟德斯鸠的《论法的精神》一书对罗马学派学术理路进行社会历史方面的总结与提升。但是在写作过程中,这位本来可以光大罗马学派的人物,却发生了"概念法学批判性的自我毁灭"①,意外地成了罗马学派终结者。耶林本来认为,概念法学这套逻辑技术可以将一定数量的单一元素结合起来从而创生新的法学概念,概念是可以制造的,它们可以结合起来产生出新的概念。② 在前两卷中,耶林还对这套逻辑推演方法推崇备至,但是他越来越感到逻辑方法的局限性。在第三卷中,他说:"法律原则并非仅仅是逻辑范畴,而是实质规则以及随条件而变的规则的集中表达方式。"③ "所有这些逻辑崇拜只能将法理学推向法律代数学,因而是错误的,是误解法律的产物。"④ 不仅概念法学和法律形式主义受到怀疑,而且历史法学派的"民族精神"说也已经崩解。在《罗马法的精神》开始写作时,他还坚持萨维尼的教条:"法的形成同语言的形成一样,是在无意识之中,自发自然形成的,既无任何角逐,亦无任何斗争,就连任何努力也不需要。"⑤ 但他越来越感到法律的进步并非仅仅是受到先天特征和环境制约的无意识发展,也是解决社会问题的自觉努力的结果。比其他人类行为方式更为可能的是,法律指向目的,法律不是从过去,而是从未来获得其定位。⑥ 法律的产生过程就是为了自己的利益而斗争的过程。⑦ 在耶林眼中,过去的历史法学派,无论是罗马宗还是日耳曼宗,都"执迷于崇拜僵化的、依赖过去的民族性格,毫无面向未来的创见"⑧。当然,耶林并没有完全排斥"潘得克顿法学"方法在法律技术上

---

① 〔德〕维亚克尔:《近代私法史——以德意志的发展为观察重点》,陈爱娥、黄建辉译,台北,五南图书出版公司,2004,第414页。
② 参见〔德〕格尔德·克莱因海尔、扬·施罗德主编:《九百年来德意志及欧洲法学家》,许兰译,北京,法律出版社,2005,第228页。
③ Rudolf von Jhering, Geist des römischen Rechts auf den Verschiedenen Stufen einer Entwicklung, Teil 3, Leipzig, 1865, S. 314.
④ 同③, S. 322。
⑤ 〔德〕鲁道夫·冯·耶林:《为权利而斗争》,胡宝海译,载梁慧星主编:《民商法论丛》,第2卷,北京,法律出版社,1994,第15页。
⑥ See Sir Paul Vinogradoff, *Introduction To Historical Jurisprudence*, Oxford: Oxford University Press, 1920, p. 112.
⑦ 同⑤,第12页。
⑧ 同⑥, p. 119。

的构建作用，他只是要求在构建法律的同时还应当考察社会生活与现实利益，他的巨著《法律中的目的》就是企图将法律技术与社会生活相结合的一种努力。

耶林在"背叛"历史法学派和概念法学的同时，还与德国古典哲学保持了相当的距离，可以说，耶林是在法人学说的早期研究者中对哲学最敬而远之的学者。与此形成对照的是，在萨维尼那里有著名的康德式法律主体公式，基尔克则更是将黑格尔客观唯心主义全面运用于法人理论构建之中，概念法学虽然声称其独立于所有的政治和哲学考量之外，但实际上仍然不自觉地与哲学观念保持着复杂勾连关系，如民法人法中的意志天赋说就是著例。狄骥指出，耶林在讨论权利概念之前，就认定黑格尔的学说影响是在有意识或无意识中成为德国法律学的准绳。① 实际上，黑格尔的意志哲学在康德那里早就已经成型，并典型地体现在其"绝对命令"② 中，耶林对此提出了强烈批评：

> 如果（康德的绝对命令）真的可以！你倒不如指望通过一场运动理论的演讲来移动一辆满载货物的货车，就像通过绝对命令能够让人类意志运动起来那样。假如意志是一种逻辑强制，那么它将不得不服从一个概念的命令，然而，意志是一种非常实际的存在，你不能通过纯粹的逻辑推论而使其运动，你必须用实际的压力才能使其运动起来。这种使人类意志运动起来的力量便是利益。③

告别了概念法学和先验哲学，耶林转向了法社会学，企图运用拉美特利式社会机械力学和达尔文式生物进化论，揭示人类行为的根本动因——利益，权利、权利主体以及人类社会的所有现象，都可以在利益中得到解释。如果利益为人类意志所认识，就会产生目的，目的就是为人们意志所认识到的利益。整部巨著《法律中的目的》就是意在通过分析人类的目的如何实现社会合作，来构建法律的基础、原则和结构体系，而不是通过哲学上的先验概念以及概念法学的概念逻辑体系构建法律。

---

① 参见〔法〕莱昂·狄骥：《宪法论》，钱克新译，北京，商务印书馆，1959，第203页。
② 康德把绝对命令和善行本身看作目的和应该做的，它出自先验的纯粹理性，只体现为善良意志，与任何利益打算无关，因而它是无条件的、绝对的。康德把绝对命令表述为："要这样行动，使得你的意志的准则在任何时候都能同时被视为一种普遍的立法的原则。"〔德〕康德：《康德著作全集》，第5卷，李秋零译，北京，中国人民大学出版社，2006，第33页。
③ Rudolf von Jhering, *Law as a Means to an End*, trans. by Isaac Husik, Boston: The Boston Book Company, 1913. p. 39.

然而，耶林的转变既不彻底，也不成功。维亚克尔认为，耶林的转变是"与康德之唯心论法形上学、浪漫主义之历史形上学的终局诀别，对实际观照之强烈需求，以及由逻辑性的想象逐渐成熟而转向社会的现实"①。实际上，耶林这一转型只能是半途而废，很难称得上是"终局"。首先，在权利主体的界定问题上，耶林并未完全脱离德国主体哲学的潜在影响。他虽然不认为人的先验主体性派生了人的法律主体资格，但仍然承认前者是后者的基础和条件，这无疑是否认法人为"人"的哲学前见。其次，他与概念法学仍然藕断丝连，其先界定权利再界定权利主体的总体思路本身就呈现出了概念法学的典型风格，仍然具有以概念裁剪社会现实的倾向，不能从社会层面揭示法人的主体性。最后，耶林的法社会学研究方法也不成熟，按照其机械社会学，社会主体只有个人，不存在所谓超个人的主体，也不存在独立于受益人的团体利益。在这一逻辑驱使下，耶林只好违反常识地解构社团关系，否定法人的主体性。

（三）罗马法的影响

作为罗马法专家，罗马法也为耶林提供了许多学术资源，甚至潜移默化地影响了他。

首先是罗马法上的合伙制度为受益人主体说提供了最核心的法人类型参照物。在德语中，合伙与公司本来就是一个词：Gesellschaft，因此在德国学者看来，合伙与公司的区别并不像我国学者所认为的那么大。但笔者认为耶林以合伙作为法人原型的主要原因并不在于此，而在于罗马法的影响。因为在耶林时代，对于合伙的应然构造并未形成一致意见，大致存在罗马法上的合伙和现代合伙两种意见②，而耶林则明显坚持前者，《法律中的目的》对于罗马法上的合伙的褒扬和对公共团体的贬斥明显说明了这一点。③

从合伙的外部关系来看，按照罗马法，合伙关系仅是合伙人之间错综复杂的义务关系，它与第三方没有任何关联；与某一合伙人缔结契约的第三人无权请求其他合伙人履行合同，即使这些合伙人可能曾明确批准上述契约。④ 而就其法律后果而言，某一合伙人代表合伙进行的某一笔交易与其他任何代表个人利益从事的交易也没有什么不同，如果代表合伙进行的

---

① 〔德〕维亚克尔：《近代私法史——以德意志的发展为观察重点》，陈爱娥、黄建辉译，上海，上海三联书店，2006，第431页。
② 参见〔德〕马克斯·韦伯：《中世纪商业合伙史》，陶永新译，上海，东方出版中心，2010。
③ See Rudolf von Jhering, *Law as a Means to an End*, trans. by Isaac Husik, Boston: The Boston Book Company, 1913. p. 226.
④ 参见〔英〕巴里·尼克拉斯：《罗马法概论》，黄风译，北京，法律出版社，2004，第201页。

交易蒙受损失，在第三方看来，其实受损的只有从事这笔交易的人。当然，其他合伙人有义务对该合伙人所受到的损失进行补偿。①而现代合伙则并不仅针对合伙人之间的关系，而且作为一个整体直接面对第三方，代表合伙进行的交易不仅约束从事交易的合伙人本身，也约束其他合伙人以及合伙组织本身。

从内部关系来看，罗马法上的合伙财产独立性较差，合伙财产被认为是各合伙人的共有财产，合伙人对于合伙财产享有按份所有权，可以按照罗马法上的共有制度依其出资份额自由支配。②而在现代合伙中，合伙财产与合伙人个人财产明显区分，合伙的债务也与合伙人个人的债务相互独立，合伙组织甚至具有自己的商号。

因此，马克斯·韦伯认为，罗马法上的合伙与现代合伙的最大不同在于，前者尚未形成独立于各合伙人之外的实体形态，而后者独立人格特征显著。③而耶林对于团体主体地位和独立本体的明确否定与对成员主体地位的一再强调，无疑体现了罗马合伙制度的特征。

其次，在罗马法中，许多社团的名称带有个人的姓名④，而团体的财产也被视为成员的财产等。⑤ 因此耶林明确宣称："在这里阐述的观点罗马人不会陌生，相反，我们可以把它称为古罗马的观点。"⑥

最后，也许最重要的是耶林还明显地体现了罗马法学家思考问题的特征——不崇尚抽象的哲学思辨，而善于解决实际问题。耶林对于哲学思辨的轻视、对于先验概念的拒斥、展开法人学说的法律技术进路，都体现了这一点。甚至可以说，就其内心而言，耶林觉得"法人本质"本身是没有多少学术意义的问题，他论述法人本质问题的"吝啬"篇幅，顺带式而且分散化的论述方式，无不说明这一点。另外，他的还原主义、解构主义本身体现了一种"去本质"的进路，无疑也可视为罗马风情的体现，与主体哲学笼罩下的日耳曼格调形成鲜明对比，其学说后来墙内开花墙外香，风靡于法国，也许与此不无关联。

---

① 参见〔德〕马克斯·韦伯：《中世纪商业合伙史》，陶永新译，上海，东方出版中心，2010，第6页。
② 同①，第6~8页。
③ 同①，第9页。
④ 萨维尼也承认这个事实，但他认为这一事实与法人人格无关。See Savigny, *The Roman Law of Persons As Subjects of Jural Relations*, trans. by William Henry Rattigan, London: Wildy & Sons, 1884, London: Wildy & Sons, 1884, p. 194.
⑤⑥ Rudolf von Jhering, Geist des römischen Rechts auf den Verschiedenen Stufen einer Entwicklung, Teil 3, Leipzig, 1906, S. 358.

（四）耶林的政治立场

从政治上来说，耶林的受益人主体说具有截然相反的两种意蕴：一方面，它可以被视为自由结社时代的法人学说，其将法人团体的合法性建立于其受益人的利益和意志之上，本身具有倡导、促进自由结社的潜在价值倾向。所以日本学者福地俊雄认为耶林和基尔克的法人学说是市民社会的法人观，而萨维尼的法人理论则是绝对主义的法人观。[①] 然而另一方面，其法人否认说观念也有贬低法人地位、解构法人价值的倾向，完全包含着走向颠覆结社自由的逻辑可能。实际上这两种相反解释恰好反映了耶林复杂的政治立场。美国学者莫里斯（Clarence Morris）认为耶林是一位稳健的自由主义者，但也是一位君主主义者。[②] 维亚克尔指出，耶林早期一直徘徊于个人的与社会的"利益"之间，但到晚年，天平开始倾向于后者，最终"同时毁了法与国民"[③]。实际上，与同时代的许多自由主义者一样，耶林在服膺自由主义的同时，也坚决支持绝对主义。他们都相信，为了保障个人的自由，就必须强化国家权力，使国家权力能够直接一竿子捅到底，直达个人，为此就必须清除横亘于个人与国家之间的各种社会组织。因此，在耶林的内心深处，其受益人主体说中颠覆结社自由的倾向从来就不仅仅是个逻辑可能的问题，而是实实在在的政治立场，受益人主体说促进结社自由的一面反而仅仅是个逻辑上的可能性。到了耶林晚年，严酷的绝对主义终于压倒了天真的自由主义，为了强化国家权力，甚至不惜牺牲个人的自由和幸福，这就是天真的自由主义的内在悖论和最终命运。这一点典型地体现于其晚期巨著《法律中的目的》中。

耶林在《法律中的目的》第一卷中全面论述了团体的功能以及与国家的关系，从中可以看出，耶林对于团体功能的总体评价是负面的，而在团体—国家关系上，耶林倡导的则是比萨维尼还要极端的全能国家观念，根本没有为社会中间组织留下立足之地。[④] 只有理解耶林这一政治立场，我们才会明白他何以将合伙作为法人原型，何以视法人机关为无物，何以在德国主体哲学的大语境下旗帜鲜明地否认法人的伦理人格，何以在德国主体哲学织就的意义之网中公然拒绝将法人理解为"人"，将法人贬谪为法

---

① 参见〔日〕福地俊雄：《法人法の理論》，东京，信山社，1998，第151～152页。
② See Clarence Morris ed., *The Great Legal Philosophers*, Philadelphia: University of Pennsylvania Press, 1959. p.397.
③ 〔德〕维亚克尔：《近代私法史——以德意志的发展为观察重点》，陈爱娥、黄建辉译，上海，上海三联书店，2006，第432～433页。
④ 关于这一问题的详细论述，请参见仲崇玉：《去社团的社团理论——耶林论社会团体的功能与地位》，《现代法学》2016年第5期。

律符号。鉴于耶林的绝对主义非常典型，而且与以往的政治哲学家不同，耶林是从法社会学层面上展开的，别开生面，深刻而又系统，有必要单列一节进行剖析。

第二节 社团否定说

一、社会团体的功能

应当说，对于社会团体的重要性，耶林有着充分的认识。他说："据我所知，人类所有的目的都能在团体中实现，除了家庭中的人类目的是个例外。"① 在他看来，互助团体方便人们的生活，俱乐部丰富人们的娱乐，在工业领域，有无数的生产企业、商业企业以及银行，几乎没有哪个工业领域能够不受企业控制，另外还有许多教育、艺术、科学以及慈善团体。可以说，人类从生前到死后，都离不开社会团体，"即便我们死后，仍有团体最后照顾我们埋到地下，并照顾我们的遗属免于饥饿"②。然而这仅仅是耶林将自己作为一个普通社会公众时对团体的看法，与他的受益人主体说和法人否认说都并无关联，笔者感兴趣的是作为法学家的耶林对团体功能的认识。

作为让批评者都感到不自信③的法学家，耶林显然并未停留于这些表面的功能之上，团体真正的功能镶嵌于他在《法律中的目的》一书中构建起来的社会机械学体系之中。该书作为一个类似黑格尔《法哲学原理》的宏大体系，有着坚实和深刻的人性论基础。上文已经提到，耶林对于权利和权利主体的理解显示了法学对于人性的看法已经发生了根本性的变化。正如维亚克尔指出，耶林的转向是一个"从梦想到实际的转换"④。在耶林看来，民法上的人应当是一种自私自利的人（当然并不带有贬义），他们聪明伶俐、机警灵活并且能够自由思考，这是一种典型的近代自由主义观念中的人。⑤ 耶林对于人的这种认识与浪漫主义思潮中的人性判断大异

---

①② Rudolf von Jhering, *Law as a Means to an End*, trans. by Isaac Husik, Boston: The Boston Book Company, 1913. p. 163.
③ 参见〔美〕约翰·奇普曼·格雷：《法律的性质与渊源》，马驰译，北京，中国政法大学出版社，2011，第 53 页。
④ 〔德〕维亚克尔：《近代私法史——以德意志的发展为观察重点》，陈爱娥、黄建辉译，台北，五南图书出版公司，2004，第 414 页。
⑤ 参见〔德〕古斯塔夫·拉德布鲁赫：《法律上的人》，载《法律智慧警句集》，舒国滢译，北京，中国法制出版社，2001，第 149 页。

其趣,在康德、黑格尔以及萨维尼那里,人是自在自为的人,是能自动接受康德律令限制自己的自由意志的人。而在耶林眼中,利己主义才是人类的本性,趋利避害是人的本能,只有实实在在的利益才会改变其意志,类似于我们现在的经济学中的理性人假设。

耶林又清楚地认识到,人不是像鲁宾孙那样处于孤立状态的个体,他们必然也必须结成一个社会。与黑格尔和马克思的市民社会一样,耶林认为所谓社会就是一群追求共同目的的人的联合,他们为社会而行为的同时也在为自己而行为,即所谓人人为我,我为人人。① 要维系这样一个共同体,个人就必须进行社会合作。然而既然人的本性是自利的,那怎样才能实现社会合作呢?这个问题实际上就是《法律中的目的》一书所探讨的核心主题。对此,耶林认为,人类的本性既然是自利的,那么趋利避害就是其本能,在这个本能的基础上产生了两个基本机制:一是奖励,二是强制,它们就是维系社会合作的基本杠杆。② 二者都建立在私法的基础之上,前者产生于双方法律行为,即契约行为,其中双方的目的是相反的,如买卖合同双方的目的一个是卖一个是买。而强制则产生于共同法律行为,即合伙合同,其中各方的目的是相同的——以共同利益强制个人利益,防止个人侵害共同利益,共同法律行为的组织化就是团体,团体的实质就是强制。③

应该说,耶林对共同法律行为中的强制因素的认识是极具创见性的,作为共同法律行为的组织化,团体也必然而且也应当对其个体成员、管理者以及职员具有强制性,否则团体将无法发展。在吴宗谋看来,法人否认说所着重的,乃是19世纪欧洲在新一波以工业为主力之资本主义洗礼下,如何规划一套聚集资本之法律技术。④ 其实这并未抓住耶林法人学说的实质,因为在耶林看来,团体固然具有资本聚集之功能,但这项功能的正面价值远远小于其负面作用⑤,团体真正的社会功能在于社会合作的自我强制实现机制。对照哈耶克关于社会自生自发秩序的观点⑥,耶林的观点无疑称得

---

① See Rudolf von Jhering, *Law as a Means to an End*, trans. by Isaac Husik, Boston: The Boston Book Company, 1913, p. 67.
② 同①,p. 231。
③ 同①,p. 95。
④ 参见吴宗谋:《再访法人论争——一个概念的考掘》,硕士学位论文,台湾大学法学研究所,2004,第10页。
⑤ 具体参见下文耶林对于股份有限公司制度的批判。
⑥ 参见〔英〕弗里德利希·冯·哈耶克:《法律、立法与自由》,第1卷,邓正来等译,北京,中国大百科全书出版社,2000,第55页以下;〔英〕弗里德里希·冯·哈耶克:《自由秩序原理》上,邓正来译,上海,上海三联书店,2003,第63~64页。

上英雄所见略同，因为这些都是在无须政治国家参与的情况下，社会所进行的自我调控，因此，法人乃是一个必不可少的社会存在，其中潜在地包含了法人实在说的价值旨趣。然而，从下文来看，耶林显然志不在此。

强制显然不是团体功能的全部。制度经济学认为公司不过是一组合同[①]，团体内部并不排斥自由契约行为；公司宪政论则认为公司内部存在协商机制，体现了决策民主和权力问责等价值[②]；在哈贝马斯看来，团体内部必定一样存在着商谈民主。因此，耶林在抓住团体强制一面的同时，显然没有看到团体中成员、职员合作的一面，更不会承认公益社团中奉献的一面，社团的功能仅仅建立于冷冰冰的利益算计上——"社团是一个自我服务的关系，即一个商业合同，它属于利己体系，而非慈善体系。"[③]在萨维尼那里，团体成员完全陷入了钩心斗角中，似乎所有的成员都在挖团体的墙角，因此必须强调团体对于成员的独立价值。在基尔克眼中，团体特别是合作团体都是有机整体，在团体中，特别是在合作团体中，成员互帮互助、充满温情。而在耶林那里，团体本身不过是全体成员为了对付某些成员单独或结伙破坏其共同利益而创造出来的强制工具。因此，团体本身没有什么先验的独立价值，不是有机体，不过是成员创造出来的一种社会机器而已，成员才是其重心，团体既不可能具有道德人格，也不可能具有法律人格。这无疑就是其受益人主体说的法社会学基础。

不论如何，至此为止，耶林虽然认为法人没有本体和目的价值，但其工具性价值是无可否认的。然而如果我们深入耶林内心深处，团体的工具性价值最终也被否定了。耶林对于团体工具价值的否定体现于两个方面：一是体现于强制功能自身的异化，二是体现于团体与国家的关系上。

二、社会团体的异化

耶林在关心社会何以可能的同时，也关心着社会化过程中人的异化的问题。在这方面，耶林明显地受到其个人主体伦理观念的影响，使其研究渗透了更多的感情色彩。虽然耶林对于社会组织的上述分析是明快的和描述性的，而且是"很接地气"的，没有康德和黑格尔的那么模糊抽象、曲

[①] 参见〔美〕弗兰克·H. 伊斯特布鲁克、丹尼尔·R. 费雪：《公司契约论》，黄辉译，载《清华法学》2007 年第 4 期，第 132 页。

[②] See Stephen Battomley, *The Constitutional Corporation: Rethinking Corporate Governance*, Ashgate, 2007, p.39.

[③] Rudolf von Jhering, *Law as a Means to an End*, trans. by Isaac Husik, Boston: The Boston Book Company, 1913, p.160.

折幽婉；但是，与康德、黑格尔、萨维尼以及基尔克一样，耶林的观点也是一种人文科学的视角，并没有也不可能真正地遵守社会科学的研究方法，都是先将一种主观偏好注入社会现象之中，然后再以法学理论的形式提取出来。从时代背景上来说，耶林阐述法人观念的时代（1865～1877年）与基尔克崭露头角的时期大体相当，在旧式社团不断解体、新式社团不断发展壮大的同时，社会团体发生了结构上的巨大变迁。就股东公司而言，不再是股东创造公司和公司机关，相反，在现代大公司崛起以及证券市场发达之后，"股东是被那些出于各种目的而寻求资本的管理者创造出来的"①，股东个人的能动性早已让位于公司机关或管理者的主动地位。同样，基于社会分工的深入发展，其他社会团体也越来越由专业的管理阶层所把持。上述结构上的异化又反过来推动团体加速扩张，并产生了新的异化。从耶林的论述来看，当时的经济危机给耶林留下了挥之不去的阴影，股份公司和工会的不断膨胀和垄断地位在他看来都是危险的征兆②，对于现代经济和社会的道德谴责致使他在观察社会组织的时候无法做到韦伯所说的价值无涉，当然也就和萨维尼、基尔克一样，无法对所有的团体一视同仁。

耶林将人类团体分为三类：第一类是封闭型团体，即罗马法上的合伙，它是最简单的团体；第二类是公共团体，即社会成员可以自由加入的团体，如工会、行会等，其典型就是股份公司③；第三类是政治团体，即教会与国家。④ 在耶林看来，既然所有的社会组织的基本功能是强制，那必然都倾向于无限扩张——"从国家到最不重要的团体都在扩张：国家通过征服，教会通过布道，社团通过增加成员。"⑤ 因为在每个成员个人的力量相等的情况下，团体要保持、强化其强制功能，则必须使整体的权力优于个体的权力，成员越多，整体就越优于个体。⑥ 但是，由于合伙与公共团体及政治团体内部法律构造上的不同，二者扩张的程度是截然不同的，原因在于："排斥是合伙的本质，而扩张则是社团的本质"⑦。详言

---

① 〔美〕格里高里·A. 马克：《美国法中的公司人格理论》，路金成、郑广森译，载方流芳主编：《法大评论》，第 3 卷，北京，中国政法大学出版社，2004，第 289 页。
② 对此，笔者还将在下文展开论述。
③ See Rudolf von Jhering, *Law as a Means to an End*, trans. by Isaac Husik, Boston: The Boston Book Company, 1913, p. 166.
④ 同③，p. 229。
⑤ 同③，p. 227。
⑥ 同③，p. 220。
⑦ 同③，p. 226。

之，合伙是封闭型的，新成员的加入需要所有现有成员一致同意，因而合伙天然倾向于自我封闭、排斥外来加入者，而且成员的退出或死亡往往会引起合伙财产的分割，在规模上难以无限扩张；而公共团体则是开放型的，新成员可以自由加入，团体自身又天然地倾向于吸纳新成员加入，并且成员在退出或死亡时不能要求分割其份额，因此，无论是在成员还是在财产的规模上，公共团体都倾向于无限扩张。① 扩张对内意味着异化，对外则会导致经济和社会动荡，因而具有危险性。② 因此，只有罗马法上的合伙才是正常的社会组织，体现了耶林的价值理想，而占社会组织绝大多数的公共团体都是危险的社会组织，甚至可以说他对公共团体的评价完全是负面的。

首先，就团体内部而言，存在着两个方面的异化。一是目的上的异化，即成员的目的与团体的目的并不一致，他以为修筑铁路而成立的股份公司为例说：

> 对于股东来说，有的进行的是资本的永久性投资（the permanent investment）；有的购买股份只是为了立即再次卖出；有的——地产的富有的所有者，或者厂商——是为了促成其财产或产品之实现而购买；有的因为他拥有一个竞争的公司的股份；有的——市政当局——则是因为那是影响对其有利的提议的道路路线之选择的一个前提。简言之，每个人都有各自具体的利益，没有人考虑到修筑铁路这一公司目的。③

而在合伙中，却不存在这样的异化，虽然合伙中存在着全体合伙人的共同利益和个人利益的分化和冲突，并且合伙这一组织形式本身就是保障共同利益优于个人利益的强制手段的组织化；但在合伙中，由于无限连带责任的关系，共同利益是与个人利益联系在一起的。

二是团体事务管理上的异化。在合伙团体中，"几个合伙人以管理自己的事务同样的方式共同分担合伙事务，任何事务都通过他们一致的共同决定，没有他们不一致合作的决议和行为"④，因此不存在异化问题。但在股份公司那里，经营和管理就发生了异化：

---

① See Rudolf von Jhering, *Law as a Means to an End*, trans. by Isaac Husik, Boston: The Boston Book Company, 1913, pp. 220~228.
② 具体论述参见下文。
③ 同①，p. 32。
④ 同①，p. 166。

第三章 耶林的法人学说

> 与此形成极端反差的团体的典型就是股份公司。在股份公司那里，成员与公司管理毫不相干，成员将公司管理交付给那些可能确实是成员但并非必须是成员的人手中。因此，在股份公司那里，在标准形态的权利中同时发生于权利人身上的两个要素——利益和控制——被以如下方式分割开来：股东有利益但无控制权，董事会有控制权但无利益。……法律将这一法律关系称为代表。①

管理上的异化会产生巨大的道德风险，耶林对于团体管理者表达了极端的不信任：

> 团体管理者的地位具有强大的诱惑。对别人财产的持续性接触会激发其贪欲，又向其提供了其他人难以企及的机会去实现这一贪欲，没有哪一个窃贼会像管理他人财产的管理者那样发现偷盗是如此容易，没有哪个骗子会像管理者那样容易地诈骗并加以隐瞒。②

对于耶林这个观点，笔者只能说，侵略一个国家首先要摧毁其军队和解散其政府，而否定一个团体则一定要贬低其机关和管理团队。毋庸讳言，团体管理者确实有异化的可能，制度经济学中的代理成本理论已经说明了这一点，持续近百年的公司治理理论也表明这的确是个问题。从价值理念上来说，耶林既否定了萨维尼那些高踞于法人成员之上的作为法人监护人的代表人，也否定了有机体说中所谓代表先验的团体意志的机关，实现了社团内部的微观自由化。然而，问题是人类还找不到取代团体机关的更好的机制，对于法律来说，只能将机关作为一个前法律事实加以接受并进而寻求规制，而非粗暴地拒绝和否认。就此而言，管理者主体说无疑更为高明。

其次，就公共团体外部而言，扩张会导致垄断，会引起经济危机和社会动荡，因而极具危险性。耶林说：

> 现有模式下的股份公司是我们整个法律中最有缺陷和最险恶的制度之一。去年（1876年——引者注）商业领域暴发的绝大多数危机要么能够直接追溯到股份公司，要么至少与其有紧密关联。这里，我一点也不想深入展开股票交易所导致的这些令人丧气的后果，这些后果正深入骨髓地败坏着荣誉和正直原则。这里，我想仅仅从经济的

---

① Rudolf von Jhering, *Law as a Means to an End*, trans. by Isaac Husik, Boston: The Boston Book Company, 1913, p. 166.
② 同①，p. 167。

视角对其加以评估，我无法消除我的如下信念：无论你对商业所产生的好处看得多高，在我看来，股份公司所导致的诅咒远远多于其获得的祝福。它们对于私有财产所造成的破坏比火灾、水灾、农作物歉收、地震、战争和敌人侵占对于国家福祉所可能造成的破坏还要严重得多。如果我们比较一下上次经济恐慌（1873 年）时的价格表和股份公司刚刚建立时的价格表，我们可能会声讨整个股票投机交易。①

现在看来，耶林关于团体的扩张倾向并没有抓住问题的实质，也多少有些以偏概全，更多的是来自对经济危机和国际共产主义运动的直观印象。的确有不少团体倾向于扩张，但也有不少团体比较封闭。即使是倾向于扩张的团体也是有界限的。如就企业而言，科斯在 1937 年发表的《企业的性质》中明确指出企业的规模是有极限的。②

最后，从根本上来说，耶林对人们的结社倾向缺乏客观公正的认识，只有冷嘲热讽：

> 那些最不重要的社会组织不是为了实现重大社会目的，而是仅仅建立于一些琐细的追求之上，建立于虚名、形象、个性、开会、游行、集会、虚荣、妒忌之上，这些团体中的扩张冲动经常开出最富有警示意味的花朵。人类自身中就特有着些许的愚蠢——一种特定的与其智力健康状况完全相吻合的"悖德症"，即组建社团之愚行。组建社团取代了大孩子手中的儿童玩具（讽刺成年人像大孩子一样还在玩小时候的玩具——译者注）。在英国，那里的结社冲动已经发展到最泛滥的地步，组建社团似乎同样已经催生出巨量令人"欣喜"的赘疣（在此，本人引用狄更斯《匹克威克外传》中的辛辣嘲讽）。③

总之，在各类团体中，只有合伙才没有异化、没有扩张，才是耶林的"理想型"。由此，我们可以理解耶林为什么以合伙作为团体原型展开其受益人主体说。而就公共团体而言，耶林则完成了第一次否认——功能价值上的否认。在耶林看来，人们为强制共同利益的实现而创立了团体，而团体功能却发生双重异化：一是团体事务越来越多地被操纵于职业管理者手

---

① Rudolf von Jhering, *Law as a Means to an End*, trans. by Isaac Husik, Boston: The Boston Book Company, 1913, p. 168.
② 参见〔美〕罗纳德·科斯：《企业的性质》，载盛洪主编：《现代制度经济学》，北京，北京大学出版社，2003。
③ 同①，p. 227.

中，成员成了被管理者任意玩弄的乌合之众①；二是对外会引起诸多社会问题。因此，在团体那里，人们作为团体成员的权利是无法保障的，人们作为社会成员的权利也经常受到来自团体的外部威胁。一句话，在市民社会中，权利是无法实现自身的。于是国家的意象已经呼之欲出——耶林在分别讨论了合伙和公共团体之后，接着就分析了国家。

三、团体与国家的关系

虽然耶林在讨论法人本质时，并未提及国家，但这并不说明他从未考虑过团体与国家的关系，恰恰相反，《法律中的目的》一书表明，耶林对于这个问题是经过深思熟虑的。

耶林认为，国家和教会是团体的一种，而且和其他团体一样，是社会强制功能的体现。② 耶林这一理解与马克思对于国家的理解有些相似，马克思认为国家是阶级矛盾不可调和的产物，国家的本质就是暴力；而耶林认为国家是社会合作难以自行的产物，国家的实质也是强制。不同的是，耶林认为国家强制的目的在于保障社会合作——"国家和教会是实现社会共同福利的团体"③。当然，耶林将团体与国家并列显然不是像基尔克那样为了突显团体相对于国家的平等地位。因为在耶林看来，国家与团体是根本不同的。耶林用了两节的篇幅分析国家，其中第一节的标题就是"国家：与社会的分离"，明确表达了国家对于社会和团体的异质性。实际上，在耶林那里，社团与国家只在形式方面具有相似性，而在所有实质方面都是截然不同的："社团与国家及教会的区别不是结构性的，而是功能性的；区别不是建立在法律机理上的区别上，而是建立在它们目的的区别上；不是形式上的区别，而是内容的区别。"④ "国家是唯一适于担任社会强制力量的组织，也是社会强制力量的唯一拥有者，国家的强制权力构成了国家

---

① 另可参见 Rudolf von Jhering, *Law as a Means to an End*, trans. by Isaac Husik, Boston: The Boston Book Company, 1913, p. 168。

② See Rudolf von Jhering, *Law as a Means to an End*, trans. by Isaac Husik, Boston: The Boston Book Company, 1913, p. 231. 在许多地方，耶林是将教会与国家并列在一起的，但是严格地来说，国家是高于教会的，因为"目的的组织化在国家，而不是在教会中，达到了其最高点。从组织的观念来说，教会就其目的的性质而言远逊于国家"。See Rudolf von Jhering, *Law as a Means to an End*, trans. by Isaac Husik, Boston: The Boston Book Company, 1913, p. 32. "正如最高权力观念所示，国家是其领域内的所有团体的首领，这一点也适用于教会。" Rudolf von Jhering, *Law as a Means to an End*, trans. by Isaac Husik, Boston: The Boston Book Company, 1913, p. 238.

③④ Rudolf von Jhering, *Law as a Means to an End*, trans. by Isaac Husik, Boston: The Boston Book Company, 1913, p. 229.

的绝对垄断地位。……正如最高权力观念所示，国家是其领域内的所有团体的首领，这一点也适用于教会。"① 可见，国家不仅在现实的强制力上强于社团，而且在伦理地位上高于社团，国家才是耶林真正的精神之所。

在笔者看来，国家强于并高于团体，这是自然的，甚至是正当的，但这并不能否定团体在特定领域中的独立价值。固然，国家与团体的关系不可能通过一种抽象的价值观念或理论一劳永逸地加以界定，最实际的办法应当是根据不同场域和语境通过法律确定二者的界限，但这并不能完全否定宏观价值观念的研究意义。从这个立场来说，在耶林的法律目的价值体系中，团体似乎从未开宗立派——在受益人主体说那里，团体依附于其受益人，而在社团—国家关系上，团体则依附于国家。在开始分析国家前，耶林说了如下一段意味深长的话：

在经过一个冗长的和迂回的历程之后，我们最终发现了我们正在寻找的东西，即为实现人类目的而使用强制力的最后形式，强制的全社会组织——国家。我本来可以更轻易地到达国家。到达国家仅仅取决于我们自己直接采取现成的国家形式的社会强制观念。为什么还要经过这段弯路？我们旨在显示，只要权利尚未延伸至国家层面，我们是如何和为何不能解决实现权利的问题的。在国家中，权利第一次找到其所寻找的东西：掌握强力。②

也就是说，耶林对于团体的分析无非是揭示团体在实现权利上的缺陷，反过来证明国家的必要性和终极性。因为从中不难看出耶林与萨维尼的共性，团体是不自洽的，是不完整的。所不同的只是原因：在萨维尼那里，是因为团体利益受到成员的侵害；而在耶林那里，则是因为成员利益受到管理者的侵害。只有到了国家那里，权利才真正找到了归宿，而团体不过是权利的国家朝圣之旅中的临时驿站！尽管其巨著《法律中的目的》揭示了法律的许多目的，然而只有一个目的是最重要的、超越于其他所有的目的，那就是"呼唤国家的诞生"③，因为"法律离开了强制就是不燃烧的火，是不发光的灯"④，只有国家诞生了，法律才会形成，才能获得强制力的保障。如果说黑格尔用哲学欢呼国家的诞生，那

---

① Rudolf von Jhering, *Law as a Means to an End*, trans. by Isaac Husik, Boston: The Boston Book Company, 1913, p. 238.
② 同①, p. 230。
③ 同①, p. 231。
④ 同①, p. 241。

么耶林则用法学为国家进行洗礼，耶林的《法律中的目的》毋宁说是黑格尔《法哲学原理》的法学版。耶林和萨维尼、基尔克一样，都在某种程度上陷入了黑格尔的框架当中——人类社会从个人到由家庭、社团组成的市民社会最后发展到国家才达到了圆满境界。① 遥想当年，黑格尔、谢林、费希特、萨维尼、耶林、温德沙伊德与基尔克等先贤皆可谓一时之选，然而在德国走向大一统的历史背景下，没有哪个完全脱离时代独善其身，历史竟是如此凝重！

不幸的是，与黑格尔、萨维尼和基尔克不同，耶林在这条路上似乎走得更远。在黑格尔那里，法人至少还有某种程度上的"抽象真理"；在萨维尼那里，不仅自然法人的伦理人格不容国家否认，而且意定法人有独立于国家的财产能力；而在基尔克那里，法人既有先验本体，又有伦理人格。在集权国家观念上，萨维尼可能有些纠结，他希冀集权国家的出现，但又不希望集权国家全面吸纳旧式团体。当然，在萨维尼时代还有国家不能的问题，即尚未完成统一大业的国家还没有能力吞并社会。在基尔克那里，虽然也有些犹豫，但总体上不是国家不能，而是基氏不欲——旨在防止全能国家这一现代化陷阱。而在耶林那里，国家既能，耶林亦欲，国家就不仅在实然意义上是全能国家，而且在应然意义也是集权国家。在全能国家里，团体最终连最后一点独立价值也被剥夺了——团体要么被国家吞并，要么依赖于国家。关于前者，耶林说：

> 我们承认，国家（下文国家这一术语还包括市政府）在其演进过程中，逐渐掌控了几乎全部的社会生活。……个人—社团—国家，这就是社会目的的历史阶梯。一个目标先是被个人追求，当目标变得更大以后，它就会由联合起来的利益所接管，当目标到达极盛阶段时，就会进入国家的地盘。如果这一从过去到将来的推理是正确的话，国家自身将在最后的未来接管所有的社会目的。社团是使通往国家之路平坦起来的先锋——现在的社团就是几千年后的国家。所有从事公共福利的社团自身都承担了国家的使命，后者何时接过这一使命仅仅是个时间问题。②

按此，团体只不过是国家登场的报幕员而已，报完了，国家就登场

---

① 参见〔德〕黑格尔：《法哲学原理》，范扬、张企泰译，北京，商务印书馆，2009，第337页。
② Rudolf von Jhering, *Law as a Means to an End*, trans. by Isaac Husik, Boston: The Boston Book Company, 1913, pp. 229~230.

了；国家登场了，它也就该退场了，否则，只能被国家强制吞并。笔者前文指出耶林的法社会学研究从方法上来说是一种机械社会学，而这里则反映了其法社会学的另一个特质——价值取向上的社会达尔文主义①，耶林不过是将适者生存转换为"存者即适者"，或者干脆就是黑格尔那句名言——"存在即合理"。不断扩张的团体最终在扩张中消融于另一个也在扩张的实体——国家中，全能国家兼并了所有的社会团体，最后的结局就是利维坦的诞生。在这一过程中，耶林除了欢呼国家，没有觉得一点不妥，似乎团体生来就是准备为国家所兼并的——正如山羊必然要被老虎吃掉一样！这让人不禁联想到1933年以后的德国历史②，难怪维亚克尔认为耶林的集权国家"同时毁了法与国民"③。后来纳粹德国的历史明确无误地告诉我们，个人与国家是一枚硬币的两面，团体则是硬币的侧面，而耶林恰恰否定了这个侧面，没有侧面的区隔，国家那一面必将最终吞并个人那一面——而这恰恰就是硬币的自我毁灭。然而，这正是耶林时代许多机械自由主义者的最终下场，先是自由开场，最后则是专制收场，完全是一部"通往奴役之路"的理论活剧！

耶林这一观念有着深刻的时代背景，日本学者福地俊雄指出，耶林整个法人学说都源于德国社会共同体不断削弱的历史背景④，这是十分深刻的见解。上文已经指出，从德国各邦国走向现代国家之时开始，受到不断强化中央集权的国家的强势挤压，原有的旧式社会团体不断为国家所吞并或替代。在这一背景下，我们不难理解，耶林对于国家兼并社会团体的论述实际上就是这一历史过程的直观反映。

但是问题还有另一面，上文所说的共同体实际上是传统身份性社会组织，实际上，在这些身份性团体不断衰落的同时，建立在自由结社基础上的新兴团体，如商会、职业协会、工会、社交协会、股份公司等各种社会中间组织却不断发展。从耶林的论述中可以看出，巨型股份公司的崛起在他心中投下了难以抹去的阴影，而国际工联运动的跨国发展更是让他忧心

---

① 这点也为维亚克尔所揭示，参见〔德〕维亚克尔：《近代私法史——以德意志的发展为观察重点》，陈爱娥、黄建辉译，台北，五南图书出版公司，2004，第415页。
② 被国家吞并的并不限于团体，还包括其他小国、小民族和小的族群。See Rudolf von Jhering, *Law as a Means to an End*, trans. by Isaac Husik, Boston: The Boston Book Company, 1913. pp. 232~233. 联系到后来德国犹太人的悲惨经历，耶林的论述可谓一语成谶。
③ 〔德〕维亚克尔：《近代私法史——以德意志的发展为观察重点》，陈爱娥、黄建辉译，台北，五南图书出版公司，2004，第415~416页。
④ 参见〔日〕福地俊雄：《法人法の理論》，东京，信山社，1998，第122页。

忡忡。① 所以，耶林也清醒地认识到团体并非在任何情况下都是山羊，国家吞并团体绝非自然而然的田园牧歌式过程：

> 团体可能拥有比国家更多的财富，如果它超出国家疆界的限制，它可能拥有比国家更多的成员。如果我们另外考虑到团体为实现其目的而设置和国家同样的机关，我们就会看到团体所包含的对于国家的危险。当团体与国家合作时，它在实现社会目的方面会为国家提供最有效的帮助，但当其采取相反立场时，团体就会成为国家最危险的敌人。②

对此，耶林的对策就是使国家垄断所有的强制力量，使那些尚未融解于国家的团体像"法律残废"那样依赖于国家的扶持，耶林说：

> 国家是唯一适于担任社会强制力量的组织，也是社会强制力量的唯一拥有者，国家的强制权力构成了国家的绝对垄断地位。任何一个旨在通过硬性强制方式在其成员身上实现其诉求的团体都依赖国家的配合，国家的权力本身就包含了设定其将赋予这一配合的条件的裁量权力。但是这意味着——换句话说——国家是法律的唯一来源，因为不能由其制定者自行执行的规范不是法律规则。因此，没有哪个团体的内部法规能够独立于国家的权威，只是如同从国家权威中派生出来的一样。因此，正如最高权力观念所示，国家是其领域内的所有团体的首领，这一点也适用于教会。如果国家授予团体在其领域内采取强制措施的权力，这种情况仅仅适用于如果国家认为这是可取的——一个国家法的临时让与，国家永远可以收回这一许可；因为这种契约在团体行为与国家的存在构成实质性对立时是无效的。③

这段论述已经很明确地说明，在成员的自生自发秩序中创生的团体不过是个"法律残废"，没有国家的配合，法人就无法实现其强制目的。自然，要取得国家的配合，则只能到国家那里乞求登记，只有获得登记才能

---

① 德国 1863 年就成立了全国性的工会组织，到 1875 年，即耶林创作《法律中的目的》之前两年，全德国各工会组织举行联席会议，宣布了著名的《哥达纲领》，明确了国际主义原则。参见〔德〕赫伯特·瓦恩克：《德国工会运动简史》，容凡译，北京，生活·读书·新知三联书店，1958，第 14～25 页；丁建弘：《德国通史》，上海，上海社会科学院出版社，2002，第 261 页。

② Rudolf von Jhering, *Law as a Means to an End*, trans. by Isaac Husik, Boston: The Boston Book Company, 1913. p. 238.

③ 同①，pp. 238～239。

具备合法性。而在法人的设立和终止上，国家具有绝对的权威，既可以按照自己的自由裁量赋予法人以合法性，也可以在国家感觉到威胁时任意地收回这一许可。而且，在耶林看来，团体应当由公法进行规制，而不应按照私法进行规制："团体属于公法，或者更准确地说，团体与公法完全一致，正如私法与个人一致。对于我来说，将公法概念局限于国家和教会，是武断的。"① 无疑，这是对特许制的另一种论述，与萨维尼的国家拟制说可谓殊途同归。

当然，耶林也不是没有考虑限制国家权力的问题。他认为："社会强制的组织包括两个方面：外部强制机制的建立和规制这一机制用途的规则的确立。前者是国家强制，后者是法律。"也就是耶林已经提出了"依法治国"的理念，这无疑比萨维尼已经前进了一大步。但问题是前文已经提到，耶林又认为"国家是法律的唯一来源"，因此问题转换成了国家自己限制自己，这就是狄骥、奥里乌和哈里斯嗤之以鼻的"国家自我限制说"②。耶林在分析个人时反对康德的道德律令，但在国家问题上又回到了康德——国家会根据康德的道德律令"自觉"地维护社会公共利益。国家能否自我限制的问题是当年法学、政治学以及社会学上的一大公案③，在此，笔者无意展开讨论，但至少按照耶林提供的逻辑，这种可能性并不

---

① Rudolf von Jhering, *Law as a Means to an End*, trans. by Isaac Husik, Boston: The Boston Book Company, 1913. p. 229.
② 〔法〕莱昂·狄骥：《宪法论》，钱克新译，北京，商务印书馆，1959，第77页以下；〔法〕莫里斯·奥里乌：《法源：权力、秩序和自由》，鲁仁译，北京，商务印书馆，2015，第7页；Frederick Hallis, *Corporate Personality: A Study of Jurisprudence*, Aalen: Oxford University Press, 1978. pp. 178~180。
③ 法学方面的有关论著包括但不限于 O. Gierke, Das deutsche Genossenschaftsrecht, 1881; Gierke, *Political Theories of the Middle Age*, trans. F. M. Maitland, New York: Cambridge University Press, 1900; Harold Joseph Laski, *The Foundations of Sovereignty: and Other Essays*, New Haven: Yale University press, 1931; Bernard Bosanquet, *Philosophical Theory of the State*, London, 1919; Jellinek, Allgemeine Staatslehre, 3rd ed., Berlin, 1913; Stammler, Lehrbuch der Rechtsphilosophie. Berlin, 1922; M. Maurice Hauriou, Principes de droitpublic, 1st ed., Paris, 1910; Kung Chuan Hsiao, *Political Pluralism: A Study in Contemporary Political Theory*, New York: Harcourt, Brace and Company, INC, 1927; David Runciman, *Pluralism and the Personality of the State*, Cambridge: Cambridge University Press, 1997；〔英〕戴雪：《英宪精义》，雷宾南译，北京，中国法制出版社，2001；〔奥〕凯尔森：《法与国家的一般理论》，沈宗灵译，北京，中国大百科全书出版社，1996；〔奥〕凯尔森：《纯粹法理论》，张书友译，北京，中国法制出版社，2008；Frederick Hallis, *Corporate Personality: A Study of Jurisprudence*, Aalen: Oxford University Press, 1930；〔法〕莱昂·狄骥：《宪法论》，钱克新译，北京，商务印书馆，1959；〔德〕格奥格·耶利内克：《主观公法权利体系》，曾韬、赵天书译，北京，中国政法大学出版社，2012。

大——谁能想象一个天生倾向于无限扩张的组织能够自我限制？笔者真正关心的是，耶林主观上是否真的希望国家自我限制，答案似乎是否定的，因为耶林强调的是国家的强制力而不是国家的自我限制：

> 国家强制的无力、无能是国家最大的缺陷……任何一个用火和剑结束无政府状态的人，无论以何种方式，是国内的篡位者还是国外的征服者，都对这个社会做出了贡献，他是社会的救星和恩人，因为即便是一个不能忍受的政治体制也比完全没有这一体制好。①

自然，从这段话中，我们不难发现为殖民侵略辩护的影子。但笔者强调的是，读到此处，我们需要回过头来思考耶林法人学说中的一个重大逻辑拐点：在受益人主体说那里，耶林将团体消解为个人的拟造物，那么国家是否也是如此呢？按照耶林所服膺的那套社会契约论，似乎也应如此。但耶林的答案似乎相反，他认为国家决策不应当以民主制下的数量原则来决定，国家权力不应当以多数人的利益和意志为转移，而应当超越于多数人、少数人甚至全体人民，否则国家权力就会陷入波动和摇摆状态，影响其强力。他说：

> 因此，单纯的数量不能决定国家权力的运用，否则国家中的力量将取决于给定时刻的多数人，而且政治权力将经常处于波动和摇摆之中。然而，令人高兴的是，事情并非如此。国家的坚固依赖于这一事实：人数因素对于权力问题的影响受到另外两个因素——国家手中的力量的组织形态和国家理念表现出的道德力量——的抵消。②

可见，虽然耶林没有像黑格尔、萨维尼和基尔克那样明确地声称国家的先验性和实体性，但由于国家权力摆脱了成员人数上的影响而具有了独立性，同时国家有其独立的外在组织形态和内在精神理念，故而其同样绝不可能还原为"个人主义的尘埃"。在国家法人本质问题上，耶林完全抛弃了受益人主体说，而应归入法人实在说的阵营。因此，社会组织上的法人否认说和国家上的法人实在说形成了一个明显的断裂。另外，所谓国家力量的组织形态无非就是国家管理者，而在耶林眼中，国家管理者完全是一个积极因素，他们好像完全没有团体管理者的那些私欲，是在真正地为民做主，都是最可信赖的人，在此，耶林似乎忘记了他对团体管理者的激烈挞伐，这无疑也是一个显著的逻辑矛盾。正如耶林学说中的诸多价值张

---

① Rudolf von Jhering, *Law as a Means to an End*, trans. by Isaac Husik, Boston: The Boston Book Company, 1913. pp. 234~235.
② 同①，p. 236。

力和逻辑矛盾一样，耶林正是这样一个复合体。

在充满激情的《为权利而斗争》中，耶林以清新激扬的文字和新奇雄辩的观点论证为权利而斗争不仅是为了维护自己的权利，而且是为了维护自己的人格尊严，读来的确让人耳目一新。但是笔者还是不太恭敬地觉得其中不仅有太多的说教意味，并且仍然贯彻了全能国家之观念。在他笔下，个人对个人的私法权利斗争乃是一种低级斗争，而最高级的宪法权利斗争则是"为国民生活权利而斗争"，准确地说是在发生"诸如针对政治自由的谋杀计划、宪法毁弃或颠覆、外敌攻击等"侵害"全民族的权利"时而发生的权利斗争，是"心甘情愿地为了全体献出自己的生命和财产"①。这哪里是我们通常理解的为人权和公民权利而开展的限制国家强权的斗争?! 这毋宁是基尔克"热爱国家，甚于热爱你自己"的翻版! 由此可见，集权国家的理念是如何公然扭曲了法律的逻辑! 在耶林那里，似乎在权利的斗争中，国家也"全心全意"地在为个人的权利而斗争而不会侵犯个人权利——如果真的那样，近代以来的宪法就在很大程度上没有意义了。更重要的是他所倡导的法律斗争中少了团体的身影，而没有个人的团结和协作，没有有序的团体行动，没有个人或团体间的不失时机的妥协，仅剩一群一盘散沙的乌合之众，除了在利维坦脚下互相争斗，实在想不出还能干点什么。② 如果我们今天还停留于天真的自由主义进而将其意识形态化③，那结果必将是"后人而复哀后人"!

总之，在耶林看来，就功能价值而言，社会组织虽然在一定意义上具有正面功能，但由于其无限扩张的本性，使其内部关系和外部功能都产生

---

① 〔德〕鲁道夫·冯·耶林:《为权利而斗争》，胡宝海译，北京，中国法制出版社，2004，第72页。
② 耶林本人就指出，虽然人民手中仍然保留了许多权力，并从数量上优于国家，但人民是一盘散沙，而国家是组织起来的，所以人民不是国家的对手。这一论断似乎是为统治者壮胆。See Rudolf von Jhering, *Law as a Means to an End*, trans. by Isaac Husik, Boston: The Boston Book Company, 1913. p. 237.
③ 耶林该著原名为"Der Kampf um Das Recht"，其中Recht一词有两种含义，一为权利，二为法律，此书的英译版为即为"The Struggle for Law"（由John J. Lalor从原书第5版译出），而萨孟武先生也将其译为"法律的斗争"。参见王泽鉴:《民法总则》，台北，新学林出版股份有限公司，2014，第1页。吴经熊先生也将该书书名定为"为法律而斗争"，参见〔德〕耶林:《为权利而斗争》，郑永流译，北京，法律出版社，2012，第85页。而后学者胡宝海将其译为"为权利而斗争"，郑永流教授也译为"为权利而斗争"，但笔者认为，正如郑永流所坦言，其译本的定名实际上是因为"'为权利而斗争'作为政法口号已深入人心，改译的风险重大"（〔德〕耶林:《为权利而斗争》，郑永流译，北京，法律出版社，2012，第89页）。说穿了这一译名更是一种意识形态的产物，本身也说明我国法学研究的返魅和不成熟。

了异化，因而在根本上具有负面价值；而从团体—国家关系上来说，团体迟早将被国家兼并，那些尚未被兼并的团体，也要依赖国家的扶持方能正常运行。于是，耶林不仅从根本上否认了团体的正面价值，而且从终极意义上否认了团体的独立存在，乃是一套政治学意义上的社团否定说，与耶林的全能国家主义实是一枚硬币的两面。

前文已述，由于受益人主体说的价值取向上的可塑性，我们必须透过社团否定说来理解受益人主体说，否则关于耶林我们就会陷入不着边际的空想。对于受益人主体说而言，社团否定说具有基础性的价值预定作用，从中我们可以发现，在耶林内心深处，受益人主体说的自由主义只是一个虚相，其中的极权主义才是实相。

第三节 耶林法人学说的影响和流变

在德国，耶林的法人学说启迪了管理者主体说，并为目的财产说之贝克尔所发挥和引申[1]，与马克斯·韦伯[2]以及凯尔森[3]的法人学说有着知识谱系上的亲缘关系，而莫伊雷尔（Meurer）[4] 和汉斯·J. 沃尔夫[5]则更是基本遵从了该说。然而受该说影响最大的是法国，为数众多的权威学者继承并进一步发挥了耶林的学说，形成一个阵容强大的学术流派。而其他法国学者——如狄骥——虽然自认为其学说不同于耶林，但实际上也应归入耶林所开创的学术谱系之中。在其他国家也有持相似观点者，如瑞士的施瓦贝（Schwabe），俄罗斯的甘马罗夫和科尔库诺夫[6]，美国著名哲学家杜威[7]、

---

[1] Vgl. Ernst Immanuel Bekker, system des heutigen Pandektenrechts, Band 1, Weimar, 1886, S. 196.

[2] 韦伯显然不支持萨维尼的拟制说和基尔克的有机体说，因此他和耶林一样是倾向于从技术意义上肯定法人的法律存在，但他并不同意耶林将团体利益完全还原为其成员利益以及否认法人管理者地位和功能的观点，韦伯的法人观念实际上是拟制说与管理者主体说的综合体，参见〔德〕马克斯·韦伯：《经济与社会》，林荣远译，北京，商务印书馆，1997，上卷第47～48、77～78页，下卷第64页及以下。

[3] 凯尔森批判了有机体说和组织体说，也批评了拟制说，但却未批评耶林学说，反而可以理解为对耶林学说的进一步展开。具体分析，参见本书第六章第四节。

[4] Vgl. Meurer, Die juristische Personen, Stuttgart, 1901.

[5] Vgl. Hans J. Wolff, Organschaft und juristische Person, 2 vols., Berlin, 1933, 1934.

[6] 参见〔俄〕E. A. 苏哈诺夫：《俄罗斯民法》，第1册，黄道秀译，北京，中国政法大学出版社，2011，第152页。

[7] See John Dewey, "The History Background of Corporate Legal Personality", *Yale Law Journal*, Vol. 35, No. 6, 1926.

公司法学者雷丁（Max Radin）[1]、分析法学的代表人物之一霍菲尔德（Wesley Newcomb Hohfeld）[2]、莫拉维茨（Victor Morawetz）[3]、泰勒（Henry O. Taylor）[4]、英国学者中有大名鼎鼎的分析法学派开山祖师约翰·奥斯丁[5]以及公司法学者史密斯（Herbert A. Smith）[6]等。后来，在美国异军突起的制度经济学与新古典主义经济学的企业理论也与此说具有政治经济价值判断、研究进路甚至某些结论上的相似性[7]，虽然二者并没有知识上的传承关系。无论如何，耶林所开创的个人主义学派都是人才济济、阵容整齐[8]，完全可以与拟制说和实在说所构成的广义集体主义学派相抗衡。

在法人本质之争进入19世纪末以来，可以说，在耶林开启的个人主义学派和以基尔克为代表的集体主义学派的双面夹击下，萨维尼所开创的威权主义学派以及耶林本人的全能国家观念已经声名狼藉，学者们普遍达成了支持维护社会中间团体的共识。从此之后，法人论战主要在个人主义学派和集体主义学派之间进行，而且论战的重心从政治观念转向了法律技术和法律思维。虽然在法人制度的法律技术层面，更有发言

---

[1] See Max Radin, "The Endless Problem of Corporate Personality", *Columbia Law Review*, Vol. 32, 1932.

[2] See Hohfeld, *Fundamental Legal Conceptions As Applied in Judicial Reasoning and Other Legal Essays*, ed. Walter Wheeler Cook, New Haven: Yale University Press, 1923, pp. 197~201.

[3] See Victor Morawetz, *A Treatise on the Law of Private Corporations Other than Charitable*, Boston: Little, Brown, 1882, § 29, p. 24.

[4] 参见〔美〕格里高里·A. 马克：《美国法中的公司人格理论》，路金成、郑广森译，载方流芳主编：《法大评论》，第3卷，北京，中国政法大学出版社，2004，第271页。

[5] 参见〔英〕约翰·奥斯丁：《法学讲演录》，支振锋译，南昌，江西教育出版社，2014，第307页。

[6] See Herbert A. Smith, *The Law of Associations, Corporate and Unincorporated*, Oxford: Clarendon Press, 1914, p. 147.

[7] 参见〔美〕弗兰克·伊斯特布鲁克、丹尼尔·费希尔：《公司法的经济结构》，张建伟、罗培新译，北京，北京大学出版社，2005，第13页。"公司作为法人的所谓'人格'只不过是为了方便起见，它本身并非现实的人"。另参见 Michael Jensen, William Meckling, "Theory of the Firm: Managerial Behavior, Agency Costs and Ownership structure, Journal of Financial Economics." Vol. 3, No. 4, 1976, p. 311. 国内相关论述可参见王文钦：《公司治理结构之研究》，北京，中国人民大学出版社，2005，第50、62页。

[8] 当然，笔者并不认为以上所有学者都完全接受了耶林的法人人格学说，其实以上绝大多数学者都反对全能国家观念。另外，可能有些学者进行论述时并未读到耶林的学说，尤其就英美法系的学者而言，其学说明显是针对本国特许说的反动。但无论如何，他们都有一定的家族相似性，这就是他们总体上都采取个人主义进路，并力求将团体的法律特征还原、消解为个人的法律属性，并淡化法人与合伙的区别。

权的是基尔克学派,但在划清法学与先验哲学的界限方面,优胜的似乎是耶林一脉。

一、管理者主体说(Amtstheorie)

在当年法人本质论战中,英美法系学者并未提及管理者主体说。在早期日本作品中,也都没有这样一个学说。① 较早提及这一学说的是我妻荣先生,他在初版于1933年的《新订民法总则》提到这一学说,并明确指出其代表人物就是赫德尔和宾德尔。② 在晚近的学者中,四宫和夫也提到了管理者主体说,但未指出其代表学者。③ 但二者都无引证。在我国民国时期的学者中,毕业于东京帝国大学法学专业的余棨昌在其1933年出版的《民法要论总则》中较早提到了该学说。从法国学者狄骥《宪法论》的相关引述以及后来德国学者齐佩利乌斯的主张来看,管理者主体说的存在是毋庸置疑的。

一般认为,该说系由德国学者赫德尔(Nachdruck von Eduard Hölder,1847—1911)所创,另一位德国学者宾德尔(Julius Binder,1870—1939)从之。根据余棨昌先生概括,其说略为:不认为法人为权利主体,只有实在之人才可以成为权利主体,那些被视为法人的权利不过是担负其职务之人的权利而已。④ 郑玉波先生则总结为:现实担任法人财产之管理者,即为该财产之主体,亦即法人之本体,仍系自然人也。⑤ 胡长清先生也总结此说的要义是:法人财产非属于法人之本身,乃属于管理其财产之自然人。举例以言,如国家之财产,属于国家之元首;学校之财产,属于学校之校长。⑥ 根据黄立教授的介绍,其说谓:财团及社团之财产,属于依章程为管理而任命的董事会。⑦ 但王利明教授则认为,赫德尔与宾德尔似乎

---

① 参见〔日〕富井政章:《民法原论》,第1卷,陈海瀛、陈海超译,北京,中国政法大学出版社,2003(日文原著初版于1903年,中译本初版于1907年),第138页;〔日〕松冈义正口述,熊元楷、熊元襄编:《民法总则》下,上海,上海人民出版社,2013(初版于1911年),第100~101页。梅谦次郎出版于1903年的《民法原理》甚至根本没有提及法人本质诸学说。参见〔日〕梅谦次郎:《民法讲义》,黎炳文、李栋译述,保定(河北)官书局,1907,第18~23页。
② 参见〔日〕我妻荣:《新订民法总则》,于敏译,北京,中国法制出版社,2008,第115页。
③ 参见〔日〕四宫和夫:《日本民法总则》,唐晖、钱孟姗译,台北,五南图书出版有限公司,1995,第83页。
④ 参见余棨昌:《民法要论总则》,朝阳学院出版部,1933,第69页。
⑤ 参见郑玉波:《民法总则》,北京,中国政法大学出版社,2003,第171页。
⑥ 参见胡长清:《中国民法总论》,北京,中国政法大学出版社,1997,第98页。
⑦ 参见黄立:《民法总则》,北京,中国政法大学出版社,2002,第109~110页。

没有认为团体财产的权利悉归管理财产的自然人，只不过法律将其拟制为集体财产的主体而已。① 由于以上学者都未阅读原始文献，同时没有提供其参考文献的来源，故无从考察。但总体来说，以上介绍似乎过于简略，难以体现该说的精神气质与内在意蕴。

蒋学跃博士根据原始文献对赫德尔的观念进行了简要讨论，他提供的材料显示，赫德尔首先从人和人格的关系界定出发，认为："人的概念和人格的概念在法律上常常是同一意义上加以使用的。这两个词表示的是同一个特征，一个具有多方属性的东西。因为没有人不具有人格，同时人格也离不开人，所以这两个概念可以被作为同一概念来使用。"② 即在赫氏看来，既然法律主体等同于自然人，则法律上也就没有了法人概念的容身之所，而我们所谓的"法人"也就不过是一些特定的自然人——财产管理人的法律称号而已。但笔者认为这虽然体现了管理者主体说的某些观念，但仍然没有呈现出该说的精神旨归。

遗憾的是，笔者未能收集到赫德尔和宾德尔的原著，但这方面的缺陷在一定程度上可由另一管理者主体说支持者——齐佩利乌斯的作品弥补。③ 从齐氏的引证来看，他主要引用了萨维尼、赫德尔和宾德尔的著作。因此，下文将以齐佩利乌斯为例探讨管理者主体说的主要内涵。

在齐氏看来，人们的经验事实告诉我们，作为可经验并可验证的事实，只存在单个的人。因此，基尔克的作为精神实在的超个人的真实意志在经验上是无法确定的，因此该观点与人们的经验事实不符。④ 既然只有自然人才能把握法律规范的意旨，并受其规范，那么权利能力就其本质而言，只有自然人才能享有。而萨维尼将法律主体与自然人等同起来的公式则比较正确地反映了这个经验事实。⑤ 因此，可以说这是萨维尼为管理者

---

① 参见王利明：《论法人的本质和能力》，载王利明：《民商法研究》，第3辑，北京，法律出版社，2001，第30页。

② Eduard Hölder, Natürliche und Juristische Personen, Leipzig: Dunker [und] Humblot, 1905, S. 234. 转引自蒋学跃：《法人制度法理研究》，北京，法律出版社，2007，第221~222页。

③ 参见〔德〕莱恩霍德·齐佩利乌斯：《德国国家学》，赵宏译，北京，法律出版社，2011；〔德〕莱恩霍德·齐佩利乌斯：《法哲学》，金振豹译，北京，北京大学出版社，2013；〔德〕莱恩霍德·齐佩利乌斯：《法学导论》，金振豹译，北京，中国政法大学出版社，2007。

④ 参见〔德〕莱恩霍德·齐佩利乌斯：《法哲学》，金振豹译，北京，北京大学出版社，2013，第221页；〔德〕莱恩霍德·齐佩利乌斯：《法学导论》，金振豹译，北京，中国政法大学出版社，2007，第81页。

⑤ 参见〔德〕莱恩霍德·齐佩利乌斯：《德国国家学》，赵宏译，北京，法律出版社，2011，第124页。

主体说提供的第一个学术资源。

萨维尼为该说提供的第二个学术支持是其代理说。① 本书在讨论萨维尼法人学说时已经提到，萨维尼曾说："有些法人具有可见外在代表——数个个人成员，这些成员作为集合整体构成了法人（Juristische Person）"②。萨维尼强调这里的成员不仅是普通成员，而且是法人的管理者或代表者③，即只有作为法人代表或管理者的那些成员才可以作为一个整体构成法人本身，已经包含了管理者主体说的基本观念。萨维尼还说："法人代表的法律行为被看作法人自身的行为，这一点就在事实上构成了法人的真正本质。"④ 这意味着在萨维尼那里，法人机关和机构法人一样，都是一种外部化、独立化的组织，法人机关与法人的关系不是内部关系，而是一种外在化的平行关系。后来，布林兹发挥了萨维尼代理说，指出法律命令最终总会落实为某个自然人的义务，而且最终总是特定的自然人来作出和表达那些重要的法律决定，这已经表现出管理者主体说的特征。⑤ 而在管理者主体说看来，"所谓'法人'的权利和义务最终也只能落实为某些特定的自然人的某种行为义务，诸如市镇的行政首长，或是财政局的法定代表人等，或是只有这些自然人的行为才能产生某些特定的法律后果"⑥。

当然，将法人的权利义务还原为自然人管理者的权利和义务并不意味着法人概念就丧失任何意义，相反，与耶林一样，法人概念不可或缺。因

---

① 参见德国学者克尼佩尔明确地将赫德尔的法人人格学说列为拟制说学派，参见〔德〕罗尔夫·克尼佩尔：《法律与历史——论〈德国民法典〉的形成与变迁》，朱岩译，北京，法律出版社，2003，第 67 页。
② Savigny, *The Roman Law of Persons As Subjects of Jural Relations*, trans. by William Henry Rattigan, London: Wildy & Sons, 1884, p. 181; Savigny, System des heutigen Römischen Rechts, Teil II, Berlin: Veit und comp. 1840, S. 243-244.
③ 萨维尼将社团法人分为有章程的社团法人和无章程的社团法人，前者如城镇和大学，而后者则只有服务于有限目的的必要组织，如农村公社和大多数情形下的手工业者行会。See Savigny, *The Roman Law of Persons As Subjects of Jural Relations*, trans. by William Henry Rattigan, London: Wildy & Sons, 1884, p. 182. 前者是由成员组成的权力机关行使管理和代表职能，而后者则由全体成员行使管理和代表职能。无论在哪种情况下，组成权力机关的成员或者全部成员都是社团法人的监护人。See Savigny, *The Roman Law of Persons As Subjects of Jural Relations*, trans. by William Henry Rattigan, London: Wildy & Sons, 1884, p. 211.
④ Savigny, *The Roman Law of Persons As Subjects of Jural Relations*, trans. by William Henry Rattigan, London: Wildy & Sons, 1884, p. 217.
⑤ 参见〔德〕莱恩霍德·齐佩利乌斯：《德国国家学》，赵宏译，北京，法律出版社，2011，第 126 页。
⑥ 同⑤，第 126 页。

为只有在管理者之外拟制一个法人概念，才可以把一些本来十分复杂和难以理解的法律关系以相对简单的方式表达出来。不过，在萨维尼那里，法人是独立于法人机关或管理者之外的另一个实体，在布林兹那里，目的财产也是如此。但在管理者主体说看来，并不存在独立于管理者之外的法人实体：

> 法人只是一个中间辅助工具，换句话说：当人们说，一个法人（比如一个社团）负有支付一笔价款的义务的时候，这只是一个法律上尚不完整的宣告，因法律永远是人类行为的规范。只有把该社团的组织章程以及其中的职权分配规定同时也考虑进去的时候，才产生一项可以贯彻的行为规范：即，比如迈耶先生作为社团董事，有义务从特定的财产（即"社团财产"，而不是其私人财产）当中拨出一笔款子来支付该价款。①

总之，法人不过是一种分层归责模式的产物。一方面，人们"把法人作为一个纯粹的虚拟辅助手段来使用，也就是说，人们通过法律想象，把社团和其他团体看成是可拥有某些义务和权利的整体"，而不是脱离于管理者独立存在的实体②，这是管理者主体说区别于萨维尼代理说的第一个显著特征。另一方面，既然是分层归责模式，不同层面上的法律依据和法律关系就是不同的，即国家法先确定了"法人"的权利义务，然后又通过团体内部的法律——团体章程将这种权利义务转换为管理者的权利义务，即管理者的权利义务直接源于团体内部法律而非国家法。而在萨维尼那里，法人代表者的权利义务责任都直接来自国家法，国家法一边直接规制着法人，一边又直接规制着代表者，一竿子捅到底。因此，二者具有不同的政治意蕴，这构成了二者的第二个重要区别。

管理者主体说的产生有着深刻的时代特征。管理者主体说两位代表人物的著作分别发表于 1905 年和 1907 年，其时，由于社会分工的深入发展，社团结构已经发生了重大变迁，大型公司普遍出现美国法学家伯利和米恩斯所揭示的所有权与控制权两权分离的情形③，社会团体普遍由职业管理者掌控团体事务。从 19 世纪下半叶开始，资本主义企业经历了一个

---

① 〔德〕莱恩霍德·齐佩利乌斯：《法学导论》，金振豹译，北京，中国政法大学出版社，2007，第 83 页。
② 〔德〕莱恩霍德·齐佩利乌斯：《德国国家学》，赵宏译，北京，法律出版社，2011，第 82 页。
③ 参见〔美〕阿道夫·A. 伯利、加德纳·C. 米恩斯：《现代公司与私有财产》，甘华鸣等译，北京，商务印书馆，2005。

第三章　耶林的法人学说

巨大转变，大量企业不再是萨维尼时代以及耶林和基尔克开始创作时的业主式企业了，而是朝向巨型化和集中化发展。1882年，美国首家大型托拉斯——标准石油的诞生，标志着这种趋势已经化为现实。后来，这种以股东个人名义进行的集中化被一种新形式的集中化所取代，这就是控股公司的出现，在此基础上大型集团公司纷纷涌现。[1] 大约在同时期，法国、德国以及英国等发达资本主义国家纷纷发生了这一变迁。由于证券市场的发展，这一集中化的过程还伴随着公司成员的地位逐渐外部化的变迁，股东在公司内部的权力运作中作用越来越小。在公司内部，相应地形成了一个权力非常集中的管理者群体，他们取代股东真正地掌握了公司权力，这就是所有权与控制权相分离的现象。与此同时，工会组织的力量也不断壮大，由于会员众多，规模庞大，工会内部也出现了类似于上述公司内部所发生的权力集中化的现象。德国学者米歇尔斯将这种大型社会组织中的集权现象归纳为"寡头统治铁律"[2]，韦伯则将这种现象中性化地称为团体中的科层制现象：权威结构由职位组成；在等级结构内，每一职位的活动内容由上级职位所决定。[3] 对于这种趋势，耶林激烈诅咒，基尔克纠结担忧，而赫德尔和宾德尔则是承认现实。其原因在于，在赫氏与宾氏构建管理者主体说时，合作观念已经深入人心[4]，尊重结社自由已经是学界的共识，需要合法化的不是所谓的由众多个人构成的集合体，结社自由观念已经解决了这个表层问题。真正需要合法化的是团体机关所拥有的而由专业

---

[1] 详细论述，请参见〔美〕莫顿·J. 霍维茨：《回溯圣克拉案件：公司法理论的发展》，郑相随译，载方流芳主编：《法大评论》，第4卷，北京，中国政法大学出版社，2005，第259～266页；〔美〕阿道夫·A. 伯利、加德纳·C. 米恩斯：《现代公司与私有财产》，甘华鸣等译，北京，商务印书馆，2005。

[2] 〔德〕罗伯特·米歇尔斯：《寡头统治铁律：现代民主制度中的政党社会学》，任军锋等译，天津，天津人民出版社，2003。该书德文版初版于1911年。

[3] 参见〔德〕马克斯·韦伯：《经济与社会》下卷，林荣远译，北京，商务印书馆，1997，第89页以下。不过韦伯以及米歇尔斯对于这种情形的描述后来被证明也是不准确的。一方面，法人团体内部结构后来的发展表明这种集中化达到一定程度后就会由于成本过高而停止外部扩张与内部集权，制度经济学与新古典经济学的研究表明，企业在很大程度上是一个合同束，内部仍然实行私法性的意思自治原则。See William W. Bratton Jr., "The New Economic Theory of the Firm: Critical Perspectives from History", *Stanford Law Review*, Vol. 41, 1989, pp. 1471～1527。另一方面，法人组织内部也进行了一系列的组织社会学意义上的革新，通过实现受雇者个人利益与法人组织利益上的一致性，以调动成员的个人积极性，而非依赖上级对下级的命令和监控，从而弱化了组织权力运作上的科层制。参见〔美〕詹姆斯·S. 科尔曼：《社会理论的基础》，邓方译，北京，社会科学文献出版社，1999，第493页以下。

[4] 参见〔德〕罗伯特·米歇尔斯：《寡头统治铁律：现代民主制度中的政党社会学》，任军锋等译，天津，天津人民出版社，2003，第18页。

阶层所行使的团体权力，所谓合法化就是这一机关以集合体的名义所为的行为是否能够归属于集合体名下，从而不仅对于法人、甚至对于成员、管理者以及职员等内部主体具有拘束力，这才是现代结社自由的本质。反映到法人学说上，就是赫德尔和宾德尔的管理人主体说，该说明确地顺应了这一趋势，赋予法人机关或管理者的权力以合法性，并进一步突显了管理者的主体地位。

齐氏虽然没有引用耶林的著作，但笔者认为，管理者主体说与耶林学说属于同一知识谱系。

首先，二者都将个人主义思维模式贯彻到法人本质问题上，认为法律只规制自然人的行为，法律主体无论在实然意义上还是在应然意义上都与自然人范围相一致。而拟制说虽然坚持应然意义上的一致性，但同时又承认在实证法上，二者并不一致，奴隶和法人都是例证。

其次，在二者看来，法人没有独立本体，仅仅是简化法律关系的辅助工具，是个权利义务的归属点，但根本不是"人"，也无须上升为"人"，这是法人否认说的本质特征，故管理者主体说和耶林学说都是典型的法人否认说。

再次，虽然二者在法人所依附的自然人问题上发生了分歧甚至对抗，但这恰恰是"相反相成"，正是耶林的源于合伙制度的受益人主体说明显脱离了法律实践，特别是脱离已经变迁了的法律实践，反过来激发了管理者主体说的基本观念。而且，从齐佩利乌斯来看，他也承认归属于法人的利益最终会通过"分层归属"机制并通过管理者的行为而归属于其成员或受益人，并未完全排斥受益人主体说。

最后，管理者主体说将耶林在法律主体上的祛魅意识完全阐发了出来。由于赫德尔的法人本质理论阐发之时，法人本质争论的各种潜在问题已经充分显露，故而其有机会对于衍生法人本质之争的理性法学概念体系进行反思。他认为道德人格的概念不代表别的东西，而只代表一种技术方法，一种比喻，法人如此，自然人也是如此[1]，已经将耶林的解构和祛魅运用于自然人之上，在他看来，自然人也不过是基于一种法律技术拟制出来的，并不是什么先验的实体在法律上的自然反映。而宾德尔则更为激进，他几乎完全否认权利主体的概念本身，他说：

理论上最大的错误是永远在某种物质化的一种形式下提出权利主

---

[1] 参见〔德〕何尔德（赫德尔）：《自然人和法人》，1905，第206页。转引自〔法〕莱昂·狄骥：《宪法论》，钱克新译，北京，商务印书馆，1959，第377页。

体的问题,这个问题把这种主体表现为权利的执掌者,因此把主体和客体表现为两种必须在物质世界中存在的事物,表现为一物执掌另一物的两种不同的实体。可是实际上并非如此,主体不必是一种真实的实体。一切权利的关系是一种关系上的关系,因此权利主体的概念是法律关系的概念本身所赋予的,而权利主体本身不外只是一种关系。如果我们要作成一种分析性的判断来表明权利主体的概念的话,我们发现这种概念不可能在基本上和主观权利的概念有所不同,因为权利主体不是和权利分别存在的。因此,我们不可能从中得出另外的定义:权利主体是我们称为权利的法律所确定的关系之中的实体。①

可见,宾德尔已经将法律人格解构为一种法律关系,认为其与权利概念一样是分析法律关系的一种技术手段;不承认法律主体的实体性,不仅法人如此,自然人也不例外。笔者认为,宾德尔的观点深入地揭示了德国概念法学的弊病,在这场大争论中,权利主体、人格、自然人无一被当作一种实体化的概念使用,并与道德的人和主体哲学上的人之意象相互混淆,实际上它们不过是法律运用来解释并规范客观现实的辅助概念,尽管这种辅助概念对于法律来说是不可缺少的,但其本身并没有相应的先验实体。因此,宾德尔的观点也是朝向对人格、权利主体等大词除魅的重要一步,完全应当被纳入耶林所开创的知识谱系之中。

虽然属于同一知识谱系,但总体来说,管理者主体说比受益人主体说的解释能力更强。首先,从价值取向上来说,该说不仅认识到社会团体的正面功能,从而较为客观公正地对待社会团体,而且从政治与社会层面上顺应了法人治理上的专业化趋势,赋予了团体管理机关的权力以合法性,同时重视了团体章程对管理者的规制作用,从而提供了一种既能使社会团体持续正常发展又能有效防止管理者专权僭越的法律政策框架。

其次,从法律技术意义上来说,虽然同是还原论,但受益人主体说的制度构建意义明显不如管理者主体说,即使不考虑上述法人治理结构的变迁,单就实践中的法律关系来说,由于受到成员有限责任制度的屏障,一般来说,对方当事人并不关心团体的成员或受益人是谁,但却应当关心管理者是谁以及其行为是否是职务行为或授权行为。因此,该说具有重要的

---

① 〔德〕宾德尔:《法律人格的问题》,1909,第48~50页。转引自〔法〕莱昂·狄骥:《宪法论》,钱克新译,北京,商务印书馆,1959,第377~378页。

制度构建意义。如在法人责任能力制度上，该说可以有效地解决法人为其管理者的行为承担责任的范围问题，而受益人主体说则无法解决这一问题。

最后，从法律解释意义上来说，笔者批评耶林在德国主体哲学的大语境下旗帜鲜明地肯定自然人的伦理基础而否认法人的伦理基础，是一种价值取向上的法人否认说，但管理者主体应当可以免于这一批评。原因在于，管理者主体说是法人论争中较晚出现的法人学说，其自然人、法人和法律人格等概念都已经脱离了德国主体哲学赋予的意义和语境，是在法律技术意义上就事论事地否认法人的实体地位，并且这已经是当时学界的基本趋势，因而不存在价值上的"影射效果"或者"弦外之音"。而耶林则不仅没有脱离主体哲学的语境，而且有意地运用了该哲学的隐喻意义，并与其政治前见结合在一起，显然无法摆脱这一指责。

总之，管理者主体说与受益人主体说正好构成了法人否认说的两极，管理者主体说正好可以弥补受益人主体说的缺陷，从某种意义上来说，法国的组织体说乃是二者的综合体。

但是，该说和受益人主体说一样，虽然赢得了法律解释上的"简单"，却将复杂和模糊留给了法律实践。

首先，和受益人主体说一样，管理者主体说将法人还原为一个归属点，在"本质层面"上来说是精确的，但在日常生活上，反而让人们觉得不能理解，对此上文已经分析，兹不赘述。

其次，和受益人主体说一样，管理者主体说也混淆了组织法与法人法两个不同的法律系统。组织法着眼于社会组织内部法律秩序，强调的是内部主体的利益平衡，而法人法则立足于团体外部的法律秩序，强调的是法人团体与外部当事人之间的利益平衡。一般在组织法意义上，法人的权利义务可以还原为其管理者的行为，也就是说只有在组织法层面上，管理者才有法律主体地位；而在法人法层面，管理者通常没有独立的法律主体地位。因此，在民法领域，将法人的权利义务反向还原为管理者的权利义务完全没有必要。而且和受益人主体说那里成员的不断变动一样，法人的管理者也是不断变动的，这就必然衍生出前任的行为、权利义务是否以及如何转变为继任者的权利义务的问题。因此，从法经济学的角度来看，如果像齐佩利乌斯所说的那样，要求法人的相对方必须"把该社团的组织章程以及其中的职权分配规定同时也考虑进去"，则无疑不适当地加重了相对方的信息成本。德国学者汉斯—贝恩德·舍弗尔和克劳斯·奥特认为，就民法的核心而言，民法是有关效率的法律①，提高效率的方法之一就是限定并尽可能减少当事人在交易时必须获取的信息量，以降低其信息成本。就合同领域而言，相对人只需知悉与其交易的法人的有关信息和谁能够代表或代理该法人与其交易即可，无须了解社团的组织章程，更无须知悉代表或代理法人与其交易的个人按照法人章程具有何种内部职权，这一职权只在组织法上才有意义。侵权领域更是如此，例如在产品责任和环境污染责任的情况下，受害人根本无法确定实施侵权行为的具体管理者是谁，如果也按照齐佩利乌斯的要求操作，则该类侵权之诉可能根本无从提起。因此，在民法当中，将法人视为一个独立于其管理者之外的法律主体最能降低交易成本。

再次，即使从组织法角度来说，法人的权利义务也并不是直接还原为作为个人的管理者的权利义务，而是先还原为机关的行为，再按照机关的内部规定层层还原为管理者个人的行为，对此，齐佩利乌斯也予以承认。② 就此而言，管理者主体说无疑有着将法人与自然人机械比附的弊端，这是法人问题上个人主义进路所无法避免的根本症结，相反，基尔克的机关说反而比较准确。因为只有机关的行为才是法人的行为：就集体机关而言，只有按照该机关的议决规则和程序作出的行为才是机关的行为；就独任机关而言，并非管理者个人的所有行为都是法人的行为，只有管理者以团体名义所进行的行为或者说职务行为才被理解为法人的行为，而这本来就是团体人格化的应有之义。

最后，法律解释不能完全不考虑法理念上的价值取向问题。从这个意义上来说，完全可以用耶林的受益人主体说批评管理者主体说。法人并非仅仅是其管理者参与具体法律关系的法律符号或形式③，将法人还原为其管理者个人的行为忽视了一个现实，即这些管理者并非为其本身的利益而行为，而是为另一个实体而行为。上文所引韦伯对于法人在个人行为中的决定性作用的强调，不仅可以作为批评受益人主体说的依据，而且可以作为批判管理者主体说的标准。④ 如果将管理者主体化，则有可能在法律理

---

① 参见〔德〕汉斯-贝恩德·舍弗尔、克劳斯·奥特：《民法的经济分析》，北京，法律出版社，2009，中文版前言第2页。
② 〔德〕莱恩霍德·齐佩利乌斯：《德国国家学》，赵宏译，北京，法律出版社，2011，第129页。
③ See Frederick Hallis, *Corporate Personality*: *A Study of Jurisprudence*, Aalen: Oxford University Press, 1978, p. 237.
④ 参见〔德〕马克斯·韦伯：《经济与社会》，第1卷，阎克文译，上海，上海人民出版社，2010，第103页。

念上产生管理者凌驾于团体及其成员利益之上的逻辑结果,这与我们对法人价值的一般理解格格不入。对于这种观点的危害性,笔者已经在分析萨维尼代理说时指出,兹不赘述。

二、法人本质论争中的"法国学派"

前文已经提到,受益人主体说虽然创立于德国,但却主要盛行于法国。自从普兰涅尔(Planial)首先引介并发展耶林学说之后,立即得到许多法学家的赞同和支持,如贝尔特勒米(Berthélémy)、万·德·霍卫尔(Van den Heuvel)、瓦莱依-苏米埃尔(Marquis de Vareilles-Sommières)[①] 等,故而有人将这些学者总称为法人人格理论的法国学派。[②]

受益人主体说在法国的流行与法国的法学学术背景和政治背景有着密切关联。长期以来,法国政治学、经济学和法学领域就盛行个人本位思想,学界往往从个人主义视角考察社会团体现象,故法国学者向来习惯于视股份公司和社团为合同,大部分商法学者都把股份公司放到合同中去,并认为在这一点上,股份公司与合伙并无分别。[③] 一个典型的例证就是1901年《结社法》,其第1条就开宗明义地规定:"社团是两个或若干人为一项非营利性的目标,而无限期联合其知识或活动的合约。至于其效力,适用契约法和债权法的一般原则 。"[④] 同时,与个人本位思潮相呼应,法国立法和法学界历来都十分珍视合同自由精神和意思自治原则。[⑤] 从政治背景上来说,该派与组织体说一样,都是对法国大革命以来钳制社会中间组织的政治实践的反弹。[⑥]

在这一背景下,法国学派将受益人主体说中耶林自己没有挖掘的意义充分释放了出来。首先,法人和国家都被解构为其成员间的合同关系,法

---

① 参见〔法〕莱昂·狄骥:《宪法论》,钱克新译,北京,商务印书馆,1959,第359~360页;另可参见 Martin Wolff, "On the Nature of Legal Persons", *Law Quarterly Review*, Vol. 54, No. 4, 1938, p. 497。

② See John Henry Cully Ⅲ, *People's Capitalism and Corporate Democracy: an Intellectual History of the Corporation*, Article for Ph. Doctor, Santa Barbara: University of California, 1986, pp. 18~19.

③ 参见〔法〕莱昂·狄骥:《宪法论》,钱克新译,北京,商务印书馆,1959,第287页。法国商法学者伊夫·居荣也说:"传统上,公司被看成一种可以产生法人的合同。"参见〔法〕伊夫·居荣:《法国商法》,第1卷,罗结珍、赵海峰译,北京,法律出版社,2004,第91页。

④ 乐启良:《近代法国结社观念》,上海,上海社会科学院出版社,2009,第238页。

⑤ 参见尹田:《法国现代合同法:契约自由与社会公正的冲突与平衡》,北京,法律出版社,2009,第16页。

⑥ 具体分析,参见本书第五章第一节关于组织体说的背景部分。

人固然无独立人格，国家也没有神圣的伦理人格。而且，法人无人格并不意味着法人没有合法性，恰恰相反，法人的合法性就源于成员间的合同行为本身所具有的法律效力，即法人组织的成立是成员合同行为所追求的法律目的，对于合同的这一目的及其实现，国家总体而言无缘置喙，否则国家就干涉了合同自由。说到底，法人的合法性源于成员、发起者及其他受益人，而不源于国家。其次，既然法人无人格，不是"人"，自然也不需要国家和法律赐予这一人格[1]，国家也就无权进行法人登记上的审查和批准。最后，他们还主张所谓法人的权利实际上就是各成员的权利，而各个成员乃是社团财产的真正所有人，只有他们在行使权利时才服从法律的人格化制度，而在组建、参加、变更以及解散法人时根本无须法律和国家干预，规制法人事实上的成立、变更和解散行为的特许制都应废除。[2] 因此，从政治立场上来说，该派与耶林的全能国家论截然相反，极为重视团体的力量及其独立发展。这种情形完全印证了尼采的话——"一件事的起因和它的最终的用途、它的实际应用，以及它的目的顺序的排列都全然不是一回事。"[3]

当然，将团体还原为其受益人，并不意味着法人概念可有可无，相反，法国学派与耶林一样，也认识到在涉及团体与第三人的交易中，法人概念不可或缺。例如，瓦莱依-苏米埃尔认为在社团中除个人成员外不存在别人，法人人格不过是成员拟制的产物："拟制的效用是巧妙地掌握和概括一种事物的状态……简化一种复杂状态的叙述；这是一种非常良好的构想和解释的手段；这是为科学和教学的服务。"[4] 可见，在法国学派那里，与受益人主体说和管理者主体说一样，法人不过是纯粹法律技术的产物，因此他们既反对萨维尼所谓的观念实体，也反对有机体说所谓的团体人格与团体意志。如普兰涅尔即认为："这些虚拟的实体是梦想星体的人们的妄想，就像热衷于唯灵论的人们幻想摆脱其自己的人身一样。"[5]

虽然法国学派已经将拟制淘洗得十分空洞干瘪，但在狄骥看来，该说

---

[1] See John Henry Cully Ⅲ, *People's Capitalism and Corporate Democracy：an Intellectual History of the Corporation*, Article for Ph. Doctor, Santa Barbara：University of California, 1986, pp. 18, 24.
[2] 参见〔法〕莱昂·狄骥：《宪法论》，钱克新译，北京，商务印书馆，1959，第360页。
[3] 〔德〕尼采：《道德的谱系》，周红译，北京，生活·读书·新知三联书店，1992，第55页。
[4] 同[1]。
[5] 同[1], p. 359。

仍然过于保守，不够激进。一方面，只要存在拟制，就总会为国家权力干涉法人自由提供可乘之机①；另一方面，拟制也不合于法律逻辑，如果拟制一词像其字面所示是"虚构"，是"无中生有"，那其本身就是个矛盾。②

---

① 参见〔法〕莱昂·狄骥：《宪法论》，钱克新译，北京，商务印书馆，1959，第380页。
② 同①，第362页。

第四章　基尔克的法人学说

　　在规制人类社会的一切法则中，有一条法则似乎是最正确和最明晰的。这便是：要是人类打算文明下去或走向文明，那就要使结社的艺术随着身份平等的扩大而正比例地发展和完善。①

——托克维尔

　　我们德国的团体不是拟制，不是符号，不是国家机器上的一个零件，也不是个人的集体名称，而是一个有生命的组织和真实的人，具有机关和成员，并有自己的意志。它自身具有意志，它自己就可行为，它通过作为其机关的人就如人能通过大脑、嘴和手而产生意志和行为一样具有意志并能行为，它不是拟制的人，而是一个团体人，它的意志就是团体意志。②

——基尔克

　　尽管法人实在说（Realitätstheorie，或 Theorie der realen Verbandsperson）的观念最早可追溯到萨维尼③，但学界一般认为它系由德国历史法学派之日耳曼一脉的重要学者贝塞勒（Georg Beseler，1809—1888）首先正式提出④，后来为其弟子奥托·冯·基尔克（Otto von Gierke，

---

① 〔法〕托克维尔：《论美国的民主》下卷，董果良译，北京，商务印书馆，1991，第640页。
② Gierke, *Political Theories of the Middle Age*, trans. by F. M. Maitland, New York: Cambridge University Press, 1900, p. xxvi.
③ 详细说明请参见本书第二章第二节萨维尼的拟制说部分。不过，按照萨维尼的说明，似乎除贝塞勒之外，还有其他一些学者〔如瓦恩科尼希（Warnkoenig）〕持有类似法人实在说的观点。See Savigny, *The Roman Law of Persons As Subjects of Jural Relations*, trans. by William Henry Rattigan, London: Wildy & Sons, 1884. pp. 218, 233.
④ 基尔克本人也宣称其实在说思想最初来源于贝塞勒，在其名著"Das deutsche Genossenschaftsrecht"第一卷的题献中，基氏特意将此书献给贝塞勒。基尔克指出，贝塞勒对现代合作团体理论的阐发主要体现于贝氏以下著作当中：Die Lehre von den Erbvertragen, I (1835), S. 76; Volksrecht und Juristenrecht (1843), S. 158; System des gemeinen deutschen Privatrechts, I (1847), sec. 66. See John D. Lewis, The Genossenschaft-Theory of Otto von Gierke: *A Study in Political Thought*, Madison: University of Wisconsin Press, 1935, p. 54.

1841—1921)① 继承并发展，最终成为一种系统性的法人学说，有机体说（Organnische Theorie）不过是其法人理论的一部分而已。因此，基尔克才是法人实在说的主要阐释者和代表者，故本书将通过基尔克的著作解读法人实在说。

然而在我国，无论是在法学界还是在政治学界，基尔克都被严重地忽视了。到目前，即使将政治学界算上，关于他的学术论文也只有区区四篇。② 不仅如此，基尔克还广受误解，正如美国学者安东尼·布莱克（Antony Black）在20世纪90年代所介绍的基尔克在英美国家的境遇一样③，在许多学者看来，基尔克是集体主义的辩护士，甚至与法西斯有着某种联系。④ 因此，本书对于基尔克的解读本身还包含了还原真实基尔克的考量。

不同于萨维尼和耶林，由于基尔克毕生研究的大部分都与法人本质学说有关⑤，因此其法人学说乃是一个庞大知识体系。在其最终未完成的四卷本的法律史巨著《德国合作团体法》（Das deutsche Genossenschaftsrecht）⑥

---

① 基尔克出身于具有法学渊源的家庭。其父曾任什切青市的法律顾问，1848年任普鲁士农业大臣，1850年任德国布龙贝格（Bromberg）地区（现为波兰领土）上诉法院院长；母亲则出身于波莫瑞的齐特尔曼法律世家，在法人论争中占有一席之地的恩斯特·齐特尔曼（Ernst Zitelmann）即其亲属。1855年父母双亡后，基尔克由其担任司法顾问的舅舅奥托·齐特尔曼（Otto Zitelmann）抚养成人。总的来说，基尔克是在受人尊敬、热爱国家、富有法学素养的家庭环境成长起来的。1860年，在贝塞勒的指导下，基尔克在柏林大学取得了法学博士学位，此后，基氏的学术研究仍然深受贝氏影响。关于基尔克的具体生平，可参见〔德〕米夏埃尔·马丁内克：《德意志法学之光——巨匠与杰作》，田士永译，北京，法律出版社，2016，第116～120页。

② 即何勤华：《近代德国私法学家祁克述评》，《法商研究》1995年第6期；林国荣：《将FUCK进行到底——评基尔克〈自然法与社会理论：1500—1800〉》，载林国荣：《君主之鉴》，上海，上海三联书店，2005，第69～94页；仲崇玉：《法人有机体说研究》，载梁慧星主编：《民商法论丛》，第39卷，北京，法律出版社，2008；仲崇玉：《论基尔克法人有机体说的法理内涵和政治旨趣》，《现代法学》2013年第2期。

③ See Antony Black, Editor's Introduction, in Gierke, *Community in Historical Perspective*, ed. by Antony Black, trans. by Mary Fischer, Cambridge: Cambridge University Press, 1990, p. xiv.

④ 参见何勤华：《近代德国私法学家祁克述评》，《法商研究》1995年第6期，第28页；龙卫球：《法人的主体性质探讨》，载中国政法大学民商法教研室编：《民商法纵论——江平教授70华诞祝贺文集》，北京，中国法制出版社，2000，第145页。

⑤ 基尔克的另外一项研究是其《德意志私法论》，主要是运用日耳曼精神解释《德国民法典》。

⑥ 关于Genossenschaft，德语词典一般译为合作社；英国学者梅特兰译为fellowship；美国学者刘易斯（John D. Lewis）认为前者感情色彩过于浓厚，而将其译为association；吴宗谋译为合作团体。鉴于基氏的Genossenschaft并非仅仅限于合作社这种特殊的团体组织，同时又强调其平等伙伴关系（与威权关系相对）特征，笔者从吴氏译法。

中,基氏构建了一个庞大的体系化理论——德国合作团体理论(The Genossenschaft-Theory),尽管基尔克是以法学观察为轴心构建了这一理论,但该说兼有社会学、伦理学、法学和政治学意义,并不是纯粹的法律理论。① 由于基尔克在从社会学和哲学角度论证、说明合作团体的法律人格时,基本上运用了19世纪后半叶在欧洲大为风行的有机体理论,所以基尔克的法人本质学说又被法学界习称为有机体说。② 因此,要研究基氏法人实在说,就必须先梳理其历史研究。当然,基氏本人不太区分其合作团体理论与有机体说,但笔者认为,合作团体理论主要还是一个历史观念模型,属于历史考察,而有机体理论则大体可以视为前者的法社会学展开。因此,笔者将基尔克的合作团体观念作为一个相对独立的问题,侧重于归纳其对合作团体概念的界定,揭示其通过这种特有的界定所要表达的理念;同时将基氏的有机体说独立出来,侧重于探究基氏的有机体论解释和法社会学分析。

据此,下文将先行介绍基氏的历史研究,并简要总结其合作团体理论,再从民法学角度,以法人的人格(权利能力)和行为能力两个问题为主线,相应考释有机体说和附属于该说的机关说,然后总结一下基尔克关于团体与成员以及国家的关系的论述,最后是对其的评价。

第一节 基尔克的法人研究概述

一、政治和哲学思想渊源

笔者认为,总体上来说,基尔克是德国浪漫主义思潮之子。无论是其早年一度研究过的日耳曼语系学,还是后来耗尽其毕生心血的合作团体法研究,无不深受浪漫主义思潮之影响。③

德国浪漫主义是18世纪末到19世纪中叶在反抗启蒙运动和法国大革

---

① 参见〔德〕维亚克尔:《近代私法史——以德意志的发展为观察重点》,陈爱娥、黄建辉译,台北,五南图书出版公司,2004,第417页。
② Gierke, Die Genossenschaftstheorie und die deutsche Rechtssprechung, Berlin: Weidmann, 1887. 基氏本人也接受了这一名称。See Gierke, *The Nature of Human Associations*, trans. Lewis, in John D. Lewis, *The Genossenschaft-Theory of Otto von Gierke: A Study in Political Thought*, Madison: University of Wisconsin Press, 1935, p.145.
③ 参见〔德〕维亚克尔:《近代私法史——以德意志的发展为观察重点》,陈爱娥、黄建辉译,台北,五南图书出版公司,2004,第416页。

命的极端个人主义过程中产生的一种具有浓厚的宗教神秘色彩的哲学、政治和文艺思潮。不同阶段的浪漫主义观念差异很大，但总体而言，浪漫主义反对一成不变的理性，推崇人的内在体验，如人的情感、幻想、梦境甚至神秘体验，因而富有神秘主义色彩；重视历史，特别是中世纪的历史，认为中世纪的基督教会（不是指罗马天主教，而是经由马丁·路德改造后的新教）、社团和协会等社会中间组织不仅有助于实现人民的民主参与，还可以有力地制衡政府的专制；赞叹自然，自然是一个有机体，国家和民族也是有生命的有机整体；政治上倡导德意志爱国主义和德意志民族主义，历史法学派所主张的民族精神就是其典型体现；同时注重人的精神自由，但又反对个人主义和利己主义，因而特别推崇中世纪的各种共同体。①

首先，从政治思想上来说，我国学者普遍认为基尔克是集体主义者，甚至有人认为他与后来的法西斯思潮有关联。② 但是，基尔克在受到浪漫自由主义思想影响的同时，也接受了约翰·密尔、托克维尔的自由主义观念，特别重视结社自由。可以说，对自由和统一两种价值的调和构成了基尔克学说的全部。基尔克之所以毕生钟情于日耳曼法，就是因为在基尔克看来，日耳曼法能够将统一和自由有机地协调起来，而个人主义的罗马法则根本无法统一二者。基氏之所以终生致力于合作团体理论的研究，其动机之一就在于以此为契机唤醒浓缩于日耳曼合作团体观念中的对自由和统一两种价值的调和。

基尔克并不仅仅是象牙塔里的法学教授，与萨维尼一样，基尔克也是具有强烈政治使命感的法学家，他敏锐地觉察到即将到来的现代社会所隐藏的危机，这就是在君主专制国家所酝酿的，而为法国大革命所实现的现代国家的无限权力。③ 伴随着现代经济的发展与技术的提高，国家统治社会、控制个人自由的能力也在空前地增强，消除了封建枷锁的所谓"自

---

① 参见舒绍福：《在自由与保守之间：德国早期浪漫主义政治思想研究》，北京，国家行政学院出版社，2009，第179、182页；韩震：《论德国浪漫主义者对人的理解》，《山西师大学报（社会科学版）》2001年第2期，第17页；董煊：《德国近代的浪漫主义与民族主义》，《中南民族学院学报（哲学社会科学版）》1992年第2期；袁文彬：《启蒙运动之后的德国浪漫主义》，《深圳大学学报（人文社会科学版）》2009年第5期；黄学军：《德国古典主义与浪漫主义的分野》，《宁夏大学学报（人文社会科学版）》2001年第1期。

② 参见何勤华：《近代德国私法学家祁克述评》，《法商研究》1995年第6期，第28页；龙卫球：《法人的主体性质探讨》，载中国政法大学民商法教研室编：《民商法纵论——江平教授70华诞祝贺文集》，北京，中国法制出版社，2000，第145页。

③ 参见〔德〕维亚克尔：《近代私法史——以德意志的发展为观察重点》，陈爱娥、黄建辉译，台北，五南图书出版公司，2004，第417页。

由"的个人却不得不独自面对全能国家。包括霍布斯、卢梭、黑格尔以及萨维尼在内的许多思想家坚信确保个人自由的必由之路是增强国家的权力。基尔克与密尔、托克维尔一样，深刻地意识到这是一个"现代化的陷阱"，所以，他强调现代社会中自愿社团的重要作用，主张在个人、社团组织与国家之间形成平衡结构。① 当然，基尔克并没有完全走向由其启发的政治多元主义，他在呼吁尊重团体的同时，实际上也包含了热爱国家，因为——在基尔克看来——国家是最大的团体，特别在其晚年的观点中，国家的重要性似乎压倒了其他团体。② 因此可以说，基氏《德国合作团体法》的基本思想就是对平等之下的生活关系进行自治和自由的塑造③，从而建立起团体与个人、团体与团体以及团体与国家之间的和谐法律关系，进而基于团体理论完成对整个社会生活的全面法律规制。从这个意义上来说，基尔克的研究真正践履了本章开头所引用的托克维尔的著名论断。

其次，正如浪漫主义反对自私自利的个人主义一样，基尔克坚决反对"由启蒙主义预备，在工业革命后之市民社会中实现的个人主义"④。和黑格尔、马克思一样，基尔克也深刻地认识到了现代资本主义社会中的深刻危机，这就是，自私自利的个人主义无法实现社会的团结与和谐，使社会陷入相互对抗和不合作，无法抵御政府的专制统治。基尔克认为，医治个人自我主义和极权国家主义的根本思路就在于复兴社会中间团体。一方面，这可以培养社会成员之间的相互信任，强化民间社会的自律和合作；另一方面，可以制衡政府的集权和专制。因此，他极力呼吁："在我们的公法中务必要飘荡着自然法自由王国的空气，而我们的私法也必须浸透着社会主义的膏油！"⑤

然而，自文艺复兴以来流行的政治哲学将社会建立在孤立个人之间的契约之上。这一思潮在卢梭的思想中达到顶点，卢梭将理想的社会机体分成两部分：万能的、高度集权的国家机器和一群原子化的、孤立的所谓自

---

① See Gierke, *Community in Historical Perspective*, ed. by Antony Black, trans. by Mary Fischer, Cambridge: Cambridge University Press, 1990, p. xv.
② 具体分析，参见下文。
③ 参见〔德〕施托莱斯：《德国公法史》，雷勇译，北京，法律出版社，2007，第485页。正因如此，英国学者帕尔默将《德国合作团体法》第一卷收入其《自由至上主义文献述要》中。参见〔英〕汤姆·C. 帕尔默：《自由至上主义文献述要》，载〔英〕拉齐恩·萨丽等：《哈耶克与古典自由主义》，秋风译，贵阳，贵州人民出版社，2003，第79页。
④ 〔德〕维亚克尔：《近代私法史——以德意志的发展为观察重点》，陈爱娥、黄建辉译，台北，五南图书出版公司，2004，第417页。
⑤ 〔德〕基尔克：《私法的社会任务》，刘志阳、张小丹译，北京，中国法制出版社，2017，第31页。

由平等的个人所构成的乌合之众。① 于是，"独立自主的国家和独立自主的个人在反对社会团体方面联起手来。旧社会中阶级、行业和统治上的划分开始分崩离析，教会被剥夺了独立性，教堂被降格为世俗国家的机构"②。于是，在国家和乌合之众之间，没有留下可以作为二者中介的有机中间团体的生存空间，"即使'共有'一词也都具有了贬义"③。而在法学领域，源于罗马法的个人主义也将法人贬低为一种虚拟之物④，国家对于法人的强制许可，向法人成员证明法人不过是一个人造的和外来的存在。⑤ 在这一背景下，团体的实在性问题就不仅是法人是否具有法律人格、是否能够独立承担民事责任的私法问题，更是表明法人团体是否具有伦理人格、是否具有独立于国家的政治地位的哲学和政治学问题。他激愤地指出："团体人是不会屈服的。即使它们是幽灵，我们也必须承认其存在。然而，团体的顽强抵抗证明它们决不是什么鬼魂的影子，而是有生命的人。"⑥ 可见，基尔克的法人理论并非仅仅出于法律上的技术考量，而是更多地出于政治立场和社会理想，他的理论旨趣也不局限于我们时下所谓的民法学科，相反，团体在国家（法律）中的政治地位以及个人在团体（包括国家）中的命运才是牵系他的核心问题。

再次，在证明团体的实在性方面，作为浪漫主义代表人物之一的德国哲学家谢林以其神秘主义哲学与有机体观念为基尔克提供了关键性的学术资源。⑦ 下文将分析，基尔克在证明团体精神力量的存在时，不仅以个人内心的日常性体验，而且以神秘的宗教式体验进行证明。而有机体观念则不仅是基尔克证明团体人格实在性的基本依据（其法人学说即由此而被称为有机体说），而且贯穿于其历史和社会观念之中。基尔克指出："如果我们问，谁最初拥有权利，立即出现一幕场景：所有人类的历史都是从民族法开始，而非从个人法开始。正因如此，不是个人作为生物人，而是个人

---

① 参见〔德〕基尔克：《私法的社会任务》，刘志阳、张小丹译，北京，中国法制出版社，2017，第 21 页。
② 同①。译文有改动。
③ Gierke, *Community in Historical Perspective*, ed. by Antony Black, trans. by Mary Fischer, Cambridge: Cambridge University Press, 1990, p. 108.
④⑤ See Gierke, *Associations and Law: The Classical and Early Christian Stages*, edited and translated by George Heiman, Buffalo: University of Toronto Press, 1977, p. 5.
⑥ 〔德〕基尔克：《人类团体的本质》，仲崇玉译，载梁慧星主编：《民商法论丛》，第 57 卷，北京，法律出版社，2015。
⑦ 参见〔德〕维亚克尔：《近代私法史——以德意志的发展为观察重点》，陈爱娥、黄建辉译，台北，五南图书出版公司，2004，第 416~417 页。

作为民族的成员第一次成了权利的享有者。"① 所以他认为，应当抛弃罗马法学所构造的原子式个人社会，取而代之的应当是一个有机的社会，个人不再是社会的唯一的单元，相反，个人能够在共同生活利益中消除自己的特质，不再是不可分割的单元，个人可以参与多个团体，并为多个团体生活所吸收，但在其他方面，仍保持私的个体存在。②

从次，基尔克特别重视德意志民族的历史，持续终生而未竟的《德国合作团体法》就是历史研究。对于他来说，历史从本质上来说就是一部不断外化的精神史或观念史，法人人格的实在观念就是没有受到异族精神污染的、纯粹的日耳曼精神的体现，国家和法律都应当建立于这种民族精神基础之上。可以说，基氏正是以这种特殊的方式真正继承了萨维尼早期的民族精神说。③ 在《德国合作团体法》中，基尔克希望通过德国中世纪合作团体的政治、社会与法律研究，总结出一套适合于当代社会的法律学说和制度框架，进而据其改造近代以来国家的无限权力和原子化的社会。在基尔克那里，中世纪团体生活不仅是政治、法律上的重要课题，也是从未受到罗马法、教会法污染的纯粹的德意志精神家园。在《德国合作团体法》第一卷中，基尔克对日耳曼中世纪商业同业公会（Hansa）、手工业者基尔特、各种乡村自治社区以及生产者合作社等团体组织进行了细致而充满感情色彩的描述④，他指出，"由伙伴关系牵系并由友爱精神团结在一起的兄弟会，其成员追求群体共同的利益，以共同热情维护了团体的共同荣誉"⑤。基尔克对于合作团体的极力推崇，让美国学者布莱克觉得，

---

① Gierke, Das deutsche Genossenschaftsrecht, II, S. 25~26. 转引自 John D. Lewis, *The Genossenschaft-Theory of Otto von Gierke: A Study in Political Thought*, Madison: University of Wisconsin Press, 1935, p. 55.

② 参见 Gierke, "The Nature of Human Associations", trans. Lewis, in John D. Lewis, *The Genossenschaft-Theory of Otto von Gierke: A Study in Political Thought*, Madison: University of Wisconsin Press, 1935; 另见 Gierke, *Associations and Law: The Classical and Early Christian Stages*, edited and translated by George Heiman, Buffalo: University of Toronto Press, 1977, p. 6.

③ 实际上萨氏并没有真正贯彻他的民族精神说，他的罗马法研究和"民族精神"之间存在着明显的断层。但"对于基尔克而言，法律是民族精神的产物是一种信条"。See John D. Lewis, *The Genossenschaft-Theory of Otto von Gierke: A Study in Political Thought*, Madison: University of Wisconsin Press, 1935, p. 19.

④ 参见 Gierke, *Community in Historical Perspective*, ed. by Antony Black, trans. by Mary Fischer, Cambridge: Cambridge University Press, 1990, 特别是第3~11章。基氏将情感型社团与理性构建型社团予以区分，深为德国社会学家滕尼斯所推崇，参见〔德〕斐迪南·滕尼斯：《共同体与社会——纯粹社会学的基本概念》，林荣远译，北京，商务印书馆，1999，第15页。

⑤ Gierke, *Natural Law and the Theory of Society, 1500—1800*, Trans. By Ernest Barker, Cambridge: Cambridge University Press, 1934, p. lviii.

基尔克的使命感中肯定有一种来自路德教派的宗教情结和信仰。[①] 此外，美国学者刘易斯还指出，基尔克的历史研究中经常有诗歌般的语言，只有通过这种诗意的想象，才能将棘手的大量材料纳入一个整体[②]，这无疑也是浪漫主义的印记。

最后，基尔克受到了康德、费希特和黑格尔以来的先验主体哲学的强大影响。浪漫主义虽然在理性、神秘主义等方面与德国古典哲学存在冲突，但朱光潜先生曾指出："德国古典哲学本身就是哲学领域里的浪漫运动"[③]，而在贝瑟编录的早期浪漫主义大事年表中，就包括了康德、费希特主要著作的出版。[④] 因此，浪漫主义和主体哲学可以视为两种相互交融的文化思潮。至少，在基尔克身上，这两种思想就是结合在一起的。德国学者乌尔里希·斯图茨（Ulrich Stutz）在基氏去世后的讣告中认为，基氏在很大程度上受到了黑格尔影响，特别是其思想也建立于"国家浪漫主义"基础上。同时，基氏也追随卢梭和康德思想，认为我们的真正的经验存在依赖于先验的个人之内在主体性存在。[⑤] 加拿大学者海曼也认为，基尔克的实在概念乃是一种黑格尔理想主义的先验概念。他在提到诸如民族精神和民族信仰并认为它们是活的社会力量之时，就将自身置于接受黑格尔浪漫主义理念的理想主义者之列。[⑥] 在笔者看来，总体来说，基尔克的历史研究受浪漫主义思潮影响更大一些，而他的法律主体观念以及法人理论则主要是在主体哲学所设定的框架中展开的。

二、基尔克的学术研究背景

基尔克法人研究源于贝塞勒，贝氏法人人格实在说的提出以及基氏的继受和发展与德国当时经济、社会结构的变迁有极大关系。基尔克认为，随着封建庄园的没落，德国合作团体在经过漫长的沉睡之后，将会再次醒

[①] See Gierke, *Community in Historical Perspective*, ed. by Antony Black, trans. by Mary Fischer, Cambridge: Cambridge University Press, 1990, p. xix.

[②] See John D. Lewis, *The Genossenschaft-Theory of Otto von Gierke: A Study in Political Thought*, Madison: University of Wisconsin Press, 1935, p. 25.

[③] 朱光潜：《西方美学史》下，北京，人民文学出版社，1983，第723页。

[④] 参见〔德〕贝瑟：《德国浪漫主义早期政治著作选》，北京，中国政法大学出版社，2003，第 xxxi～xxxiii 页。

[⑤] Vgl. Ulrich Stutz, Zur Erinnerung von Otto von Gierke, Gedächtnisrede, Zeitschrift der Savigny－Stiftung für Rechtsgeschichte, Germanistische Abteilung, Vol. 43, 1922, S. x, xxxi. 转引自Gierke, *Community in Historical Perspective*, ed. by Antony Black, trans. by Mary Fischer, Cambridge: Cambridge University Press, 1990, p. xviii.

[⑥] See Gierke, *Associations and Law: The Classical and Early Christian Stages*, edited and translated by George Heiman, Buffalo: University of Toronto Press, 1977, p. 16.

来，并在自由结社的基础上再次走向繁荣。① 随着德国工业革命的深化，经济性团体如公司、合作社，社会性团体如各种行业协会、工会起到了越来越大的作用，特别是在拿破仑禁令前后复兴的颇具德国特色的手工业者基尔特（craft-gild）在德国地区比任何其他地区都繁荣②，它们与许多古老的法人团体如城镇、乡村、公社一样，通过制定、实施各种规章制度有效地规范了内部秩序。与此相适应，产业法、劳工法、商法以及社会法③成了现代社会中的关键领域。从学术资源上来说，法团主义（corporatism）是在整个 19 世纪的德国学术中极为流行的一种思潮，直到基氏写作时，法团主义和基尔特体系仍是理论热点问题。④ 由此，贝氏认识到，罗马法那种个人本位的形式化的私法体系已经难以适应现代社会发展的需要，因而极力主张从社会角度进行法律研究。⑤

贝氏法人理论的产生还与当时德国的"学者法"（learned law，又译为"法曹法"）的发展有着密切关联。萨维尼早在其《论立法与法学的当代使命》一书中就指出，实在法最初存在于民族精神中，但随着文明的进步，存在于社会意识中的法律越来越成为法学家这个特定社会阶层的"独立的知识分支"，法学家成了民族精神的代表者。⑥ 到普夫塔时代，与现实脱节的、抽象的学者法——概念法学——也已经隐然呈现。对此，贝氏认识到，自继受罗马法以来，即由据有公职之专家等级独占立法与司法任务，国家法制有被法学专家集团所异化的危险。⑦ 因此，贝氏认为应当重

---

① See Gierke, *Community in Historical Perspective*, ed. by Antony Black, trans. by Mary Fischer, Cambridge: Cambridge University Press, 1990, p. 12.
② 同①，p. xix。
③ 关于社会法概念，请参见下文"团体与成员及国家的关系"。
④ 同①，p. xix。
⑤ 参见林端：《德国历史法学派——兼论其与法律解释学、法律史和法律社会学的关系》，载《萨维尼与历史法学派》，桂林，广西师范大学出版社，2004，第 109～110 页。另请参见〔德〕弗朗茨·维亚克尔：《历史法学派形象的变迁——1967 年 1 月 19 日在卡尔斯鲁厄法学研究会上的报告》，载〔德〕弗里德里希·卡尔·冯·萨维尼著，艾里克·沃尔夫编：《历史法学派的基本思想（1814—1840）》，郑永流译，北京，法律出版社，2009，第 68～70 页。
⑥ 参见〔德〕萨维尼：《论立法与法学的当代使命》，北京，中国法制出版社，2001，第 8～10 页。有学者说萨维尼秉持着"一切为了人民，一切不经过人民"的政治信条，参见〔德〕威廉·格恩里：《弗里德里希·卡尔·冯·萨维尼传略》，程卫东、张茂译，载《萨维尼与历史法学派》，桂林，广西师范大学出版社，2004，第 319～320 页。
⑦ 实际上这一过程早在中世纪德国继受罗马法时就开始了，1495 年，帝国枢密院规定：法官中的一半必须是精通罗马法的法学家，帝国枢密院案件判决依据也是《国法大全》。参见〔意〕桑德罗·斯奇巴尼：《扬弃优士丁尼〈学说汇纂〉以继承发展和解释罗马法体系》，曾健龙译，载徐国栋主编：《罗马法与现代民法》，第 6 卷，厦门，厦门大学出版社，2006，第 19～20 页。

视当代民族生活中的法，特别是参与形成现实法律的各国民团体、合作社、邦内各等级，乃至商人的内部法律秩序。①

就个人的政治立场来说，贝塞勒积极主张借立法的契机进行社会革新，因此他反对萨维尼倡导的科学形式主义和抛弃政治和社会改革的保守态度。② 为此，贝氏于1843年发表《民族的法律与法律人的法律》，提出"民族的法"（Volksrecht）概念，指出民族的法就是现实的、在当时的政治国家中存在的法，它们远比罗马法学派所推崇的学者之法来得重要。他猛烈抨击以罗马法为基盘的专家法对日耳曼人固有制度的侵蚀与破坏，认为罗马法教授们过度地忽略了传统日耳曼法律生活的重要性，特别是16世纪时受意大利法学教育的法学家们出卖了德意志人民与其法律传统。③ 贝氏的指责受到罗马法学派普夫塔、蒙森（Theodor Mommsen）等人的激烈反弹④，致使"原本闷烧着的历史法学派冲突起火燃烧"⑤，罗马法学派与日耳曼法学派的矛盾由此明朗化。法学研究不再是单纯的学术探讨，而是上升到国家认同和民族认同层面的重大路线问题——"为法的未来而斗争实际上也同时是罗马法与日耳曼法之间的斗争"⑥。二者都站在民族精神和国家利益立场上相互攻讦，使这场争论演变为不是"人民内部矛盾"，俨然是"敌我矛盾"的政治分歧。在该书以"法与合作团体"（Das Recht Der Genossenschaft）为题的第六章中，贝氏提出"德意志法的团体性"观念，发掘了古日耳曼法上的合作团体，并初步提出了法人实在说的思想。此后，贝氏还专门在其名著《德国普通私法的体系》（1847～1855年）中，进一步论证了法人实在说的思想。⑦ 正是在上述背景下，基尔克继承了贝氏这一研究进路和学术任务，将团体性作为日耳曼法最基础的特

---

① 参见〔德〕维亚克尔：《近代私法史——以德意志的发展为观察重点》，陈爱娥、黄建辉译，台北，五南图书出版公司，2004，第378～379页。
② 参见〔德〕弗朗茨·维亚克尔：《历史法学派形象的变迁——1967年1月19日在卡尔斯鲁厄法学研究会上的报告》，载〔德〕弗里德里希·卡尔·冯·萨维尼著，艾里克·沃尔夫编：《历史法学派的基本思想（1814—1840）》，郑永流译，北京，法律出版社，2009，第71页。
③ Georg Beseler, Volksrecht und Juristenrecht, Leipzig: Weidmann, 1843, S. 40～57.
④ 参见林端：《德国历史法学派——兼论其与法律解释学、法律史和法律社会学的关系》，载《萨维尼与历史法学派》，桂林，广西师范大学出版社，2004，第110～111页。
⑤ 同①，第378页。
⑥ 〔德〕基尔克：《私法的社会任务》，刘志阳、张小丹译，北京，中国法制出版社，2017，第32页。
⑦ Georg Beseler, System des Gemeinen Deutchen Privatrechts, Vol. 1-4, A, 1847～1855, §66. 另可参见〔德〕格尔德·克莱因海尔、扬·施罗德主编：《九百年来德意志及欧洲法学家》，许兰译，北京，法律出版社，2005，第57～58页。

征而非具体制度，充满激情地投入对日耳曼合作团体的历史发展的研究中来①，以便在此基础上深入诠释日耳曼法其他制度。②

上述学术背景对基尔克的研究产生了深远影响。

首先，与贝塞勒一样，基氏的研究深受罗马、日耳曼两派争斗的影响。如果说贝氏的论敌主要是萨维尼和普夫塔，那么到了基尔克时代，对立阵营中又增添了鼎鼎大名的耶林和温德沙伊德，他的学术批驳对象中又多出了布林兹版的拟制说和耶林版的否认说。③ 因此，贯穿基氏研究始终的是对罗马法的排挤、解构和超越，几乎持续一生的四卷本鸿篇巨制《德国合作团体法》（1868～1913 年）并不仅仅是为了剪掉法人拟制说这一罗马法学派枝丫，而是通过对日耳曼法历史素材的体系性整理以及对希腊、罗马法材料的重新诠释，实现对整个罗马法学派的迂回式学术大包抄，进而拔出罗马法学派这整棵大树。④ 由此，学派之争也在某种程度上预定了基氏对于一些具体史实的解释。⑤

其次，也是由这些历史背景所决定，基尔克构建有机体说的法人原型只能是他所推崇的日耳曼式"合作团体"。与萨维尼一样，基氏法人本质学说的灵感也不是来自股份公司，但与萨维尼不同的是，基氏的理论模型是合作团体（Genossenschaft）。按照基尔克本人的界定，合作团体是指"每一个以自由结合为基础的德国法上的社团"，从外延上看，它包括家庭协同体、氏族等早期的社会群体，中世纪的各种农村社区、行会、城市，以及现代社会中的公司等追求经济目的的合作团体，在广义上，它还应当包括国家和地方社群。⑥ 但在基氏的内心深处的"理想型"是手工业者行会这种以劳动联合为基础的人合性社团，正是在这类建立于平等伙伴和协作关系基础上的、从其自身就

---

① 除这一学术任务之外，基尔克还致力于日耳曼法的体系化，这体现于四卷本的《德意志私法论》之中。
② See John D. Lewis, *The Genossenschaft—Theory of Otto von Gierke: A Study in Political Thought*, Madison: University of Wisconsin Press, 1935, p. 18.
③ 布林兹的目的财产说发表于 1857 年，耶林的受益人主体说发表于 1863 年，均早于基氏开始创作的时间。
④ 这特别体现于《德国合作团体法》第三卷中，具体说明，参见下文。
⑤ 一个显著的例证就是本书第六章第一节提到的基氏对于教皇英诺森四世的教令的解释，基氏认为教皇的教令代表了一种教会中的威权关系，这与萨维尼拟制说的性质相同。参见 O. Gierke, Das deutsche Genossenschaftsrecht, Vol. III, 1881, S. 246, 279。转引自 P. W. Duff, *Personality in Roman Private Law*, London: Cambridge University Press, 1938, pp. 221～222。
⑥ See Gierke, *Community in Historical Perspective*, ed. by Antony Black, trans. by Mary Fischer, Cambridge: Cambridge University Press, 1990.

能产生团体人格的劳动组织上,凝结了基氏浓重的日耳曼情结。①

对于团体成员与团体有机统一关系的强调,使其在团体管理者已经开始相对独立于团体成员的时代,仍然坚持萨维尼式结社主义和社团主义研究进路,将法人的社会载体视为一个团体,并主要从结社的角度分析成员与团体的关系,而将更能体现法人的组织性特质的机构法人完全树立为合作团体的"他者",将合作团体当作民主自由的典范,认为其自身就具有先于法律的伦理人格;而将机构法人视为专制型法人的样板,认为其法律人格无法产生于自身,只能产生于一种外部力量的拟制,最终落后于社会组织内部结构的变迁,遗憾地与19世纪70年代以来的法人本质失之交臂。伴随基氏终生的《德国合作团体法》研究,从根本上说就是这种个人偏好在学术研究上的投射,其理论中的矛盾扭结之处,与此也不无关联。②

最后,从研究方法上来说,本书在前面介绍萨维尼拟制说时就已提到,在私法领域,萨维尼的历史法学研究已经呈现出将私法自我封闭化的倾向,这种倾向就是法学形式主义,它发源于罗马法学③,经过中世纪的注释法学派和主流法学派,在基尔克时代盛极一时,甚至一直影响到维亚克尔时代。④ 本书在第二章第五节讨论温德沙伊德法人学说时,就已经指出,法学形式主义在普夫塔和温德沙伊德那里达到极端,以二者为代表的潘得克顿学派建立起了一个自足封闭的私法概念法学体系。在公法学界,格贝尔(Carl Friedrich von Gerber)和拉班德(Paul Laband)也在倡导建立不受政治和社会理论干扰的纯粹公法学。⑤ 为了构建各自的法学体

---

① See Gierke, *Community in Historical Perspective*, ed. by Antony Black, trans. by Mary Fischer, Cambridge: Cambridge University Press, 1990. Chapter III wand Chapter V.

② 基尔克在《德国合作团体法》第一卷的介绍中,曾充满激情地说:"日耳曼人民在走向统一和建立国家方面举世无双,他们对自由的热爱也是世界之最,日耳曼人民具有其他民族所缺乏的天赋——建立合作团体,这一天赋使他们赋予自由理想一个特殊内涵,赋予整体观念更可靠的基础。"See Gierke, *Community in Historical Perspective*, ed. by Antony Black, trans. by Mary Fischer, Cambridge: Cambridge University Press, 1990, p. 4.

③ See Gierke, *Associations and Law: The Classical and Early Christian Stages*, edited and translated by George Heiman, Buffalo: University of Toronto Press, 1977, p. 34.

④ 参见〔德〕弗朗茨·维亚克尔:《历史法学派形象的变迁——1967年1月19日在卡尔斯鲁厄法学研究会上的报告》,载〔德〕弗里德里希·卡尔·冯·萨维尼著,艾里克·沃尔夫编:《历史法学派的基本思想(1814—1840)》,郑永流译,北京,法律出版社,2009,第68~70页;另可参见谢鸿飞:《法律与历史:体系化法史学与法律历史社会学》,北京,北京大学出版社,2012,第93页。实际上,形式主义的法学进路一直影响至今,特别是在继受德国法学学术较多的我国民法学界,更是如此。

⑤ See John D. Lewis, *The Genossenschaft-Theory of Otto von Gierke: A Study in Political Thought*, Madison: University of Wisconsin Press, 1935, p. 21. 后来,耶利内克和凯尔森是这种法学进路的集大成者。

系，许多学者投身于各种概念体系的精雕细琢之中，他们勤奋而又巧妙地将概念磨尖、磨细，细到只能切开虚无和空气，由此还引发了无数空洞无物的争论，对于俾斯麦帝国法律结构的无聊的法律解释就是一例。①

基尔克对于这种法律形式主义（juristic formalism）的研究进路深恶痛绝，这一点旗帜鲜明地体现于他与拉班德展开的学术论战之中。② 他认为，形式主义法学是一种危险的倾向，它将法学概念与社会生活完全隔离开来，在表面的逻辑自足中掩盖的是作者自己的价值前见，内容上的空洞无物为隐蔽的决断主义打开了方便之门③，因此它不能解决社会难题，社会血管的积瘤会日益膨胀，最终会冲开法律体系的人造堤堰。所以，基氏认为不存在纯粹的法律体系，在社会生活中，法律是与政治、经济以及伦理因素纠缠在一起的，"法律抽象的合理和有用的最好证明存在于法律抽象与经济和伦理的相互关联中"④。因此，基尔克认为概念化了的罗马法只能给予德意志法以形式，而"附着在形式上的精神是我们的祖先的法的精神！"因此，他强调在对日耳曼法进行法学意义上的历史研究外，还应采用一种"哲学的方法"，其目的就在于从"民族精神"中为法寻找一种实质的标准。⑤ 正是基于这种法学方法上的坚持，基氏的《德国合作团体法》不仅考察了各种合作团体的法律制度，而且没有忽略文化史的、经济的、社会的和伦理等方面的研究。⑥

当然，基尔克并不反对知识的体系化，相反，他在其历史研究的基础上建立了一个宏大的理论体系，大量采用概念法学所创设的概念，并按照

---

① 参见耶林对于这种趋势的嘲讽：Jhering: Im juristischen Begriffshimmel, in Scherz und Ernst in der Jurisprudenz,（1885）。

② Gierke, Die Grundbegriffe des Staatsrecht und die neuesten Staatsrechtstheorien, in Zeitchrift für die gesammte Staatswissenschaft, xxx, 1874, S. 153. 转引自 John D. Lewis, *The Genossenschaft-Theory of Otto von Gierke: A Study in Political Thought*, Madison: University of Wisconsin Press, 1935, p. 20. 另可参见林端：《德国历史法学派——兼论其与法律解释学、法律史和法律社会学的关系》，载《萨维尼与历史法学派》，桂林，广西师范大学出版社，2004，第113页。

③ 参见〔德〕米歇尔·施托莱斯：《德国公法史（1800—1914）：国家法学说和行政学》，雷勇译，北京，法律出版社，2007，第482页。

④ Gierke, Die Grundbegriffe des Staatsrecht und die neuesten Staatsrechtstheorien, in Zeitchrift für die gesammte Staatswissenschaft, xxx, 1874, S. 154～160. 转引自 John D. Lewis, *The Genossenschaft-Theory of Otto von Gierke: A Study in Political Thought*, Madison: University of Wisconsin Press, 1935, p. 21。

⑤ 参见〔德〕格尔德·克莱因海尔、扬·施罗德主编：《九百年来德意志及欧洲法学家》，许兰译，北京，法律出版社，2005，第152页。

⑥ See Gierke, *Community in Historical Perspective*, ed. by Antony Black, trans. by Mary Fischer, Cambridge: Cambridge University Press, 1990, p. 6.

概念法学体系所赋予的内涵加以使用,在这个意义上来说,基尔克仍是理性法学的一员。其合作团体概念囊括了国家、教会、行会、工会乃至商事公司等各种公私法人,其法律体系涵盖了私法、公法和"社会法"。可以说,基氏的合作团体理论不仅是一个私法理论体系,还是政治学意义上的国家构建理论体系。但由于对概念法学自我封闭倾向的强烈逆反,他并不怎么区分合作团体理论与有机体说,也没有明确地区分因果科学和规范科学这两种不同的层次[1],使他的法人本质学说包含了太多哲学上的、社会的、伦理的考量,乃至带有许多乌托邦的成分。[2]

三、合作团体历史研究概要

基尔克的《德国合作团体法》(以下简称《合作团体法》)共包括四卷。[3] 尽管团体人格理论贯穿于这四卷本的巨著之始终,但该著并非仅仅在于论证法人人格的实在性,而是与约翰·密尔、马克斯·韦伯研究领域相近的关于法律、社会与国家的百科全书式历史研究,它深刻地揭示了德国自中世纪以来的经济、社会、政治结构的变迁,以及现代国家起源、演变与形成的历史契机,特别预示了现代社会的进步与危机。与其他历史学理论相比,基氏的历史理论显得独树一帜,因为它源于私法理论的宏观历史研究框架,又囊括了人类团体生活之各种具体样态,所以,虽然说基氏的历史研究是关于现代国家、社会整合、民族认同以及法律变迁的宏大体系,但其内核源于法人团体的根本特性——源于个人而又超越个人。我国

---

[1] 这是德国公法学者耶利内克对基氏的评论,参见 Jellinek, Allgemeine Staatslehre, 2. durchgesehene und verm. Aufl., Berlin: O. Haring, 1900, S. 159. 转引自 Frederick Hallis, *Corporate Personality: A Study of Jurisprudence*, Aalen: Oxford University Press, 1978, p. 192. 另参见吴宗谋:《再访法人论争——一个概念的考掘》,硕士学位论文,台湾大学法学研究所,2004,第 81 页。

[2] 谢鸿飞教授认为日耳曼法学派留下了法律历史社会学的遗产,值得我们继承和发扬。参见谢鸿飞:《法律与历史:体系化法史学与法律历史社会学》,北京,北京大学出版社,2012,第 94 页。笔者认为,尽管相较于罗马法学派逐步演变为概念法学,日耳曼法学派在历史研究中更多地体现了法社会学方法,但并不意味着后者已经自觉地形成了比较纯粹的、现代化的法律历史社会学研究范式,至少在基尔克那里尚未达到这个层次,而是各种方法杂糅在一起。

[3] 《德国合作团体法》第一卷发表于 1868 年,当时,基尔克才 28 岁,1873 年出版第二卷,1881 年出版第三卷,而最后一卷即第四卷则发表于 1913 年,时年基氏已经 73 岁。按照基尔克的研究计划,他还要撰写讨论现代法人团体理论的最后一卷(第五卷),基氏还要修订第一卷,使其跟上时代变迁。但由于正在进行《德意志私法论》的研究,已经无法实现这一雄心壮志了。参见何勤华:《西方法学史》,北京,中国政法大学出版社,1999,第 213~214 页。

有评论者认为:"传统视角下的法人本质学说多较少考察自然人与法人历史变迁背景下的关系问题,给人以妄下断语之感,不管是拟制说、共同财产说、受益者说、有机体说还是组织体说均缺乏有根据的系统论证,立论有失片面。"① 至少就基尔克而言,此论的确是——正如评论者自己所说——"妄下断语"。

《合作团体法》第一卷是德国合作团体的制度史,展现了从日耳曼早期文献记载始至该卷出版时止的历史长卷。在该卷中,与黑格尔的看法相似,基氏认为历史就是团体不断扩大并向国家统一体逐渐迈进的辩证互动过程。与黑氏不同的是,基尔克认为这一过程的中心线索就是联合与自由、统一与多元的矛盾运动,但日耳曼民族能够将二者统一起来,统一的坚实基础就是日耳曼所特有的合作团体制度。但是合作团体的发展是一个曲折的过程,与其截然对立的是另外一种社会统一体——领主统一体(lordly union)或支配性团体(herrschaftlicher Verband),它源于家庭(family),体现了主仆之间的威权统治关系或支配型关系(Lordship, Herrschaft)。合作团体则发源于家族(clan),体现了平等互利的伙伴关系(Fellowship, Genossenschaft),历史演进的动力就取决于二者的矛盾斗争。②

在《合作团体法》第一卷中,基尔克以这一矛盾作为线索将德国历史分为五个阶段。第一阶段始于查理曼加冕,为自然时代的自由民主结社时期;同时,威权关系逐步发展,并在这一阶段末期占据了伙伴关系原先的统治地位。

从公元 800 年到 1200 年为第二阶段,这是威权关系取得了决定性胜利的阶段,君主政体的产生建立起了一个完善的封建等级体系,从而使威权关系达到顶峰。

第三阶段始于 1200 年,终于 1525 年,在这一阶段中,不同于领主关

---

① 刘成伟:《民事主体演变的历史逻辑与法人本质的解说》,载 http://www.civillaw.com.cn/weizhang/default.asp?id=8399。

② See Gierke, *Community in Historical Perspective*, ed. by Antony Black, trans. by Mary Fischer, Cambridge: Cambridge University Press, 1990. 基尔克这一观念与马克思有共同之处,二者的分析都起源于原始共产主义社会,财产实行公有制,相应地团体成员间的关系也就是基氏所说的平等伙伴关系,但后来由于氏族领导人渐渐拥有了更多的财产,因而成为统治阶级,这与基氏的支配关系相对应。二者都认为历史是各种矛盾斗争的结果,不过马克思倾向于认为社会的发展乃是阶级斗争的结果,而基氏则更倾向于是观念斗争的结果。最后,他们都有乌托邦梦想,认为人类会进入美好的和谐社会,在那里,历史上的矛盾会握手言欢、恩仇顿消。

系，也不同于旧式的合作结社，出现了新的自由结社法则：结社不是完全基于自然团结（natural coherence）①，也不是基于领主达到统一，而是将其最终的基础建立于自由合作意志之上。盛极一时的中世纪行会、城市正是其典型。

但是由于封建领主和自由结社的不可调和的矛盾，推动历史进入第四阶段，即1525~1806（神圣罗马帝国灭亡）年，在这一阶段中，中世纪自由结社自我毁灭其活力，放弃了对威权关系的抵制，后者最终迎来了中央集权的民族国家。"国家"成为全部政治权力的主体，国家既不同于君主，也不同于全体人民，而是一个独立的法律主体。为此，国家一方面要剥夺法人团体政治特权，这表现为对旧式特权社团的最终吸收与消解；另一方面，国家企图将社团保留下来的原始地位分解到国家特许的"权利能力"概念中去。在这一阶段的结束后，现代主权国家对特权社团的最终吸收或消解开启了一条大道：建立于所有主体个人自由基础上的现代自由结社。

这就是第五个阶段（1807年至基尔克所处的时代），他乐观地认为这是一个"现代型自由结社"运动的阶段，在这一运动中复活的合作团体将取得最终胜利，但是脱胎于罗马法的法人拟制理论成为自由结社运动的阻碍。为将拟制论连根拔起，基氏准备进一步挖掘日耳曼历史上的合作社团观念，这构成了《合作团体法》第二卷的主体内容。

基尔克在第一卷中的论述有两个显著特点：第一，基氏认为从根本上说，制度变迁的动力来源于精神观念的自我运动，历史从本质上来说是一部精神观念史。② 这从根本上决定了他下一步研究的就是合作团体的观念史。第二，他的制度论述还贯穿着日耳曼法和罗马法的比较，他企图辨别哪些团体形式和制度因素是来源于罗马法，哪些则具有纯粹的日耳曼血统，但这项工作似乎没有彻底完成，因此有必要从观念层面进一步区分日耳曼团体理论与罗马法法人观念，这构成了第二卷最初的研究动机。

如前所示，《合作团体法》第二卷是德国合作团体的观念史研究。在本卷中，基氏讨论了德国继受罗马法以前，最广义的合作团体观念及其向

---

① 自然团结指早期人类社群中的相互依赖，这种依赖建立于人在社群中的自然身份上。可参见滕尼斯关于情感型团体的讨论，〔德〕斐迪南·滕尼斯：《共同体与社会——纯粹社会学的基本概念》，林荣远译，北京，商务印书馆，1999年。
② 当然，精通黑格尔辩证法的基尔克也承认制度对观念的影响，但这更像是虚晃一枪，因为在其后期作品中，基氏显然更强调观念的承载和构建作用。

第四章 基尔克的法人学说

国家观念的演变，基氏明确地将国家纳入了讨论范围。①

在本卷前言，基尔克指出本卷的意义超出了法人团体理论这个狭隘领域，是透过对于日耳曼法人团体观念的形成，揭示出日耳曼民族的整个法律意识的演进，以昭示和践履日耳曼法学派的民族精神理念。可以说，基氏后来的两卷乃是本卷的延续。②

在第二卷中，基氏认为，与由来已久的威权关系和伙伴关系的冲突相一致，无形的团体人格体现于下面两个观念之中：第一，在法人团体（Korporation，Corporation）观念中，集合体中内在的统一体（Unity）被构建为特定法律存在的实体；第二，在机构（Anstalt，Institution）观念中，从外部向团体强加的统一体被构建成上述实体。前者源于各种合作团体、政治公社和国家联合体等体现伙伴关系的团体，而后者则源于捐助机构、教会机构和国家机关等体现支配关系的组织。③ 二者的竞争和消长构成了法人观念史的一条主线，并决定了法律制度的变迁。

在早期日耳曼法中，德国法上的合作团体没有形成脱离于其成员的独立人格（实体），也不存在团体法人和机构法人的分化。不过基氏也反复强调，上述观念是从零散的材料中总结出来的，因为早期日耳曼法是民间法，只是些零散的具体的规则，民众中的法律意识尚缺乏抽象自觉的体系表达。④

日耳曼法的繁荣期为霍亨斯陶芬（Hohenstaufen）时代，其时已到基氏所划定的第二阶段的结尾，团体开始区别于其成员获得独立人格。当时，人们已经认识到城市是既不同于个人集合、也不同于单个领主的权利主体，即使城市的领土、市民和组织机关发生了变化，城市也还是原来的城市，于是城市就被人们设想为一个有机整体，出现了团体法人观念。后来，由城市萌发的这种观念迅速地扩散，并影响了城市之内的团体和城市之上的共同体的法律构造，手工业者行会和商业行会就是其著例。⑤

此时，合作团体的实在法人人格观念仍然是纯粹的日耳曼法观念，基

---

①② See Gierke, *Community in Historical Perspective*, ed. by Antony Black, trans. by Mary Fischer, Cambridge: Cambridge University Press, 1990, p. 234.

③ See Gierke, *Community in Historical Perspective*, ed. by Antony Black, trans. by Mary Fischer, Cambridge: Cambridge University Press, 1990, p. 247. 相较于萨维尼相应分类（即有成员的团体和无成员的机构），基氏这一分类应当说是实质性分类，而萨氏的则为一种形式性分类。

④ See John D. Lewis, *The Genossenschaft-Theory of Otto von Gierke: A Study in Political Thought*, Madison: University of Wisconsin Press, 1935, p. 36.

⑤ 同①，pp. 37~39。

氏总结道:

> 所有团体组织的本质目的是将团体构建为活的集体人格。……这种团体本身获得了一种地位:独立存在于其成员的个人人格的法律实体,并在其成员发生变化时仍然保持其自身不变。这一联合实体是一个集体人格,因为它存在于成员的集合体(collectivity of fellows)内,在此基础上、也以此为限进行活动,如果没有成员的集合,合作团体将不能存在,正如个人生物人脱离其肉身就不能存活一样。但这一实体不同于旧式的人的集合体……它是集合体中的被认为是一个人的统一体。这一集体人格不是人为的实体,而是真实的存在物。①

尽管团体有独立于其成员的人格,但团体与其成员的关系并不是完全对立的,而是对立统一的,基尔克说:

> 日耳曼法上的团体人对于其成员来说并非仅仅是个名义上的第三方,而是与其成员存在着有机联系。因为团体人并非仅仅为了自己的利益而存在,也是为了其成员的利益,并受到这一事实的限制和约束。另一方面,成员也不仅仅是为了自己而存在,而是也为了团体,并受到这一事实的约束。从这种关系中产生了调和团体权利和成员权利的可能性。②

基尔克认为,在继受罗马法以前很长时期内,法人团体观念不仅实现了完全的纯粹性,而且在关于团体的全部法律中占据了统治地位,并抑制了机构观念的发展,使其无法摆脱法人团体因素。此时还不存在能够与团体法人观念相竞争的完全界定明确的机构观念。相反,机构观念还经常严重依赖法人团体的原则。③

但是,基尔克也认为,团体法人观念一直没有得到清晰的理论说明,在德国,没有一个中央集权化的法院系统进行法律体系化整理,政治分裂和等级分化阻碍了日耳曼法像英国普通法那样地发展,德国法仍是民间法,许多原则是地域性的。在这种情况下,继受异族的罗马法就不仅具有可能性,而且有历史必要性,因此,创造一套圆融贯通的法人理论不过是

---

① Gierke, Das deutsche Genossenschaftsrecht, Bd. Ⅱ, Berlin: Weidmann. 1873, S. 886~887; 也可参见 Gierke, Deutsches Privatrecht, I, Leipzig: Duncker & Humblot, 1895, S. 458。
② Gierke, Das deutsche Genossenschaftsrecht, Bd. Ⅱ, Berlin: Weidmann. 1873, S. 40。
③ See Gierke, *Community in Historical Perspective*, ed. by Antony Black, trans. by Mary Fischer, Cambridge: Cambridge University Press, 1990, p. 244。

"继受"这段总体历史的一部分。①

同时,由于主权国家观念的兴起、教会法的影响,以及特别是罗马法的继受,机构法人观念在塑造人类团体法律制度方面渐渐取得了主导地位,团体法人观念被其影响和同化,最后导致纯粹的日耳曼法原生性团体法人观念荡然无存,机构的某些特征被理解为团体的本质属性。② 立志复兴团体法人观念的基尔克不得不厘清这些外来因素与本土观念的复杂的勾连关系。

接下来的第三卷和第四卷讨论了古代、中世纪的国家和法人团体观念及其在德国的继受问题。与贝塞勒的历史研究仅仅限于日耳曼史明显不同,在这两卷中,基尔克以其日臻成熟的学术驾驭能力,依据《国法大全》及其中世纪注释文本、教父著作和《教令集》以及古代哲学著作这些书面资料,全面深入地展示了古希腊、古代罗马法、中世纪注释学派(Glossators)、评注法学派(Commentators)、教会法学以及古代法哲学和国家哲学中的团体的法律形象,以团体和国家观念为线索,迂回地完成了对罗马法学派的学术大包抄,充分展现了他卓越的知识谱系学的分析和构建能力。鉴于本章主要研究基氏的法人本质理论,对此不再展开。

四、合作团体理论概说

就词源来看,"Genossenschaft"(合作团体)一词来自动词"Genieβen",其原意为"享有"或"享用"。根据《杜登词源》(Duden Etymologie),"Genossen"可以译为"同伴""同志""伙伴",其原意指一个与其他人共享某物的人,或者是在公用牧地上放牧牲畜的人,因而与古代日耳曼聚落社群的公有地之间有直接关系。

基尔克的合作团体理论(Genossenschaft-theory),必须上溯至贝塞勒所提出的合作团体概念。贝塞勒研究了日耳曼法所特有的"合有"(zur gesamten Hand)制度③,该制度源于日耳曼家族共有关系,因共同继承而发生。在家长死亡时,其多个继承人并不分割遗产,仍居住于原有宅院,以共同的生计,继续生活。该种关系也存在于日耳曼法夫妻财产制

---

① See John D. Lewis, *The Genossenschaft-Theory of Otto von Gierke: A Study in Political Thought*. Madison: University of Wisconsin Press, 1935, p. 40.
② See Gierke, *Community in Historical Perspective*, ed. by Antony Black, trans. by Mary Fischer, Cambridge: Cambridge University Press, 1990, p. 244.
③ Vgl. Beseler, System des gemeinen deutschen Privatrechts, 3 Aufl., Berlin: Weidmann. 1873, S. 249.

上，相当于我们现代法上的共同共有，该制强调的不仅是共同的财产关系，而且更重视所有人间的特定身份关系。在合有关系中，由于共有人间的血缘和身份联系，共有人不得随意分割共有物，须由合作共有人共同行为才可以处分共有财产。而罗马法上没有这种制度，只有按份共有，在按份共有关系存续期间，任何共有人均可以要求分割共有物。而且罗马法上的夫妻财产关系和共同继承关系，均与日耳曼法上的有较大差异[①]，可以说这些差别为贝塞勒和基尔克提供了一条排斥罗马法进路的学术线索。

在中世纪后，合有的依据不限于血缘等自然关系，也可依契约而成立，而且可以适用于人数较多的情形。于是，出于交易安全的需要，出现了代表全体共有人为法律行为的代表人，由此出现了团体的雏形。不过，此时的代表人并非"团体"的代表，而是全体共有人之代表，其所代表的行为必须得到共有人全体一致同意方可进行，因此，此时尚无独立的团体人格出现。

合有制一般适用于人数较少的情况，在人数众多时，该制难以发挥作用，故日耳曼法还有总有（Gesamteigentum）之制。该制最早源起于古代名为"Markgenossenschaften"或"Dorfgenossenschaften"的各种土地总有团体。在这些团体中，团体的总体财产不可分割，这些财产的所有权既不能排他性地由团体法人所有，也不能排他性地由其个人成员所有，所有权必须由团体法人和单个成员共有。具体而言，依团体内部的规约，总有财产的管理和处分等支配性权能，属于团体，而使用、收益等用益权能，则分属于其成员。在这些成员不仅包括现存的成员，也包括因出生死亡、来往迁移而出现的新成员。这种结构下的村庄，村民不能将村庄的生产物卖给外地人，还必须遵从村庄全体对于土地利用时间与方法的限制。[②] 所以，在这类团体中，集体权利的行使，要受到成员的牵制，而成员权利的行使，也要受到集体的约束。后来，总有关系延伸到其他许多领域，如农村的合作组织——伐木团体（Haubergsgenossenschaft），再如以慈善、宗教、学术、社交等非营利目的成立的团体，在城市，则有商业基

---

① 关于罗马法上的按份共有制度，可参见〔意〕彼德罗·彭梵得：《罗马法教科书》，黄风译，北京，中国政法大学出版社，1992，第231~234页。关于罗马法上夫妻财产关系和共同继承关系，可参见前引彭梵得书，第158~166页和第448~449页。关于日耳曼法和罗马法相应制度的差异，可参见戴东雄：《中世纪意大利法学与德国的继受罗马法》，北京，中国政法大学出版社，2003，第31、288~289页；李宜琛：《日耳曼法概说》，北京，中国政法大学出版社，2003，第73~75页。

② Vgl. Gierke, Das deutsche Genossenschaftsrecht, Bd. Ⅱ, Berlin: Weidmann. 1873, S. 174-194.

尔特和手工业者基尔特。由于在总有关系中,出现了不能还原为个人权利的团体权利,因此出现了不同于其成员的独立的团体人格。

在合有制和总有制基础上,贝塞勒提出了合作团体概念,它是一种介于罗马法上的合伙(societas)与法人(universitas)的中间类型团体组织,既不是单纯的松散结合,也不是吸收了所有个别权利之后独立、且外在于其成员的权利主体。当然,并非所有合作团体都具有法人资格,有法人资格的是合作团体是"合作团体法人"(Korporative Genossenschaft)①。一方面,对外而言,合作团体法人是独立的权利义务主体,可以自身名义参与法律关系;另一方面,对内而言,团体相对于其成员不具有独立人格,总有财产仍归属于其成员全体。基氏将这一特点归结为:团体对外具有单一性(Einheit),而对内则为众多性(Vielheit)。② 总之,团体与成员间存在着不即不离、相互牵制的关系。

基尔克承袭了贝塞勒的合作团体概念,认为在建立于互惠和平等基础上的合作团体中,团体权利和个人成员权利的统一具有有机性。③ 他还进一步明确了该术语的外延,基氏在《合作团体法》的第一卷中指出应当从其最狭义的意义上理解合作团体,即"受德国法调整、建立于其成员自由结社基础上的任何组织,即具有独立法律人格的团体组织"。但从广义上说,地方社群和国家本身也属于合作团体范畴。④ 而在实际运用中,基氏明显采其广义,不仅包括国家和地方政治社群,而且涉及那些没有法律人格的团体组织。⑤

---

① Beseler, System des gemeinen deutschen Privatrechts, 3 Aufl. , Berlin: Weidmann. 1873, S. 250.
② See Gierke, *Community in Historical Perspective*, ed. by Antony Black, trans. by Mary Fischer, Cambridge: Cambridge University Press, 1990, p. 16.
③ 基氏还根据团体达到有机统一的方式与程度,对各种团体组织进行了区分。See Frederick Hallis, *Corporate Personality: A Study of Jurisprudence*, Aalen: Oxford University Press, 1978, p. 145.
④ See Gierke, *Community in Historical Perspective*, ed. by Antony Black, trans. by Mary Fischer, Cambridge: Cambridge University Press, 1990, p. 6. 在第二卷中,基尔克也认为,合作团体这一概念是关于那些建立于日耳曼法上的既非国家也非公社的团体的通称。See Gierke, *Community in Historical Perspective*, ed. by Antony Black, trans. by Mary Fischer, Cambridge: Cambridge University Press, 1990, p. 241. 基尔克还在其他著作中再次定义合作团体这一概念。参见 Grundzüge des deutchen Privatrechts, in Holtzendorff'Encyklopädie der REchtswissenschaft, 1904, I, S. 446.
⑤ 基氏称其为"纯粹同志式法律共同体"。See Gierke, *Community in Historical Perspective*, ed. by Antony Black, trans. by Mary Fischer, Cambridge: Cambridge University Press, 1990, p. 241.

结合上文基尔克对日耳曼合作团体观念的总结，我们可以认定，基氏运用合作团体概念，是想表达以下两个方面的制度信息和理念：其一，就合作团体内部关系而言，合作团体产生于成员平等互惠的结社基础之上，团体成员同时是自食其力的劳动者。这决定了它与其成员的关系体现于两个方面：一方面，合作团体不是成员的松散结合，而是对外形成一个独立的法律人格，并在其成员发生变化时仍然保持其自身不变；另一方面，合作团体的法律身份是一个"集体"人格。通过集体人格，基氏透露的信息是，团体与其成员的关系不是对立关系，而是合作关系。正如在上述总有团体中，团体机关的成员既是为团体工作，同时也是为自己工作，团体利益与个人利益是有机统一的，团体的目的在于服务于其成员，成员也要接受团体的约束。

正是从这种日耳曼原始社会的团体生活中，基尔克看到了成员之间、团体与成员之间的和谐关系，团体领导人——正如我国传说中的尧舜一样——和氏族成员平等相处，同甘共苦，因此也不存在威权关系。在这里，没有异化、没有压迫，联合与自由的矛盾、统一与多元的对立、集中与民主的纠葛，都在这世外桃源中冰消雪融。表面上看，似乎是这种远古时代的美好记忆勾勒了基尔克理论大厦的草图，寄托了他的政治理想和伦理热情。但是，正如克罗齐所说，"一切历史都是当代史"[1]，究其实质，基尔克的合作团体理论乃是自身理想在历史制度上的投射。他对于某些团体的惋惜和对其他一些类型团体的忧虑、怀疑甚至憎恶[2]，都可以在这里找到根源。

其二，从合作团体与国家的关系上说，合作团体的人格产生于其成员的集合体基础之上，其人格产生于团体的内在秩序，而这一秩序并非国家的创造，而是一种类似哈耶克的"自生自发秩序"，所以团体人格不是来源于外部的法律拟制或国家授权[3]，从而与萨维尼的拟制说形成了鲜明的对立。如果将基氏的观点与哈耶克的自生自发秩序观相对比，我们就会发现，二者的政治旨趣有点惊人的相似，不同的只是话语表皮。

---

[1] 〔意〕B. 克罗齐：《一切历史都是当代史》，田时纲译，《世界哲学》2002 年第 6 期。

[2] 具体分析，参见下文。

[3] 由此，我们可以理解，基氏为何歧视机构法人，因为机构法人的统一性来自外部的虚构或授予，如按照捐助人的意愿成立的基金会和按照国家意志成立的国家机构等，其权力、财产和行为能力均来自外部授予，不像合作团体那样可以从其内部实现其全部法人要件。

基尔克所描述的合作团体内部和谐关系，特别是合作团体（及其机关）和团体成员之间以及团体内部各成员之间复杂的相互独立而又相互牵制的关系，在当时缺乏其他社会学理论工具的情况下，很容易被理解为一种天然的"有机关系"，这就为他引用当时流行的有机体观念进行解释埋下了伏笔。同时，按照当时德国式理论的特点，既然基尔克向合作团体概念中灌注了上述理念，那么，他还应将这些理念再抽取出来。基氏是如何进行抽取的呢？这就涉及广为流传的有机体说了。

第二节　有机体说（organische Theorie）

基尔克运用了整个欧洲历史上和当时都极为流行的有机体观念，对团体的人格进行了静态和动态两种意义上的说明和论证，一般将这些理论称为有机体说。

在讨论基氏的团体人格以前，有必要总结他关于权利主体的一般看法，因为按照德国思维方式，无论自然人还是法人，要成为民事主体，都必须具备一定的内在特质，这种内在规定性决定了它是否可被称为法律主体，即具有法律人格。

在这方面，基尔克与萨维尼一样，都认为权利主体的基础是意志。[1]基尔克说："在法律领域中，意志是人格的灵魂。"[2] 而且他们都将意志当做一种先验的伦理价值，即康德的自由意志。因此，对于自然人而言，由于生物人先天地具有内在的自由意志，当然可以成为法律主体。而在团体问题上，萨维尼认为，团体不具有独立意志，所以只能依靠国家拟制而取得一个借来的法律人格，而且这一人格不具有伦理价值。而基氏总体思路恰恰相反，他认为团体是一个有机体，它在事实上就具有不仅独立于其成员而且独立于国家的单一意志（the single will），自身有意志和行为能力，因而有独立的伦理人格。换用基尔克自己的话来说，法人实在观念就是："我们德国的团体不是拟制，不是符号，不是国家机器

---

[1] 参见〔德〕罗尔夫·克尼佩尔：《法律与历史——论〈德国民法典〉的形成与变迁》，朱岩译，北京，法律出版社，2003，第63页。Gierke, Die Genossenschaftstheorie und die deutsche Rechtssprechung, Berlin: Weidmann, 1887. S. 609. 正是在这个意义上，英国学者哈里斯认为，致力于讨伐罗马法学派的基尔克，也是罗马法学派的一员。See Frederick Hallis, *Corporate Personality: A Study of Jurisprudence*, Aalen: Oxford University Press, 1978, p. 153.

[2] Gierke, Das deutsche Genossenschaftsrecht, Vol. II, S. 475.

上的一个零件，也不是个人的集体名称，而是一个有生命的组织和真实的人，具有机关和成员，并有自己的意志。它自身具有意志，它自己就可行为，它通过作为其机关的人就如人能通过大脑、嘴和手而产生意志和行为一样具有意志并能行为，它不是拟制的人，而是一个团体人，它的意志就是团体意志。"① 显然，在基尔克看来，意志和人格都是先验的伦理存在。

一、团体人格的静态论证

基尔克的有机体说完整地体现于他的专著《合作团体理论与德国司法制度》中，后来又在其柏林大学校长就职演说里加以重述。② 在这篇演讲里，基氏首先运用有机体观念论证了团体是一个伦理性的有机整体。

基尔克梳理了古典政治理论、中世纪社团理论和现代日耳曼学说中五花八门的有机体观念的流变，并将所有的社团理论划分为两个广义范畴：个人主义和有机体。③ 拟制说就是个人主义的产物，而基氏自己的理论则属于后一种谱系。"这一学说经历了古典时期的政治理论、中世纪的社团理论，它反对社会契约论的原子化的机械结论，但只有到了19世纪，这一学说才在人类社会生活的新观念的影响下获得了科学的展开。"④ 当然，基氏对一些机体论并不满意，不过他还是将产生于19世纪的日耳曼机体论视为"现代日耳曼法律科学的最大成就"和"现代政治理论和法理学的基础"。

在基尔克看来，"有机体理论认为国家和其他团体都是社会有机体。它主张存在着这样一个其组成部分是个人，但其本身却高于个人有机体的集体组织"⑤。基氏进一步指出："由于有机体观念最初源于个人生命本质，有机体说自然而然地倾向于对社会有机体和个人有机体进行对比。这种对比古已有之，并一直在缺乏自觉的人类意识上打上自己的印记。这一对比已经在日常用语中留下了不可磨灭的印记，并且是法律技术词汇的基础。"⑥ 也就是说，尽管基氏也认识到有机体说的论证不是没有问题，但他强调有机体说的结论是正确的。这一结论就是：个体生物人和集合团体

---

① Gierke, *Political Theories of the Middle Age*, trans. by F. M. Maitland, New York: Cambridge University Press, 1900, p. xxvi.
② See Gierke, *The Nature of Human Associations*, trans. by Lewis, in John D. Lewis, *The Genossenschaft-Theory of Otto von Gierke: A Study in Political Thought*, Madison: University of Wisconsin Press, 1935, pp. 139~157.
③ 同②，pp. 143~144。
④⑤⑥ 同②，p. 145。

都属于一个总体概念：生命体（living creatures）。[①]

接着，基尔克又论证了团体具有真实性。有人批评有机体说将超越于个体生命之外的团体视为生命体是神秘主义。对此，基尔克首先指出，那种认为我们没有感觉到团体存在的观点是错误的。团体生活也有其可见的外部表现，如军团行军时的号角，投票者将选票投入壶中。然后，他也承认，无论我们观察到多少团体的真实性，其活的统一性我们是看不到的，我们只能看到行动中的个人。但是基氏又紧跟着辩解道："如果我们将个人行动解释为活的统一体在运转，那么我们就在透过看到的去揭示看不到的。"[②] 单个的生物人也是如此，也不是因其具有可见的外形而具有人格，"生物人的人格也不过是归属于无形统一体的属性而已，我们只能通过其行为才能发现这一无形统一体。如果有人宣称其能看到这样一个人格，那也是一种谬误。个人的肉体发生了变化，但其法律人格没有变化，也没有分裂。"[③] 团体的真实性还为团体所具有的社会功能所证实。基尔克指出，团体在人类历史上创造了个人所不能创造的物质和精神文明，尽管这些成就是通过个人行为而得以实现的，但是个人行为与社会组织密切相连，并受到其在组织中的成员身份的强大影响。归属于团体的行为不能解释为产生于一群个人的力量，团体行为不能还原为孤立的众多个人的行为。

当然，基尔克还指出，当我们从文明历史的事实中引申出社会统一体的存在时，我们仍然生活在一个外部经验世界。[④] 按照基尔克的哲学观念，外部经验世界乃是一种表象，它受制于内部经验世界并由后者所证成。因此，要从终极意义上说明团体的实在性，需要从我们的内在精神世界中寻找根据。因此，基尔克又分析了团体在我们的内在体验中的存在，并进一步论证团体的道德性，他说：

[①] See Gierke, *The Nature of Human Associations*, trans. by Lewis, in John D. Lewis, *The Genossenschaft-Theory of Otto von Gierke: A Study in Political Thought*, Madison: University of Wisconsin Press, 1935, p. 146. 实际上，基尔克进一步认为生物人也是一个由不同器官所构成的有机整体，在部分器官发生变化的情况下仍然保持整体的同一性。See Gierke, *Associations and Law: The Classical and Early Christian Stages*, edited and translated by George Heiman, Buffalo: University of Toronto Press, 1977, p. 97. 有趣的是，2002年一位经济学者也坚持这类观点。See Hans Kribbe, *Corporate Personality: Political not Metaphysical*, Paper for PSA Conference, University of Aberdeen, April 5th, 2002, p. 10.

[②][③] Gierke, *The Nature of Human Associations*, trans. by Lewis, in John D. Lewis, *The Genossenschaft-Theory of Otto von Gierke: A Study in Political Thought*, Madison: University of Wisconsin Press, 1935, p. 147.

[④] 同[②], p. 149。

我们也在我们的个人自觉中发现了团体的实在性。对于我们来说，我们自我意识中的具有更高等级社会机制的团体是一种个人体验。我们会感觉我们自己是自足自洽的生命，但是我们也会体验到我们自身是栖息于我们内心世界并影响我们内心世界的整体的一个组成部分。如果我们领悟了我们在特定民族和国家、宗教共同体和教会、职业团体、家庭和数不清的其他团体中的成员身份，我们将不再认为我们自己是悲惨的多余者。但当我们仔细思考这些问题的时候，我们就会清楚地认识到，这些身份并不仅仅是使我们凝聚起来的外部约束，而更是一种心灵牵系，它深入我们内心并使我们结成一体，从而成为我们精神存在的必备要素。我们会感觉到决定我们因渗透于我们心灵的共同体而产生的行为的那部分内在力量。我们就逐渐认识到我们正在过着一种团体生活。如果我们从我们的内在体验中形成关于我们生命的实在性确证，那么，这种内在体验肯定不仅建立在我们构成了个体的生命实体这一事实之上，而且建立于我们是更高生命实体的一分子这一事实之上。①

基尔克接着指出，也有无须自省就可体验到团体精神存在的特殊时刻，他还以自己的宗教式神秘体验进行了说明：

有几个小时，团体精神以其原始力量并以一种几乎可以触摸的形式证明其自身，其充溢于并控制了我们的内在生命，以至于我们几乎意识不到我们的个体存在，我于1870年7月15日在柏林体验到了这样一个神圣时刻。②

注意这一时刻正是普法之战前夕，而基氏本人就参加了这次战争，并因作战英勇而受到嘉奖，基氏体验到的团体精神似乎更应当是国族精神。③ 从这里，我们也可以了解，基尔克的法人理论被塞入了太多的价值取向、太多的伦理前见，甚至走向了神秘主义。对此，笔者将在团体与国家的关系部分再行分析。

---

① Gierke, *The Nature of Human Associations*, trans. by Lewis, in John D. Lewis, *The Genossenschaft-Theory of Otto von Gierke: A Study in Political Thought*, Madison: University of Wisconsin Press, 1935, p. 150.
② 同①, pp. 150~151。
③ 基尔克的神秘体验可以与黑格尔的名言相印证："一般地说，战争情况中的冲突提供最适宜的史诗情境，因为在战争中整个民族都被动员起来，在集体情况中经历着一种新鲜的激情和活动，因为在这里的动因是全民族作为整体去保卫自己。"〔德〕黑格尔：《美学》，第3卷下，朱光潜译，北京，商务印书馆，1979，第126页。

第四章 基尔克的法人学说

最后，基尔克还证明，团体和个人一样，是一个肉体—精神的活的统一体，它有意志，并能将其意志转化为行动。① 有人指责有机体说引入了模糊的概念，它遮蔽了而不是澄清了它企图进行解释的问题。② 基尔克认为这种指责是站不住脚的，基氏承认我们不能确知生命的本质是什么，但是，他接着指出：

> 我们可以描述和限定生命现象，并在这一描述过程中形成生命这一概念，我们可以运用它进行自然科学和哲学上的探索。一旦我们假定生命的存在，我们就会发现一个呈现出某些特征的生命载体。我们还会发现，团体这一生命载体是一个有组织的整体，它有其不同的组成部分，并通过这些组成部分有目的的协作而维持自身，我们还发现，尽管其组成部分发生了变化，但这一整体维持不变，并与其组成部分一起运转，而且不等同于其组成部分之和。……正是在我们对团体的特定属性进行确证和描述的基础上，我们构建了生命载体这一概念，并用"有机体"这一术语指称这一经验整体（生命载体）的特定结构。③

总之，基尔克认为，团体是一个活的、有生命的有机体。不得不指出的是，虽然基尔克从不同角度论证了有机体的存在，然而其有机体概念仍然是模糊的。主要原因在于，基尔克认为有机体的构成要素是成员，而这与其认为的团体高于成员、并且在相当程度上独立于成员的观点发生了严重冲突。这正是笔者在前文指出的萨维尼的"观念整体"的内在矛盾，这是法人的社团法研究视角本身难以克服的根本矛盾。

由此，基尔克批评了萨维尼的拟制说。他认为萨维尼的公式无论是作为哲学还是历史准则，都是无效的。就法律哲学而言：

> 作为现行法上的一项基本的哲学原则，每个人都具有人格的主张已经坚定地确定下来了。但萨维尼公式的后半部分，即认为只有个人本身可以成为法律上的人的论断，在法律哲学上已经毫无根据了，因为团体人格已经被法律思维所接受。④

---

① See Gierke, *The Nature of Human Associations*, trans. by Lewis, in John D. Lewis, *The Genossenschaft-Theory of Otto von Gierke: A Study in Political Thought*, Madison: University of Wisconsin Press, 1935, p. 144.
② 同①，p. 147。
③ 同①，p. 148。
④ Gierke, Das deutsche Genossenschaftsrecht, Ⅱ, S. 25.

从历史角度来说：

> 如果我们问，谁最初拥有权利？立即出现一幕场景：所有人类的历史都是从民族法开始，而非从个人法开始的。正因如此，不是个人作为生物人，而是个人作为百姓的一员第一次成了权利的享有者，而且民间法不是一种法律，而是一种定则。①

当前，我国有许多学者认为自然人的法律人格体现了自然法上的伦理价值，如果了解基尔克这番"以其人之道还治其身"的论说，我想我们就不应继续肤浅地论证自然人的先验伦理性和法人的非伦理性，而是应当从根本上反思源于德国古典哲学的这种研究进路，并重新思考民事主体制度的构建。

二、团体人格的动态解释

基氏的静态说明有可能会造成这样一种印象，他的有机体论神秘、空洞、混乱，法律分析淹没在各种学科知识的杂糅之中。有鉴于此，为了全面、公正地展示基尔克的理论，笔者有必要梳理他的动态解释，因为这部分内容看上去更像一个"纯粹"的法律理论。

所谓动态解释，就是基尔克运用民法上的法律行为理论分析法人团体的设立活动，揭示团体人格从无到有逐渐显现，最终获得法律的承认从而具有法律人格的过程。对此，基尔克在《德国合作团体法》第一卷中就已经有所展开，后来，又在1887年出版的《合作团体理论与德国司法制度》② 中进一步结合司法审判实践系统地论述。

由于法律与事实分属于两个不同的世界，有必要将这一动态说明分为两个阶段：一是团体人格在事实上的产生，二是团体人格在法律上的产生。通过这两个阶段的说明，我们可以了解，在基氏那里，团体人格是如何跨越龙卫球教授所称的"难以解释的间隙"③ 的；我们还可以了解，有

---

① Gierke, Das deutsche Genossenschaftsrecht, Ⅱ, S. 26.
② Gierke, Die Genossenschaftstheorie und die deutsche Rechtsprechung, Berlin: Weidmann, 1887.
③ 龙卫球教授曾说："传统法学上，往往存在一种思维倾向，即轻易地就把法律思维的作用拿掉，不仅将社会现实当作是法律现象的真正的决定理由，认为现实与法律的关系中，具有优先地位的是社会现实，而且还认为每一个法律现象，都直接受动于它关联的社会现实，有何种社会现实就有何种法律现象……作为社会学形态的团体，它并不能直接当然地反映为法人概念，从属于法律世界的法人，与从属于现实世界的团体现象，其实始终存在难以解释的间隙，法人组织体和有机体说显得过于简单。"江平、龙卫球：《法人本质及其基本构造研究——为拟制说辩护》，《中国法学》1998年第3期，第73~74页。

机体说也不是像我国学者所认为的那样"过于简单"。

(一) 团体人格在事实上的产生

基尔克认为法人的产生不过是一个事实问题："在团体事实或存在的背后没有法人的产生"①。自然，法人产生的过程离不开其成员的单方行为以及成员间的原始合意（agreement 或 agreeing wills）②，也就是说，法人的形成离不开个人行为。在此，基氏肯定了法人团体发起人的作用，否定了萨维尼那完全脱离团体成员的"观念整体"，相应地，基氏也就排除了像萨维尼那样从公法上说明法人人格形成的可能。③

不过，基尔克也不认为法人团体的设立过程是一个纯粹私法行为。虽然法人团体离不开其创始成员的单方行为，但法人团体的创立行为并非仅仅是多个的孤立的单方意思表示，它还要包括其他因素。因为多个单方的意思仍然是一些孤立的意志，它们之间没有什么接触。相反，当组成了一个团体的时候，那些意志便对一种共同的事业形成一致，并且在共同生活中混合为一。④

同样，成员间的原始合意也不是私法上的合同。⑤ 因为在合同中双方当事人的利益和意志是相对立的，为了实现各自的不同目的，他们通过所参与的协议而互相约束。而在法人组织的创立过程中，成员的意志并不对立，它们为同一目的即社团目的而一致合作；它们要求同一目的，即组成一个社团并使其能够运转。在社团组织成立之后，成员的意志融化和消失于唯一崭新的意志中，即创立起来的社团的意志中。⑥ 因此，基尔克认为，从本质上说，团体的设立行为是一种整体行为或创制行为（constitutive act），它是一种单方的集体行为，既离不开个人行为，又超越于个人行为，它在私法中没有相似的对应概念。他批评说："该行为曾被错误地称为合同，现在仍被普及性法律读物称为公司合同。"⑦ "根据这一

---

① Gierke, Die Genossenschaftstheorie und die deutsche Rechtssprechung, Berlin: Weidmann, 1887, S. 115.
② Gierke, Die Genossenschaftstheorie und die deutsche Rechtssprechung, Berlin: Weidmann, 1887. S. 131. 需要说明的是，基尔克是以团体法人为例展开其论证的，但他认为，其原理经过必要修改，也适用于机构和基金会。参见 Gierke, Die Genossenschaftstheorie und die deutsche Rechtssprechung, Berlin: Weidmann, 1887. S. 139。
③ See Gierke, *Community in Historical Perspective*, ed. by Antony Black, trans. by Mary Fischer, Cambridge: Cambridge University Press, 1990, p. 11.
④ 同①，S. 135。
⑤ 同③，p. 198。
⑥ 同①，S. 136。
⑦ 同③，p. 198。

理论（指合同理论），独立的主体们就其共同的意志内容达成一致，他们就制定了约束其关系的准则。"[1] 但实际上，"在这里，所有的一致同意不过是从为了特定目的而聚集起来的众多单个意志中创造出单一的共同意志而已，每一个从对立的观点中产生的决议不过是整体中统一意志的完成而已"[2]。基尔克还进一步明确地反对以社会契约论来解释法人团体与国家的形成。他说："社会契约论对于创立一种团体，或者建立一个国家或教会来说也都是不正确的，无论在私法或公法上都是不能接受的。"[3]

按照基尔克的观点，法人创始成员间的单方意思表示及合同行为仅仅为法人人格的形成打下了基础，所以它们同时也是创制行为的一个因素，这一创制行为还必须包括其他因素，这就是形成单一的法人化意志（incorporating will）的行为，这些行为包括制定团体的章程、选举团体的代表机关：制定章程是法人化意志的规范化，而选举出的团体的代表机关就是集体意志（collective will）或团体意志的承担者。[4] 所以，团体的基础不在合同，而是联合，这种联合就是成长中的共同体的发展意志和法人化意志，这是集体存在的意志，它们在形成的过程中发展并合并为一，在创立行为中确认其自身。由此，基尔克要求我们必须将社团的成立过程视作一个整体行为，其成员的各别行为仅是集体行为中作为不独立的、为一个中心所推动的要素而存在，这些要素要通过一个中心与一个目的形成一个统一的整体，通过这一过程，团体从其最初观念上的存在达到完全实现。[5]

以股份公司为例，基氏认为，现代社会中普遍存在的资合性公司的兴衰就依赖于其成员间的稳定团结，"社会实践迫使人们认识到公司财产作为一种特有财产的客观统一性"[6]，同时迫使人们认识到公司的主观统一，当然，这种统一没有确定的和不变的公式。但是，法律不能视公司财产的所有者为许多不同的合伙人。这一困难可以运用团体权力原则加以解决，

---

[1][2] Gierke, *The Nature of Human Associations*, trans. by Lewis, in John D. Lewis, *The Genossenschaft-Theory of Otto von Gierke: A Study in Political Thought*, Madison: University of Wisconsin Press, 1935, p. 154.

[3] Gierke, Die Genossenschaftstheorie und die deutsche Rechtssprechung, Berlin: Weidmann, 1887, S. 138.

[4] See Gierke, *Community in Historical Perspective*, ed. by Antony Black, trans. by Mary Fischer, Cambridge: Cambridge University Press, 1990, p. 194.

[5] 同[3], S. 132～135。

[6] 同[5], S. 462。

它承认法人团体具有人格权,并拥有财产上的固有权力。① 基氏认为法人团体是一个真正的团体人,它不仅具有法律上的权利能力,而且能够真实地表达意志与行为。②

针对萨维尼将团体人格和权利能力幽禁于私法上的财产能力之内,基尔克认为,团体人格的意义不应局限于私法范围,团体权利也不仅仅限于私法上的财产权利,团体还享有除此以外的广泛的社会自治权利。撇开承担社会公共职能从而享有公法权利的团体如教会、城市、村镇、行会以及工会等不谈,即使以纯粹私法上的股份公司为例:"股份公司从各个方面都具有了合作团体人格的法律地位,它能在公司章程和国家法律所限定的存续期限内,拥有从事司法、形成其意志和从事法律行为的独立的权利能力。相对于其成员,团体不仅行使私法权利,而且行使通常的法人权利:自治权、特定领域的司法权和合作团体自我管理权。自我管理权中最重要的分支就是根据合作团体的特定财政政策管理团体财产。"③ 后来,基尔克还进一步强烈呼吁,应当赋予法人以人格权:"人们应当赋予法人拥有名称、尊严的权利,如同自然人一样生活。"④

不妨借用基尔克本人的话来总结,他说:

  集体意志通过一个创制行为派生团体。集体意志将赋予团体以政体(constitution)⑤——团体赖以存在的法律,并且,在这一政体框架内,是集体意志最初控制了团体内的任何变更以及团体的最终解散。创生性的集体意志将证明自身是多元的集合意志,并在民事自治中得到表达;另一方面,按照团体章程为法律行为的集体意志又是一个单一实体的集体意志并使团体自治得以实现;然而,无论是集合意志还是集体意志,都能自主地决策、创生客观法。自然,这些意志行为的特征并没有因下列事实而改变:关于团体章程,现代立法要求章程应当取得官方认证并通过特定方式公开,特别是应当进行公共登记;在其完成这些手续之前,合作团体作为法律上的独立实体的特性将得不到承认。⑥

---

① Gierke, Die Genossenschaftstheorie und die deutsche Rechtssprechung, Berlin: Weidmann, 1887, S. 353.
② 同①, S. 603。
③ Gierke, *Community in Historical Perspective*, ed. by Antony Black, trans. by Mary Fischer, Cambridge: Cambridge University Press, 1990, p. 201.
④ 同①, S. 141、353。
⑤ 也可译为章程,但基氏在此实际上是指团体中的权力结构,所以译为政体。
⑥ 同③, pp. 198~199。

根据笔者的理解，透过基氏晦涩、繁复的论证表象，基尔克上述论证无非意在昭示以下几点价值取向。

首先，团体具有事实上的人格，这是一种前法律人格，也就是说，在国家法律干预之前，团体就具有了法律人格，它只源于先验的集体意志或集体精神。因此，团体的法律人格、独立地位和自治权力不是国家权力或者国家法的恩赐，法人人格也不能从国家权力的运作中得到证明，由此，基尔克断然拒绝了萨维尼的团体权力由国家权力所派生的论调。

其次，团体人格的基础是集体行为中的集体意志，这一集体意志通过团体成员的创制行为体现出来，它与成员个人行为密切相连，但又不是团体成员意志的简单集合，而是一种脱离成员意志的先验存在，它只是偶然地通过成员意志体现其自身。因此，基氏在拒绝萨维尼的公法进路时，也否决了耶林将团体法人还原为其个体成员的私法进路，而是认为团体人格产生的法律基础是公、私法相交融的"社会法"。

最后，集体意志既不源于成员的个人意志或其集合，也不源于国家意志，而是一个先验的、真实的实体，是比那些看得见、摸得着的经验事实更实在的实体。在它那里，团体的产生、团体的人格、团体的行为、团体的变更甚至团体的解散都找到了自己的根据和源泉。

总之，基尔克的上述论证是典型的德国先验哲学的法学运用，还明显地受到了卢梭关于总体意志以及黑格尔国家及市民社会理论的影响。不得不承认，这在使基尔克的论证显得很"深邃"的同时，决定了它的历史局限性。关于这个问题，笔者将在本书第六章进一步讨论。

（二）团体人格在法律上的产生

以上，基尔克论证了事实上产生的法人人格，但他认为正如自然人只要一出生即可要求法律承认其人格一样，法人的事实人格也应当在国家法上得到表达。之所以如此，在基氏看来，法律——不论是以成文的方式还是以习惯的方式存在——作为一普遍性声明，当然先于它所规制的各种法人团体而存在。[①] 所以，一方面，团体取得国家制定法层面上的人格有利于体现社团自身的道德性和意志性，使法人团体的内部生活通过其成员的行为为外部生活所认知，从而获得自由发展，也就是说，团体取得国家法上的人格意味着团体能力的提升；另一方面，团体取得法律人格也意味着其应当承担法律上的义务，所以法律人格也意味着对于团体的限制，而团

[①] Gierke, Die Genossenschaftstheorie und die deutsche Rechtssprechung, Berlin: Weidmann, 1887, S. 114.

体意志之所以必须经历这种管辖，原因在于法人团体的成员本身是能够表意和行为的个人或者是法人团体①，其利益也应得到保护。

从这里可以看出，法人的法律人格具有双重意义：一方面，国家法上的人格意味着法人的合法地位和自治权力得到了国家的承认。另一方面，也意味着得到国家承认的团体应当服从以团体为主体的那部分国家法，即法律人格是国家将社会组织纳入特定秩序的一种技术化工具。由此，法人本质理论最终要体现为法人制度。

基尔克接着讨论了法人设立制度的意义。他认为法人登记制度的法律意义是公示社团的事实人格，而非创设这一人格，法人团体的法律人格乃是其事实人格在法律上的反映。这就涉及法人实在说与萨维尼拟制说的另一个根本区别所在，后者认为法人人格产生的基础就在于国家拟制，国家拟制的效力是创设团体人格。基尔克认为，恰恰相反，法人人格的取得过程，并不是国家的粗暴拟制，而是国家对于事实上的法人人格的承认，"国家对待法人团体的职责是承认而非创设"，"我们要求国家承认是因为我们要求法律承认"②。国家不能创造超越意志的条件之上的意志，法律也只能从外部规制人的行为，法律不能创造事实而仅是宣布事实。③ 国家最多享有一种监督的资格，但是国家不能创造在其产生之前就已经存在的法人团体。国家必须承认法人团体进行法律行为和表达意志的能力，并认识到如下事实：合作团体是先于国家而存在的个人的独立意志的产物。法人团体既然不是由国家所拟制，自然也非由法律所创造。对于由历史力量和环境自发地甚至可能是无法察觉地创造出来的法人团体，法律所做的仅仅是确认而已。因此，法人团体可以向法律寻求确认而不必从法律那里乞求合法化。基氏主张制定新法，承认法人是自由的，因为团体实际上就是自由地创立的，新法承认社团不是根据国家的许可而获得法人人格或法律主体地位，而是本身就拥有一个事实上的人格，对于这一人格国家只能宣布其为事实。④ 总之，法人登记仅仅具有公示性效力，国家的职能更应体现为一种公共服务功能，而非行政管理职能，即基尔克主张法人登记对抗主义而非生效主义。

那么法律怎样承认法人的事实人格？这涉及登记制度的标准问题。基

---

① See Frederick Hallis, *Corporate Personality: A Study of Jurisprudence*, Aalen: Oxford University Press, 1978, p. 147.
② Gierke, Die Genossenschaftstheorie und die deutsche Rechtssprechung, Berlin: Weidmann, 1887, S. 18.
③ 同②, S. 23。
④ 同②, S. 79。

尔克指出，法人取得法律人格需要具备一定的条件，只要具备了法定条件，团体就成了一个法律上的人。法人登记要件和标准不是由国家随意制定的，而是源于社会需要，准确地说就是前述团体事实人格所包含的事实要素，这些事实要素包括一定的名称、一定的目的、一定的机关以及相应的团体意志。基尔克还认为，这些要件应当是法人登记的普遍规则，任何法人都应当按照这一普遍规则平等地取得法律人格，每个法人的登记不过是普遍规则适用于特定的、适当的情况而已，国家无权以特别法额外增加登记条件和负担。① 可见，在法人取得权利能力的制度上，基尔克要求采取普遍的准则制，而非特许制和行政许可制。

基尔克还讨论了法人的终止制度。他认为，法人不仅可以像自然人一样出生，还可以像自然人一样死亡，二者都是一种自然状态，无须国家干预。所以，法律人格的消灭也无须国家许可，只需其承认并公示即可。而相反，按照拟制说，法人的产生是由于国家拟制，其消灭也取决于国家的意志行为。

总之，基尔克的法律学说为法人登记制度由行政许可转向准则制、由国家授权转向私法确认，以及法人治理体制由公法规制转向民法治理、由事前管制转向事后监督提供了理论说明，从而促进了法人制度的现代化，顺应了现代法人组织的发展趋势。

三、国家的法律人格

笔者在分析萨维尼拟制说时已经指出，萨氏法人理论中的一个重大断裂就是该说不能一以贯之地解释国家的人格问题。按照拟制说推论，国家的人格无法依靠一种外部力量进行拟制，似乎应当得出国家没有人格的结论，但是萨维尼对于国库的分析显示，他在国家问题上坚持的正是实在说，因此萨维尼拟制说的矛盾是显而易见的。而按照耶林的法人人格观念，如果逻辑一贯地推演下去，倒可以得出国家没有人格的结论。② 但是，基尔克认为，如果否认国家的人格，"将国家人格概念驱逐到公法之外"，就会导致"由法律组织起来的多样性的统一就只有经由作为主体的统治者的地位才得以形成，在统治者之外没有其他主体"③。对此，基氏

---

① Vgl. Gierke, Das deutsche Genossenschaftsrecht, Ⅲ, Berlin: Weidmann, 1881, S. 142～143.
② 当然，在耶林关于法人人格的论述中，他并没有提到国家人格问题，但他的观点可以这样引申。
③ Gierke, "The Nature of Human Associations", trans. by Lewis, in John D. Lewis, *The Genossenschaft-Theory of Otto von Gierke: A Study in Political Thought*, Madison: University of Wisconsin Press, 1935, p. 142.

批评道："排除国家人格的努力不过是一场空……从历史角度看，这种努力是不可能得逞的，它将是公法的倒退和文化的退步。"① 因为如果不承认国家自身的独立人格，那么要么是统治国家的君主篡取了国家人格，要么是统治国家的人民冒用了国家的人格。如果是前者，那就正好是专制主义者所教导的路易十四的公式：朕即国家。② 许多西方学者认为，论证国家的所谓真实人格往往与专制主义有缘③，基尔克却认为恰恰相反——拒斥国家实在人格的言论与中世纪的独裁主义才是一丘之貉，因为君主将篡用国家名义从而凌驾于国家之上。

基尔克的有机体理论同时是一种国家理论，该理论认为，国家也是一个法人社团，也是一个有机整体，也有其客观精神、独立意志与实在人格。这一结论是其合作团体理论的必然推论，它是实证的，但主要还是规范的，即基尔克认为，国家应当是一个合作团体——最大最高的合作团体。可以说，从一开始，基氏就在其法人理论中预设了国家的形象。他在《德国合作团体法》第一卷中就说："剥去国家的神秘外衣，从其自然发展角度而非从一个超验起源角度来思考国家，国家从总体上说与其内部的更狭小的公法团体并无二致。"④ 所以，贯穿基尔克终生的团体研究并非仅仅是为了提供一种社会中间团体理论，而是从社会整体的角度所提供的一种人类团体生活理论，小至普通的社团法人，大至国家，皆可适用。

基尔克关于国家法律人格的论述使得国家人格这个公法乃至政治问题进入法人理论射程之内，大大地扩张了法人理论的阵地，使得许多公法学、法理学甚至政治学、史学领域中的重量级学者纷纷加入了战团，例如德国的拉班德、迈耶、耶利内克，英国的梅特兰、拉斯基，法国的奥里

---

① Gierke, "The Nature of Human Associations", trans. by Lewis, in John D. Lewis, *The Genossenschaft-Theory of Otto von Gierke: A Study in Political Thought*, Madison: University of Wisconsin Press, 1935, p. 142. 尽管基尔克并没有直接指名道姓地批评耶林，但该处他的批判对象显然就是耶林的拟制说。

② Gierke, "The Nature of Human Associations", trans. by Lewis, in John D. Lewis, *The Genossenschaft-Theory of Otto von Gierke: A Study in Political Thought*, Madison: University of Wisconsin Press, 1935, p. 142.

③ 如欧内斯特·巴克爵士在为基氏著作的英译本所作的导言说："我们只有使国家成为一个共同的目的，而不是一个实在的团体人（real group person），才能逃脱单纯意志的暴政。" Gierke, *Natural Law and the Theory of Society, 1500—1800*, trans. by Ernest Barker, Cambridge: Cambridge University Press, 1934, p. lxxxvii. 再如，英国学者沃尔夫指出借用生物学概念解释组织是危险的。See Martin Wolff, "On the Nature of Legal Persons", *Law Quarterly Review*, Vol. 54, No. 4, 1938, p. 499.

④ Gierke, *Community in Historical Perspective*, ed. by Antony Black, trans. by Mary Fischer, Cambridge: Cambridge University Press, 1990, p. 162.

乌、狄骥，奥地利的凯尔森等，皆可谓一时之选。此后，国家人格问题以及国体、政体的构建问题就成了法人理论大论争的另一个焦点，法人论争愈演愈烈。① 所以，后来德国学者克尼佩尔说："在与法人相关的民法论文中，讨论总是回到国家。在耶林、温德沙伊德、胡赛尔、赫尔德、图尔、凯尔森那里，甚至在今天的作者那里都是如此。"② 当然，关于基尔克法人本质理念在国家问题上的运用，牵涉到如何构建国家的问题③，乃是一个公法和法理学的问题，限于本书的论题，笔者不能展开讨论。④

第三节 机关说（Organstheorie）

在讨论了基尔克对于法人人格（权利能力）方面的论述之后，我们再来探讨他对法人行为能力的研究，该部分理论被称为机关说⑤，是有机体说的一个组成部分。如果说有机体说主要着眼于团体外部关系，即团体与国家、团体与其成员间的关系，那么这部分内容则聚焦于团体内部关系。笔者发现，基尔克对于团体内部关系也有着深入系统的研究，并不像我国有些学者所说的那样，三大法人学说都只研究团体外部关系，而难以解释团体内部组织关系。⑥

---

① 具体情形，可以参见 Frederick Hallis, *Corporate Personality: A Study of Jurisprudence*, Aalen: Oxford University Press, 1978；关于德国公法学者的相关争论，可以参见王天华：《国家法人说的兴衰及其法学遗产》，《法学研究》2012 年第 5 期。
② 〔德〕罗尔夫·克尼佩尔：《法律与历史——论〈德国民法典〉的形成与变迁》，朱岩译，北京，法律出版社，2003，第 70 页。
③ 吴宗谋从日耳曼学派与罗马学派的对峙角度说，基氏的理论是关于国家认同的构建理论。笔者觉得基氏的有机体说似乎不止如此，更为重要的是，它是一种"法治国"的构建理论，其中涉及国家与地方的关系（联邦制问题）、国家内部各机关的关系、国家与社会中间团体的关系以及国家与法律的关系等一系列的公法或法理问题。
④ 对基氏国家理论有兴趣的读者可以参阅美国学者刘易斯专门从公法角度研究基尔克法人本质学说的著作，John D. Lewis, *The Genossenschaft — Theory of Gierke: A Study in Political Thought*, Madison: University of Wisconsin Press, 1935, 特别是第五、六、七、八章等四章。
⑤ 笔者在博士论文中曾将 Organ 译为机构，但这样就易与 Institution（机构）相混淆，因为按照基尔克和萨维尼的理解，institution 本身是法人的一种类型。在基尔克看来，它是与合作团体相对的法人类型，因为前者的人格产生于一种外部力量，而合作团体的人格则产生于其自身。而根据基氏的理解，organ 为团体内部的根据团体利益而代表团体意志的个人或多人，与 Institution 不同，也不能并列，故译为机关。
⑥ 参见蔡立东：《公司本质论纲——公司法理论体系逻辑起点解读》，《法制与社会发展》2004 年第 1 期，第 61 页。

第四章 基尔克的法人学说

当前，伴随着国有企业改革的推进、事业单位改革的展开、公司治理问题的兴起以及社会团体的蓬勃发展，民商法学者已经开始关注团体内部权力特别是代表权力的配置与限制问题。[1] 而在当年的法人本质大论战中，这些问题一直是论争的焦点，因此，对于传统民法学说——法人代理说进行挖掘清理也具有重要的现实意义。

基尔克认为，机关是团体内部的、根据团体内部的法律、为了团体利益而代表团体意志、从而使团体自己具有行为能力的个人（如城市的市长）或个人集团（如社会团体的执行委员会、股份公司的董事会等）。[2] 关于机关说的内涵，基尔克曾说：

> 机关（Organ）这一法律概念具有特定含义，不应与个人主义式的"代理"概念混为一谈。在这里，不是一个自立自足的人被另一个自立自足的人代理，而是，正如当眼睛看、嘴巴说或者双手抓时，就意味着一个人在看、说、抓一样，当机关在其正当职权范围内运作时，有生命的整体就直接在产生法律效果。于是，通过机关，无形的集合人作为一个有知觉的、能够思考的、能够产生意志和能够行动的整体出现了。我们法律中的法人不是一个需要法定代理人来代理的哑巴，而是一个能够在外部世界中为其自身而行动的主体，它能够处理其自身事务。[3]

总之，机关说认为，法人不仅具有权利能力，而且其本身就是一个具有意思能力和行为能力的"现实的整体人"，这一社会整体并非由机关代表，而是通过其机关，自身所欲和所为。[4]

---

[1] 例如石慧荣：《法人代表制度研究》，《现代法学》1996年第4期，第80页；方流芳：《国企法定代表人的法律地位、权力和利益冲突》，《比较法研究》1999年第3、4期；蔡立东、孙发：《重估"代表说"》，《法制与社会发展》2000年第1期，第31页以下；张从容：《论法人代表制》，《暨南学报（哲学社会科学）》2000年第5期，第87页；马俊驹：《法人制度的基本理论和立法问题探讨（中）》，《法学评论》2004年第5期，第37～39页；胡家强：《我国公司法人代表制论纲》，《山东大学法律评论》2007年第4辑，第72页以下；张力：《古罗马法中家庭的主体性质争议及其启示》，《浙江学刊》2008年第3期。

[2] See Gierke, *Community in Historical Perspective*, ed. by Antony Black, trans. by Mary Fischer, Cambridge: Cambridge University Press, 1990, p. xxxii.

[3] Gierke, "The Nature of Human Associations", trans. by Lewis, in John D. Lewis, *The Genossenschaft-Theory of Otto von Gierke: A Study in Political Thought*, Madison: University of Wisconsin Press, 1935, p. 153.

[4] Vgl. Gierke, Die Genossenschaftstheorie und die deutsche Rechtssprechung, Berlin: Weidmann, 1887, S. 603.

由于在德文中，Organ一词本来的含义是"器官"，更由于机关说与有机体说一样的生物社会学式表达，机关说更易产生误解、招致批评，如英国学者沃尔夫和奥地利学者凯尔森就认为这种观念必然导致法律上的超人。① 但是，正如笔者上文所指出的理解基氏的有机体说不能从其理论表层理解，而是必须放在特定的历史和文化语境中理解，要真正体察基氏机关说的"意义"，也不应当从该观念的外表来理解，而是应当先行理解基氏的历史学说。

在《德国合作团体法》第一卷中，基尔克区分了现代国家的两种不同的代表方式，一种是基氏所称的威权式代表体制（Herrschaft），另一种就是合作式代表体制（Genossenschaft）。前者实际上是指公法上的代表制，在这种体制中，代表虽然是由选民选举产生，但对于选民而言，这些代表所组成的机构本身具有独立性。因为就代表个人而言，其代表的不仅仅是选举他的选民，甚至不仅仅代表该选区的全部选民，而是代表本选区的所有人，或者说代表本选区的公共利益；就代表者组成的机构而言，其作出的决议对于该地区所有人都有拘束力，因而，这一机构与选民的关系是威权关系。② 而对于国家最高统治者而言，这些代表机构却没有独立性，也就是说他们都会服从上级机关的监督甚至命令，说到底，这些机构是国家的机关，所以其行为准则是国家宪法，而非社团内部自治法。③ 而在合作式代表体制下，代表所组成的机构对法人而言却没有独立性，代表一方面为自己工作，另一方面为团体服务，其行为准则是团体章程而非国家法律，"他们不是国家机构，而是团体权利和统一的体现"，"是团体的由私法权利和公法权利构成的独立人格之体现"④。赞同机关说的拉班德也认为，机关"是法人的本质属性，机关犹如法人的法律肉体，没有这个肉体，法人便没有生存能力"⑤。

从这里，我们可以看到基氏法人理论的另一特质：团体机关的权力来

---

① 参见 Martin Wolff, "On the Nature of Legal Persons", *Law Quarterly Review*, Vol. 54, No. 4, 1938, p. 499；〔奥〕汉斯·凯尔森：《法与国家的一般理论》，沈宗灵译，北京，中国大百科全书出版社，1996，第121页。
② See Gierke, *Community in Historical Perspective*, ed. by Antony Black, trans. by Mary Fischer, Cambridge: Cambridge University Press, 1990, p. 156.
③ 同②，p. 157。
④ 同②，p. 93。
⑤ 〔德〕拉班德：《民法实务档案》，第73卷，1888，第161页，转引自〔德〕福尔克·博伊庭：《德国公司法中的代表理论》，邵建东译，载梁慧星主编：《民商法论丛》，第13卷，北京，法律出版社，1999，第539页。

源于团体内部法律和团体成员，机关担任者的选任也源于团体内部的私法行为，团体机关应当根据团体章程对外代表团体行使权利承担义务，不受国家官僚机关的干预。同时，由于机关对外没有独立性，所以国家法仅仅在法人人格层面适用于法人，并不直接适用于法人的内部机关，国家法必须通过团体内部秩序的缓冲和变通才能作用于机关及其成员。笔者认为，基氏采用 Organ 一词的深层动机，可能正是以该词的本来含义——"器官"既不能外在于人体也不能脱离人体而独立存活之特性，表明机关对于法人团体的内在性和非独立性，以与代理说下外在且独立于法人团体的代表或机构（Anstalt）划清界限。同时，Organ 一词又可以作为有机体将有机体说中所包含的社会生物学观念贯彻到底——法人是和生物人一样的有机体，而法人的机关则正如生物人体内的各种器官一样，不能彼此分离而又相对独立地履行特定的职能。[①] 唯其内在于法人之中，不可独立于法人之外，所以，国家法律自然不能直接适用于法人机关，机关也不应是国家法上的"人"。当然，基氏也没有绝对化[②]，他认为在现代社会中，团体与国家在机关问题上应有所妥协，这意味着国家法可以在一定程度上渗入法人内部，"机关的构成和作用范围的基本方面受法律决定，在具体问题上受团体章程决定"[③]。不同类型、不同目的的团体，在受到国家干预的程度上也不相同。

而隐藏在萨维尼代理说深处的是，他对法人团体内部尔虞我诈的厌恶，对团体自治的悲观情绪和对团体非自足性的确信，因此，他将团体法人视为一个需要代理人监护的"法律残废"。相应地，团体的代表就取得了独立于、外在于法人团体的地位，它拥有法律赋予的权力，也直接承担侵权责任和刑事责任。按照代理说，国家法一竿子捅到底，直接规制法人内部生活，势必严重挤压团体自治的空间。

基尔克还强调其机关说在法律技术上的优越性，如代理说须以代理人和被代理人都有独立法律人格为前提，但法人机关或代表人不是一个独立

---

① 基尔克在讨论其社会法内涵时，曾指出社会法能够规制多个机关的协调一致，说明基氏认识到法人机关的多元化问题。See Gierke, "The Nature of Human Associations", trans. by Lewis, in John D. Lewis, *The Genossenschaft-Theory of Otto von Gierke: A Study in Political Thought*, Madison: University of Wisconsin Press, 1935, p. 154.

② 实际上，颇有极端化倾向的拉班德指责基氏观点非常模糊，没有将实在说的观点贯彻到底，而基氏进行答复时，则认为这恰恰是其灵活性的优点。Vgl. Gierke, Die Genossenschaftstheorie und die deutsche Rechtsprechung, Berlin: Weidmann, 1887, S. 308.

③ Gierke, *Community in Historical Perspective*, ed. by Antony Black, trans. by Mary Fischer, Cambridge: Cambridge University Press, 1990, p. 199.

的法律主体，而将法人机关视为法人的组成部分的机关说则可以避开这一矛盾。不过笔者认为，基尔克的论证犯了将法人与自然人机械类比的错误，的确，法人机关可以理解为法人的组成部分，正如人的眼、口、手是人的器官一样。然而，作为法人机关而行为的人是一个有独立意志和独立利益的个人，将其理解为没有独立意志和利益的人体器官是不科学的，也就是说，正如本书在管理者主体说部分所指出的，作为机关成员的个人与法人的机关是不同的，机关成员因而也是不同于法人的独立主体。也就是说，在法人外部关系上，代表者个人与法人是不同的两个法律主体，因而其关系应当适用代理说加以解释。① 另外，从制度构建上来说，在基尔克那里，法人与其机关成员的关系被理解为哲学上或生物学上的整体与部分的关系，一方面将法律关系不正当地哲学化，为西方哲学干扰法律思维提供了可乘之机；另一方面，缺乏相应的法律操作技术，因而对于二者之间的利益冲突缺乏相应的法律调节手段，更不可能根据机关说建立股东（成员）派生诉讼以及机关成员就其职务行为对受害人承担个人责任等制度。

当然，笔者并不否认，机关说对于法人对其机关成员的职务行为承担侵权乃至刑事责任的说明的确比萨维尼所主张的由代表人自己承担责任的观念更能适应法律实践的需要。基尔克指出，法人有过错行为并能为其违法行为承担责任已经在当时的法律实践中得到了有力证明。② 但这并不能说明机关说就是正确的和科学的，因为法人并不是"活的生命体"。实际上，法人责任制度更多地不是因为某种学说的事先指导，而是出于法律实践中的现实需要，如减轻受害人的举证负担，便于案件的执行，以及降低机关担当者的责任和负担，使其能够更加积极主动地开展工作。而霍姆斯通过对物诉讼的谱系学研究，似乎表明法人责任实际上是古老的人类复仇机制的转化形式③，这种解释也明显不同于基尔克的机关说。

因此，从法律技术上来说，笔者并不赞成基尔克的机关说，但其中的政治意涵值得挖掘。对于我们来说，重要的问题不在于该说"论证"了法人责

---

① 博伊庭虽然坚决主张法人具有行为能力，但同时认为应当以民法上的代理原理调整法人机关与法人的关系。参见〔德〕福尔克·博伊庭：《德国公司法中的代表理论》，邵建东译，载梁慧星主编：《民商法论丛》，第13卷，北京，法律出版社，1999，第541~546页。
② See Gierke, "The Nature of Human Associations", trans. by Lewis, in John D. Lewis, *The Genossenschaft-Theory of Otto von Gierke: A Study in Political Thought*, Madison: University of Wisconsin Press, 1935, p. 154.
③ 参见〔美〕小奥利弗·温德尔·霍姆斯：《普通法》，冉昊、姚中秋译，北京，中国政法大学出版社，2006，第1讲。

任能力制度，而是该说"借用"了这种司法实践以证明其自身的正确性①，从而实现更深层次的理论使命。这就是解决机关权力的合法性问题，即：机关权力从何而来，如何行使？是源于团体及其章程还是源于国家及国家法？机关要对团体负责还是向国家负责？这些问题才是机关说与代理说最深层、最根本的对立和冲突。关于这些问题的答案，前文已经给出，此处不赘。

总结基氏的有机体说和机关说，可以发现，团体法人赖以行动的财产并非源于国家，而团体的人格和权利也产生于内部自发秩序，团体机关的权力及其成员选任也是源于团体内部法律。如果说有机体说从人格制度划定了团体权力和国家权力的一半边界，那么机关说就从团体内部机关的权力和构成制度划定了另一半边界。至此，基尔克终于打造了一个基本封闭的独立团体。而拟制说则处处留下了国家权力侵入团体的通道：其人格和权利能力是国家赐予的，其行为能力是从代表人那里借来的，代表人直接受制于国家法，某些代表权甚至由国家行政机关直接行使，而相应地超越于团体之上，团体的独立性只剩下所谓的"私法上的财产能力"而已。

上述结论，对于将法人制度局限在公司制度的学者来说，自然觉得不可思议。但是，联系到二者争论的焦点并非现代公司这种纯粹私法上的法人，而主要是具有公法意义的法人团体，如教会、城市、村镇、行会等，我们就会明白当年学者从国家政策层面而非单纯从学术层面激烈争论的似乎并非一个纯粹的"私法"上的技术问题，而是一个公法问题甚至政治课题。笔者认为这也是"民法"上的问题，因为它是关于"人"本身的问题。② 准此而言，机关说实质上就是关于社团自治的民法理论，而萨氏理论则是披着私法外衣的公法理论。

不过，应当指出的是，作为一种抽象理论，基氏机关说也有内在断裂，它固然有强调机关服从团体内部章程而相对独立于国家的一面，如果这是该说本身微观民主和微观法治的一面，那么另一面就多少包含相反的

---

① 基尔克指出，当时的司法实践体现了实在说。See Gierke, "The Nature of Human Associations", trans. Lewis, in John D. Lewis, *The Genossenschaft-Theory of Otto von Gierke: A Study in Political Thought*, Madison: University of Wisconsin Press, 1935, p.155. 但笔者更倾向于认为实在说将这种司法实践当成了自己的学术资源。

② 笔者赞同徐国栋教授对于人格关系I的论述，民法的调整范围应当包括"人"本身。参见徐国栋：《寻找丢失的人格——从罗马、德国、拉丁法族国家、前苏联、俄罗斯到中国》，《法律科学》2004年第6期；《人身关系流变考（上、下）》，《法学》2002年第6、7期；《再论人身关系》，《中国法学》2002年第4期。实际上耶林早就指出这个问题，他认为，对于我们来说，享有权利首先意味着我们自己的存在，对于我们自己的法律表达就是享有法律人格的权利。See Rudolf von Jhering, *Law as a Means to an End*, trans. by Isaac Husik, Boston: The Boston Book Company, 1913. pp.49~50.

倾向：按照基氏神秘的有机体说，超越于成员集合意志的集体意志派生了作为一个统一体的团体，而机关代表行为的法律效果约束团体而非成员，故其代表的是集体意志而非成员的意志。那么，机关作为彼岸世界中的集体意志在此岸世界中的"肉身"，就在现实生活中代表了集体的统一性，这为机关在一定意义上独立于成员和凌驾于团体利益之上留下了缝隙。当基尔克进一步试图运用机关说解释君主政体时，这一裂隙就格外明显。

特别是到晚年，基尔克认识到国家共同体需要一个单一的最高权力，这种认识为其对为将日耳曼人整合为统一国家而作出巨大贡献的普鲁士君主体制的敬奉和赞赏所强化。他相信俾斯麦宪法是最接近于国家中的联合要素和威权要素的完全和谐之楷模。[①] 尽管他有段时期也曾致力于多元化改革，但由于担心 1919 年宪法会导致国家分裂，他公开批评魏玛宪法，为君主制度辩护。他呼吁："如果人们不想毁掉德国的话，那就必须捍卫将君主政体作为其不可分割之一部分的国家有机体。"[②] 当然，基氏与耶林一样，都不是君主专制的支持者，而且机关说本身包含了君主立宪的考量，但是基氏晚年的转向足以说明，完全摆脱德国政治文化的"家族相似性"何其艰难。

但是，不管怎样，基氏提出的团体机关属于社团，而非国家机构科层序列，团体机关担任者的选任完全取决于社团自治，机关担任者的行为范围亦要首先符合团体规章，机关的权力来自"下面"而非"上面"，都体现了法人制度的精髓——由直接管理转向间接治理。这些观点无疑都是值得我们借鉴的。

第四节　团体与成员以及国家的关系

基尔克关于团体人格和法人行为能力的说明，已经突显了团体与其内部成员以及国家的关系问题，笔者也将这一问题作为上文论述的中心线索。实际上，团体人格和机关问题本身似乎仅仅是法人人格论争的表象，

[①] See Otto von Gierke, "German Constitutional Law in Its Relation to the American Constitution", *Harvard Law Review*, Vol. 23, No. 4, 1910. 在这篇德、美宪法的比较研究论文中，洋溢着基氏对俾斯麦宪法的欣赏和自豪。

[②] John D. Lewis, *The Genossenschaft-Theory of Gierke: A Study in Political Thought*. Madison: University of Wisconsin Press, 1935, p. 68. 关于基尔克的国家机关理论还可以参看 Ernst H. Kantorowicz, *The King's Two Bodies: A Study in Mediaeval Political Theology*, Princeton, New Jersey: Princeton University Press, 1957。

真正的核心应是团体与其成员以及团体与国家的关系问题,前者是后者在特定历史文化背景下的学术表达方式,后者可以视为前者的展开和深化。因此,也只有置放于这一背景下,我们才能真正理解法人人格论争的实质。就基尔克本人来说,他对于团体与其内部成员以及国家的关系的论述远远不限于法人人格问题,他不仅运用法人本质理论解释了国家法律人格问题,而且广泛地讨论了成员在团体内的地位、团体在国家这一最大团体中的地位以及国家对于团体组织的监管权力等方面。同时,鉴于我国学者对有机体说关于团体与成员关系的观念存在某些误解,对于其中团体与国家的关系又视而不见,有必要进一步扩大法人本质学说研究的视界,把这两个问题单列出来加以讨论。

一、社团与其成员间的关系

正如基尔克的平等互利的合作团体模型所示,团体与其成员间的关系并不仅仅是人格上的独立而已,他们之间本质上说是一种合作关系,团体依赖于其成员,成员也依赖团体,二者是一种"有机关系"。基尔克对于团体内部的威权关系极为警惕,他曾在《德国合作团体法》第一卷中讨论了股份公司内部管理机关的民主化改造问题,甚至提出了聘任外部董事的建议。[1] 另外,他对1867年英国谢菲尔德事件中,英国工会采用强制手段对付工人的倾向表示了忧虑。[2] 基氏并不像有人所说的那样"以团体人格独立性吞噬了团体内的个人人格""否认了团体成员在团体内部的独立人格",恰恰相反,笔者觉得,基尔克所设想的团体内的平等和谐自由甚至有些乌托邦的倾向。对此,笔者在上文结合基尔克的历史研究已多有论述,此处不再展开。

基尔克对于团体内部关系投入了巨大的篇幅和精力,从基氏在柏林大学校长就职演说中,我们可以了解到,他对团体与成员的关系有着深刻细致的研究:

> 在这里,因为社会团体的内部结构同时是个人或者更小团体的外部生活,也就是在这个意义上来说,法律可以通过规则决定这一活的整体(团体——引者注)由其组成部分所创建的过程,并决定团体的统一性在一体化过程中所起到的作用。因此,产生了团体章程这一概

---

[1] See Gierke, *Community in Historical Perspective*, ed. by Antony Black, trans. by Mary Fischer, Cambridge: Cambridge University Press, 1990, pp. 199~200.
[2] 同[1], p. 219。

念。成员创建社团的过程由法律规则所规制,由此产生了成员这一法律概念。作为一种法律状态,成员身份获得了由一系列权利和义务所构成的内涵;团体为其成员所确定的生活和行为范围由个人仍然得以自由行为的范围来界定;通过成员身份的失与得,加入和退出团体这一事件就成了法律事实。①

……团体对于其成员和机关享有权利,这一权利在国家的主权——世界上最高的权利——那里达到顶峰,在下至私人俱乐部主权上至国家主权所组成的不同位阶的团体主权渐进层级中不断重现。但是,也有成员和机关在团体内的权利:参与管理团体及其财产的权利,以投票权方式参与形成共同意志的权利,取得包括世袭君主统治权在内的特定成员身份和机关职位的权利。所有这些法律关系都具有不同于个人法上的法律关系的结构,个人法上的法律关系存在于享有独立的权利能力的平等主体之间,依照这一法律关系,即使是国家和单个的公民间的相互关系也被简化为私人关系。但是,如果将个人法律关系置于团体内部,它们将经历一个社团法转变,这一转变源于团体内的财产权、非个人化权利、责任以及其他权利义务的特殊形式。②

从这里可以看出,基尔克绝非像我国有些学者所认为的那样③,对团体内部生活缺乏研究,实际上,贯穿基氏四大卷《德国合作团体法》的一条主线就是揭示团体各类的内部生活。可以说基尔克对于从古代一直到现代的日耳曼团体生活的研究,至今尚无人出其右。而他的《合作团体理论与德国司法制度》则结合当时的司法实践深入地研究了法人团体的内部法律问题。

基尔克甚至从团体与其成员的关系的论述中提出了他的社会法(social law)思想。社会法实际上指社团内部组织法,但其外延很大。按照基尔克的理解,所有的法律可以分为两部分,一是个人法(individual law),二是社会法。个人法是规制自然人之间、法人(包括国家)之间以

---

① Gierke, "The Nature of Human Associations", trans. Lewis, in John D. Lewis, *The Genossenschaft-Theory of Otto von Gierke: A Study in Political Thought*, Madison: University of Wisconsin Press, 1935, pp. 152～153.
② 同①, pp. 154～155。
③ 如高依升认为:"法人实在说比前两种学说(指拟制说与否认说——引者注)更缺乏深邃的思考。法人实在说没有透过法人这一组织去厘清人与组织以及基于组织而发生的人与人之间的关系。"高依升:《法人人格新探》,《法学杂志》1999年第6期,第23～25页。

及自然人与法人之间关系的法,它调整的是平等法律主体的外部关系,表现为私法。而社会法则既包括国家法层面上的法律如宪法、其他公法以及体现为私法的公司法、社会团体法等,也包括民间法层面上的公司章程、社团内部规章和惯例等团体内部规则体系,它规制的是团体内部关系,既包括全部公法,又包括部分私法(公司法、其他私法社团组织法、团体内部规则等)。①

当然,不得不指出的是,在团体——成员关系上,基尔克也不是无可指摘,除有机体说本身的理论瑕疵外,从价值取向上说,基氏过于重视团体的独立价值,给人以忽视个人的感觉。如在柏林大学校长就职演说中,基尔克大声疾呼:

> 只有从认为团体是一个真实统一体的观念中,才能推导出共同体具有自身价值的观念。只有为了整体相对于部分所具有的更高价值,才能产生人们为整体而生和——如果必要的话——为其而死的道德义务。……但是对于俗世的团体,圣经里的道德命令②也意味着:热爱整体,甚于热爱你自己。只有当整体在某种意义上高于其个人集合并更具有价值时,当团体不仅仅是一种个人追求其目的的工具时……这一命令才能有意义。③

此时,基氏可能已经忘记了自己的法律家身份,或许已经自许为马丁·路德那样的救赎式人物。虽然基氏的论述有些保留和克制,但他毕竟将团体价值意识形态化了,这对于法学的科学化有害无益。④

基尔克还认为,多个团体可以在平等互利的基础上组织成为一个更大的合作团体,最大最高的合作团体就是国家,因此,产生了特殊的团体——成员关系:即国家——团体关系问题。

---

① See Gierke,"The Nature of Human Associations", trans. by Lewis, in John D. Lewis, *The Genossenschaft-Theory of Otto von Gierke*: *A Study in Political Thought*, Madison: University of Wisconsin Press, 1935, pp. 152 ff. 其中最有特点的是基氏对于宪法的理解,宪法是国家这个法人团体中用以处理团体与成员(包括个人、社团和邦、自治市等地方性团体)的关系及团体内部各机关的关系的章程,与公司章程没有什么区别。
② 基尔克运用了圣经里的道德命令:爱邻居,如同爱自己,认为这一命令也适用于对于团体的热爱。
③ Gierke,"The Nature of Human Associations", trans. Lewis, in John D. Lewis, *The Genossenschaft-Theory of Otto von Gierke*: *A Study in Political Thought*, Madison: University of Wisconsin Press, 1935, p. 157.
④ 具体参见下义关于有机体说缺陷的分析。

二、国家与团体的关系

前文已经指出,基尔克国家理论的基础和模型就是其私法上的合作团体,合作团体代表了基氏所憧憬的国家的具体而微的理想状态。因此,在国家与团体的关系问题上,基氏的论说依据仍在于合作团体中团体与其成员既相互独立又相互牵制的内在关系。

一方面,基氏强调国家是一个法人团体,是国家领域内各合作团体在平等合作的基础上组成的最大团体,但是"国家绝不是唯一的人类团体,仅仅是人类团体组织中的一个,而且它只代表了人类社会生活的一个特定方面"①。"国家具有绝对的、唯一的政治人格,国家只准许其他更小的团体最多享有从国家人格中派生出来的政治人格碎片,这种哲学观念与现代国家观念是格格不入的。"② 在这个以合作团体为模型构建的国家中,在统一中又保留多样性,个人和较小规模的团体并不丧失其原先的自由。③ 可以说,终其一生,基尔克孜孜以求的就是团体独立于国家的法律地位。④ 尤其是在其《德国合作团体法》第一卷中,基氏特别强调个人、社团与国家的人格的平等性,同时热情地宣称合作团体对抗国家权力的权利,因为后者武断地干预受到管制的甚至是遭到镇压的小团体,尤其是德国走向统一以来处于仁慈专制下的小团体。⑤ 他认为,国家并非普遍地或在道德上超越于其他人类团体,其统治不是绝对的,而是依赖于其作为法律守护者和社会公共利益代表者的角色,因此,国家必须在社团各自的领

---

① Gierke, Die Grundbegriffe des Staatsrecht und die neuesten Staatsrechtstheorien, in Zeitschrift für die gesammte Staatswissenschaft, XXX, 1874, S. 306. 转引自 John D. Lewis, *The Genossenschaft-Theory of Otto von Gierke: A Study in Political Thought*, Madison: University of Wisconsin Press, 1935, p. 62。
② Gierke, *Community in Historical Perspective*, ed. by Antony Black, trans. by Mary Fischer, Cambridge: Cambridge University Press, 1990, p. 163.
③ See John D. Lewis, *The Genossenschaft-Theory of Gierke: A Study in Political Thought*. Madison: University of Wisconsin Press, 1935, pp. 26~27.
④ 与此相平行的是,在国家与法律的关系上,基尔克认为法的最终渊源存在于一种社会共同的自觉意识之中,它固然可以通过国家而外化为具体化的法律规则,但国家之外的其他组织也同样可以形成法——社会法——规范统一体内部关系的组织法。See Gierke, "The Nature of Human Associations", trans. by Lewis, in John D. Lewis, *The Genossenschaft-Theory of Otto von Gierke: A Study in Political Thought*, Madison: University of Wisconsin Press, 1935, pp. 152 ff.; 另可参见〔法〕莱昂·狄骥:《宪法论》,钱克新译,北京,商务印书馆,1959,第 75 页;何勤华:《西方法学史》,北京,中国政法大学出版社,1999,第 216~217、249 页。
⑤ 同②, p. xx.

域内认可、尊敬并促进社团。① 可以说，前文所述的法人成立的准则制和法人变更及消灭上的自由制度也是国家与社团关系平等性的体现。

另一方面，基尔克强调国家并不仅仅是个社团。② 原因有二：第一，从根本上说，在国家的结构中不仅包含合作关系，而且包含威权关系，"在宪制的基础上构建国家就是试图将威权关系和合作关系熔合进一个和谐整体中。因此，国家的现代观念包含了合作关系的古代观念和威权关系的古代观念的调和"③。所以，现代代议制国家，既不是纯粹的合作体制，也不是纯粹的领主体制，既不是建立于合作基础上的纯粹的共同体，也不是一个专制体制，国家与合作团体本质上有所不同。第二，即使将国家视为一个合作团体，按照基氏观点，其他普通团体也只代表了人类生活的不太完善的发展阶段，而国家代表了一个更完善的发展阶段。④ 其他团体都会受到其外部的某种因素所决定，其最终的规制力源于外部；而国家则完全只由其自身决定，其自身的规制规则也只存在于其自身。⑤ 因此，国家是一个"统治的"团体（sovereign association）。

国家的上述特殊地位决定了它的职能是：贯彻总体意志，并相应地协调和控制下级团体的意志。国家行为的范围不能一劳永逸地加以限定，国家可以在某种程度上进入人类社会生活的任何领域。⑥

据此，法人权利要受到两种限制：第一，法人仅可以在其为法律所承认的团体生活的范围内表意和行为，而这一范围是由其目的所决定的⑦，也就是说，法人的权利能力范围是受到限制的。第二，团体的能力还受到国家这个大团体的限制，国家作为最高级的法人团体对其从属的法人成员具有团体主权（corporate sovereignty, Körperschafishoheit），较低一级的法人团体则根据其自身人格的自由而具有自我管理权（self-administra-

---

① See Gierke, *Community in Historical Perspective*, ed. by Antony Black, trans. by Mary Fischer, Cambridge: Cambridge University Press, 1990, p. xx.
② Vgl. Gierke, Das deutsche Genossenschaftsrecht, II, p. 831; Die Genossenschaftstheorie und die deutsche Rechtssprechung, Berlin: Weidmann, pp. 641~642.
③ 同①, p. 163。
④ 同①, p. 162。
⑤ 同①, p. 163。
⑥ Vgl. Gierke, Die Grundbegriffe des Staatsrecht und die neuesten Staatsrechtstheorien, in Zeitschrift für die gesammte Staatswissenschaft, xxx, 1874, S. 308. 转引自 John D. Lewis, *The Genossenschaft-Theory of Otto von Gierke: A Study in Political Thought*, Madison: University of Wisconsin Press, 1935, p. 64。
⑦ Vgl. Gierke, Die Genossenschaftstheorie und die deutsche Rechtssprechung, Berlin: Weidmann, 1887, S. 633.

tion, Selbstverwaltungsrecht)。① 这两种权力不是平等的，所有的法人团体都要处于国家的监护或国家信托之下，因为国家作为深嵌入生活现实的社会良知的权威阐释者，它应当支持总体意志而反对与之冲突的特殊意志。国家的这种功能就是监管，国家要根据公共利益监控法人团体不得逾越其各自限制，并要求其他团体不得干扰。

当然，我们应当认识到，基氏的国家观念在其青年时代和以后存在着明显的断裂。特别从1870年的那次神秘体验之后，基氏的思想倾向发生了某些微妙转变：在基氏后期的作品中，他严肃地抛弃了更多的自由、多元、民主元素，其作品风格较青年时代更为含混、啰唆，成了维亚克尔所称的"伟大的包含矛盾者"②。基氏不再强调法治国家理念，而是强调国家的权力不受法律限制："国家行为的范围不能一劳永逸地加以限定，国家可以在某种程度上进入人类社会生活的任何领域。"③ "法律不是将国家行为仅仅限于法律所列举的行为之内，而是国家为在各方面促进人类社会走向完美而奋斗。"④ 从总体上说，基氏后期作品深深陷入了黑格尔关于社会发展的公式⑤之中，他更强调人合性团体的"有机性"：在集体中，作为其成员，个人被安排到更高级的"社团人格"里。⑥ 从个人，经家庭、合作团体、自治行政体，有机地上升到作为国民全体之实质形象的国家被视为一个演进过程，社会即由这一系列高低不同的团体所构成。而到了国家这个最后阶段，国家与人民、社会与个人，乃至于公法与私法的对立，都会在私法、社会法与公法的三位一体中消解。⑦ 如果说基氏前期作

---

① Vgl. Gierke, Die Genossenschaftstheorie und die deutsche Rechtssprechung, Berlin：Weidmann, 1887, S. 672.
② 〔德〕维亚克尔：《近代私法史——以德意志的发展为观察重点》，陈爱娥、黄建辉译，台北，五南图书出版公司，2004，第418页。
③ Gierke, Die Grundbegriffe des Staatsrecht und die neuesten Staatsrechtstheorien, in Zeitschrift für die gesammte Staatswissenschaft, xxx, 1874, S. 309. 转引自 John D. Lewis, The Genossenschaft-Theory of Otto von Gierke：A Study in Political Thought, Madison：University of Wisconsin Press, 1935, p. 64。
④ Gierke, Die Grundbegriffe des Staatsrecht und die neuesten Staatsrechtstheorien, in Zeitschrift für die gesammte Staatswissenschaft, xxx, 1874, S. 314. 转引自 John D. Lewis, The Genossenschaft-Theory of Otto von Gierke：A Study in Political Thought, Madison：University of Wisconsin Press, 1935, p. 68。
⑤ 黑格尔认为人类社会从个人到由家庭、社团组成的市民社会，最后发展到国家。参见〔德〕黑格尔：《法哲学原理》，范扬、张企泰译，北京，商务印书馆，1961，第297页。
⑥ 同②，第417页。
⑦ 同②，第417页。

品强调的是国家的合作性质，那么，在基氏后期作品中，他更多地强调国家是总团体，而其他的团体仅仅是国家的一部分，部分价值再高，也不能超过作为整体的国家。

对此，美国学者刘易斯认为，基尔克在国家权力问题上最终告别了多元主义者，而走向了其德国先行者（如黑格尔、费希特、萨维尼、耶林等）的老路。他认为，如果坚持国家能够控制下级团体的意志，国家行为的范围不仅限于法律所列举的权力，国家可以在某种程度上进入人类社会生活的任何领域，这必然会否定基氏先前所主张的团体的独立性。[1]

笔者认为，应当从以下几个方面认识基氏观念。其一，作为一种较抽象的理论，基尔克的观念的确有向萨维尼法人观念复归的倾向，如果一开始有机体说是作为萨氏拟制说的批判者出现的话，那么在国家以及国家—团体关系上，它们又有着近似的政治价值取向，因此在某种意义上又分享了共同的价值谱系，尽管其理论话语形式并不相同。

其二，笔者认为国家与社团的关系很难用一种抽象的理论一劳永逸地明确界定。无疑，在二者关系的设计上，我们应当追求自由、民主等价值理念，但同时要考虑到实践上的可行性，从这个意义上来说国家与社团的关系是情境化的，随着关系发生的领域而有所不同，也因社会情势的变化而有所不同。联系基尔克晚年时期德国走向民主化后魏玛宪法下的脆弱政府，基尔克适当强调国家的意义并突出其地位，是可以理解的。

其三，还应当认识到，对于基氏思想的客观评价，不应当针对他的抽象理论，而是应当结合基氏的具体制度建议。就这方面来说，在基氏的法人理论中，中间团体的独立地位显然是一个主要方面。所以，基尔克既不同于萨维尼那种半封建主义和半集权主义的过渡型政治观念，也终归没有像耶林全能国家观念那样陷入集权主义的泥沼中去。[2]

---

[1] See John D. Lewis, *The Genossenschaft-Theory of Otto von Gierke: A Study in Political Thought*, Madison: University of Wisconsin Press, 1935, p. 63.

[2] See Gierke, *Community in Historical Perspective*, ed. by Antony Black, trans. by Mary Fischer, Cambridge: Cambridge University Press, 1990, p. xxii; Frederick Hallis, *Corporate Personality: A Study of Jurisprudence*, Aalen: Oxford University Press, 1978, p.149;［爱］J. M. 凯利：《西方法律思想简史》，王笑红译，北京，法律出版社，2002，第 337 页。

第五节 评 价

总体来说，基尔克的全部法人学说实际上是意在运用其从德国历史中构建出来的合作团体模型为现代社团和现代国家的合法性提供理论说明，同时希望运用合作团体模型规制团体生活和国家的政治生活并相应型构社团法和公法基本内核的一整套理论体系，有机体说只是其中的一个组成部分。这无疑增加了评价有机体说的难度。

更为棘手的是，基尔克的学说一经问世，对其评价就呈现出明显的两极分化态势，这无疑又平添了评价的困难。

赞成者如梅特兰以一个优美的排比句称赞道："新理论（基尔克的历史研究和法人本质学说——引者注）在哲学上是正确的，在科学上是讲得通的，在道德上是正义的，在法律上对于立法和司法审判是有效的，实践上是灵活的，是由历史决定的，是真正的'德国造'，而且可能是日耳曼文明所专有的。"[1] 基尔克提供的"不仅是法律理论，而且是团体生活的道德和社会本质的理论"[2]。近九十年后，德国学者托伊布纳也称赞说："以其可靠的直觉，基尔克通过坚持社团的'生命力'、内在动力和持续性的自我再生建立了评判准则，附带地嘲讽了共有资源说和特定目的财产说，因为只有个人组织起来的具有统一的联合意志的社团才能拥有可以被赋予真正的法律人格的生命实体，而单纯一个目的或死的基金永远不能获得法律人格。"[3] 甚至到了20世纪之末，另一位德国学者博伊庭还说："基尔克对法人的这种理解，不仅在法律社会学上意义是恰当的，而且还突出了法人之组织法上的本质特征，亦即法人本身大于其成员之和！法人作为一个对内和对外都实际表现出来的'联合人'（Verbandsperson），是一种具有生命力的组织体。如果在社会上和国家中不存在无数此类超越了个人的、甚至是世代相传的、在社会环境下成长起来的组织，那么我们的

---

[1] F. M. Maitland, "Introduction", in Gierke, *Political Theories of the Middle Age*, New York: Cambridge University Press, 1900, p. xxv.

[2] Gierke, *Political Theories of the Middle Age*, trans. by M. Maitland, New York: Cambridge University Press, 1900, p. 140.

[3] Gunther Teubner, "Enterprise Corporatism: New Industrial Policy and the 'Essence' of the Legal Person", *American Journal of Comparative Law*, Vol. 36, No. 1, 1988. 该文中译见〔德〕贡塔·托伊布纳：《企业社团主义：新工业政策与法人的"本质"》，仲崇玉译，《南京大学法律评论》2006年春季号。当然托氏并不完全赞同基氏的观点。

整个感觉、思想以及行为,将变得贫困的多。"①

反对者如狄骥说:"在这一领域内我是不能附和基尔克的。讨论有关集体人格这一重要问题的时间尚未确定,而我们这位柏林的名教授却是一位集体人格的信徒。只要说这种纯粹形而上学的观念必须为一切真正科学的法律学说所驳斥,我觉得就够了。它和权利一样,是一种圣物的烦琐哲学概念的顽固论点,它是绝对没有价值的,况且我总是那样说,必须断然把这种概念从法学中清除出去"②。凯尔森说:"社团是具有真正意志的真正存在,同导致原始人以'灵魂'赋予自然中的事物那种万物有灵论的信念是一样的。就像万物有灵论一样,这种法学理论将它的对象双重化起来。一个调整人的秩序先被人格化,然后这一人格化又被认为是一个新的本体,它不同于个人但却仍然是由他们在某些神秘的式样下'组成'的。这一秩序所规定的人的义务与权利,因而也就被归诸超人类的存在、由人所构成的超人。这样,秩序就被实体化起来,这就是说,使秩序成了一个实体,而这一实体又被认为是一个分立的东西,一个与秩序以及其行为由该秩序调整的人有所不同的存在。"③

而赞成拟制说的德国学者维尔纳·蒂梅(Werner Thieme)则更侧重于方法论上的批判:"人们可以把一个联合体看作一个生物体(有机体),也可以把它的产生看成是'生',把它的消灭看成'死',但是法律并没有因此获益,因为'生物体'的思想无助于解决法学上的问题。基尔克所代表的'有机体'的理论只是属于社会学的范畴,并且它甚至于不属于法社会学的领域,对于实在法没有丝毫意义。任何试图把法人作为一个(自然)人来看,换言之就是把法人添加上自然人的属性的学者都无法避免求助于思维构造的必要性。从单个的人扩展到群体的'人'的概念的法律主体的构造适应了社会和经济的需要。为恰当地调整社会现象的多样性,没有法人的概念是不行的。由此我们必须清楚,它本身是法学的创造,尽管这一概念有无可辩驳的社会基础,或者说有社会现实性的部分,但是两者还是不能同日而语。"④

---

① 〔德〕福尔克·博伊庭:《德国公司法中的代表理论》,邵建东译,载梁慧星主编:《民商法论丛》,第13卷,北京,法律出版社,1999,第537～538页。
② 〔法〕狄骥:《宪法论》,钱克新译,北京,商务印书馆,1959,第293页。关于狄氏对于基尔克的其他评价,参见该书第15、346～347页。
③ 〔奥〕汉斯·凯尔森:《法与国家的一般理论》,沈宗灵译,北京,中国大百科全书出版社,1996,第122页。
④ Werner Thieme, Das Deutsche Personenrecht, Duncker & Humblot, Berlin. 2002, Verl, S. 156. 转引自蒋学跃:《法人人格权的理论预设——为法人人格权肯定论作辩护》,《探索》2006年第9期,第96页。

在这种情况下，要科学全面地评价基氏的法人本质学说，就必须进行抽丝剥茧的细致工作，首先要认清有机体说的缺陷，其次要对该说（甚至其缺陷）进行一个"同情式"的理解，最后才能正确揭示有机体说对于我们的价值。

一、基尔克法人学说的缺陷

老实说，对于基尔克这样真正的学者——学术就是其真实的信仰、学术就是其深层的灵魂、学术就是其全部生命的学者，笔者深怀敬意，但对于先贤，我们不能止于崇敬！基尔克作为一位原创型的作家[①]，无论是其优点还是缺陷，对于我国都具有重要的学术意义。在笔者看来，有机体说的主要缺陷体现在以下几个方面。

（一）法律理论的形而上学化

正如上文所引狄骥和凯尔森的批判所示，在法人论争中，基氏最受诟病的就是其先验主体哲学。法人学说本应是一种法律学上的理论，然而由于人格、主体等概念受德国主体哲学中的长期浸染[②]，学者在运用这些概念进行法律实证描述时，"一不留神"就会跌入德国主体哲学编织的"意义"之网中。何况，基尔克还有意识地将主体哲学全面引入法学研究。因此，如果说萨维尼的法学理论只是有限地引入康德哲学，那么基尔克的法律主体理论和法人本质学说就是德国主体哲学在法学研究上的全面演练。

这首先体现于先验的本质主义。与萨维尼一样，基尔克也认为任何事物都有一种内在的确定的本质，正是这一本质决定了事物是其自身，因而对于事物的研究首先就是揭示这一先验本质。按照德国理性主体哲学，人并非是既有精神也有血肉、既有理性又有非理性因素的综合体，而是一种符合康德所谓绝对律令的自由意志或理性，它作为一种内在规定性，决定了人与非人的边界。这种思维发散到法律上就是，"内在于作为种属物的人的道德的自由及其意志，该自由与意志的因素证明人具有资格成为人格人（法律上的人——引者注）"[③]，这个公式成为当时法律主体理论的金科玉律。由于萨维尼将这种论证方式仅仅适用于自然人，或许使人无法看

[①] 参见〔德〕维亚克尔：《近代私法史——以德意志的发展为观察重点》，陈爱娥、黄建辉译，上海，上海三联书店，2006，第434页。

[②] 参见〔德〕汉斯·哈腾鲍尔：《民法上的人》，孙宪忠译，《环球法律评论》2001年冬季号，第87页。

[③] 〔德〕罗尔夫·克尼佩尔：《法律与历史——论〈德国民法典〉的形成与变迁》，朱岩译，北京，法律出版社，2003，第63页。

清其虚伪性,但待基尔克将其运用于法人后,其缺陷就明显地体现出来,这就是神秘的机体论。

其次,神秘的机体论。在将法律主体的本质界定为理性的前设下,为了论证团体的独立地位,基尔克不得不证明法人也是有理性的生灵。为此,他只好以神秘的机体论和先验的泛灵论论证团体也是肉体—精神的活的统一体,由于团体作为一个和自然人一样的有机体是真实的,团体也就像自然人一样具有了伦理人格,"团体人格就是真正的核心,这一核心只是偶然地证明其自身"①,"团体的意志和活动是作为一种集体固有的人格的主要功能而出现的"②。由于团体具有先验的伦理人格,所以其必然具有法律人格,法人的法律人格并不是国家的粗暴拟制。至此,绕了一个大圈子才最后证成了法人的实在人格。

实际上,要论证法人人格的实在性,本不必如此大费周折。耶利内克说过:"法律的世界是一个抽象的世界,而不是虚构的世界。抽象以内心和外部世界的事实为基础,而虚构则用臆想的情形代替自然的情形并把二者等同起来。抽象植根于事实,虚构立足于臆造。"③ 德国学者博伊庭也指出:"自从个人意思说受到意思归属及知情归属原则限制以来,我们就毋须证明法人成员具有这种肉体上的和精神上的共同意思,并将这种意思视为权利主体资格的核心。"④ 因此,法人团体的法律人格只需对团体内部法律秩序和外部法律关系进行抽象分析即可得到说明,根本无须证明法人是主体哲学意义上的"人"。

最后,精神实体论。诚如论者所说:"德意志这个民族的幸与不幸均在于它视精神为实体,德意志民族的这一特征在世界上是独一无二的"⑤。由康德开启的德国唯心论"强调与物质对立的精神,于是最后得出唯独精神存在的主张"⑥,而到黑格尔那里,整个世界、全部知识都是绝对精神的外在表现。本书在讨论萨维尼拟制说时已经指出,德国古典哲学乃至其他学术研究都呈现出强烈的客观唯心主义倾向,历史法学派的民族精神说

---

① Gierke, *Community in Historical Perspective*, ed. by Antony Black, trans. by Mary Fischer, Cambridge: Cambridge University Press, 1990, p. xviii.
② Gierke, Die Genossenschaftstheorie und die deutsche Rechtssprechung, Berlin: Weidmann, 1887, S. 624.
③ 〔德〕格奥格·耶利内克:《主观公法权利体系》,曾韬、赵天书译,北京,中国政法大学出版社,2012,第18页。
④ 〔德〕福尔克·博伊庭:《德国公司法中的代表理论》,邵建东译,载梁慧星主编:《民商法论丛》,第13卷,北京,法律出版社,1999,第538页。
⑤ 〔德〕汉斯-格奥尔格·伽达默尔:《哲学生涯》,陈春文译,北京,商务印书馆,2003,第239页。从这个意义上来说,费尔巴哈等人仅是异数。
⑥ 〔英〕罗素:《西方哲学史》下卷,马元德译,北京,商务印书馆,1976,第246页。

即为著例。

在这种学术及文化氛围中，同时受那次神秘体验的影响，基尔克的学说呈现出极其典型的客观唯心主义特征。基尔克说："在法律领域中，意志是人格的灵魂。"① 这种意志并不是实证意义上的自然人通过法律行为表达出来的意志，而是一种先验的、超越于各种实证意志之上的客观精神。对于团体来说，就更是如此，团体精神乃是一种脱离于其成员之上的先验集体精神。团体决议中不时出现的一致同意、人们在团体中经常体验到的归属感与团结精神，以及外部社会对于团体作为一个整体而行为的认可等经验现象，在基尔克那里，都只是一种客观精神和意志的偶然显现而已。

基尔克的史学研究同样被纳入一个客观唯心主义的框架之中。如基尔克将决定社团历史发展进程的伙伴关系与威权关系的矛盾理解为两种理念或客观精神的斗争。如果在某一历史阶段伙伴关系占了上风，按照基尔克的表述就是先验的合作精神表现了其自身；而在另一个时代，如果威权关系占据统治地位，则是领主精神控制了人们。② 归根结底，在基尔克看来，历史从总体上说就是一种客观精神的辩证展开，德国合作团体的历史正是德意志民族精神次第展开的全部过程。他的历史研究从总体上说，就是为了展示、描述德意志的这种民族精神。

（二）方法论上的"杂糅主义"

在法人论争中，同样饱受学界诟病的是基尔克的法律研究方法，其中最主要的问题就在于"杂糅主义"，即将其他学科的研究方法不加反思和鉴别地引入法学研究中，使法学与其他学科相混淆。

首先，从广义上来看，基尔克将法学理论与哲学观念相混淆本身就是一种研究方法上的杂糅主义体现。对此，笔者已经在前文详述，不再展开。

其次，基尔克也没有很好地划清法学研究与其他社会科学以及自然科学的界限。其典型例证就是其有机体说。在基尔克看来，该说应当是关于法人的社会学理论，也就是说从前法律角度来看，团体和生物人一样，都是"肉体—精神"生命体。然而在我们看来，这很难称得上是科学的社会学理论。对此，耶利内克讽刺道："方法论上的杂糅主义是我们这个时代

---

① Gierke, Das deutsche Genossenschaftsrecht, Vol. II, S. 475.
② See Gierke, *Community in Historical Perspective*, ed. by Antony Black, trans. by Mary Fischer, Cambridge: Cambridge University Press, 1990, pp. 156~158.

科学的陋习。自然科学的研究方法、经验的方法和生物学的研究方法纷至沓来，人们期望借此获得石破天惊的发现。一种方法告诉法学家，国家没头没腿所以不可能是人；另一种方法揭露了一个划时代的真相：国家和细菌、牧草、哺乳动物、社团和合作社共同构成了性质相同个体的一个大的类别。"[1] 耶利内克虽然没有指名道姓，但他所批评的第二种方法，矛头正是指向基尔克学派的机体论。[2] 前文蒂梅、拉德布鲁赫[3]以及拉伦茨[4]的批评也都深刻地揭示了这一问题。

最后，与方法上的杂糅有关的还有理性主义法学的进路问题。基尔克以及与其同时代的德国学者，大都有一个宏大的学术梦想，就是建立一种大一统式的理论体系。笔者并不否认理性法学在法学知识体系化中所起到的正面作用，但是当其向极端发展时，其弊端也就表露无遗。基尔克的法人理论正是如此。

从法人形态上来说，基尔克法人理论不仅容纳了私法上的团体组织，而且囊括了公法组织，特别是公法上的国家，这无疑过分加大了理论负荷。其实，单就普通法人组织而言，由于法人类型的不断多样化，社团内外关系的复杂化和碎片化，使得以一种刚性的一元化的理论模型解释所有公私法社团的学术进路已经成为不可能。正如英国学者朗西曼所指出的："法律在发展，而且在使自己适应有关现代法人生活（modern corporate life）的大量错综复杂的必要条件的过程中，法律已经过于复杂而根本不会轻易符合某些思辨性理论"[5]。

从价值理念上来说，基尔克企图将法律技术与各种相互冲突的伦理价值（如自由、民主、平等、公平）和政治判断（如多元主义和集体统一性）统统整合到法人人格这一专门性概念之中，结果难免顾此失彼。在一元化理论的概念逻辑统一性表象之下，往往掩盖的却是实实在在的意义错

---

[1] 〔德〕格奥格·耶利内克：《主观公法权利体系》，曾韬、赵天书译，北京，中国政法大学出版社，2012，第18页。

[2] 第一种方法则指法人否认说。

[3] 参见〔德〕古斯塔夫·拉德布鲁赫：《法哲学》，王朴译，北京，法律出版社，2005，第134页。

[4] 拉伦茨批评说："基尔克的'实在的组织人格'的理论避而不谈作为自然界生命体的和在伦理意义上的人与那些由法律所规范的社会世界的产物之间所存在的差别。……它不是从'人'这个字的原始意义和伦理意义说的人，只是在法人的形式化意义上说的，它只是意味着权利能力而已。"〔德〕卡尔·拉伦茨：《德国民法通论》上册，王晓晔等译，北京，法律出版社，2003，第180～181页。

[5] 〔英〕F. W. 梅特兰：《国家、信托与法人》，〔英〕大卫·朗西曼、马格纳斯·瑞安编，樊安译，北京，北京大学出版社，2008，编者导读，第26页。

位和价值断裂,如前文所提示的基氏的团体理论与国家理论之断层、早期政治倾向与晚年见解之对峙、机关说与代理说之转换等等。

从法律技术上来说,基尔克以为构建具有内在规定性的法人本质理论,然后从这种理论出发进行教条式的概念推演,就可以一劳永逸地解决包括法人的人格、权利能力、法人意志、行为能力、责任能力以及犯罪能力等在内的所有法人实践问题。然而这一梦想屡屡为法律实践所突破,如一人公司的出现就突破了其团体人格和团体精神观念,股东派生诉讼也很难被纳入其法人理论框架。

(三) 脱离实践和僵化倾向

虽然基尔克也致力于增加理论的灵活性和涵盖力,但由于主体哲学上强烈的伦理预设和意识形态上刚性的价值约束,基尔克的合作团体理论明显存在着脱离实践的缺陷。在德国迈向现代化的过程中,传统文化的"乡愁"像一张网一样紧紧罩住了基尔克的心灵,民族情感干扰了学术理性。维亚克尔正确地指出,基氏所讨论的团体,特别是他所向往的劳动合作团体[1]是工业社会前的老化模型,内部是均质未分化的团体,成员本身也是管理者、劳动者,成员之间是平等互助的关系,没有分化、没有阶级、没有异化、没有韦伯所说的科层制等级管理体系,所以其本身是不可能发展为现代化企业和社团的。这说明基尔克未能掌握19世纪晚期经济社会的真实,其学说必然带有社会乌托邦的特征。[2] 从19世纪末到20世纪初,在世界范围内发生了本书在分析管理者主体说时所揭示的法人内部结构上的巨大变迁,使基氏乡土式的、地域性的、人情味十足的"合作团体模型"明显有些过时,在《德国合作团体法》第四卷,基氏也无奈地承认,他对合作团体的解释,乃是基于历史的错误投射。[3] 然而,尽管基尔克意识到了这个缺陷,却并没有进行彻底的反思。例如基尔克对后来成立的德国社会民主党缺乏同情[4],对工会的集权现象忧心忡忡[5],对于托拉斯、

---

[1] 基氏认为资合性公司仍是专制式的,而只有生产合作社才真正体现了基氏向往的合作关系。Gierke, *Community in Historical Perspective*, ed. by Antony Black, trans. by Mary Fischer, Cambridge: Cambridge University Press, 1990. pp. xxii, xxv - xxvi, 213~216.

[2] 参见〔德〕维亚克尔:《近代私法史——以德意志的发展为观察重点》,陈爱娥、黄建辉译,台北,五南图书出版公司,2004,第418页。

[3] 同[2]。

[4] See Gierke, "German Constitutional Law in Its Relation to the American Constitution", *Harvard Law Review*, Vol. 23, No. 4, 1910, p. 289.

[5] See Gierke, *Community in Historical Perspective*, ed. by Antony Black, trans. by Mary Fischer, Cambridge: Cambridge University Press, 1990, p. 219.

康采恩这种资合性经济组织没有好感。① 基尔克自己也承认,其理论不可能完美地公平对待每种法人团体的独特性。②

此外,基尔克理论在制度构建上也存在着一定程度的僵化倾向。实事求是地说,基尔克的法人学说长于公法和民事主体法,而短于组织法,即对于团体与国家间的关系如法人登记和监管,以及团体的外部关系如法人人格、行为能力、责任能力等问题的解释力较强,但在团体内部关系以及内外混合关系上解释力较弱,因而为相关的制度构建带来了许多理论障碍。按照有机体说,一人公司及其独立人格将有违先验的团体精神,因而基尔克认为一人公司法人是对法人概念的滥用。③ 同理,"揭开法人面纱"或"法人人格否认"制度也将违反先验人格观念。至于机关说,前文业已指出,它不能提供一个可操作的法律理论,只能是哲学理论的机械搬演。按照该说,法人是通过其机关从事法律行为的,这在法律实践上是无从考证的。同时,按照这一观念,也不应存在股东(成员)派生诉讼的可能性。在法人侵权责任上,机关说也过于僵化地排斥了机关成员个人的对外责任,不利于受害人的求偿。

二、有机体说的"同情式理解"

我们在指出基尔克学说缺陷的同时,还必须结合其所处时代和环境,进行同情式的理解,这不仅是对先贤的尊重,也是学术研究所应有的客观态度。

首先,我们应在当时的历史背景下,特别是在德国特定文化、政治语境中理解基尔克,毕竟要求学者超越于时代,如同要求其抓住自己的头发脱离地球一样荒谬。例如,基尔克的形而上学在相当程度上就是历史所造成的。其一,由于德国式"开明"专制④使得结社自由这种"敏感"的社会政策问题只能在抽象层面上曲折幽婉地进行讨论,因此,德国主体哲学某种程度上起到了一种学术保护的作用。其二,在基尔克所处的时代,德国主

---

① See Gierke, *Community in Historical Perspective*, ed. by Antony Black, trans. by Mary Fischer, Cambridge: Cambridge University Press, 1990, pp. xxii, xxv~xxvi, 214.
② See Frederick Hallis, *Corporate Personality: A Study of Jurisprudence*, Aalen: Oxford University Press, 1978, p. 163.
③ Vgl. Gierke, Das deutsche Genossenschaftsrecht, Ⅳ, Berlin: Weidmann, 1913, S. 835, 839.
④ 即使是当时的所谓民主国家,如英国、法国、美国等对于团体也一直存在政治上的偏见,拒不承认新兴团体特别是工会的合法地位,更不用提仍处于皇权专制时代的德国了。关于这个问题的系统分析,可参见仲崇玉、王燕:《论权利能力的功能与实质》,《东方论坛》2007 年第 1 期。

体哲学既是德国文化的产物，又反过来重塑了德国文化。可以说，整个法人论争都是在德国主体哲学的意义之网中进行的，参与论争的大多数学者都没有脱离这种"知识型"的控制或影响，即使后来的狄骥和凯尔森也不例外。在这种背景下，基尔克之不能"免俗"，也是可以理解的。其三，在当时，虽然孔德已经提出了社会学概念，但其主要观念和研究方法与哲学以及其他科学并未彻底分清，更谈不上科学的法社会学和法经济学等学科。在这种情况下，法人理论中一些难以依靠分析法学和历史研究加以处理的问题，如法人相对于其成员的独立性、实体性、法人的事实人格等问题，只能诉诸先验哲学的帮助，这也是可以理解的。

再如，基尔克所利用的有机体论，也是一种极为流行的思潮。该观念最早可以追溯到古希腊，后来经过康德、谢林、黑格尔、孔德、斯宾塞等人阐发，广泛流行于欧洲大陆及英国的哲学、文艺以及社会学领域，成为西方文化的一个重要面相。[1] 在基尔克之前，"民族精神"的旗手萨维尼也是有机体论的拥趸。[2] 基氏在某种程度上运用这种学术资源论证其政治、哲学价值观念，也符合历史法学派的内在逻辑。而且基尔克所研究的合作团体本身是一种德国所特有的团体类型，其特点就在于团体与成员之间既有所分离、又相互渗透和相互牵制的复杂关系。联系当时社会学尚属初创阶段的学术背景，似乎这种关系也只能以"有机"名之。

其次，从意识形态角度来说，基尔克虽然对团体价值、团体意志甚至团体精神进行了极端化的强调，但如果不将国家包括在内，就会发现，团体价值主要是出于对历史教训的总结："到了17世纪，在'原子化的个人'与'独裁精神'之间除闭锁在自身利益之中的特许法人之外，已经空无一物"[3]。而到基尔克时代，自由主义与民族国家齐头并进，在自私自利的个人主义与专制政治双重挤压之下，团体价值无端受到贬抑，其缓冲专制政治对个人冲击的作用越来越小。而在同时代的学者中，大多数都和

---

[1] 参见崔丽娜：《德国古典哲学思辨社会有机体思想研究》，《山东青年政治学院学报》2015年第2期；周晓虹：《唯名论与唯实论之争：社会学内部的对立与动力——有关经典社会学发展的一项考察》，《南京大学学报（哲学·人文科学·社会科学）》2003年第4期；周红兵：《严复与斯宾塞的"社会有机体论"》，《东南学术》2015年第2期，第75~76页。

[2] 参见〔德〕米夏埃尔·马丁内克：《德意志法学之光——巨匠与杰作》，田士永译，北京，法律出版社，2016，第9~10页。

[3] Gierke, *Community in Historical Perspective*, ed. by Antony Black, trans. by Mary Fischer, Cambridge: Cambridge University Press, 1990, p. xxii.

耶林一样，贬低团体价值，推崇国家的无限权力。① 在这种历史条件下，强调团体的重要性，甚至上升到宗教般的劝谕，虽然不会得到赞同，但是值得同情。

再次，有必要澄清基尔克与法西斯主义的关系。我国学者往往强调基尔克学说为德国法西斯所利用、甚至"助纣为虐"这一事实。② 这应当是空穴来风。在国外，也有人含糊地指出，基氏的作品在纳粹上台以后得到了更为广泛的阅读。③ 而其他一些学者虽然没有明确指出这一点，但他们对于基氏思想的评价同样受到了政治观念的微妙影响。例如凯尔森，作为在纳粹魔掌下侥幸逃生的犹太人，想必对所谓团体精神有着杯弓蛇影般的怵惕之心，他对极端化的法律实证主义的一贯坚持正是这种心境的自然流露。再如雷丁对于基尔克学说的反感，当然与杜威的评论有关，但也不排除第一次世界大战的影响，然而更重要的是，雷氏文章发表于纳粹上台前夜的1932年。

毫无疑问，基尔克学说，尤其是他在一次世界大战期间发表的爱国小册子，晚年对于魏玛宪法的批评以及逝世前不久加入保守的日耳曼民族党等行为都为法西斯提供了某种宣传资源④，但这不能说明基尔克支持纳粹的谎言。相反，基尔克学说的总体目标就是要求严格区分团体与国家各自的活动范围，特别是国家对其他团体的独立性与超然性，这与纳粹党国不分、国社不分的黑暗政治截然对立。纳粹党的宣传机构不过是断章取义地劫持了基尔克的某些观点为其统治辩护而已，而且被纳粹不正当利用的学者远非基尔克一人，其中就包括对反犹主义极为反感的尼采。因此，用"被法西斯所利用"这种模糊的事实对学者进行总体评价的做法，是不科学的。

最后，我们还应全面地把握基尔克的思想整体。虽然基尔克学说存在

---

① 具体分析，请参见本书第六章第二节"法人本质之争的政治思想背景"部分。
② 参见龙卫球：《民法总论》，北京，中国法制出版社，2001，第373页；蔡立东：《公司本质论纲——公司法理论体系逻辑起点解读》，《法制与社会发展》2004年第1期，第59页；[英] H. L. A. 哈特：《法理学与哲学论文集》，支振锋译，北京，法律出版社，2005，第42页译者注；何勤华：《西方法学史》，北京，中国政法大学出版社，1999，第253页。极其有趣的是，在我国民法学界，基尔克与法西斯这点似是而非的关系几乎成了他的标签，而对于真正为纳粹立下汗马功劳的拉伦茨，我们却不仅没有贴上这种标签，反而刻意回避这段经历。
③ See Otto von Gierke, *Community in Historical Perspective*, ed. by Antony Black, trans. by Mary Fischer, Cambridge: Cambridge University Press, 1990, p. xxiii.
④ See Gierke, *Community in Historical Perspective*, ed. by Antony Black, trans. by Mary Fischer, Cambridge: Cambridge University Press, 1990, p. xxiii.

着许多内在矛盾和冲突,但总体来说,其目的是促进社会中间团体的健康有序发展,而且世界历史的发展已经显示出其法人思想的正确性。

从 19 世纪后期直到第二次世界大战结束,社会自愿社团特别是工会的壮大与合法化,巨型企业的发展,后来的社会少数族群权利运动,乃至迄今仍在深化的消费者权利保护运动及环保运动,无疑都由社会团体推动并壮大起来。法人社会的兴起不仅改造了由个人构成的社会结构,使社会呈现出网格化的有机结构;而且改变了社会治理模式,法人组织普遍地分担了部分原由国家行使的治理权力,并形成了个人—社会组织—国家的平衡治理结构。

到 20 世纪 60 年代,塞尔兹尼克指出:"'社会团体结构的活力'具有比结社自由更广泛的价值……自治组织,作为国家和个人之间的中间体,提供了保护个人的避难所和有意义的参与工具。自治组织为国家提供了结构——一种可以支撑社会认同的自治渊源、训练可选择的领袖人物、制止突发行动以及约束政府权力的结构。当国家组织剥夺个人对团体的归属而使他孤身面对中央权力时,它本身也会衰微。作为一种权力体系,社会的团体结构提供了缓冲任何单一权力集团支配的抗衡力量。"[①] 时下学界对于社会组织的消极态度,实则出于无知。

三、有机体说的价值

罗曼·罗兰曾经说过:"世界上只有一种真正的英雄主义,那就是在认清生活的真相后依然热爱生活。"笔者认为,真正的学术研究也应当是在看清了前人的缺点之后,却依然对其保持尊敬。虽然基尔克的学说存在着许多严重缺陷和时代烙印,但是,从我国社会发展状况来看,他的法人学说依然具有现实意义,值得我们总结和学习。

首先,从政治学角度来说,有机体说意在否弃全能国家观念,肯定社会中间团体的独立性和自治能力,强调团体的合法性来自其自身而非国家。促使国家放弃中世纪晚期那种绝对皇权观念,同时抛弃法国大革命以来的敌视社会中间组织的现代集权主义,废止特许制加警察国家这一监控体系,尊重社会中间组织的自治和自律,实现个人—社会中间组织—国家之间的三足平衡。日本学者福地俊雄认为萨维尼与耶林的法人学说乃是

[①] Philip Selznick, *Law, Society and Industrial Justice*, New York: Russell Sage, 1969, pp. 37~38.

"古典法人理论",而基尔克的理论则是现代理论①,如果从市民社会角度来理解,是非常正确的。

其次,从法学理论角度而言,基尔克对于法人团体的静态分析和法人人格产生的动态研究也有可取之处。他认为从静态上来看,合作型团体是个有机体,具有团体意志,其人格是真实的社会存在,其法律人格必须以事实人格为基础,并受其约束。实际上,基尔克已经提出了后来哈耶克所分析的"自生自发秩序"问题,即法人的事实人格和法律人格都是民间自生自发秩序的结果,不是国家赋予的结果。另外,基尔克对于法人的成立过程的分析也大致并未失真。法人的产生的确起于成员的原始合同关系,但其存续与发展并不仅仅取决于这一合同关系,因为有许多团体可能存在长达几百年之久,当初的成员又如何能预测后来的局势?② 所以基氏关于法人应当超越于契约关系的观点也是正确的,甚至为后来科斯、德姆塞茨等人的新制度经济学企业理论和科尔曼的社会学理论在某种程度上加以证实。③

再次,从法律制度构建上来说,基尔克有着更多的先见之明。如在法人取得权利能力的制度构建上他认为这一过程实质上就是国家对于现实存在的法人人格进行承认的过程,所以应当采取普遍性的、条件较为宽松的、公平的准则制,而非特许制,这无论如何体现了法律的发展方向。在法人外部关系上,基氏坚持法人不仅具有权利能力,还有行为能力,机关不具有权利能力和行为能力,因为其人员选任及职责范围都由团体的内部规章调整,而非国家法规制。在法人与国家的关系上,一方面,基氏强调了团体的独立法律地位,并提出了法人独立于国家的事实人格,既重视了社团内部规章的自治法性质,又潜在地提出了法人宪法地位问题④;另一

---

① 参见〔日〕福地俊雄:《法人法の理論》,东京,信山社,1998,第181页以下。
② 相似的论述,可参见〔美〕弗兰克·伊斯特布鲁克、丹尼尔·费希尔:《公司法的经济结构》,张建伟、罗培新译,北京,北京大学出版社,2005,第17~18页。
③ 参见〔美〕罗纳德·科斯:《企业的性质》,载盛洪:《现代制度经济学》,北京,北京大学出版社,2003;〔美〕哈罗德·德姆塞茨:《企业经济学》,北京,中国社会科学出版社,1999。当然,较之新制度经济学的企业理论,新古典经济学的企业理论要激进得多,与基氏的观念差异较大。关于这个问题,可参见 William W. Bratton Jr.,"The New Economic Theory of the Firm: Critical Perspectives from History", *Stanford Law Review*, Vol. 41, 1989, pp. 1471~1527。科尔曼的理论请参见〔美〕詹姆斯·S. 科尔曼:《社会理论的基础》,邓方译,北京,社会科学文献出版社,2008,第13、16、17、20、21章。
④ 联邦德国1949年的《基本法》第19条第3款明文规定了法人的宪法地位,就体现了实在说。它规定:"基本权利亦适用于国内法人,但以依其性质得适用者为限。"该条第4款又规定:"任何人之权利受官署侵害时,得提起诉讼。"关于在此基础上形成的法人或无权利能力社团的宪法诉愿制度,可参见莫纪宏:《法人的宪法地位与公益法人的法律特征》,载吴玉章主编:《社会团体的法律问题》,北京,社会科学文献出版社,2004,第122~123页。

方面，他又没有极端化地认为法人内部生活完全处于国家法律及国家权力之外，甚至在一定程度上承认了国家对团体内部生活（机关）的干预权力，因而表现出很强的务实性。在所有坚持有机体说的学者当中，无论就基氏的理论解释，还是就其制度构建而言，都是比较趋向于中间路线的，而且后期基氏也倾向于"净化"自己的某些观点，尽管不够彻底。[1]

最后，基尔克关于法人的实在人格的观念有力地塑造了现代法人教义学体系。法人实在说从法人人格的实在性出发，建设性地总结了过去的司法经验，并根据理性法学的思维模式将这些经验加以体系化，构建了我们仍在使用的法人教义学体系。这个体系包括：法人的概念、要件、权利能力、行为能力、侵权责任能力、刑事责任能力以及法人的人格权等内容，这在当时显然更符合法律实践的需要。而如果按照拟制说和否认说，这些概念本身就是不可想象的[2]，更不用说用来指导立法和司法实践。而在当代，虽然这一教义学体系并不能直接像自动售货机一样提供法人实践问题的全部答案，而且其背后的制度原因和运行机理未必都如有机体说所解释的那样，但作为过去司法经验的总结，其仍然能够为解决法人实践问题提供思考的起点。

因此，无论从价值倾向还是从制度建构上说，有机体说无疑较诸拟制说更趋于合理。雷丁无视这些根本性的差异，将有机体说和拟制说一起贬为"中世纪的学说"[3]，显然是过于草率了。

四、有机体说的影响

从立法影响上来说，基尔克的法人学说在《德国民法典》法人部分的

---

[1] 前述拉班德就比基氏激进得多。还有人甚至提出一些古今奇观式的观点，如有人提出法人有性别之分，并进而提出法人婚姻的有效性问题。See Arthur W. Machen, Jr., "Corporate Personality", *Harvard Law Review*, Vol. 24, No. 4, 1911, p. 256. 而基氏后期与齐特尔曼也致力于净化泛神论的有机体说。参见〔德〕福尔克·博伊庭：《德国公司法中的代表理论》，邵建东译，载梁慧星主编：《民商法论丛》，第13卷，北京，法律出版社，1999，第538页。在基氏之后，仍有不少学者致力于"净化"他的学说。参见〔德〕贡塔·托伊布纳：《企业社团主义：新工业政策与法人的"本质"》，仲崇玉译，《南京大学法律评论》2006年春季号。

[2] 可以参考凯尔森对于这些概念的分析和解构。参见〔奥〕汉斯·凯尔森：《法与国家的一般理论》，沈宗灵译，北京，中国大百科全书出版社，1996，第113~120页。

[3] 雷丁写道："坚持团体是区别于其成员的真实的人，和坚持作为法律上的人的生物人并不怎么真实的两种观点完全是中世纪的学说，而且无疑是最糟糕的学说。在中世纪，这两种学说都是有意义的、可行的，并非仅仅是记忆性的和解释性的设计。"See Max Radin, "The Endless Problem of Corporate Personality", *Columbia Law Review*, Vol. 32, 1932, p. 649.

私法性规定中有所体现。如《德国民法典》第 26 条第 2 款第 2 句"代表权的范围可通过章程加以限制,其作用可以对抗第三人",可以理解为基尔克机关说的部分体现,因为章程虽然不能设定、取消代表权,但可以进行限制。而《德国民法典》第 31 条则可以认为体现了基尔克所构想的法人责任能力制度。不过,从本书拟制说部分对于《德国民法典》的分析来看,这些规定到底是立法者有意识地接受了有机体说,还是出于法律实践的现实需要,实在不好说。①

当然,真正从公私两方面全面体现基尔克学说的是制定于 1907 年的《瑞士民法典》。该法第 52 条规定了法人设立上的准则制和登记制,并豁免了非营利组织、宗教组织以及家庭财团的法人登记程序,明显地体现出了基尔克的法人人格实在说理念。第 53 条规定,除与自然人属性不可分离的权利义务外,法人的权利义务范围和自然人相同,也体现出实在说理念,而与萨维尼将法人仅仅界定为一种财产能力明显不同。第 54 条规定:"法人依照法律和章程的要求设立机关以后,即具有行为能力";第 55 条规定:"法人的意思,通过其机关来表示。法人对其机关的法律行为及其他一切行为承担责任",则比较全面地体现了机关说的思想。

在英美法系,基尔克关于法人的自然实体理论也在法律实践领域产生了很大影响。霍维茨认为,虽然美国旧有的公司合伙理论与基尔克学说一样都可以推翻国家威权主义的拟制说,但在私法技术方面,基尔克学说明显优于合伙理论。因此,到 1905 年的黑尔诉亨克尔案中,美国联邦最高法院最终不得不接受了自然实体理论。②

从学术来说,在德国,还有齐特尔曼(Ernst Zitelmann)、霍伊斯勒(Heusler)、邓恩伯格(Dernburg)、弗尔斯特(Förster)、雷格尔斯伯格(Regelsberger)、拉班德等人坚持法人实在说。③ 其中,齐特尔曼主要是以黑格尔哲学论证集合意志的存在,而公法学家拉班德比基氏更为激进地坚持这一学说,用以解释国家的法律人格。基氏之后,又有其弟子、魏玛宪法的起草者、曾于 1919 年担任帝国内政部长的胡果·普罗伊斯(Hugo

---

① 松冈义正在法人论争正酣之时就认为,德国、日本民法所规定的法人之不法行为能力,不过是出于实际之必要。参见〔日〕松冈义正口述,熊元楷、熊元襄编:《民法总则》下,上海,上海人民出版社,2013,第 120 页。

② 参见〔美〕莫顿·J.豪维茨:《回溯圣克拉拉案件:公司法理论的发展》,郑相随译,载方流芳主编:《法大评论》,第 4 卷,北京,中国政法大学出版社,2005,第 290 页。

③ 参见顾祝轩:《民法概念史·总则》,北京,法律出版社,2014,第 99 页。

Preuss)承之。① 直到 20 世纪 80 年代，仍然有学者肯定其学说，并将法人之争优胜者的桂冠授予基尔克。② 还有一些学者虽然不完全赞同该说，但也从中吸收了重要学术资源，如公法学家耶利内克（Georg Jellinek）援用该说论证国家的实在人格。③ 后来此说由法国学者梅斯德尔（A. Mestre）引入法国，并启发了萨莱耶（Raymond Saleilles）、米休德（Léon Michoud）以及惹尼（François Geny）的组织体说。狄骥虽然对于该说的哲学论证嗤之以鼻，但却十分赞赏基氏的结论，指出在自己的法人学说之外，唯一不求援于立法者的学说就是基尔克的学说。④ 意大利民法学者费拉拉（Ferrara）也在其著作中大量引用基氏观点。在俄罗斯，久维尔奴阿和波克罗夫斯基有力地捍卫着这一学说。⑤ 在日本，甚至产生了"日本的基尔克"，即深受基氏学说影响的法史学家中田薰。⑥ 我国民国时期民法学者余棨昌也明确坚持有机体说。⑦

在英美法系，梅特兰于 1900 年将基氏学说介绍到英国，后又传到美国，因而也产生了重大影响。在英国，除梅特兰以外，还有许多学者如维诺格拉多夫（Paul Vinogradoff）、戴雪（Dicey）、吉尔达特（Geldart）、拉斯基（Harold Laski）都倾向于实在说。在美国，曾在德国受教的美国公法学家弗洛因德（Ernst Freund）在 1897 年出版的《法人的法律性质》⑧一书中，介绍并部分地支持了基氏学说，兼以梅特兰的译介，使得该说在美国的公司法学术研究中起到了极为重要的作用。⑨ 在基氏刺激下

---

① See John D. Lewis, *The Genossenschaft-Theory of Otto von Gierke: A Study in Political Thought*, Madison: University of Wisconsin Press, 1935, p. 99.
② 参见〔德〕贡塔·托伊布纳：《企业社团主义：新工业政策与法人的"本质"》，仲崇玉译，《南京大学法律评论》2006 年春季号。
③ 参见〔德〕格奥格·耶利内克：《主观公法权利体系》，曾韬、赵天书译，北京，中国政法大学出版社，2012，第三章。另参见〔法〕莱昂·狄骥：《〈拿破仑法典〉以来私法的普通变迁》，徐砥平译，北京，中国政法大学出版社，2003，第 55~56 页；Frederick Hallis, *Corporate Personality: A Study of Jurisprudence*, Aalen: Oxford University Press, 1978, p. 196.
④ 参见〔法〕莱昂·狄骥：《宪法论》，钱克新译，北京，商务印书馆，1959，第 364 页。
⑤ 参见〔俄〕E. A. 苏哈诺夫：《俄罗斯民法》，第 1 册，黄道秀译，北京，中国政法大学出版社，2011，第 152 页。
⑥ 参见吴宗谋：《再访法人论争——一个概念的考掘》，硕士学位论文，台湾大学法学研究所，2004，第 99 页。
⑦ 参见胡长清：《中国民法总论》，北京，中国政法大学出版社，1997，第 100 页。
⑧ Ernst Freund, *The Legal Nature of Corporations*, Chicago: The University of Chicago Press, 1897.
⑨ 参见〔美〕莫顿·J. 豪维茨：《回溯圣克拉拉案件：公司法理论的发展》，郑相随译，载方流芳主编：《法大评论》，第 4 卷，北京，中国政法大学出版社，2005，第 290 页。

的英美论著，据笔者不完全统计，仅专著就有 10 本之多。① 甚至在偏居一隅的澳大利亚，基尔克的学说也引起了学者的重视。②

基尔克学说的影响甚至超出了法学学科，基氏的许多重要范畴不仅为滕尼斯、韦伯等人社会学研究所吸收③，而且启发了流行于英美的政治多元主义。④ 在 1990 年出版的基氏著作英译本中，编者还一再强调其政治

---

① 如 F. M. Maitland, *State, Trust, and Corporation*, ed. by David Runciman and Magnus Ryan, New York: Cambridge University Press, 2003（该书是梅特兰先生的论文集，主要写作于 1900~1905 年他生命的最后阶段）; Ernst Freund, *The Legal Nature of Corporations*, Chicago: The University of Chicago Press, 1897; Max Radin, *The Legislation of the Greeks and Romans on Corporations*, New York: Columbia Univ. Press, 1909; Herbert A. Smith, *The Law of Associations, Corporate and Unincorporated*, Oxford: Clarendon Press, 1914; James Treat Carter, *The Nature of the Corporation as a Legal Entity: with Especial Reference to the Law of Maryland*, Baltimore: M. Curlander press, 1919; P. W. Duff, *The Charitable Foundations of Byzantium*, Cambridge University, 1916; P. W. Duff, *Personality in Roman Private Law*, London: Cambridge University Press, 1938; Frederick Hallis, *Corporate Personality: A Study of Jurisprudence*, Aalen: Oxford University Press, 1930; Harold Joseph Laski, *The Foundations of Sovereignty: and Other Essays*, New Haven: Yale University press, 1931; John D. Lewis, *The Genossenschaft-Theory of Otto von Gierke: A Study in Political Thought*, Madison: University of Wisconsin Press, 1935。

② See Leicester C. Webb, ed., *Legal Personality and Political Pluralism*, Melbourne: Melbourne University Press on behalf of the Australian National University, 1958.

③ 参见〔德〕斐迪南·滕尼斯：《共同体与社会——纯粹社会学的基本概念》，林荣远译，北京，商务印书馆，1999，第 15 页；林端：《德国历史法学派——兼论其与法律解释学、法律史和法律社会学的关系》，载《萨维尼与历史法学派》，桂林，广西师范大学出版社，2004，第 112 页。

④ See Kung Chuan Hsiao, *Political Pluralism: A Study in Contemporary Political Theory*, New York: Harcourt, Brace and Company, INC, 1927（中译本参见萧公权：《政治多元论：当代政治理论研究》，周林刚译，北京，中国法制出版社，2012）; Leicester C. Webb, ed., *Legal Personality and Political Pluralism*, Melbourne: Melbourne University Press on behalf of the Australian National University, 1958; David Runciman, *Pluralism and the Personality of the State*, Cambridge: Cambridge University Press, 1997. 在《政治多元论：当代政治理论研究》一书中，萧公权先生明确指出，多元主义最初是由基尔克于 1868 年阐发的。参见萧公权：《政治多元论：当代政治理论研究》，周林刚译，北京，中国法制出版社，2012，弁言，第 1 页。在《多元主义和国家的人格》一书中，英国学者 Runciman 列举了 7 位政治多元主义先驱：托马斯·霍布斯、基尔克、F. M. 梅特兰、J. 菲吉斯、欧内斯特·巴克、G. D. H. 柯尔以及哈罗德·拉斯基，并认为他们的共同点是都对团体人格感兴趣，正是对于团体的人格的概念引发其作品的许多课题，前两位还倡导了 20 世纪初的英国多元论政治思潮，这一思想的内在线索就是由基尔克提供的，因为团体人格就是从他产生的。参见 David Runciman, *Pluralism and the Personality of the State*, Cambridge: Cambridge University Press, 1997, p. xii.; Michael Dreyer, "German Roots of the Theory of Pluralism", *Constitutional Political Economy*, 1993, Volume 4, Issue 1, pp. 7~39。

学和历史学方面的当代学术价值。①

　　随其影响的扩大,基尔克也招来了越来越多的批评者,如德国的耶林、布林兹、贝克尔、赫德尔、宾德尔、耶利内克、施塔姆勒、马克斯·韦伯等,法国的贝尔特勒米、万·德·霍卫尔、瓦莱依-苏米埃尔和狄骥,奥地利的凯尔森等。有机体说的批评者也相互批评,而且学术争论不再仅仅限于法学界,而是延伸到政治学、哲学、社会学等领域。因此,从某种意义上说,法人本质之争成为一个国际性、"穿越性"②、跨学科的学术大论争,皆由基尔克一人所致。

---

① See Gierke, *Community in Historical Perspective*, ed. by Antony Black, trans. by Mary Fischer, Cambridge: Cambridge University Press, 1990, pp. xxii～xxiii.
② 这是这次学术论争的一个特点,就是论题经常从现代、近代、中世纪再回到古代,特别是古罗马,甚至有时要追溯到古希腊。

第五章　折中说——组织体说
（Organisationstheorie）

在前述三大学说完全面世之后，法人本质研究进入了一个新的阶段，一方面，正如前面三章中学说流变和影响部分所述，仍有许多学者坚持沿着这些学说的思路继续前行；另一方面，随着现有学说的缺陷日益显露，越来越多的学者希望能够在现有学说基础上进行折中和综合，以克服其缺陷，发扬其优点。例如前文提到的贝克尔就将受益人主体说和管理者主体说进行统合。当然，更多的人却是以实在说为基础，同时又兼采受益人主体说和管理者主体说的一些观点。例如德国的耶利内克[1]、图尔（B. v. Tuhr）[2] 以及拉伦茨[3]，英国的维诺格拉多夫[4]和萨尔蒙德（Salmond）[5]，美国的梅琴（Machen）[6]、弗洛因德（Ernst Freund）[7] 以及格雷[8]，意大利的费拉拉等人。[9] 其中，最为典型、影响最大的则是在法国发展起来的组织体说。该说为法国学者米休德（Léon Michoud，1855—1916）所创，并由萨莱耶

---

[1] 参见〔德〕格奥格·耶利内克：《主观公法权利体系》，曾韬、赵天书译，北京，中国政法大学出版社，2012，第18页以下。

[2] B. v. Tuhr, Der Allgemeine Teil des Deutchen Bürgurlichen Rwchts, Berlin, 1910. 转引自〔德〕罗尔夫·克尼佩尔：《法律与历史——论〈德国民法典〉的形成与变迁》，朱岩译，北京，法律出版社，2003，第70页。

[3] 参见〔德〕卡尔·拉伦茨：《德国民法通论》上册，王晓晔等译，北京，法律出版社，2003，第180~184页。

[4] See Paul Vinogradoff, "Juridical Persons", *Columbia Law Review*, Vol. 24, No. 6, 1924.

[5] See P. W. Duff, *Personality in Roman Private Law*, London: Cambridge University Press, 1938, p. 219.

[6] See Arthur W. Machen, Jr., "Corporate Personality", *Harvard Law Review*, Vol. 24, No. 4, 1911, p. 267.

[7] See Ernst Freund, *The Legal Nature of Corporations*, Chicago: The University of Chicago Press, 1897.

[8] 参见〔美〕约翰·齐普曼·格雷：《论法律主体》，龙卫球译，载《清华法学》，第2辑，北京，清华大学出版社，2002。

[9] 参见〔法〕莱昂·狄骥：《宪法论》，钱克新译，北京，商务印书馆，1959，第353页。

(Raymond Saleilles，1855—1912)和惹尼（François Gény，1861—1959)进一步论证和完善。在法国，奥里乌（Maurice Hauriou，1856—1929)、德摩根（Demogue）的观点与之类似。① 在英国，哈里斯毫无保留地赞成这一学说。② 在日本和中国，组织体说则号称学界之通说和立法指导思想。③

不过在我国学界，已经有许多学者开始质疑组织体说④，更有人明确主张拟制说。⑤ 因此，组织体说是我国学界通说的观点已难成立。实际上，该说是我国立法指导思想的说法也颇值怀疑。由于缺乏对组织体说的深入解读，我国学界并未认识到该说的真正意义和精神实质，在这种情况下，何来"指导"之谓？中外学术史上，有过不知其精义的"指导思想"吗？《民法典》第57条对法人所下的定义⑥被学界一致解释为组织体说的体现，但也只是字面上的关联而已，并无实质上的承接关系。另外，组织体说在国家与社会组织关系上基本上坚持了与有机体说大体相同的思路，主张减少政府管制，尊重法人自治。而我国虽然近年来在法人的设立、变更、终止、监管等方面已有较大革新⑦，但在非直接登记的非营利法人方

---

① 参见〔法〕莱昂·狄骥：《〈拿破仑法典〉以来私法的普通变迁》，徐砥平译，北京，中国政法大学出版社，2003，第57页；史尚宽：《民法总论》，北京，中国政法大学出版社，2000，第140页。

② See Frederick Hallis, *Corporate Personality*: *A Study of Jurisprudence*, Aalen: Oxford University Press, 1978, p. 238.

③ 参见〔日〕星野英一：《非营利团体和非营利法人在日本的立法——日本的前车之鉴》，渠涛译，载渠涛主编：《中日民商法研究》，第2卷，第19～20页，北京，法律出版社，2004；胡长清：《中国民法总论》，北京，中国政法大学出版社，1997，第100页；郑玉波：《民法总则》，北京，中国政法大学出版社，2003，第173页；施启扬：《民法总则》，台北，1995，第116页；梁慧星：《民法总论》，北京，法律出版社，2001，第143页；王利明：《论法人的本质和能力》，载王利明：《民商法研究》，第3辑，北京，法律出版社，2001，第33页；朱慈蕴：《公司法人格否认法理研究》，北京，法律出版社，1998，第27页。

④ 如李高中等：《法人组织说批判》，《法学》1996年第12期；江平、龙卫球：《法人本质及其基本构造研究——为拟制说辩护》，《中国法学》1998年第3期；蔡立东：《公司本质论纲》，《法律与社会发展》2004年第1期，第57页；尹田：《论法人人格权》，《法学研究》2004年第4期，第52页；张骏：《关于法人本质的再思考——从拟制说出发》，《江南大学学报（人文社会科学版）》2005年第2期；李永军：《民法上的人及其理性基础》，《法学研究》2005年第5期，第21页；蒋学跃：《法人行为能力问题探讨》，《甘肃政法学院学报》2007年第4期；蔡立东：《论法人行为能力制度的更生》，《中外法学》2014年第6期。

⑤ 参见江平、龙卫球：《法人本质及其基本构造研究——为拟制说辩护》，《中国法学》1998年第3期。

⑥ 该条规定："法人是具有民事权利能力和民事行为能力，依法独立享有民事权利和承担民事义务的组织。"

⑦ 如公司法上的直接登记制、授权资本制，行业协会商会类、在自然科学和工程技术领域内从事学术研究和交流活动的科技类、公益慈善类（提供扶贫、济困、扶老、救孤、恤病、助残、救灾、助医、助学服务等）和城乡社区服务类四类非营利法人的直接登记制、单重管理制以及行业协会商会的脱钩工作等。

面仍然呈现出浓厚的拟制说和管制主义色彩,与组织体说的自由精神尚有较大差距。① 而在解释法人的行为能力和责任能力等制度方面,我国学界援引的毋宁说是基尔克的机关说,而不是组织体说。②

尽管如此,本书仍然希望对组织体说进行专门解读,其原因已在本书导论部分详释。下文将从该说的产生背景入手缕述其思路和内涵,最后结合评价回应导论中设定的研究目标。

第一节 组织体说的法律实践及学术背景

一、组织体说的法律实践背景

组织体说的产生与法国大革命以来国家集权化、神圣化,而各种自愿社会团体受到敌视、钳制的法律实践是分不开的,在很大程度上,甚至整个法国法人问题大讨论都是在对法国大革命及其后政治信条的反思这一大背景下进行的。

托克维尔的《旧制度与大革命》揭示,法国大革命并不是在所有方面都是一场"革命",而如何对待社会中间组织的问题恰恰就是如此。实际上,早在革命之前的王政时代,就禁止设立未经国王许可的非营利法人,而当时的知识阶层也大都倾向于敌视各类社会中间组织:重农学派因行会妨碍其所推行的改革计划而对行会大加批判;法学界也支持对社会中间组织的扼制政策③;法国革命的精神导师卢梭对于社会团体更是深恶痛绝,因为其有损公意。④ 法国大革命利用人们对封建团体的憎恨,以近乎狂热的行动将上述观念付诸实施。对此,法国实证哲学创始人孔德曾有如下描述:"在1791年到1794年间,整个法国是一幅对各种团体组织进行可怕

---

① 关于这个问题的初步分析,可以参见仲崇玉:《从他治到自治:论我国法人人格制度的改革》,《法学论坛》2011年第3期,第151~153页;仲崇玉、王燕:《我国宗教法人制度评析》,《中共青岛市委党校青岛行政学院学报》2015年第6期。

② 如蔡立东:《论法人行为能力制度的更生》,《中外法学》2014年第6期;蒋学跃:《法人行为能力问题探讨》,《甘肃政法学院学报》2007年第4期;朱庆育:《民法总论》,北京,北京大学出版社,2016,第460~461页。

③ 参见吴宗谋:《再访法人论争——一个概念的考掘》,硕士学位论文,台湾大学法学研究所,2004,第21页。

④ 参见〔法〕卢梭:《社会契约论》,何兆武译,北京,商务印书馆,2003,第36页;〔英〕罗素:《西方哲学史》下卷,马元德译,北京,商务印书馆,1976,第241页;朱学勤:《道德理想国的覆灭》,上海,上海三联书店,2003,第208~209页。

的打击的景象，行会、宗教团体、金融团体、学术和文化社团全部遭到立法者的取缔，他们认为'歼灭所有类型的市民团体才是法国宪法的唯一基础'，'一个真正的自由国家不能容忍在其内部存在任何社团组织，即使是致力于公众教育的团体，也不应被允许。'"[1]

在革命中首当其冲的就是教会组织，法国国民议会1789年11月2日的法令宣布将宗教界的财产收归国有。[2] 以后类似禁令接连不断，如1791年6月14日发布的著名的《列沙白里哀法》禁止各行业的工人及雇主集会和结社，该法一直到1884年才被废止。1791年9月27日～10月16日政令解散法国境内的所有商会。1792年8月4日发布关于教会的禁令，同月7日发布关于世俗宗教性社团与各种会所的禁令。1794年7月1日立法禁止各种疗养院、救济院、济贫院等机构进行全国性的资产及负债合并，同年10月16日，国民公会颁布法令，禁止任何结盟、团体、联合会以及各个协会之间以集体名义进行通信，禁止集体性的请愿或上访。[3] 1795年宪法第360条明文禁止人民组建"反对公共秩序"的协会，第361条规定任何公民大会都无权"自定为人民团体"，第362条则禁止公民大会与其他团体通信往来和举行公共会议，第365条规定任何团体都不能提出集体请愿。[4] 拿破仑执政后，更是将大革命以来的反结社、反社团政策推向了极致。1804年《拿破仑法典》有意地没有规定社团自由，也没有规定社会团体的法律人格。1810年《拿破仑刑法典》第291～294条更是对结社罪进行了详细规定。[5]

总之，经过大革命，特别是拿破仑称帝后，法国终于实现了其历代国王可望而不可即的中央集权，与国王分庭抗礼的贵族阶层受到毁灭性打击，自治市镇等地方上的自治权力一笔勾销[6]，地方各级行政区的官吏统

---

[1] John Henry Cully Ⅲ, People's Capitalism and Corporate Democracy: an Intellectual History of the Corporation, Article for Ph. Doctor, Santa Barbara: University of California, 1986, pp.23～24.

[2] 参见〔法〕莱昂·狄骥:《宪法论》，钱克新译，北京，商务印书馆，1959，第363页。

[3] 参见乐启良:《近代法国结社观念》，上海，上海社会科学院出版社，2009，第76页。

[4] 参见〔意〕萨尔沃·马斯泰罗内:《欧洲民主史——从孟德斯鸠到凯尔森》，黄华光译，北京，社会科学文献出版社，2001，第35页。

[5] 参见乐启良:《近代法国结社观念》，上海，上海社会科学院出版社，2009，第79页。

[6] 法国大革命初期，法国立宪会议曾经倾向于地方的自治权力，特别是市镇的自治权力，强调市镇的权力并不源于国家，相反，国家权力源于市镇。但拿破仑的《雨月法》最终剥夺了市镇这一权力，各级行政区皆由中央任命的官员管理，市镇完全沦为国家机器的组成部分。参见〔德〕格奥格·耶利内克:《主观公法权利体系》，曾韬、赵天书译，北京，中国政法大学出版社，2012，第246～247页。

统由中央"空降"而至,各类社会中间组织横遭取缔,现代官僚国家吞噬了整个社会,国家垄断了一切社会资源和权力,形成了一个极端超重心的现代集权结构。在国家之外,除了一群一盘散沙的所谓"独立自由"的个人,已经别无他物。在狂热的现代集权主义者看来,真可谓"一片白茫茫大地真干净"。

早在大革命时代,邦雅曼·贡斯当就批评道:"每个人都是群众的一分子,而由每个人的参与构成的群众,却把每个人吓得惊恐万状。这就是曾经蔓延到整个法国的莫名其妙的狂热,它被称为恐怖时期。"[1] 距大革命大约半个世纪以后,法国自由主义经济学家巴斯夏批评法国表面上争取政治权利的斗争走在欧洲的前列,但这并"没有阻止法国人成为欧洲受统治最严密,受管制最多、受强制最严重、受束缚最紧、受剥削最深重的民族"[2]。与巴斯夏同时代的托克维尔也反思道:"当法国人重新激起对政治自由的热爱时,他们在政府问题上已经具有相当多的概念,它们不仅与自由制度的存在完全不符,而且几乎与之对立……国民作为整体拥有一切主权权利,每个公民作为个人却被禁锢在最狭隘的依附地位中:对前者,要求具有自由人民的阅历和品德,对后者,则要求具有忠顺仆役的品质。"[3] 在大革命已过百年之后,法国社会心理学家古斯塔夫·勒庞一针见血地批评法国的现代国家集权主义:"在拉丁民族看来,'民主'更多地是指个人意志和自主权要服从于国家所代表的社会的意志和自主权。国家在日甚一日地支配着一切,集权、垄断并制造一切。不管是激进派、社会主义者还是保皇派,一切党派一概求助于国家。"[4] 同时代的法国法学家狄骥更是痛心疾首地指出法国大革命取缔社会中间组织的行径使"没有组织的个人群众在极端强大的国家面前被解除了武装","国家便毫无限制地统治着一群独立而无能的个人,统治着像一盘散沙的人们"[5],自由、正义、人权、平等仅仅成了空洞的口号。作为局外人的韦伯则是冷静而深入地揭示了法国大革命这种极端做法的动机:"这主要出自于对任何激进的民主都

---

[1] 〔法〕邦雅曼·贡斯当:《古代人的自由和现代人的自由》,阎克文、刘满贵译,上海,上海人民出版社,2005,第282页。
[2] 〔法〕弗雷德里克·巴斯夏:《财产、法律与政府》,秋风译,贵阳,贵州人民出版社,2003,第119~120页。
[3] 〔法〕托克维尔:《旧制度与大革命》,冯棠译,北京,商务印书馆,1992,第201~202页。
[4] 〔法〕古斯塔夫·勒庞:《乌合之众:大众心理研究》,冯克利译,北京,中央编译出版社,2000,第89页。
[5] 〔法〕莱昂·狄骥:《宪法论》,钱克新译,北京,商务印书馆,1959,第473~474页。

很典型的原因，其次出于一些自然法上的教条观念，最后部分地出自于资产阶级的、受到经济制约的、在其肆无忌惮上同样受到教条影响的动机。"①

尽管受到诸多批评，但法国自法国大革命以来一直到 1901 年，大革命及拿破仑专政时期钳制社会中间组织的各种法律大都继续有效，对于社团的限制向来比德国立法严酷。② 在法学界，萨维尼的法人学说迅速地被引入法国并长期被奉为圭臬，为上述法律提供了理论辩护，致使迟迟未能进行变革。但是严酷的法律规制并没有遏制社团的发展，从 1848 年革命以来，特别是 20 世纪初以来，法国社团运动日趋活跃，到了 20 年代，"法国的全部领土已布满了社团网，如工会、各种职业团体、甚至还有公务员的团体、互助会、慈善会，以及科学、语言学、艺术的社团"③。教会的力量也有所复苏，并强烈要求实行政教分离，谋求教会独立于国家政权组织之外的实体地位。除却政治上的现实压力之外，从法律技术上来说，虽然《拿破仑法典》根本没有法人之规定，但学术界和司法机构早已因法律实践之需要不得不在事实层面上承认了社会组织的法律人格。1865 年 6 月 21 日立法第 3 条赋予各类为堤防、排水、灌溉、疏浚、除虫、防灾等需要而成立的工程联合会起诉与应诉、取得（包括各种无偿受让）不动产、买卖、互易、和解、借贷与抵押等权利能力。这是在民法典制定之后，实定法上首次明文赋予团体权利能力。紧跟其后的是 1867 年 7 月 24 日立法对商法上股份有限公司法人人格的承认。④ 社团实践的现实迫使立法者不得不进一步承认社团组织的合法性，1884 年 3 月 21 日《瓦尔德克-卢梭法》承认了劳资双方各自有权组织行业协会，无须政府批准，但是政治俱乐部与宗教团体仍然受到限制⑤，1888 年立法承认了业主工会，1898 年承认了互助社团，直到 1901 年《结社法》才承认一般的社团自由权利。⑥ 但是该法通过以后，许多团体还是要求更进一步的自由。

---

① 〔德〕马克斯·韦伯：《经济与社会》下卷，林荣远译，北京，商务印书馆，1997，第 83 页。
② 参见〔法〕莱昂·狄骥：《〈拿破仑法典〉以来私法的普通变迁》，徐砥平译，北京，中国政法大学出版社，2003，第 64 页。
③ 同②，第 63 页。
④ Raymond Saleilles, De la personnalité juridique. Paris, Arthur Rousseau, 1922, p. 7. 转引自吴宗谋：《再访法人论争——一个概念的考掘》，硕士学位论文，台湾大学法学研究所，2004，第 90 页。
⑤ 参见郭华榕：《法国政治制度史》，北京，人民出版社，2005，第 442 页。
⑥ 参见〔法〕莱昂·狄骥：《〈拿破仑法典〉以来私法的普通变迁》，徐砥平译，北京，中国政法大学出版社，2003，第 63 页；〔法〕莱昂·狄骥：《宪法学教程》，王文利等译，沈阳，辽海出版社、春风文艺出版社，1999，第 229 页。

二、组织体说的学术背景

"春江水暖鸭先知",在自由结社运动的影响下,首先是法国知识界观念发生了深刻变革,他们热情支持自由社团的发展,强烈批评当时的扼制政策。作为对长期的高压政策的反弹,这一思潮观点异常激进。首先对法国长期以来盛行的拟制说构成反动的是由耶林所启发的法国学派。该学派以极端化的个人主义姿态出现,不仅消解了国家的神圣人格和先验实体,而且激烈批评国家对法人团体的扼制政策,形成了一股强大的思想洪流,甚至被基尔克称为法国大革命威权主义的报应。[1] 此外,狄骥更是以极端化的法学理论指出,在所有的法人人格学说中,只有他自己和基尔克的学说不求助于立法者权力干预,而其他的学说则一概或多或少承认国家的权力干涉,其显示出完全排斥国家权力的倾向。[2] 从实定法上说,狄骥攻击的矛头直指 1901 年《结社法》,认为该法仍有扼制法人团体发展的弊端。[3]

在组织体说的代表人物看来,这种完全排斥国家权威地位的自由主义必将导致无所作为主义和无政府主义,不可避免地导致社会秩序的失控,因为毕竟国家是整个社会利益的代表,而社会团体不过是社会局部利益的代表,所以国家在一般意义上应高于其他法人团体。如果在社会团体之间出现争执之时,没有国家这个掌握最后发言权的权威,社会就会陷入混乱之中。[4] 从实定法角度说,组织体说主张者认为 1901 年《结社法》已经意味着法人人格实在说的基本胜利,所以应当予以维护。

从时代背景上来说,组织体说完善于 20 世纪初,大体上与管理者主体说处于同一时代,这使得该说可以跟踪法人团体法律实践上的重大变迁。一方面,包括公司在内的许多社会组织朝向大型化、全国化甚至跨国化方向发展;另一方面,规模庞大的社会组织需要由专门的职业管理者进

---

[1] See John Henry Cully III, *People's Capitalism and Corporate Democracy*: *an Intellectual History of the Corporation*, Article for Ph. Doctor, Santa Barbara: University of California, 1986, p. 19.

[2] 参见〔法〕莱昂·狄骥:《宪法论》,钱克新译,北京,商务印书馆,1959,第 364 页。不过还不能就此认为狄骥就是社团无政府主义者,因为狄骥在否认立法者和执法者的权力时,实际上将监控权力交给了法院,这一点是非常值得我们重视的。参见〔法〕莱昂·狄骥:《宪法论》,钱克新译,北京,商务印书馆,1959,第 362 页。

[3] 参见〔法〕莱昂·狄骥:《〈拿破仑法典〉以来私法的普通变迁》,徐砥平译,北京,中国政法大学出版社,2003,第 76~77 页;〔法〕莱昂·狄骥:《宪法学教程》,王文利等译,沈阳,辽海出版社、春风文艺出版社,1999,第 230~236 页。

[4] See Frederick Hallis, *Corporate Personality*: *A Study of Jurisprudence*, Aalen: Oxford University Press, 1978, p. 244.

行管理，大型公司普遍出现伯利和米恩斯所揭示的两权分离的情形，社会团体普遍出现了职业管理者掌控团体事务的局面。从这一背景来理解，基尔克所极力维护的团体合法地位更多的是一种理论表象，维护团体机关的合法权力才是这一主张的实质。而到管理者主体说那里，则直截了当、旗帜鲜明地提出赋予管理者合法地位的主张。[①] 按照管理者主体说，真正合法化的不是所谓的由众多个人构成的集合体，而是团体内部管理者的权力，说到底，就是管理者以集合体的名义而为的行为是否能够归属于集合体名下，从而对于相关的自然人产生拘束力。因此，在米休德与萨莱耶构建组织体说时，实际上借鉴了管理者主体说的某些观点。从这个角度来说，组织体说认为，法国学派的个人主义进路不能提供一个合理的解释，因为它忽略了管理者的地位和作用，同时也就意味着放弃了对于管理者的规制。

当然，组织体说又坚决反对打压扼制社会中间组织，这不仅是当时的法学通识，而且与组织体说代表人物的个人体验密切相关。如萨莱耶是一位虔诚的天主教徒，又是法史学家，他对法国大革命以来在教会问题上的倒行逆施必会感同身受。因此，从政治立场上来说，组织体说的主要论敌并不是法国学派，而是拟制说。他们认为："拟制说赋予国家以错误的权力，所以将其他所有的法人都置于不能实施的，并且实践上仅是一场闹剧的法律统治之下。因为国家的职能不可界定为行使无限权力，而是为了秩序与正义而监督其他人。"[②]

在组织体说看来，实在说意味着关于国家的新观念，法人的权力不是国家特许的，也不是派生的，而是因其在整个政治共同体内占有的地位、其所行使的社会职能而固有的。"赋予了法人人格的社团不再为了取得对于其履行其承担的信托所必不可少的权利，而需要国家的恩赐式特许，而是将根据其作为可敬的和负责任的公民所固有的性质而享有权利。"[③] 因此，组织体说的政治立场与有机体说的基本上是一致的。实际上，在理论和技术的许多方面，组织体说也主要是受到了有机体说的启发，特别是萨莱耶本身又是德国比较法研究专家，对有机体说有着深刻的理解和把握。

但萨莱耶和米休德等人也清醒地认识到，有机体说过于先验神秘和意识形态化，没有区分好对于社会现象的社会学描述与法学构建的关系，也

[①] 参见〔德〕莱恩荷德·齐佩利乌斯：《法学导论》，金振豹译，北京，中国政法大学出版社，2007，第82~83页。

[②] Frederick Hallis, *Corporate Personality: A Study of Jurisprudence*, Aalen: Oxford University Press, 1978, p. 243.

[③] 同②，pp. 243~244。

第五章 折中说——组织体说（Organisationstheorie）

没有处理好法律与道德、法理学与社会哲学的区别。① 更为重要的是该说给团体和国家披上了神圣的外衣，使其成了脱离并凌驾于其成员之上的独立实体，这也是组织体说不愿接受的。从这个意义上来说，组织体说又接受了受益人主体说的基本立场。同时，鉴于第一次世界大战前后法德民族的紧张关系，组织体说各创立者更倾向于运用一些法国人也可以接受的材料——如罗马法、法国立法、判例和学说——来阐述其思想②，从而创立了极具折中综合意味的组织体说。

从研究进路而言，组织体说也将拟制说与其所依据的主体哲学视为主要敌人。组织体说的英国追随者哈里斯对康德哲学及康德主义法理学提出了激烈批判：

> 道德意志是一套纯粹先验范畴的体系，当这一体系运用于我们的经验时，就为其扣上一件道德外壳。生活服从于僵硬概念的严格审查，道德成了逻辑信条的婢女。这就是康德主义法理学所产生的全部后果。法律上的意志也是一套纯粹先验范畴的体系，当这一体系运用于社会关系时，就会为其套上一件法律外衣。生活就会服从于特定僵硬概念的批判性解释，法律也成了逻辑信条的婢女。道德意志上的康德主义理论和法律意志上的康德主义理论的相似性并不仅仅是个偶然。它表明了一个值得我们进行最严厉批评的重大错误，即将道德与法律混为一谈。这一错误的后果是双重的，因为康德主义法律理论的缺陷不仅来自前述将法律问题与道德问题相混淆，而且源于它所遵循的道德路径既不足以解决道德问题，也无法作为法律理论之模型。③

但同时，组织体说也反对耶林、法国学派以及狄骥的解构和还原主义进路。耶林将法人人格还原为一个空洞的法律符号，而法国学派狄骥认为应当抛弃权利、权利主体、法人人格等不可实证的虚伪概念，而代之以社会职务、社会义务以及法律地位。④ 按照这种观念，自然人、法人甚至国

---

① See Frederick Hallis, *Corporate Personality: A Study of Jurisprudence*, Aalen: Oxford University Press, 1978, p. 155.
② 参见吴宗谋：《再访法人论争——一个概念的考掘》，硕士学位论文，台湾大学法学研究所，2004，第62、94页。
③ Frederick Hallis, *Corporate Personality: A Study of Jurisprudence*, Aalen: Oxford University Press, 1978, p. 43.
④ 参见〔法〕莱昂·狄骥：《〈拿破仑法典〉以来私法的普通变迁》，徐砥平译，北京，中国政法大学出版社，2003，第19～21页；〔法〕莱昂·狄骥：《宪法论》，钱克新译，北京，商务印书馆，1959，第323页。

家的法律人格都是法律拟制的结果，这种思潮的必然结果就是抛弃自然法下的民法概念体系。① 米休德、萨莱耶认为权利和权利主体概念不可抛弃。萨莱耶承认法律人格是法律思考的结果，但同时又认为，法律人格不是法律随意构建之物，法律理论和制度都要为人格的现实基础所辖制，他说："人格是一种现实，只是一种法律的现实，这就是说，它只是依照支配它的某些抽象概念而存在的，这不像一种纯粹自然的实体，不依靠我们可以作成的概念而存在。……但是思想不是任意把这种关系（指法律概念与现实存在间的关系——引者注）创造出来，而是在理性和自觉意识的原始意想的影响下创造出来。"② 萨莱耶还以限制行为能力以及无行为能力自然人的法律人格说明法人人格的实在性："我们现在知道，人格观念例如在它适用于一个社团或一个财团法人的时候所含有的观念化部分，比它对一个精神错乱而尤其对一个儿童适用时所留下观念化部分的痕迹要少得多。如果一方是拟制，而另一方将是双倍的拟制。"③ 也就是说，如果法人主体地位是一种拟制的话，则限制行为能力以及无行为能力自然人的法律人格是双重拟制。米休德更是在基尔克70寿诞的祝寿文集中说："在公法场地上的战争，是欲在那里保存私法、人格、主观法权、法律关系等陈旧观念者，和其他认为这种观念不充足、专擅、过于形式化而挪与社会事实较为切近之观念替代他们者中间的战争。"④ 由此可以看出，组织体说倾向于保留权利、权利主体、人格等概念法学工具，但希望在这些"旧瓶"之中装入法社会学的"新酒"。

可见，组织体说基本上采纳了概念法学的研究进路，力求在法教义学层面上将法人人格的社会方面和法律方面相结合。其中米休德大体上仍然属于法国传统意义上的注释法学派，在其两卷本的《道德人格理论及其对法国法的适用》中，虽然也对各种法人人格理论的学说以及法国司法实践进行了系统研究，但在法人本质理论的阐发上，他是从权利问题出发提出

---

① 参见〔法〕莱昂·狄骥：《宪法学教程》，王文利等译，沈阳，辽海出版社、春风文艺出版社，1999，第4～10页。

② Saleilles, De La Personnalité Juridique: Histoire et Theories, 2nd edition, Paris: A. Rousseau, 1922, p. 567. 转引自〔法〕莱昂·狄骥：《宪法论》，钱克新译，北京，商务印书馆，1959，第341页。

③ Saleilles, De La Personnalité Juridique: Histoire et Theories, 2nd edition, Paris: A. Rousseau, 1922, p. 574. 转引自〔法〕莱昂·狄骥：《宪法论》，钱克新译，北京，商务印书馆，1959，第344页。

④ 转引自〔法〕莱昂·狄骥：《〈拿破仑法典〉以来私法的普通变迁》，徐砥平译，北京，中国政法大学出版社，2003，第57～58页。

第五章 折中说——组织体说（Organisationstheorie）

其组织体说的。按照哈里斯的话来说，米休德的著作是社会学式的、辩证式的。[1] 而萨莱耶虽然也是出身于注释法学派，但已经在一定程度上有所超越，他又是科学法学派的创始人，并直接影响了惹尼。[2] 同时，他也是一位伟大的法律史学家，萨氏本人也乐于称自己是一位历史思想家[3]，他对法人人格问题主要进行了法史学上的考察，讨论了从古罗马时代一直到当时的法人人格思想之流变，其范围涵盖罗马法、中世纪教会法、复兴后的罗马法、日耳曼法以及法国法，在这一考察过程中，他认为学者过于夸大了各种学说之间的分歧[4]，因此，萨氏力图缩小各派的理论分歧，并论证关于法人人格的各种争论本身没有什么重要意义。[5] 不过总的来说，米氏与萨氏还有较强的自然法意味和概念法学倾向。[6] 惹尼则进一步摆脱了注释法学的影响，成为法国科学法学派的主要代表人物，他提出应按照"自由的科学的法之发现"超越并彻底更新传统的解释方法，使其成为具有世界影响的法学大家，并对德国的自由法学运动、早期利益法学运动都产生了巨大影响。[7] 因此，惹尼对于组织体说的论证是从法学方法上进行的，较少触及历史的制度层面。

概括而言，组织体说的主要内容是：团体是独立实体，该实体虽然源于其成员，但并不能随意还原为其成员；团体具有服务于集体利益的组织，组织的功能或者是表达共同意志或者是服务于共同目的。因此，一方面，组织体具有法律人格的社会基础，应当具有法律人格，其法律人格不是国家的赐予；另一方面，团体并不像基尔克所说的那样具有先于法律的

---

[1] See Frederick Hallis, *Corporate Personality: A Study of Jurisprudence*, Aalen: Oxford University Press, 1978, p. 233.
[2] 参见何勤华：《西方法学史》，北京，中国政法大学出版社，1999，第 142～143 页。
[3] See Frederick Hallis, *Corporate Personality: A Study of Jurisprudence*, Aalen: Oxford University Press, 1978, p. 238. 另可参见 Thaller, Gény and others, L'oeuvre juridique de R. Saleille, 转引自 Sir Paul Vinogradoff, *Introduction To Historical Jurisprudence*, Oxford: Oxford University Press, 1920, p. 121.
[4] 证明之一就是萨莱耶认为许多学者夸大了萨维尼的拟制说，他认为萨维尼的学术思路并没有完全贯彻拟制说。参见吴宗谋：《再访法人论争——一个概念的考掘》，硕士学位论文，台湾大学法学研究所，2004，第 28 页。
[5] 参见〔法〕莱昂·狄骥：《〈拿破仑法典〉以来私法的普通变迁》，徐砥平译，北京，中国政法大学出版社，2003，第 67 页。
[6] 例如萨氏接受了施塔姆勒关于自然法具有可变内容的观念。参见 Stammler, Das richtige Recht. 转引自 Sir Paul Vinogradoff, *Introduction to Historical Jurisprudence*, Oxford: Oxford University Press, 1920, p. 120.
[7] 参见〔德〕格尔德·克莱因海尔、扬·施罗德主编：《九百年来德意志及欧洲法学家》，许兰译，北京，法律出版社，2005，第 149～150 页。

伦理人格，团体法律人格是法律对社会现实进行重构的结果。

由于笔者不通法语，下文将主要根据英国学者哈里斯对奥里乌、米休德和萨莱耶三人的解读及其对组织体说所做的阐发展开分析。[1] 根据哈里斯的介绍，米休德的论证思路与当时的概念法学论证思路相同：先界定好权利与权利主体的概念，总结权利与权利主体的内涵和要件，以此作为评判各种存在物是否能够成为法律主体的标准；然后对团体内部结构进行社会学意义上的考察，揭示其成为法律主体的客观基础；最后讨论法人的法律人格的产生。萨莱耶与米休德的观点相差不大，所以，以下大体上就按照后者的论证思路展开论述。

第二节 权利及权利主体的界定

米休德论证法人团体能够成为权利主体的思路是："确定谁是一个法律主体不等于研究谁是一个法人（Legal Person）。论证一个集体是法律主体，不等于论证集体持有法人的各组成要素、持有自觉的意志要求和活动的能力。只是必须论证集体可以成为一种权利的执掌者，而因此就必须确定什么是权利。"[2] 所以他对法人人格概念的探讨是从权利的定义开始的。

米休德认为，权利就是指："一个或一群人的利益，借助于代表它或者维护它的某一意志所有的能力来取得法律上的保护。"[3] 可见，他是从实际的行为角度来考虑权利的，法律主体要实际上享有权利就必须有保护这一权利的意志。按照米休德的定义，权利是由三种要素所构成的，第一个要素是利益，第二个要素是意志，第三个要素是法律的承认与保护。当然前两个要素是实质要素，而后者则是形式要素。可见，一方面，他与耶林一样，都重视利益是权利的主要因素，因此他批评了萨维尼和温德沙伊德的权利意志说；另一方面，他批评耶林忽略了意志的因素，认为没有意志加以保障的利益是不可能实现的。

---

[1] See Frederick Hallis, *Corporate Personality：A Study of Jurisprudence*, Aalen：Oxford University Press, 1978, pp. 217~238.

[2] 〔法〕莱昂·狄骥：《宪法论》，钱克新译，北京，商务印书馆，1959，第350页。

[3] L. Michoud, La théorie de la personnalité morale et son application au droit français, Vol. I, Paris, 1924, pp. 105~106. 转引自 Frederick Hallis, *Corporate Personality：A Study of Jurisprudence*, Aalen：Oxford University Press, 1978, p. 236；另可参见〔法〕莱昂·狄骥：《宪法论》，钱克新译，北京，商务印书馆，1959，第352页。

第五章　折中说——组织体说（Organisationstheorie）

而萨莱耶则认为："权利是一种服务于具有社会属性的利益的，并由一自主的意志行使的力。"① 其与米休德定义的区别在于：第一，前者强调了法律所保护的利益的社会属性，也就是说重视利益对于社会的正面效应，只要具备了这个特征，利益就应当得到法律的承认与保护。第二，法律保护本身并不是权利的要件，它是由利益的正当性所衍生出来的结果，而米氏认为法律的保护是个独立要件。第三，萨氏正视了权利作为生命力量的能动性以及意志的积极作用，它是一种现实力量，而米氏则没有突出这一点。但两个定义基本上是相同的，都认为权利应当包括两个实质因素——利益与意志，而对于权利的形式要素——法律的承认与保护，萨莱耶实际上也是予以承认的，因为他认为法律对利益和意志进行保护之前，必须先进行法律上的价值判断，然后才确认其为权利并加以保护。② 在哈里斯看来，通过坚持服务于利益的意志是权利的必要因素，米氏与萨氏不仅将法律的目的（利益），而且将实现这一目的的手段（意志）统合进权利之中。

米、萨二人对权利的这种界定不是纯粹的学术游戏和抽象思辨，而是暗含了重要的政治考量：米氏与萨氏通过将利益与服务于该利益的自主意志力量联结起来，使权利不仅具有了自身的目的，也具有了实现这一目的的手段，从而成为一个自在自为的概念，最终使他们避免了将利益的保护者以及利益实现的保证者界定为国家的风险。③ 根据笔者对于拟制说和有机体说的分析，米氏与萨氏这一界定实际上与基尔克一样，避免了萨维尼那里服务于团体的内部机关被国家权力体系整合的危险，因为下文将分析，法人机关就是法人的意志因素，将意志因素整合到权利概念中，也就意味着将机关整合到团体之中，而不是像萨维尼那样将代表者独立于法人之外并纳入国家法体系，即机关应服从团体内部法规，而非直接服从民法这一国家法。

在界定了权利之后，米休德认为："权利主体或者法律上的人的观念是并且应当永远是一个纯粹法律观念。人一词仅指权利义务的主体，即能

---

① Saleilles, De La Personnalité Juridique: Histoire et Theories, 2nd edition, Paris: A. Rousseau, 1922, p. 548. 转引自 Frederick Hallis, *Corporate Personality: A Study of Jurisprudence*, Aalen: Oxford University Press, 1978, p. 236。

② Saleilles, De La Personnalité Juridique: Histoire et Theories, 2nd edition, Paris: A. Rousseau, 1922, pp. 359, 557. 转引自 Frederick Hallis, *Corporate Personality: A Study of Jurisprudence*, Aalen: Oxford University Press, 1978, p. 235。

③ See Frederick Hallis, *Corporate Personality: A Study of Jurisprudence*, Aalen: Oxford University Press, 1978, pp. 234~235。

够具有合理地归属于它的权利的存在物。"① "要想知道特定的存在是否符合这一定义,不必追问这些存在是否构成哲学意义上的人,只需探讨它们是否具有可以赋予其权利的本质即可。"② 米休德认为,这些本质规定性已经包含在权利的内涵之中,这就是利益、意志及法律的承认,也就是说权利和权利主体的本质条件是一致的。因此,米休德将权利主体界定为其利益受到一个服务于它的意志所具有的能力而得到了法律上的保障的集体与个人。

可见,从法学方法上来说,在确定何种存在物能够成为权利主体的问题上,米氏仍然采取德国概念法学演绎式思维,先确定成为主体的标准,然后再判断何种存在物符合这一标准。对此,推崇归纳式思维的杜威评论道:

> 法律之外的考量在名义上被排除了,但这些考量都在必须考察主体先于并独立于义务——权利归属机制的本质的伪装下,而在实际上又被收拢进来了。"主体"一词在法律中本应仅仅作为一个描述性术语,指任何一个权利——义务承担单元。但实际上人们并没有这样运用它,人们一直认为——特别是在已经散播开来的德国理论中——必须首先界定什么要素使某一事物成为一个适当的主体,这是该事物能够享有权利承担义务的先决条件。③

杜威认为权利和主体仅仅是我们描述法律行为的效果时而采用的一个描述性概念,而非一个先验式、实体性概念,由此批评米休德的这种思维方式必将导向德国式概念法学的思维模式。

笔者认为,杜威的批评不无道理,米氏这种论证方式的确没有脱离德国概念法学的思维,不仅权利、利益、意志、权利主体、自然人、法人等概念之间的关系被转化为封闭管道里的逻辑推演,米氏接下来对团体实践的社会学考察和对相应制度的法律解释也成了抽象概念的机械印证。按照这一体系的逻辑要求,对法人的社会学考察旨在分析团体的利益要素和意志要素在事实上是如何组织起来的,对法人的法解释学分析则是旨在赋予前述社会学考察结果以法律价值。只有符合法定要件,法人才能成为实证法上的权利主体。下文将对组织体说这两项研究分别进行讨论。

---

① ② L. Michoud, La Notion de Personnalité Morale, *Revue du Droit Public*, Vol. 11, No. 1, 1899, p. 8. 转引自 John Dewey, "The History Background of Corporate Legal Personality", *Yale Law Journal*, Vol. 35, No. 6, 1926, p. 659。

③ John Dewey, "The History Background of Corporate Legal Personality", *Yale Law Journal*, Vol. 35, No. 6, 1926, p. 659.

第三节 对法人本质的法社会学解释

虽然成为主体必须具有利益和意志两个要素，不过米休德和萨莱耶也认识到，对于完全行为能力自然人，这两个因素是完全内在于主体之中的；而在无行为能力和限制行为能力自然人那里，只有利益要素是内在于主体的，意志要素则并非先天地包含在主体之中，而是由其监护人提供的；在法人情况下，似乎难以认定利益和意志要素就是内在于法人之中的，特别是后者，如果认为意志也是内在于法人团体的，则必然导向基尔克的团体意志。也就是说，组织体说也和法人否认说、拟制说一样，认为只有个人的意志才是真实的意志，不存在基尔克所说的先验的团体意志。

但同时，组织体说又与否认说不同，其认为："如果没有意志力服务于权利保护的利益，则不会存在权利，无论是个人还是法人的权利。因为权利不是一种消极的力，而是一种活动的力。"① 因此，米休德指出："纵然代表利益的那个意志在哲学的意义上不属于这个权利的执掌者，该执掌者照样可以成为权利主体，反之，只要在社会上和实践上能把这种意志归属于权利执掌者就行了，以便法律不放弃它解释种种社会事实的任务，而把那种意志认为是权利执掌者自己的意志。"② 也就是说，意志虽然不是法人本身所固有的，但在实践中意志被归属于法人，而非其成员或管理者个人。而要回答为什么实践中意志能够被归属于法人，则需要对法人团体的内部结构进行社会学意义上的考察。

在这方面，米休德与萨莱耶都基本接受了法国公法学者奥里乌的制度（Institution）理论。③ 这一理论实际上是从组织法的角度对于团体结构的社会学描述，当然，奥里乌的学术原型是国家和行会。如同基尔克阐发了Organ一词机关/器官之双重含义，奥里乌也发掘了Institution一词本身的机构/制度之二元含义，并加以发挥。奥里乌认为，有两种典型的制度：

---

① Saleilles, De La Personnalité Juridique: Histoire et Theories, 2nd edition, Paris: A. Rousseau, 1922, p. 546. 转引自 Frederick Hallis, *Corporate Personality: A Study of Jurisprudence*, Aalen: Oxford University Press, 1978, p. 235。

② L. Michoud, La théorie de la personnalité morale et son application au droit français, Vol. I, Paris, 1924, pp. 104~105. 转引自〔法〕莱昂·狄骥：《宪法论》，钱克新译，北京，商务印书馆，1959，第352页。

③ See Frederick Hallis, *Corporate Personality: A Study of Jurisprudence*, Aalen: Oxford University Press, 1978, p. 233。

一种是人格化的制度，即机构，包括所有的社团和财团组织，其典型就是作为权利主体的国家；另一种是没有人格化的制度，其典型是法律规则。也许这种发挥会让人觉得有些莫名其妙[①]，实际上，这是奥里乌试图整合国家与法律的体现，或者说整合法律本质上的主观主义和客观主义的努力。莫名其妙的背后，显示出奥里乌是一位技艺高超的折中派学者。[②] 奥里乌认为，法律是生活的表达，社会就是法律的内容，如果没有对构成社会的实际生活的必要理解，就不可能理解法律。奥里乌将社会生活的构成因素分为主观的与客观的两类：主观因素包括个人与机构（包括国家），客观因素是法律规则、社会环境、公共秩序。但在奥里乌那里，正如 Institution 一词本身的双重含义所示，机构与制度是合二为一的，机构是制度的制定者，但机构本身又是制度的产物。[③]

从政治态度上来说，奥里乌从根本上相信创造权利的最重要的法律现实，社会中最重要的创造性力量，不是个人而是团体和机构。从历史上看团体先于个人成为权利的主体，而现代社会中各种各样的社团更是起到了个人所起不到的作用。[④] 个人与团体的关系是：个人都是社团中的个人，其意志与自觉都是用于与其他人组织成团体的，团体也是个人组成的，即团体离不开个人。也就是说，奥氏希望在法人理论中能够实现个人与团体的平衡。

奥里乌认为，一个机构是：（1）在社会环境中依法得以实现和存续的行动或事业宗旨；（2）为了实现这一宗旨，须组织一项权力，该项权力又产生为其服务的机关；（3）进而，在对实现这一宗旨感兴趣的集团的成员间，产生了受前述权力机关指导的、并受到一定的程序规则规制的共同意思表示。[⑤] 简言之，法人的本质要素有三：法人宗旨、法人机关和法人成

[①] 例如《制度法论》的作者就认为奥氏理论有些神秘。参见〔英〕尼尔·麦考密克，〔奥〕奥塔·魏因贝格尔：《制度法论》，周叶谦译，北京，中国政法大学出版社，1994，第37页。

[②] 这是公法或法理论争的一个重要方面，限于本书写作目的，不作展开。可参见〔法〕莫里斯·奥里乌：《法源：权力、秩序和自由》，鲁仁译，北京，商务印书馆，2015，第89~94页。

[③] 参见〔法〕莫里斯·奥里乌：《法源：权力、秩序和自由》，鲁仁译，北京，商务印书馆，2015，第94页。

[④] Maurice Hauriou, La Théorie de l'Institution et de la Fondation, Cahiers de la Nouvelle Journée, No. 4. Paris, 1925, p. 9. 转引自 Frederick Hallis, *Corporate Personality: A Study of Jurisprudence*, Aalen: Oxford University Press, 1978, p. 220。

[⑤] Maurice Hauriou, La Théorie de l'Institution et de la Fondation, Cahiers de la Nouvelle Journée, No. 4. Paris, 1925, p. 10. 转引自 Frederick Hallis, *Corporate Personality: A Study of Jurisprudence*, Aalen: Oxford University Press, 1978, p. 221. 另可参见〔法〕莫里斯·奥里乌：《法源：权力、秩序和自由》，鲁仁译，北京，商务印书馆，2015，第94~95页。

第五章　折中说——组织体说（Organisationstheorie）

员，三者共同构成了一个组织体。当然，只具备以上三个要素，还不能产生团体人格。还要在此基础上实现两个阶段的内在化过程，才能产生事实上的法人人格：一是融合，即机关工作人员切实行使权力；二是人格化，即成员能够行使各项成员权。①

总之，对于奥里乌来说，法人人格是真实的存在，而非法学家的人工设计，它是社会生活自然的、自发的现象。② 奥里乌指出，他所建立的法人人格实证结构具有重要意义，能够"证明法律人格学说具有深刻的自然本质，它将使一切借口这种理论只是一种技术上的虚构，因而采取了危害法律体系前途的主张，滥用法律人格学说的那些人们，知所反省"③。

对比于基尔克，奥里乌与前者论证法人人格产生的思路大体是一致的，甚至可以说是模仿了基尔克的学说：Institution 之制度/机构二元含义取代了 Organ 的双重含义，法人宗旨取代了神秘的法人化意志（集体意志），法人机关则是直接照搬了基尔克的机关说④，同时给了法人成员一席之地。而且奥里乌认为法人宗旨是一种外在于法人成员的客观性精神现象，还描述了法人成员在法人设立过程中心理意识上的变化，显然也受到了基尔克的客观唯心主义影响。当然，奥里乌也在力图净化有机体说，他否认存在后者所认为的团体与自然人一样的意志及自觉，奥里乌强调的是成员的主观行为和心理。

对比于受益人主体说和管理者主体说，奥里乌对法人成员和机关的重视也可以视为二者的综合。奥里乌曾指出，利益群体不是国家宗旨的唯一载体，掌握权力的统制机关也是其载体。"这表明，国家可运用政府凌驾于公民之上的自主治理权来实现国家宗旨，公民只不过是参与政府治理"⑤。

但在惹尼看来，奥里乌上述直接承认法人事实人格的观念是不能接受的，因为在法人人格产生过程中，法人成员虽然重要，但其作出意思表示是在机关的指导下进行的，依据的程序法也是机关制定的，似乎只是一个消极性的因素，反而使团体的机关获得了相对于成员的太大的独立性。另外，它虽然揭示了法人人格具有现实基础，并非法律所拟制，但却潜在地

---

① 参见〔法〕莫里斯·奥里乌：《法源：权力、秩序和自由》，鲁仁译，北京，商务印书馆，2015，第 110 页。
② 同①，第 106 页。
③ 〔法〕奥里乌：《行政法》，1919，第 9 版，第 123 页。转引自〔法〕莱昂·狄骥：《宪法论》，钱克新译，北京，商务印书馆，1959，第 379 页。
④ 参见〔法〕莫里斯·奥里乌：《行政法与公法精要》，龚觅等译，郑戈校，沈阳，辽海出版社、春风文艺出版社，1996，第 156 页。
⑤ 同①，第 101 页。

承认了法人的事实人格，将使法律的规范调整失去意义。所以惹尼批评奥里乌对于社会具有悲观情绪，是一种无所作为主义。①

在其著作的第二版中，奥里乌对法人学说进行了修改，不再说机构先于法律就具有了人格，而是说先于法律就具有了法律人格的社会本体，这一社会本体就是"那些对于特定事业有兴趣的人所组成的集团"，与此相对的是作为由众多机关所构成的作为整体的机构之客观统一性。② 这实际上意味着吸收了更多的受益人主体说的观念，但哈里斯认为其仍未摆脱机构先于人格的结论。③

在该书第三版中，奥里乌又进一步进行了修改，他解释说法人决定管理机关，对团体事业理想有兴趣的这群人与法人是同一个东西，他们参与法人的管理，导致如下结果：法人不再是仅仅服从于机关，而是其自身指导机关的行为，二者是相互牵制关系。④ 在这里，奥氏实际上将法人分解为两个组成部分，第一是众多成员的集合体，第二是法人（或成员集合体）的机关，前者是享有利益的主体，而后者则是为这一利益服务的主体，并且在这二者之间是一种相互制衡的关系。米休德则和贝克尔一样，将这一关系称为代表关系，并认为这种关系是法律意识所理解的，并且是产生法律主体的公共意志或私人意志按照不同环境而创造出来的。⑤ 由此，米休德与萨莱耶认为第三种解释的最大贡献就是其避免了有机体说集体意志和集体自觉的那种不能自圆其说的观念⑥，因而是最合理的，符合其关于权利和权利主体的概念的界定。

笔者认为，从政治立场上来说，米氏对奥里乌理论的接受一直存在一个两难问题：如果采取自由放任的政策，即仅仅是无条件地承认机构的法律地位，则从国家角度而言，法律将失去权威，正常的社会秩序也难以维

---

① François Gény, Science et Technique en droit privé positif, Paris: Dalloz, 1914～1924, Part Ⅱ, p. 108. 转引自 Frederick Hallis, *Corporate Personality: A Study of Jurisprudence*, Aalen: Oxford University Press, 1978, p. 226。

② Maurice Hauriou, Principes de Driot Public, 2nd. edition, Paris, 1916. 转引自 Frederick Hallis, *Corporate Personality: A Study of Jurisprudence*, Aalen: Oxford University Press, 1978, p. 228。

③ See Frederick Hallis, *Corporate Personality: A Study of Jurisprudence*, Aalen: Oxford University Press, 1978, p. 228。

④ Maurice Hauriou, Précis de Driot Administratif et de Driot Pulic, 10th. edition, Paris, 1921, p. 88. 转引自 Frederick Hallis, *Corporate Personality: A Study of Jurisprudence*, Aalen: Oxford University Press, 1978, pp. 228～229。

⑤ 参见〔法〕莱昂·狄骥：《宪法论》，钱克新译，北京，商务印书馆，1959，第351～352页。

⑥ See Frederick Hallis, *Corporate Personality: A Study of Jurisprudence*, Aalen: Oxford University Press, 1978, p. 232。

系，从团体内部而言，则可能使机关凌驾于团体成员之上，产生背信行为，从而导致机关权力的异化。举例来说，一个具有反社会目标的黑社会组织也能够形成这样一个具有行为能力的组织，但是法律不能赋予其法律人格。特别是考虑当时国家工团主义的流行，这种顾虑是完全合理的。而如果采取拟制说的观点，则国家凌驾于社会之上，又回到集权国家时代。因此，组织体说不得不采取一种中间路线。在这方面，单就法人制度构建而言，基尔克的有机体说实际上走的也就是这条中间路线，但是基氏的理论，将团体和国家的生命力建立在生物人的"生命"基础之上，在法国法学界看来，具有太多的泛灵论倾向，在科学实证上难以接受。[1] 因而，必须在接受基尔克的基本观念时，给予不同的理论说明。组织体说对于团体的社会学观察实际上就受到了这种前见的制约，故而不承认团体具有现实的人格，即否认团体自身就具有参与法律关系，取得权利承担义务的能力，这一点是不正确的。因此笔者赞同奥里乌关于团体内在结构的最初说明，而不赞同其修改后的论述。[2]

从法律技术上来说，奥里乌本来是从组织法角度分析法人本质及其事实人格和法律人格之关系，它突显了法人内部组织结构和法人机关的地位，企图回避基尔克神秘的有机体说。但可惜的是，奥里乌并未完全贯彻这一进路，最后还是回到了拟制说和有机体说所秉持的社团法进路，特别是其第三次修改中，认为成员集体与法人是同一个东西，并认为法人决定机构的管理机关，也就是成员决定机构的管理机关，完全是为了一些意识形态上的价值观念，而损失了技术意义上的解释力。其实，在受益人主体说部分，本书已经指出，成员全体并非法人本身，成员全体也不能随心所欲地决定机构的管理机关的选任和具体行为，否则法人机关的意义功能将不复存在。

第四节　对法人人格的法教义学解释

根据奥里乌的上述分析，团体实际上是由两个实体所构成，一个是

---

[1] 参见〔法〕莱昂·狄骥：《宪法论》，钱克新译，北京，商务印书馆，1959，第364页。
[2] 当然，从奥里乌1925年发表的另一篇文章来看，似乎其观点又回到了第一版，而且在该文中，奥里乌明确地指出了他与米休德的分歧所在：奥氏认为由成员组成的利益群体和掌握权力的统制机关都是法人的载体，而米休德则认为法人的载体只有利益群体。参见〔法〕莫里斯·奥里乌：《法源：权力、秩序和自由》，鲁仁译，北京，商务印书馆，2015，下编第一章，特别是第100~101页。

由成员组成的但又不是成员本身的集体,另一个是服务于集体利益的机关,前者是成员的利益的体现,而后者则提供了服务于这利益的意志因素。但是无论是米休德还是萨莱耶,都否认仅仅有服务于利益的意志这一事实就可以使利益派生出权利。在这一事实能接受法律保护前,必须先赋予这一事实以价值,将社会现实转化为法律价值是其适应社会整体的必然结果。[①] 也就是说法律不仅是对事实的单纯描述,而且是一个价值判断,法律应当从现实出发并服务于现实,同时应当追求特定的法律目的和价值。米休德和萨莱耶认为,法律的目的是社会[②],对权利的承认不仅受制于人类行为的现实,而且受制于对于这一行为现实的社会目的的权衡。萨莱耶说:"没有权利滥用理论,权利观念就应该接受狄骥的批评。"[③] 简言之,只有利益具有社会特征,即利益承认自己作为一个生命力量应和谐地适应社会整体,并具有为其服务的意志上的力(power)时,才能成为权利。如果团体追求的目的或利益不为社会所承认,尽管它也可能在现实上具备了事实上的行为能力,但它仍不可能取得法律人格。

　　这一理论说明无疑具有现实的制度指向意义,该制度就是法人人格制度。按照前述说明,法人团体要取得法律人格首先应当具有特定的内部结构和秩序,其要点是具有一个团体的代表机关,机关根据团体内部规章服务于集体利益,从而使其可以作为一个整体从事行为;其次,法人必须具有住所与名称,这一因素使其获得一种法律上的外在表达,从而为其他社会主体所辨识;最后,也是最重要的条件是,其必须具有合法的目的,即符合社会利益的目的。[④] 尽管法人类型千差万别,各种不同的法人的具体条件有所不同,特别是非营利法人,其条件不会等同于营利法人,需要具体问题具体分析,但这三个要件是基本的,适合于所有法人团体。而这三个条件的适用自然是由代表整个社会的国家来行使的,因此法人团体

[①] Saleilles, De La Personnalité Juridique: Histoire et Theories, 2nd edition, Paris: A. Rousseau, 1922, pp. 359, 557. 转引自 Frederick Hallis, *Corporate Personality: A Study of Jurisprudence*, Aalen: Oxford University Press, 1978, p. 235。

[②] Saleilles, De La Personnalité Juridique: Histoire et Theories, 2nd edition, Paris: A. Rousseau, 1922, pp. 359, 550. 转引自 Frederick Hallis, *Corporate Personality: A Study of Jurisprudence*, Aalen: Oxford University Press, 1978, p. 236。

[③] Saleilles, De La Personnalité Juridique: Histoire et Theories, 2nd edition, Paris: A. Rousseau, 1922, pp. 359, 547. 转引自 Frederick Hallis, *Corporate Personality: A Study of Jurisprudence*, Aalen: Oxford University Press, 1978, p. 236。

[④] See Frederick Hallis, *Corporate Personality: A Study of Jurisprudence*, Aalen: Oxford University Press, 1978, pp. 241~242.

第五章 折中说——组织体说（Organisationstheorie）

是否能够取得法律人格最终还是要以国家的承认为前提。笔者认为，组织体说的这一观点实际上体现了其对于1901年《结社法》的辩护。[1] 正是因此，狄骥强烈批评组织体说实质上还是拟制说，认为该说必然还要求援于立法者的拟制。[2] 笔者认为狄骥的批评如果指向前文所述组织体说对法人事实人格的拒绝，应当是正确的，但如果指向法律人格制度，就多少有些偏颇。因为法律本身是一门规范性的技术，一方面，法律技术要来源于现实；但更重要的是另一方面，即法律还要根据一定的价值判断规制现实，尽管这应当主要限于具有政治功能的、涉及社会公共秩序的组织。所以在法律拟制技术中必然要糅合进国家的政治考量，但只要国家在审批法人资格赋予、变更和消灭过程中的自由裁量行为本身受到法律规则的明确约束，则在实践中就没有太大的问题。就此而言，组织体说的主张者批评狄骥具有宿命论和悲观主义倾向，也是同样正确的。[3]

萨莱耶还进一步强调了法人人格的法律意义和现实基础，他认为，正如利益附有为其服务的意志这样一个单纯事实不能立即构成权利一样，作为权利主体的人格也不能等同于任何自然现实。萨氏特别警告不要将法律人格等同于人类的伦理人格，后者是一个可以观察的事实，即人类躯体具有其单一的知觉中心；前者不是一个通过实证心理学的观察就可揭示的事实，而是对社会事实进行法律诠释或构建的结果。[4] 在此，萨氏清楚地说明了包括自然人人格在内的法律人格本身仅仅是一种法律技术，它是一种国家用来确定权利义务的必不可少的法律工具，因而具有法律意义，是法律上的真实。在这一意义上可以说，组织体说坚持了拟制说的思路。但同时，萨莱耶认为法人人格还有其事实基础，因为一方面，法人人格的构成要素是社会的和经验的，而且这些因素组织成了一个实体，这使其能够、

---

[1] 该法第2条规定："人的会社得不经准许，亦无需预先宣布，而自由设立之；但凡根据非法原因或以非法客体为目的，违反法律与善良风俗，或更以侵害国家领土之完整与共和政体之政府为目的之会社，均属无效。"转引自〔法〕莱昂·狄骥：《〈拿破仑法典〉以来私法的普通变迁》，徐砥平译，北京，中国政法大学出版社，2003，第74页。

[2] 参见〔法〕莱昂·狄骥：《宪法论》，钱克新译，北京，商务印书馆，1959，第363～364页；〔法〕莱昂·狄骥：《〈拿破仑法典〉以来私法的普通变迁》，徐砥平译，北京，中国政法大学出版社，2003，第66～67页。

[3] See Frederick Hallis, *Corporate Personality: A Study of Jurisprudence*, Aalen: Oxford University Press, 1978, p. 101.

[4] Saleilles, De La Personnalité Juridique: Histoire et Theories, 2nd edition, Paris: A. Rousseau, 1922, p. 509. 转引自 Frederick Hallis, *Corporate Personality: A Study of Jurisprudence*, Aalen: Oxford University Press, 1978, p. 237.

也有必要成为一个法律主体①；另一方面，法律为了实现诸如法律权利所宣称的力，必须寻找一个能够承载、追求并实现该"力"的实体或主体。② 因此，萨氏从法人团体和立法者两个角度强调了赋予法人以法律人格的现实基础和必要性，法人人格并非仅仅是法律或国家的随意拟制。因此，组织体说的法人人格理论可以简要地概括为，法人人格具有其现实基础，但法人人格本身只是法律上的真实存在。③

总之，组织体说的法人人格理论，尽管采取了与有机体说有所不同的论证方式，但基本坚持了有机体说的核心观点，同时消除了其神秘性成分，达到了一个比较折中的理论说明。其对于法人制度的具体问题，如行为能力、民事责任能力、刑事责任能力等问题，也提供了与有机体说相同的法律解释。米休德认为集合体的机关与集合体是一体的，机关是团体的机关。④ 这一理解与基尔克机关说的解释是一致的，因此符合团体内部规章的机关的行为就视为法人团体的行为。

第五节 评 价

组织体说最大的特征或优点就在于其折中性和综合性。在政治立场上该说既强调了社会中间组织的独立地位和价值，指出团体人格并不源于国家的恩赐，也无须国家恩赐，主张个人成立、加入、退出社会组织都无须取得官方事先准许；又反对团体问题上的无政府主义，赞成国家通过民法制度即法人制度实现对团体行为的法律规制，主张法人取得法人资格实行准则制、国家拥有一定的实质审查权，从而力图保持一种稳健、平衡的折中路线。在法学方法上，该说一方面主张维持现有的概念法学的基本概念体系，既在技术意义上将其当作法律工具用于观察、解释和规制社会现

---

① Saleilles, De La Personnalité Juridique: Histoire et Theories, 2nd edition, Paris: A. Rousseau, 1922, p. 549. 转引自 Frederick Hallis, *Corporate Personality: A Study of Jurisprudence*, Aalen: Oxford University Press, 1978, p. 237。

② Saleilles, De La Personnalité Juridique: Histoire et Theories, 2nd edition, Paris: A. Rousseau, 1922, p. 509. 转引自 Frederick Hallis, *Corporate Personality: A Study of Jurisprudence*, Aalen: Oxford University Press, 1978, p. 238。

③ See Frederick Hallis, *Corporate Personality: A Study of Jurisprudence*, Aalen: Oxford University Press, 1978, p. 233.

④ 参见〔法〕莱昂·狄骥：《〈拿破仑法典〉以来私法的普通变迁》，徐砥平译，北京，中国政法大学出版社，2003，第67页。

第五章 折中说——组织体说（Organisationstheorie）

实,又赋予其新的法律价值和社会内容,即主张应当进行"法社会学"研究;既反对狄骥抛弃这一概念体系进行所谓的"纯粹"社会学研究,又反对凯尔森掏空这些概念的内在价值和社会内涵从而建构所谓的"纯粹"法学。另一方面,其强烈主张切断这些概念与先验哲学的联系,坚决反对将法律概念先验化、实体化和哲学化。从法律技术上来说,组织体说在法人社会本体的解释上采取了组织法的进路,将法人视为一个组织体,有助于深入、科学地解释各种法人现象,特别是一些在基尔克看来是异常或变态的情形,如一人公司。一人公司只有一个成员,故根本无法从社团法角度阐释,但将一人公司作为一个组织体,则完全解释得通,因为一人公司虽然成员只有一人,经济规模上也往往是小公司,但在组织上是具体而微、五脏俱全,其有决策机关、执行机关、代表机关以及独立的财务机关,是一个组织体。在基本观点上,该说试图综合有机体说和其他学说的合理成分,既能揭示法人组织的社会本体,又能说明法律规制的重要意义,既在理论上弱化了有机体说强烈的意识形态色彩和哲学上的神秘主义,又在制度上实现了更大的灵活性。因此,该说获得日本及我国学界通说之称号,某种程度上说是名副其实的。

但笔者认为,组织体说仍然存在许多致命缺陷。首先,"组织体"的概念并不明确,有负"组织体说"之名。按照奥里乌的法社会学观念,组织体的构成要素就是成员和管理者,在修改后的学说中则是成员的集合体,而按照米休德和萨莱耶的传统法释义学翻译成法律术语则是利益和意志,而且米休德一直强调利益在权利中的本原地位,相应地受益人集合体就是法人的本体,而组织机关作为意志因素只是代表法人而已。这种分析过于机械和狭隘,没有真正实现法人本质问题上的组织法转向,基本上还是停留在社团法的层面。实际上,组织体的构成要素并非生物人（成员或管理者）,而是职位或权力,人和财产只是组织体的环境和基础,而不是其要素。因此,将组织体的要素理解为成员和管理者是错误的。此外,从逻辑上来说,组织体说对其所认定的法人之社会要素的统合也不是无懈可击的,例如,对于团体成员和管理者是如何形成统一体,利益和意志又是如何结合在一起的,组织体说并未给出圆满回答。正如凯尔森对于该说的批评:"法人纵然只是一个虚构但却有意志（即:'归诸'法人机关的意志）这种理论,因而就和有机体说并无多大不同"[1]。而狄骥则认为这为

---

[1] 〔奥〕汉斯·凯尔森:《法与国家的一般理论》,沈宗灵译,北京,中国大百科全书出版社,1996,第121页。

国家权力的干预提供了机会。[1]

其次，组织体说从组织体说明法人本体的总体思路是错误的。组织体说虽然与主体哲学保持了一定的距离，并不认为法人人格源于先验的伦理主体观念，而是源于社会实践。然而在如何分析考察社会实践之时，组织体说仍然秉持了与主体哲学相似的基础主义[2]思维路径——法人必须具有一个可以考察分析的社会实体作为其基座，并认定这一本体就是组织体。本书第二、三章已经从正反两个方面说明，作为法律主体的法人并不同于由成员所构成的集合体；本书在管理者主体说部分也已经论证，法人同样不等同于由管理人员所构成的集合体，甚至不等同于由笔者所指出的由职位或权力所构成的抽象的组织体。因此，可以说组织体概念在说明法人人格问题上并无实益。

再次，组织体说没有正视并尊重法人之法律人格的社会实在性。尽管组织体说承认了法人的法律人格具有坚实的社会基础，但其坚决否认法人具备事实上的法律人格。笔者认为，在这方面，组织体说反不如认定法人具有伦理人格的有机体说。上文已经指出，团体成员制定法人章程及其他规章，并选任机关担任者之后，法人即在事实上具备了行为能力，即事实上的法律人格。笔者虽然承认国家法上的法律人格的重要意义，但是不会就此否认法人团体的事实人格的独立存在价值。因为在现实生活中，许多社团由于各种原因，没有或不能进行登记，但该类组织仍然可以通过两种渠道获得实际上的法人地位：一是通过熟人社会，相对方虽然明知其未取得登记，但出于对社会组织内部法律关系的了解和对其成员和代表人个人声誉的信赖，仍然将其作为一个独立于其成员和代表人的主体而与之进行法律交易，例如一些社区性的社会组织；二是通过习惯，相对方虽然明知其未取得登记，但出于对社会组织内部法律关系的了解和对传统习惯的信赖，仍然将其作为一个独立于其代表人的主体而与之进行法律交易，例如寺庙、祠堂等一些传统社会组织。相应地，在授予法人以法律人格的途径上，国家应当采取多元化的做法，在坚持并维护法人登记机关的登记制度的同时，赋予法院在一定程度上的自由裁量权，在个案中根据当事人的交易环境和社会习惯直接赋予未登记组织以法律人格。[3] 这一

---

[1] 参见〔法〕莱昂·狄骥：《宪法论》，钱克新译，北京，商务印书馆，1959，第353~354页。

[2] 关于西方哲学中基础主义的具体分析，请参见〔美〕理查·罗蒂：《哲学和自然之镜》，李幼蒸译，北京，生活·读书·新知三联书店，1987，第2~6页。

[3] 实际上，这正是狄骥的主张，但他完全否认了登记机关的登记权，只承认法院在个案中的认可权，显然走向了另一个极端。参见〔法〕莱昂·狄骥：《宪法论》，钱克新译，北京，商务印书馆，1959，第379~380页。具体分析，参见本书第六章第四节。

第五章 折中说——组织体说（Organisationstheorie）

点已经为各国无权利能力社团制度后来的发展历程所证实，因此，组织体说的考虑有欠周到。

从次，组织体说仍然具有强烈的意识形态考量，以及虽然不像有机体说那么浓烈，但却依稀可辨的先验哲学之流风余韵，因而在一定程度上牺牲了法律理论的科学性和说服力。如奥里乌认为法人具有事实人格，而米休德和萨莱耶尽管也承认法人组织可以具有事实上的行为能力，但却坚决否认法人具有事实人格。这无非是为了突出法人登记制度的权威性、以避免无政府主义的意识形态需要而已，但却牺牲了法律理论的科学性。再如，奥里乌对于法人本体的三次修改，将由成员和机关共同构成的组织体修改成为成员的集合体，也明显是为了迎合民主和自由等价值观念。民主和自由当然是法人制度应当予以维护的重要价值理念，但这些理念应当是在解决实践问题的过程中得以展现，而不是必须塞入法律概念之中，并成为法律概念所谓的"先验内在规定性"，因为民主、自由的概念和理论并不必然产生民主和自由的实践结果。因此，组织体说背后的思维定式最终仍然避免不了将法律概念上升为大词的倾向，也就是说，虽然组织体说与主体哲学保持了一定距离，但是仍然具有某种先验哲学的倾向。另外，组织体说的概念法学色彩本身也包含着先验化的倾向，下文即将分析。

最后，组织体说的论证思路带有浓厚的概念法学色彩。从法学方法上来说，正如哈里斯自己所承认的，从世界范围内来看，由于当时的法社会学还处于初创阶段，在法人本质问题上，法社会学的方法经常与自然法思维、哲学思辨方法以及其他学科如物理学、生物学、经济学的方法混淆在一起。在这种背景下，组织体说似乎更加重视法律技术和法律思维的解释和构成意义。例如在米休德看来，团体是否能够成为权利主体取决于权利的界定，也就是说，权利概念先天地决定了权利主体概念的内在本质以及社会实体是否能够成为权利主体的评判标准。[1] 这种从一个概念推演出另一概念的思路是典型的概念法学思维模式，它过度地将社会现实转化为抽象的、形式化的概念和命题，片面地追求在一种逻辑和概念推演的层面讨论现实问题，这必然会使我们越来越教条化、越来越脱离真实的社会情境。从这个角度来说，概念法学在某种程度上与抽象的、形式化的先验哲学共享着相同的思维谱系。

---

[1] 实际上，已经有许多学者对权利在民法中的核心地位提出了批评，主张将其当作一个工具性概念。参见〔德〕迪特尔·梅迪库斯：《德国民法总论》，邵建东译，北京，法律出版社，2000，第64页。

同时，概念法学限制了我们观察社会现实的范围和视界。例如米休德认为，由于权利概念中包含着利益要素和意志要素，所以法人作为权利主体也必定具有这双重要素，进而将成员集体认定为法人的利益要素，而将机关当作意志要素。然而仅仅透过利益和意志两个概念考察法人组织只能是管中窥豹，根本无法获取其全貌，特别是会忽视更为实质的要素——将利益和意志两种要素组合在一起的以章程为中心的社会组织内部法律系统。因此，概念法学实质上是仅仅通过法学概念所设定的狭窄管道机械地、片面地观察社会。这不仅限制了我们的观察范围，也束缚了我们的想象力，狭隘性至为明显。

当然，笔者并不想消解或颠覆与概念法学有着共同知识谱系的现行法教义学体系。毕竟，在几百年的理性法传统中，法教义学已经深刻地塑造了民法的思维方式，不可能一下子被其他研究方法所完全取代。但是，社会现实终究不是演绎出来的，我们的任务应当是直面社会现实，权利、权利主体以及人等概念只是我们观察分析具体法律实践、解决实际社会问题的工具。因此，真正的问题不在于揭示法学概念"本身"包含着何种内涵和价值，而在于如维特根斯坦所强调的对其如何使用或运用。显然，概念的使用应当有利于我们接近现实，有利于我们全面地观察社会实践，有利于我们以合理的成本收益解决现实问题。

总之，虽然组织体说有许多可取之处，但其仍然构不成一种科学的法人理论。该说虽然可以在某些方面给我们有益启发，但它并非我国现有立法的指导思想，也不应成为我国立法下一步改革和完善的指导学说。同时，组织体说的局限性也提示我们，在未对传统法人论争背后的知识谱系进行彻底反思和扬弃的情况下，仅仅在传统理论研究范式之内进行综合折中，不可能构建出一套科学的法人理论。

第六章　法人论争的知识考古

　　……中世纪教会与帝国之间的冲突，新兴的民族国家和中世纪罗马帝国之间的冲突，王政和民众代议制政体之间的斗争，教会和土地的封建体制与工业革命和民族领土国家的发展所引起的经济需求之间的冲突，"无产阶级"和雇主及资本家阶级之间的斗争，民族主义和国际主义或国家间关系的斗争。……这些冲突在性质上主要是政治的和经济的。但这些冲突中，没有一个不对法律，尤其是对其中法律人格的性质和基础的学说，产生了深远影响。①

——杜威

　　对所有那些还想谈论人及其统治或自由的人们，对所有那些还在设问何谓人的本质的人们，对所有那些想从人出发来获得真理的人们……对所有这些有偏见和扭曲的反思形式，我们只能付诸哲学的一笑——这就是说，在某种程度上，付诸默默的一笑。②

——福柯

　　人将被抹去，如同大海边沙滩上的一张脸。③

——福柯

　　前四章从微观的学术批评视角出发，以法人本质学说主要创建者的论著为线索，分析了各学说在社会背景、政治立场、研究方法、学术原型以及学说内涵等各方面的特质，并根据各说之间的知识传承关系，指出了它们相互对立、相互排斥但又相互影响、相互交叠的问题。本章试图在此基础上，将法人论争作为一个整体性的"事件"，并揭示其源起、特质和消

---

① John Dewey, "The History Background of Corporate Legal Personality", *Yale Law Journal*, Vol. 35, No. 6, 1926, pp. 664~665.
② 〔法〕米歇尔·福柯：《词与物：人文科学考古学》，莫伟民译，上海，上海三联书店，2001，第446~447页。
③ 同②，第392页。

亡。这一探讨一方面是为了从宏观上、总体上进一步总结、深化前四章所揭示出来、但并没有完全展开论述的共通性问题，如法人论争的法学知识背景、社会政治背景、法律实践背景以及文化背景。从这个意义上来说，本章也可以视为对前四章的深化和提升。另一方面，也是笔者更为看重的方面，则是希望运用福柯知识考古学和谱系学方法，揭示并审视传统法人学说的"现代性""西方性"以及局限性，为超越传统法人理论，借用当代的理论知识重构法人理论，实现法学研究的本土化和科学化打下基础。

本书第一章第三节"本书宗旨及框架"部分已经简略地指出，19 世纪中叶到 20 世纪中叶的法人论争与以前和此后的相关探讨是不同的话语体系，实际上已经在暗示，法人论争并不是某个单一的起源线性发展的必然产物，而应该看作是一个特定的历史"事件"。在福柯那里，"事件"意味着历史的转折和断裂，"在某一特定时刻，习见的社会规范和知识系统所仰赖的明显证据完全没法支撑一个连贯的历史事实，事件就得以生成"①。法人论争正是近代以来的政治学、法学以及哲学知识系统无法将正在崛起的社会组织纳入其构建的连续过程的产物，或者说是学界对于传统知识无法解释法人人格这一挫折的学术反应。理解事件的办法不是重构历史的连贯性，不是将事件当作某个重大历史目的和伟大进步目标的"阶段性"环节或"不成熟"的雏形②，而是从当时的实践和知识形态中去把握事件的"多样性"和"单一性"。根据这一思路，本章试图运用谱系学方法揭示法人本质之争背后的多种动因，从而对其进行多侧面、多角度的分析，防止认识上的片面化和线性化。

作为研究方法的谱系学主张将历史的连续性和非连续性结合起来，认为一个事物的出现并非只有一个同一性的源头，其发展也不是一元的线性发展过程，而往往是由诸多因素相互影响、相互制约甚至相互冲突的结果，因此谱系学也不志在探求事物的唯一的、本质的、纯粹的以及高贵的本源③，"而是试图建立起对象的世系，以各种交错的线索来显示其本质"④。另外，谱系学并不认为只有存在知识传承或直接发生联系的两个事物之间才有谱系

---

① 姚云帆：《理解"事件"的两条路径——论福柯、德勒兹和巴丢思想中的事件概念》，载《文化研究》，第 18 辑，北京，社会科学文献出版社，2014，第 181 页。
② 参见张一兵：《谱系研究：总体历史链条断裂中显露的历史事件突现——福柯的〈尼采·谱系学·历史学〉解读》，《广东社会科学》2015 年第 4 期，第 46 页。
③ 参见〔法〕米歇尔·福柯：《尼采、谱系学、历史》，王简译，载杜小真编：《福柯集》，上海，上海远东出版社，2003，第 148～149 页。
④ 〔法〕E. G. 努扬：《作为谱系学的历史：富科的历史方法》，高国希译，《国外社会科学》1989，第 57 页。

关系，或者说，谱系学并不考证两个事物的"历史关系"或因果联系，而是侧重于考察两个事物之间在某个方面的内在一致性。从谱系学角度来看，法人本质之争并非起源于罗马法法人观念，更不是罗马法法人观念连续发展的必然结果，而是整个西方进入近代以来法学知识体系、社会、国家、法律制度以及意识形态等方面的现代化进程相互交织、相互作用的产物。

第一节 法人论争的法学知识背景

本节不是意在探讨各具体法人学说的法学知识背景，这一工作已由以上四章完成，而是专门研究法人论争与罗马法的知识谱系关系。之所以研究这个问题，一方面是因为它本身就属于本书的研究范围。在法人论争中，萨维尼、耶林和布林兹都从罗马法中寻求学术依据，前二者甚至声称罗马法一直坚持了自己的学说，从而为自己的学说找到了罗马法这一高贵起源，并认为从罗马法到自己的学说乃是一个连续的、由历史所预定的某种精神的自然生长过程，形成了竞相"挟罗马法以令法学家"的局面。于是，澄清罗马法上的法人观念之内涵以及批判德国罗马法学派对于罗马法的"挟持"行为，就不仅是以罗马法嫡系传人自居的大陆法系学者的使命，甚至是遥奉罗马法为精神源头的英美法系学者的任务，从而使得这一问题也成为法论争中的主战场之一。作为法人学说的专项研究，本书理应对此加以探讨。

另一方面是因为，在本项研究中，笔者还怀有一种研究方法和学术视界上的反思使命，即希望揭示传统法人学说的现代性、话语性和西方性。德国哲学家科瑟勒克指出："'现代'赋予整个过去以一种世界史的肌质……对新的时代的分析和对过去年代的分析是一致的。"[1] 也就是说，用现在的立场和意识研究过去，从而构建统一历史的观念是现代性的主要体现之一。福柯进一步指出，19世纪是"历史学的世纪"[2]，历史研究的基本特征首先是探求当前制度或观念的本质的、高贵的以及真理性的历史起源[3]，然后再构建一个从起源到现在的线性发展过程，"将历史分析成连续的话语，

---

[1] 〔德〕R. 科瑟勒克："Neuzeit"，载《过去的未来》，第327页。转引自〔德〕于尔根·哈贝马斯：《现代性的哲学话语》，曹卫东译，南京，译林出版社，2011，第7页。

[2] 〔法〕米歇尔·福柯：《尼采、谱系学、历史》，王简译，载杜小真编：《福柯集》，上海，上海远东出版社，2003，第161页。

[3] 同[2]，第148～149页。

把人类的意识变成每一个变化和每一种实践的原主体"①。而法人论争中罗马法学派的罗马法研究正是福柯所批判的现代主义历史学的典型例证。因此，罗马法法人观念之争为笔者从知识考古学角度揭示法人之争的"现代性"和局限性，并进而超越传统法人理论提供了一个极佳的研究机会。

本节试图运用谱系学和诠释学的方法指出，罗马法并非上述法人理论的高贵的源头和纯粹的开端，从罗马法到法人论争也不是线性的、连续的观念生长过程，法人学说是学者们利用包括罗马法在内的学术资源进行"现代化"和话语构建的结果。我们应当对于法学研究中过分的"构建主义"倾向进行反思，以实现学术研究上的祛魅和返璞归真。

一、罗马法法人观念与法人论争的谱系学考察

在古罗马时代，无论是王政时期、共和时期还是帝政时期，一直存在大量的社会中间组织。可以说，法人组成了罗马国家。② 罗马时代最初构成罗马国家的是氏（家）族，公共权力掌握于由各氏族长组成的元老院。后来，随着氏（家）族的逐渐衰亡，出现了许多私人联合组织，如祭祀团、丧葬互助会、田赋征收团、特许行业的商事组织、工匠及商人行会，以及后来伴随着基督教成为罗马国教而出现的教会与寺院等。另外，优士丁尼的立法还确认了许多慈善团体，如医院、救济院、孤儿院、穷人收容院、老人收容院等。最后，一些政治上的组织也被视为法人，如自治市、承审团、士兵会等。③ 因此，在罗马时代，法人团体并不比现代更少，而是更多、更重要。在这种背景下，罗马法上的法人观念自然就成了现代学者们竞相挖掘的学术矿藏。

在此，笔者不想对罗马时代的法人观念和法人制度进行专门研究④，但有必要总结一下罗马法人观念的特质，为梳理其与传统法人本质学说的

---

① 〔法〕米歇尔·福柯：《知识考古学》，谢强、马月译，北京，生活·读书·新知三联书店，2003，第13页。
② 参见方流芳：《中西公司法律地位历史考察》，《中国社会科学》1992年第4期，第157页。
③ 参见方流芳：《公司：国家权力与民事权利的分合》，博士学位论文，中国人民大学法学院，1992，第11~13页；〔美〕哈罗德·伯尔曼：《法律与革命——西方法律传统的形成》，北京，中国大百科全书出版社，1993，第260页。
④ 关于这些问题，可以参见 Max Radin, *The Legislation of the Greeks and Romans on Corporations*, New York: Columbia Univ. Pre., 1909; P. W. Duff, *Personality in Roman Private Law*, London: Cambridge University Press, 1938; Otto von Gierke, *Associations and Law: The Classical and Early Christian Stages*, edited and translated by George Heiman, Buffalo: University of Toronto Press, 1977. 中文资料，请参见方流芳：《公司：国家权力与民事权利的分合》，博士学位论文，中国人民大学法学院，1992；崔拴林：《论私法主体资格的分化与扩张》，北京，法律出版社，2009，第二章第二节。

谱系关系打下基础。

总体而言，罗马法上的法人人格观念有如下几个特质：第一，法人人格独立于其成员人格。罗马法学家已经认识到，团体的权利、义务与其成员个人的权利、义务是相互区别的："如果什么东西应给付团体，它不应付给团体所属的个人，个人也不应偿还团体所欠之债"[①]；"凡团体所有即非个人所有"；"欠团体之物非欠个人之物，团体所欠之物亦非个人所欠之物"[②]。第二，法人也不同于成员的集合体，全体成员都变化了，但法人可以不变。如有学者指出，如船舶的船员都换了，但船舶仍然存在；军团也是如此，其成员走了一批，又来了一批，但军团照旧存在。[③] 第三，法人内部具有一定的权力行使和制约机制。例如，罗马法认识到团体需通过其代表人实施法律行为，但是，代表的权力受到全体成员的制约，"与每个人利害攸关之事，得由每一人斟定"[④]。第四，法人的设立与法人人格存在关联。如法学家盖尤斯认识到许多法人团体不能自由设立："合伙企业、Collegium 等此类团体并非可由任何人随意设立，因为这一权力受到法律、元老院决议和皇家敕令的限制。"[⑤] 第五，不存在"法人（legal person）"概念，甚至都没有一般意义上的法人团体（corporation）、社会组织等概念，有关法人团体的概念，如 Collegium、Corpus、Universitas 等都特指某类社会组织，更谈不上由法人人格、法人的权利能力、法人的行为能力等概念所构成的现代民法理论。第六，罗马法学对法人地位的规定是零散的，罗马法文本留给我们的往往是孤立性警句式断语，为数极少且自相矛盾，零散地分布于各种法律文献之中。[⑥] 他们更多的是针对特定的问题描述了一种法律实践表象，并没有探讨所谓"法人本质"问题。

罗马法的上述特质，便于学者依据其自身的前见进行发挥性解释，萨

---

① 〔意〕彼德罗·彭梵得：《罗马法教科书》，黄风译，北京，中国政法大学出版社，1992，第 53 页。

② 方流芳：《公司：国家权力与民事权利的分合》，博士学位论文，中国人民大学法学院，1992，第 16 页。

③ 参见周枏：《罗马法原论》，北京，商务印书馆，1994，第 291 页。

④ 同②，第 17 页。

⑤ Gaius, D. 3. 4. 1 pr. 1 (tr. Alan Watson), 转引自 Reuven S. Avi-Yonah, "The Cyclical Transformations of the Corporate Form: A Historical Perspective on Corporate Social Responsibility", *Delaware Journal of Corporate Law*, Vol. 30, No. 3, 2005。

⑥ 参见 Arthur W. Machen, Jr., "Corporate Personality", *Harvard Law Review*, Vol. 24, No. 4, 1911, p. 255；〔美〕哈罗德·伯尔曼：《法律与革命——西方法律传统的形成》，北京，中国大百科全书出版社，1993，第 261 页。

维尼、布林兹、耶林等人的研究，就因此而广受质疑。

作为德国历史法学派之罗马一宗的主要创始人，萨维尼认为，对于法学历史题材的研究，不仅仅限于中世纪与现代德意志的罗马法，更重要的是追根溯源，绕过中世纪注释法学派，侧重于研究优士丁尼时代的法律文献。[①] 因此，在现代法学家中，萨氏是最早根据现代国家观念对罗马法法人观念进行系统总结的学者。其研究的结论是，古罗马法学家都坚持了拟制说[②]，即罗马法学家认为只有自然人才是真正的权利主体，具有法律人格，而法人则只有根据国家主权的拟制，才能取得法律人格。

萨氏的结论在后来引起了极大争论。提出受益人主体说的耶林同样从罗马法中寻找证据。他宣称：对于自己的观点，"罗马人不会陌生，相反，我们可以把它称为古罗马的观点"[③]。而德国潘得克顿学者布林兹在论述其目的财产说时，也是从罗马法中寻找资源。他在评价盖尤斯的观点时说："被设想为法人所有的财产实际上并不属于任何人：盖尤斯在称其为无主物时是正确的。但它从属于一个目的，这是其基本事实。"[④]

后来，基尔克也将日耳曼法研究的触角延伸到古罗马社会和法律领域。在基尔克看来，罗马法上的法人观念和做法与不能适应现代社会的法律实践，并不足取。他指出：

> 从罗马法的主要方面来看，它是利于个人的法，但它没有认识到有机统一体。在罗马法中，个人是自足、自治的，私法的所有规则都是为了这一孤立的个人所设计的。因为罗马法对于法律主体的这种基本观念，罗马私法不能演进出关于团体的法律概念。相反，罗马法将私法中的团体法律关系还原为多个主体的权利和义务。罗马法总是认为多个主

---

① 参见〔德〕维亚克尔：《近代私法史——以德意志的发展为观察重点》，陈爱娥、黄建辉译，台北，五南图书出版公司，2004，第366页；另可参见 Frederick Hallis, *Corporate Personality: A Study of Jurisprudence*, Aalen: Oxford University Press, 1978, p. 4。

② 参见 Savigny, *The Roman Law of Persons As Subjects of Jural Relations*, trans. by William Henry Rattigan, London: Wildy & Sons, 1884, p. 179. 另可参见 Frederick Hallis, *Corporate Personality: A Study of Jurisprudence*, Aalen: Oxford University Press, 1978, p. 4; P. W. Duff, *Personality in Roman Private Law*, London: Cambridge University Press, 1938, p. 224。

③ Rudolf von Jhering, Geist des römischen Rechts auf den Verschiedenen Stufen einer Entwicklung, Teil 3, Leipzig, 1906, S. 358.

④ Aloys Brinz, Lehrbuch der Pandekten, Vol. I, 3rd ed. 1884, S. 230. 转引自 P. W. Duff, *Personality in Roman Private Law*, London: Cambridge University Press, 1938, p. 220. 达夫也认为布林兹的理论与关于基金会的罗马法文献是最相近的，当然也不排除有所发挥；另可对照〔意〕彼德罗·彭梵得：《罗马法教科书》，黄风译，北京，中国政法大学出版社，1992，第29页。

体是孤立个人的总和,这些个人被其权利或其环境的相似性从外部强制性地约束在一起,但是他们无论如何都不代表一个主体性的整体。①

在基氏看来,罗马私法是以家父为中心的法律体系,罗马家庭并不像社团一样系由多数成员共同组成的团体,所以家族不是私法上的主体,仅仅是表现家父支配权的领域。他认为,古罗马法上始终没有出现过将个人的意思移转至团体的现象,至多只有共有和债权、债务的连带,如合伙(Societas)和共有(Communio)这些类型,因而不会出现新的权利主体。② 当然,基氏也认为,罗马法上并非没有团体成为权利主体的情形,"罗马人民"即是一例,另外其他一些团体如 Collegium、Corpus、Universitas 也可以成为权利主体,不过基氏认为这些团体不是根据罗马私法,而是根据公法取得权利能力,因为其设立与解散系于公权力的许可,此等团体权利乃是罗马国家意志的体现,而非团体本身固有的权利。③ 但是,基尔克明确指出,古罗马法并未明确提出拟制说,只是在法律实践上预示了拟制说的一些特征,真正阐述拟制说的是教皇英诺森四世,萨维尼不过是步英诺森的后尘而已。④

由于罗马法不仅是德国罗马法学派的知识来源,而且是法国、奥地利等大陆国家民法典的精神家园,甚至是英美法系的精神源头之一,罗马法学派竞相"挟持"罗马法的局面,最终激发了各国学者在"法学道统"上"正本清源"的使命感。于是,继德国学者之后,法国学者萨莱耶(Saleilles)、米休德(Michoud),美国学者雷丁(Max Radin),英国学者达夫(P. W. Duff)都对古罗马时代的法人制度进行了深入的研究。⑤

---

① Gierke, *Associations and Law: The Classical and Early Christian Stages*, edited and translated by George Heiman, Buffalo: University of Toronto Press, 1977, pp. 98~99.
② 同①, p. 99。
③ 同①, pp. 101~112。
④ Gierke, Das deutsche Genossenschaftsrecht, Vol. III, 1881, S. 246. 转引自 P. W. Duff, *Personality in Roman Private Law*, London: Cambridge University Press, 1938, p. 221. 当然基氏关于拟制说创立于英诺森四世的观念,后来也受到指责,关于这个问题,将在下文中详论。
⑤ 对罗马法法人制度和学说进行梳理与总结,也构成了 19 世纪晚期到 20 世纪上半叶的法人本质理论大讨论的重要内容。这方面的主要著作,大陆法系有德国的:Friedrich C. von. Savigny, System des heutigen Römischen Rechts, Bd. II, Berlin: Veit und comp. 1840;Otto F. von. Gierke, Das deutsche Genossenschaftsrecht, Bd. III, Berlin: Weidmann. 1881;法国的: Michoud, La théorie de la personnalité morale et son application au droit français, Vol. I Paris: Librairie Générale de Droit & de Jurisprudence, 1906;Saleilles, De La Personnalité Juridique: Histoire et Theories, Paris: A. Rousseau, 1910。英美法系有美国的:Max Radin, *The Legislation of the Greeks and Romans on Corporations*, New York: Columbia Univ. Press, 1909;英国的: P. W. Duff, *Personality in Roman Private Law*, London: Cambridge University Press, 1938。

萨莱耶认为,如果我们要深入了解罗马法中的社团观念,必须仔细研究由其立法所见证的法律实践细节,并当心一刀切的逻辑理论是否能够正确地描述这一实践。对于萨莱耶来说,罗马法学家不是沉迷于抽象思考的思想家,他们是具有丰富实践经验的严格实用主义者,使用方便的格言,将社会需要的压力作为其指南加以接受,所以不可能抽象出一个理论学说。萨莱耶认为,即使罗马法体现了拟制的因素,就罗马法学者接受拟制的程度来看,此处的拟制也更倾向于导致接受现实,而非萨维尼式的否认与压制。针对萨维尼提供的证明罗马法坚持了拟制说的证据,萨莱耶还以其他来自罗马文本的摘记证明罗马法承认许多与拟制说的随意运用不相容的实践用法,罗马法学者从来没有用过"拟制人"一词,萨维尼引用的罗马文本是其精心挑选的结果,对于对其不利的文本,萨维尼从来视而不见。所以,萨莱耶认为,拟制说只能产生于现代国家出现之后。[①] 当然萨莱耶对于基尔克的研究也一样提出批评,认为基氏过分强调了罗马国家公权力在社团特许上的普遍性。[②]

美国学者雷丁认为,罗马法对于法人的地位、财产性质并无全面而具体的界定,但其中似乎有两条比较稳定的原则:第一,法人的权利、义务与其成员的权利、义务是有区别的;第二,法人通过其代表人来实施法律行为,因为一个整体要实现全部成员的共同目标,需要有人代表整体来表示意思。另外,雷丁还认为,在罗马立法中,没有任何迹象表明设立法人要经国家许可,这种许可只是现代法人设立的必备条件。[③]

研究最为深入、系统的应是达夫。他先是分门别类地对古罗马时代的各种具体法人进行专门研究,不仅阐述其在私法上的地位,而且涉及其在公法上的待遇问题。他认为总的来说,罗马法在事实上已经演化出法人观念,法人作为法律上的人具有不仅独立于其成员个人而且独立于其成员集合体的法律属性(拥有财产、能够进行诉讼及被诉)。[④] 在其著作最后一

---

① Saleilles, La Personnalite Juridique, 1910, 转引自 Frederick Hallis, *Corporate Personality: A Study of Jurisprudence*, Aalen: Oxford University Press, 1978, pp. 3, 7.
② 参见吴宗谋:《再访法人论争——一个概念的考掘》,硕士学位论文,台湾大学法学研究所,2004,第69页。
③ See Max Radin, *The Legislation of the Greeks and Romans on Corporations*, New York: Columbia Univ. Pre., 1909, p. 35.
④ 但对此点,弗里茨·舒尔茨(F. Schulz)和基尔克都表示异议。See F. Schulz, *Classical Roman Law*, Oxford: Oxford University Press, 1951, pp. 88~102; Otto Gierke, *Associations and Law: The Classical and Early Christian Stages*, edited and translated by George Heiman, Buffalo: University of Toronto Press, 1977, pp. 95~142.

章，达夫又特别将上述四种学说与罗马文献进行了比较。

首先是拟制说。萨维尼论证罗马法学家坚持拟制说的主要证据是：一是如"hereditas personae vice fungitur"这种表述的存在，二是萨氏经常引用的《学说汇纂》第 46 卷第 1 篇第 22 节中的"hereditas personae vice fungitur, sicuti municipium et decuria et societa"。但达夫认为在罗马法语境中，"personae"虽然可以理解为现代法律语境中的"person"一词，然而当将自治市（municipium）称为 personae 时，并非是说自治市由国家或皇帝赋予法律人格，而是法律可以某种方式将自治市视为人来对待，而这一种现象在古罗马时代乃是一种明显的事实。罗马法学家在陈述这一事实时，也未带有任何感情色彩，甚至是无意识地提及，更没有表现出倾向于哪种学说。①

当然罗马法中也不是没有拟制的因素。达夫认为，古罗马时代的诉讼程序本是为市民个人间诉讼而设计的，而后来团体第一次被允许以其自身名义起诉时，就已经运用拟制了。② 当然，这种拟制并不意味着法人被认为是不真实的。另外，萨维尼也在乌尔比安的论述中找到了支持拟制说的例证，乌尔比安明确指出：社团本身不能犯欺诈罪，这应当是拟制说的一个实质性主张。③ 但总结乌尔比安其他与此相互矛盾的论述后④，达夫认为："乌尔比安的话不是旨在阐释一个已经存在的固定原则，而可能是试图解决一个古老争论，但他提出的问题更仿佛是一个新问题，而且其答案——正如英国法官对于类似问题给出的答案——是初步的和临时性的。"⑤ 因此，乌尔比安的观点，一如罗马时代其他务实学者的观点，是针对现实问题的，因而也可能是相互矛盾的，不可能像德国学者那样致力于构建一套"科学"理论。

在完成了以上分析之后，达夫进行了总结。他认为，萨维尼关于罗马法坚持了拟制说的观点，受到来自以下三个方面的挑战：其一，萨维尼缺

---

① See P. W. Duff, *Personality in Roman Private Law*, London: Cambridge University Press, 1938, pp. 225~226.

② 同①, p. 226。

③ Vgl. Savigny, System des heutigen Römischen Rechts, Vol. II, 1840, S. 319. 转引自 P. W. Duff, *Personality in Roman Private Law*, London: Cambridge University Press, 1938, p. 227。

④ 有趣的是美国密歇根大学法学院的阿维-约纳教授则认为乌尔比安的观点体现了实在说，这从一个侧面说明了罗马法的多解性。参见 Reuven S. Avi-Yonah, "The Cyclical Transformations of the Corporate Form: A Historical Perspective on Corporate Social Responsibility", *Delaware Journal of Corporate Law*, Vol. 30, No. 3, 2005。

⑤ 同①, p. 229。

乏其他证据证明任何罗马法学家已经构建了任何法人理论；其二，尽管萨维尼也运用了一些表面上看来支持其观点的材料，但他并没有下大力气探究文本中的内涵，所以许多被萨维尼视为证据的材料实际上是其预先设计的[1]；其三，最重要的是，罗马学者不可能早已构造出一种如此精细、如此哲学化、如此远离平常观念的理论，只是留下些许线索表明他们确实思考过这些问题而已。[2] 所以，达夫意味深长地指出："在一个《学说汇纂》中的每一个单词及从中引申出的每个学说，必须服从制定法的权威的年代，萨维尼有充分的权力宣称乌尔比安是拟制论的权威"[3]。

其次，针对耶林的法人否认说[4]，达夫认为其比其他学说更能在罗马法中找到明显的支持和明确的否定，正如在普通法中一样。达夫认为，罗马法中有朴素的符号论，但是没有"科学"的符号说。[5]

最后，虽然基尔克和布林兹并未宣称其学说是罗马人的发明，但达夫认为，罗马学者的某些论述倒与其存在着一定程度上的契合之处。[6]

达夫的研究结论得到了其他资料的印证，美国密歇根大学法学院的鲁文·S.阿维-约纳（Reuven S. Avi-Yonah）教授通过对《国法大全》的研究，认为有的罗马法学者倾向于拟制说的观念，如盖尤斯；还有学者表现出耶林式否认说的倾向，如保罗；另外还有学者则倾向于实在说，如乌尔比安。[7] 但无论哪个学者都没有总结出一种抽象理论，而且自身观点往往相互矛盾。

总之，无论是罗马法还是罗马时代的政治实践，都未能完全体现，当然也没有完全否定后来的法人学说，或者说罗马法与拟制说、目的财产说以及受益人主体说之间既存在着某种联系，也存在着巨大的断裂。

具体到萨维尼，其所谓罗马法坚持拟制说的论断更是一种利用罗马法

---

[1] See P. W. Duff, *Personality in Roman Private Law*, London: Cambridge University Press, 1938, p. 230. 另外德国民法史学家维亚克尔也认为萨氏对罗马史料的研究，也以一种"六经注我"的态度，有意地依其于体系内的价值与贡献进行挑选。参见〔德〕维亚克尔：《近代私法史——以德意志的发展为观察重点》，陈爱娥、黄建辉译，台北，五南图书出版公司，2004，第369页。

[2] See P. W. Duff, *Personality in Roman Private Law*, London: Cambridge University Press, 1938, pp. 228~232.

[3] 同[2]，p. 229。

[4] 在达夫本书中，耶林的法人人格学说被称为符号说（Symbolism）。

[5] 同[2]，p. 233。

[6] 同[2]，pp. 233，234。

[7] See Reuven S. Avi-Yonah, "The Cyclical Transformations of the Corporate Form: A Historical Perspective on Corporate Social Responsibility", *Delaware Journal of Corporate Law*, Vol. 30, No. 3, 2005.

的权威性来证明其政治观点的学术策略，不仅是"根据现在写过去的历史"，而且赋予其学说一个高贵而唯一的起源，属于后现代主义所批判的典型的现代主义话语构建手法。萨维尼并不像学者所指出的那样，"在论述每一个规则时，几乎都是根据罗马法的原始篇章归纳出来，并且利用罗马法的原始篇章作出证明"①。德国学者维亚克尔曾指出，对于古代罗马史料，萨氏有意地依其于体系内的价值与贡献进行挑选。② 按照朱虎博士的说法，这一挑选过程就是，"萨维尼往往只注重于'健康情形'，对于'病态情形'则予以忽视"③。其实，从福柯知识考古学的视角来看，所谓"体系"不过是作者构建出来的历史连续性而已，所谓"健康"和"病态"也无非是作者制造学术话语的技术手段。

说到底，本节真正感兴趣的不是古罗马时代对法人本质的理解，因为正如达夫所说，在我们的时代，罗马法已不具有萨维尼时代的神圣权威，而且即令仍有这种权威，罗马法也无法跨越时空的疆界，直接规制我们的法律实践。④ 本节关心的是后世学者对待罗马法文献的方法与态度。

当然，本书无意于对萨维尼的做法进行指责，既然罗马法已经不能直接指导我们的法律实践，或者说，罗马法必须经过学者的诠释与总结才对我们有意义⑤，那么给这种诠释与总结打上个人的印记，乃是一个不可避免的加工过程。笔者只是想说，罗马法并不必定预示着一千四百多年以后法人本质之争，法人本质之争也并非只有罗马法这个唯一的源头。知识考古学要在学者声称的起源中发现差异，在连续中发现断裂。

二、罗马法法人观念在中世纪的再诠释

中世纪的法人观念可以分为两部分：第一部分是学者观点，即注释法学派（Glossators）与评注法学派（Commentators）对罗马法进行梳理、再诠释的过程中所形成的法人观念。讨论这部分的目的，一是提供一个罗

---

① 〔德〕萨维尼：《论占有》，朱虎、刘智慧译，北京，法律出版社，2007，译者前言，第27页。
② 参见〔德〕维亚克尔：《近代私法史——以德意志的发展为观察重点》，陈爱娥、黄建辉译，台北，五南图书出版公司，2004，第369页。
③ 同①，第39页。
④ See P. W. Duff, *Personality in Roman Private Law*, London: Cambridge University Press, 1938, p. 228.
⑤ 萨维尼本人就明确指出这一点。See Savigny, *The Roman Law of Persons As Subjects of Jural Relations*, trans. by William Henry Rattigan, London: Wildy & Sons, 1884. p. 205.

马法在中世纪的诠释和运用案例，进一步说明、深化其在法人论争中的再诠释和创造性运用实际上是一个非常"自然"的学术研究过程，但我们应当在自然中反思"不自然"；二是为讨论下一个问题提供学术背景。第二部分是法律实践中的观点，主要是教皇英诺森四世的观点及其所引发的现代争论，这个问题本身也是法人论争中的热点之一。

（一）注释法学派与评注法学派的法人人格观念

西罗马帝国衰亡之后，罗马法也被埋入深深的历史尘埃之中。《学说汇纂》的手稿原本于11世纪末在意大利比萨城被发现后，引起了学者持续不断的注释活动，以其方法的不同分为前期的注释法学派[①]与后期的评注法学派。

注释法学派的后期代表人物之一阿库修斯（Accursius）对罗马法中的法人观念进行了初步的整理。根据阿维－约纳对阿库修斯的《规范注释》（Ordinary Gloss）一书的研究，阿氏将团体的代表人称为经理人（Syndicus），反对法人的有限责任，体现了法人否认说的倾向[②]；同时阿氏强调国家的权威，体现了拟制说的某些特征；然而在谈到社团成员变更至一人时，阿氏认为，此时团体权利仍然存在，似乎又倾向于实在说。[③]总之，因为注释法学派将《国法大全》视为与《圣经》并列的古代文化圣典，在注释之时，远离当时政治及立法实践，拘泥于罗马法原典，不敢越雷池一步[④]，所以阿库修斯的上述观念基本上反映了罗马法学自身特征，出现自相矛盾的情况是自然的。之所以如此，一方面，由于此时和古代罗马相隔已近千年，对于罗马历史与社会的知识非常欠缺，早期的法学家对于重新发现的罗马法文献，感到相当不易理解，因而在研究上采取极为谨慎，甚至是虔敬的态度，企图透过注释（glose）阐发其微言大义，需要以

[①] 这一时期，法学家们研究的主题集中于6世纪由优士丁尼皇帝主持编纂的《国法大全》（Corpus iuris civilis）。他们将《国法大全》的文本放置在页面中央，四周密密麻麻地写上其对每段字句的注释，因而有"注释法学派"之称。

[②] 阿维-约纳称耶林式否认说为集合体说。See Reuven S. Avi-Yonah, "The Cyclical Transformations of the Corporate Form: A Historical Perspective on Corporate Social Responsibility", *Delaware Journal of Corporate Law*, Vol. 30, No. 3, 2005.

[③] See Reuven S. Avi-Yonah, "The Cyclical Transformations of the Corporate Form: A Historical Perspective on Corporate Social Responsibility", *Delaware Journal of Corporate Law*, Vol. 30, No. 3, 2005.

[④] 参见何勤华：《西方法学史》，北京，中国政法大学出版社，1999，第79页。当然，可能正是借其超越于政治学派之外的立场，才使罗马法在当时的商事交易中享有了极大权威。参见〔德〕维亚克尔：《近代私法史——以德意志的发展为观察重点》，陈爱娥、黄建辉译，台北，五南图书出版公司，2004，第63页。

这种近乎与世隔绝的方法进行注疏;另一方面,可能更重要的是当时正在形成中的市民阶级尚未被发现,在罗马法中,他们"还在不自觉地追求的东西,都已经有了现成的了"①。所以罗马法研究尚未与市民等级的发展要求相结合。

后期的评注法学派在研究方法上有所改进,不再拘泥于罗马法原典,而是结合当时的立法实践进行深入系统的总结并进行创新,更为重要的是,其中许多代表人物将当时已经成长壮大的市民阶级的政治需求纳入研究视野②,下文即将讨论的巴托鲁斯(Bartolus)即为著例。阿维-约纳认为,基于以下几方面的原因,他认为巴氏坚持了实在说:第一,他反对关于法人的人造实体(artificial entity)观念,该观点认为,成立一个法人必需国家或国法的许可。③ 第二,巴氏毫不含糊地坚持,即使在其成员都死亡的情况下,法人仍然存在。巴氏认为法人不仅独立于其成员,也独立于国家法人,不仅可以享有法律人格,即拥有财产、诉与被诉的权利能力,而且具有刑事责任能力,而这正是实在说的实质观点之一。第三,巴氏明确提出法律上的人(persona representata,即 legal person)一词,以表示其独立法人人格。④

但是,巴氏也曾指出:"所有的哲学家和教会法学家都相信整体并非真正地不同于它的组成部分。"⑤ 此话尽管是从哲学方面讲的,但却显示了一种唯名论的立场,与基尔克的唯实论立场截然相反。另外,巴氏还说:"自然人为实在之人类,而法人则为无肉体、无精神之观念上之存在。不过为法律拟制之产物而已。"⑥ 由巴氏法人人格观念上的这种矛盾性可以看出,巴

---

① 〔德〕弗·恩格斯:《论封建制度的瓦解和民族国家的产生》,载《马克思恩格斯全集》,第 21 卷,北京,人民出版社,1965,第 454 页。
② 参见何勤华:《西方法学史》,北京,中国政法大学出版社,1999,第 80 页。
③ Bartolus, Commentary on D. 3. 4. 1. 1. 转引自 Reuven S. Avi-Yonah, "The Cyclical Transformations of the Corporate Form: A Historical Perspective on Corporate Social Responsibility", *Delaware Journal of Corporate Law*, Vol. 30, No. 3, 2005。
④ See Bartolus, Commentary on D. 48. 19. 16. 10. 及 Commentary on D. 41. 2. 2. 转引自 Reuven S. Avi-Yonah, "The Cyclical Transformations of the Corporate Form: A Historical Perspective on Corporate Social Responsibility", *Delaware Journal of Corporate Law*, Vol. 30, No. 3, 2005。这应当是第一次提出法人(legal person)概念。
⑤ Tierney, Conciliar Theory, pp. 96, 101. 转引自〔美〕哈罗德·伯尔曼:《法律与革命——西方法律传统的形成》,北京,中国大百科全书出版社,1993,第 266 页注 48。
⑥ 李宜琛:《日耳曼法概说》,北京,中国政法大学出版社,2003,第 41 页。当然,按照这句话,似乎巴托鲁斯率先提出了"拟制"观念。然而李先生并未提供其所引资料,从后文关于英诺森四世法人观念的争论来看,该观点似乎难以成立。本文只是引以表明巴托鲁斯观念的复杂性而已。

氏的法人本质学说虽较罗马法有理性化之趋向，但尚未形成后世之体系化学说。实际上，巴氏的法人本质观念中有两个面相：相对于国家而言，法人具有实在性；相对于自然人而言，法人则为法律拟制物。[①] 由此可见，阿维-约纳所说的实在说并不同于基尔克式实在说，二者只是类似而已，因而巴氏的学说还不是基尔克式实在说[②]，只能说其较为倾向于实在说。

巴氏为何倾向于实在说呢？阿维-约纳认为有三个原因[③]，但笔者认为从历史背景上理解可能更深入一些。在巴氏时代，有两个重要社会现象值得注意：第一，大学作为一个既独立于其成员又独立于国家的实体，已经发展为一个自我管理、自我服务的机构。[④] 第二，由于市民阶层的兴起，神圣罗马帝国辖下的许多意大利城市取得了实质上的独立政治地位。[⑤] 这两种自治实践为巴氏解释罗马法人观念提供了现实基础。当然，这仅仅为实在说提供了一种可能性，其必要性则来自现实的政治需求。当时，意大利的大学、城市共和国与神圣罗马帝国的冲突日趋激化：一方要求保持独立地位，并欲进一步扩大自治权；而另一方则一心扩大皇权。作为评注法学派晚期代表人物之一，巴氏正是从现实需要出发来注释罗马法，使法律服从事实。[⑥] 巴氏对于罗马法法人制度的特别关心就与这种政

[①] 当然，此处的法律不同于萨维尼眼中的法律，前者是指当时流行于欧洲的普通法，既非教会法，也非神圣罗马帝国皇帝钦定法，而萨维尼的法显然是国家法；另外，此处的拟制也非萨维尼式拟制，前者强调独立于神圣罗马帝国的地位，而后者强调法人对于国家的从属关系。

[②] 实际上，基尔克本人并不认同巴氏的观点为实在说，相反他认为巴氏的观点属于拟制说，因为巴氏没有赋予团体以独立意志，并认为这一学说给欧洲带来了灾难性后果，因为专制主义理论最终就是建立在这种观念的基础上的。参见〔美〕哈罗德·伯尔曼：《法律与革命——西方法律传统的形成》，北京，中国大百科全书出版社，1993，第 265 页及注 45；F. M. Maitland, "Introduction", in Gierke, *Political Theories of the Middle Age*, New York: Cambridge University Press, 1900, p. 69. 而由上文可知，基尔克的这种评论有些过于教条主义了，这也可以从某种意义上说明 19 世纪末期到 20 世纪初期法人人格本质大论战的某些微妙意味。

[③] See Reuven S. Avi-Yonah, "The Cyclical Transformations of the Corporate Form: A Historical Perspective on Corporate Social Responsibility", *Delaware Journal of Corporate Law*, Vol. 30, No. 3, 2005.

[④] 有关中世纪大学的独立地位，可参见美国学者伯尔曼关于波伦亚大学的介绍。参见〔美〕哈罗德·伯尔曼：《法律与革命——西方法律传统的形成》，北京，中国大百科全书出版社，1993，第 147~152 页。

[⑤] 关于当时城市发展状况，可参见〔比〕亨利·皮雷纳：《中世纪的城市》，陈国樑译，北京，商务印书馆，1985，第七章。另可参见〔美〕哈罗德·伯尔曼：《法律与革命——西方法律传统的形成》，北京，中国大百科全书出版社，1993，第 468~472 页。

[⑥] See Quentin Skinner, *The Foundations of Modern Political Thought*, Cambridge University Press, 1978, Volume One, p. 10. 转引自黄颂、王连恩：《试论巴托鲁斯的城市共和国思想》，《重庆师院学报（哲学社会科学版）》2002 年第 1 期，第 87 页。

治环境密切相关，因此，他对罗马法人观念的解释是以论证意大利大学及城市共和国现实存在的合法性为目的的，这就使其必然倾向实在说。因为实在说至少可以解决下列问题：第一，大学及城市的独立法律（这里的法律是指建立在罗马法复兴基础上的欧洲普通法，而非神圣罗马帝国皇帝钦定的法律）地位；第二，团体的主权在于其成员，而非皇帝："人民是城市中的国王"①；第三，由法人承担侵权责任乃至刑事责任，维护了团体的管理者的利益，调动了其维护团体利益的积极性。

可以说，评注法学派巴托鲁斯的法人学说已经初步显示了后世法人学说作为一种话语力量的产生过程：现实的法律实践及社会背景—学者个人基于社会实践感受而形成的学术前见—根据这种前见对罗马法中质朴的、自相矛盾的法人观念所进行的诠释、筛选和再造。当然，可以肯定的是，巴托鲁斯的法人学说不是"体系化"的"法人本质"学说，更不是"哲学"化的话语体系，中世纪也没有爆发法人本质之争，其根本原因当然并非罗马法文本不够丰富或对于罗马法的诠释工作不够深入，而只能是经济社会的变迁和现代国家权力的转型。

（二）教会法的法人人格观念及其引发的争论

在罗马法复兴同时，基督教会也在形成自己独特的法律体系。根据伯尔曼的介绍，中世纪的基督教会迫于各种法律现实问题的压力，也发展了一套法人观念。在这一过程中，12世纪的教会法学家利用了此前罗马的、日耳曼的以及基督教既有的法人观念，并在某种程度上协调了三种相互竞争的观念体系，形成了一种既不同于罗马法，也不同于日耳曼法的法人观念。不过伯尔曼同时认为，这种利用与协调并不是作为一种法律推理的抽象训练，而是为了解决一些源于教会外部与内部的法律冲突。② 关于中世纪基督教会的法人制度内容，本书不欲深究。③ 一如上节，本节也是将重点放在法人论争中关于教皇英诺森四世（Pope Innocent Ⅳ，1243～1254年在位）观点的分歧上，上文所述不过旨在分析英诺森关于法人观念的知识背景。

---

① Antony Black, *Political Thought In Europe 1250—1450*, Cambridge University Press, 1922, pp. 128～129. 转引自黄颂、王连恩：《试论巴托鲁斯的城市共和国思想》，《重庆师院学报（哲学社会科学版）》2002年第1期，第87页。

② 参见〔美〕哈罗德·伯尔曼：《法律与革命——西方法律传统的形成》，北京，中国大百科全书出版社，1993，第262页。

③ 关于这方面的叙述，可参见 Otto von Gierke, *Associations and Law: The Classical and Early Christian Stages*, edited and translated by George Heiman, Buffalo: University of Toronto Press, 1977, pp. 143～160；国内学者论述可参见方流芳：《公司：国家权力与民事权利的分合》，博士学位论文，中国人民大学法学院，1992，第19～42页。

英诺森关于法人本质的观念也不成体系①，往往是结合教会事务中的具体问题，就事论事地提出一些论断。如："从此处出发，我们命令，并因此，我们说，即使寺院的牧师和所有僧侣都已死亡，但财产仍然属于万世长存的基督，或者属于永不消亡的普世教会。""正如一个教会分支、教众及其他类似实体，法人团体仅是个法律名称，不是人，因此，他们通过一个人进行宣誓是合适的，因为在涉及法人事务中，集团被虚拟地视为一个人来对待（原文为 'cum collegium in causa universitatis flngatur una persona'）。"② 正是后面一句被基尔克理解为最早提出了拟制说。③ 在梅特兰将基尔克学说介绍到英国后，基氏这一论断在英美法学界引起了怀疑与争论。

据笔者掌握的资料，英美法学界最早表示异议的应当是赫尔伯特·A.史密斯。他在其1914年出版的著作中，增加一篇附录，专门讨论这个问题。④ 史氏从英诺森此番表态的背景，指出其用意在于废止教皇格列高利九世时代开除教籍的做法。他说："英诺森并没有宣布对法人进行处罚是不可能的，也不是禁止所有处罚。他所说的是法人（universitates）不再被开除教籍，不是因为法人是法律上的拟制人，而是因为这一判决将会牵连到那些无辜之人。"⑤ 史氏另外指出，如果条件允许，英诺森并不否认法人也应当承担侵权责任，并且英诺森的许多观点在现代学者看来应是前后矛盾的。⑥ 总之，教皇的目的在于解决实践中的问题，而非有意创造理论。

---

① See Brian Tierney, *The Foundation of the Conciliar Theory*, Cambridge, 1955, pp. 96, 101. 转引自〔美〕哈罗德·伯尔曼：《法律与革命——西方法律传统的形成》，北京，中国大百科全书出版社，1993，第266页，注47；Herbert A. Smith, *The Law of Associations, Corporate and Unincorporated*, Oxford: Clarendon Press, 1914, p. 156; P. W. Duff, *Personality in Roman Private Law*, London: Cambridge University Press, 1938, p. 223。

② Innocent IV, Commentary on X. 5. 39. 52. and on X. 2. 20. 57, n. 5. 转引自 Reuven S. Avi-Yonah, "The Cyclical Transformations of the Corporate Form: A Historical Perspective on Corporate Social Responsibility", *Delaware Journal of Corporate Law*, Vol. 30, No. 3, 2005。

③ Vgl. O. Gierke, Das deutsche Genossenschaftsrecht, Vol. III, 1881, S. 246, 279. 转引自 P. W. Duff, *Personality in Roman Private Law*, London: Cambridge University Press, 1938, pp. 221~222; Frederick Hallis, *Corporate Personality: A Study of Jurisprudence*, Aalen: Oxford University Press, 1978, p. 7。

④ See Herbert A. Smith, *The Law of Associations, Corporate and Unincorporated*, Oxford: Clarendon Press, 1914, pp. 153~157.

⑤ 同①，p. 153。

⑥ 同①，p. 156。

达夫也赞同史氏观点,并补充说:"无疑,'集团被虚拟地视为一个人来对待'这句话可以指——正如萨维尼所理解的——团体是个拟制的人;但此语也完全可指集团被当作一个个体、或一个人而不是指许多人中的一个成员来对待,而实际上,基尔克很少强调这句话的真实含义。"① 与史氏相似,达夫又引用英诺森其他一些论断指出,这些片段没有表明英诺森是个萨维尼主义者,而是表明,恰恰相反,教皇是个不受任何理论束缚的务实者。②

后来,伯尔曼引用美国当代的中世纪政教关系史专家蒂尔尼及法国学者吉雷等人的观点,进一步说明基尔克夸大了教皇与萨维尼观点间的相似性,他认为英诺森的观点并非指法人是一种独立于其构成成员的抽象实体,他只是想表达当时流行的一种见解:团体与个人的权利能力、行为能力以及一切法律都是来自同一渊源,因此团体的行为能力并不比个人的行为能力更具人为性或"虚拟性",或者说两者是同等的实在。英诺森的观点体现了一种适中的唯名论立场,并非基氏所声称的"过分的实证主义者"③。

当然,如果根据上述学者的观点否认英诺森的观点与萨维尼学说的相似性,也未免有些武断。因为作为英国学者,他们有一个本能的出发点,这便是对于德国式形而上学式理论化的拒斥心态,这种心态决定了他们的主要目的在于论证英诺森并非从哲学上演绎一个体系化的理论。但他们提供的证据并不能否认英诺森此举的政治动机,这就是一些学者所指出的基督教会至上论。在介绍基氏理论的文章中,梅特兰接受并进一步论证了基尔克的观点,他说:"英诺森热衷于法人人格的单纯拟制性,并具有对于《教令集》的极大权威,宣称法人既不可能犯罪,也不可能违法。作为教皇,英诺森能够解决法人罪责问题,也可以在任何情况下阻止法人被开除教籍,但作为法学家,他无法说服其余法学家也认为法人永远不会因犯罪与侵权而被起诉。"④ 另外,英籍波兰裔的法史学家维诺格拉多夫也认为,英诺森的观点的现实原因是:"教会认为所有中间教会不过是从属于总教

---

① See P. W. Duff, *Personality in Roman Private Law*, London: Cambridge University Press, 1938, p. 222.
② 同①, p. 223.
③ 〔美〕哈罗德·伯尔曼:《法律与革命——西方法律传统的形成》,北京,中国大百科全书出版社,1993,第 719~720 页。
④ F. M. Maitland, "Introduction", in Gierke, *Political Theories of the Middle Age*, New York: Cambridge University Press, 1900, p. xix. 当然,梅特兰认为英诺森否认法人应承担侵权责任的观点,看来是有问题的。

会的机构，只有总教会才是唯一可想象的'道德'团体，才是基督的肉身。在牧师眼中，毫无疑问，女修道院、教区、主教团并非依自己的力量而存在，而是从作为整体的基督教会获得其生命。它们仅仅是教会的机构，所以，是拟制物。作为这一流行观念的结果，法人仅是拟制的人。"[1] 可见，在教皇眼中，只有基督教会本身才是不需拟制的实在人，而其他下属教会则都需总教会的拟制。因此，可以说英诺森的观点与萨维尼的国家拟制说具有共同的政治旨趣。

实际上，除了论说者的目的，上述两种观点并非不可调和，虽然英诺森法人观念并没有体系化，但法律拟制一语确由其首先提出；并且，同为赞成法律拟制，其法人观念与前述巴托鲁斯的有所不同：作为教皇，拒绝承认下级教会的独立人格。[2] 所以，应当说英诺森在总体上倾向于拟制说。实际上，英诺森的法人观念还有更深层次的背景，这就是历时久远的教会与神圣罗马帝国的斗争。在这场斗争中，教会认为，只有作为基督在人间的代理人的教皇才拥有源于上帝的权力，其他团体，包括世俗国家的权力都是由教皇转赐的；而神圣罗马帝国皇帝则认为自己是上帝已经直接赋予统治权的罗马帝国的代表。从教会与世俗政权的对立，可以推知其不可能赞成法人人格须由国王赋予的观念[3]，或许正是这一点，使一些学者认为英诺森并没有提出后世的拟制说。但这种理解显然是褊狭的，从精神实质上说，英诺森视基督教会为先验实体，而下级教会则为虚拟之物的观念与萨维尼认为社团的权利能力由国家赋予的拟制说可谓异曲同工。[4] 总之，基尔克对于中世纪教会法关于法人观念的总结没有完全歪曲事实，当然在细节上可能有情绪性的发挥或夸大，而他这种发挥或有意夸大，也只能从其法人本质理论本身来解释。

三、结论和思考

总之，罗马法法人观念并不像后世学者所宣称的那样，是某种法人学说或者观念的"起源性"事件和"不成熟"的雏形，也不像日本学者石本雅男的研究所显示的那样，可以经由中世纪学者和近现代法学家顺理成章

---

[1] Paul Vinogradoff, "Juridical Persons", *Columbia Law Review*, Vol. 24, No. 6, 1924, p. 601.

[2] 本书第六章第三节中所述独体法人的产生过程，可以视为一个佐证。

[3] 参见〔美〕哈罗德·伯尔曼：《法律与革命——西方法律传统的形成》，北京，中国大百科全书出版社，1993，第728页。

[4] See Savigny, *The Roman Law of Persons as Subjects of Jural Relations*, trans. by William Henry Rattigan, London: Wildy & Sons, 1884. pp. 198 ff.

地"成长"为后世法人学说。① 法人本质学说并不是罗马法之藤穿越漫长的中世纪自然而然地结出的现代之瓜。

因此，我们应当从法学学术现代化的高度和视角看待法人论争。在19世纪以来的法学理论现代化过程中，学者们秉持一种现代主义的视角，将现代的观念和制度强加到过去，然后宣称过去某个源头就是现代观念的神圣起源，然后再构建一种历史决定论，证明从起源到当代的历史必然性，使传统理论具有了典型的话语性特征。然而，法人论争说明，这种学术构建实质上乃是一种学术返魅的体现，在相当程度上扭曲了法学研究。此外，在法学现代化过程中，由于西方各国历史及文化传统上的罗马情结，罗马法不仅起到了通常意义上的学术资源的作用，更是发挥了一种先验性的真理性标准和意识形态的功能，这实际上是一种学术上尚未脱魅的体现，也是西方性的体现。所以，我们在学习、借鉴西方法学知识的过程中，应当对其现代性、话语性和西方性保持清醒的认识，否则我们的学术研究就只能一再重复前人走过的弯路。

当然，笔者不否认罗马法为法人论争提供了某些学术资源，从这个意义上来说，罗马法也算得上是相关法人理论的源头之一。但这绝不意味着罗马法是法人本质理论的排他的、纯粹的高贵出身，从罗马法法人观念到法人论争也不是线性的、连续的观念生长过程。相反，甚至在相当意义上来说，所谓的"罗马法法人理论"反倒是后世学者在不同的立场和前见支配下，在"彼此相异的力量"的相互作用中不断构建和重构出来的。

笔者无意从根本上否认罗马法研究的学术意义，只是想指出，罗马法之所以在法学学术上具有重要地位，不是因为它反映了某种神秘的客观精神而更正确或更权威，似乎也不主要是因为梅因所说的"优雅、明确和精审"②，更不是因为耶林眼中罗马帝国三次征服世界的文治武功，而是主要因为罗马法条文的质朴、具体、直观以及法学理论（或所谓法教义学）上的可塑性。在萨维尼时代，一方面，罗马法条文的详尽和精确、相关文献的丰富和全面以及法学知识上的初步体系化等半成品特征可以大大降低现代学术体系的构建成本和难度，较之于需要在原始丛林中披荆斩棘的日耳曼法学研究进路来说，可谓法学研究的钟南捷径；另一方面，罗马法的质朴、直观等非体系性特征可以便利研究者根据自身的前见和体系化需要

---

① 参见〔日〕石本雅男：《法人格の理論と歴史》，东京，日本评论社，1949，第二章。
② 〔英〕梅因：《古代法》，沈景一译，北京，商务印书馆，1959，第202页。

提取对其有利的学术资源，即可以借题发挥。① 因此，一种学说和观念并不获得了罗马法上的起源而更加高贵、更有说服力。

进一步说，罗马法如此，日耳曼法学派的日耳曼法血统也是如此。前文在评价基尔克的德国合作团体研究时，也指出了这个问题。基尔克认为其合作团体理论源于纯正的日耳曼血统，并由远古的日耳曼精神线性演变而来，只是在中世纪继受罗马法以后，合作精神的日耳曼血统被污染，而基尔克本人的使命就是清除外来的罗马因素，恢复被压制的日耳曼精神。然而基尔克的历史研究并不完全符合史实，更重要的是他没有掌握19世纪晚期经济社会的真实状况，最终与他的时代渐行渐远。

再进一步，我国也一直存在着"移植派"或"西化派"与"本土资源派"之争。笔者认为，我们必须超越高贵起源外加线性发展的老路，任何一种学术资源都没有资格声称自己天然的优越性和高贵性，能够开通"直达上帝和真理的专线"②，或者说任何一种学术资源都只有有限度的正当性，这正是福柯所一直坚持的多元主义的态度，也是蔡元培先生所主张的兼收并蓄的态度。学术资源及研究进路的有效性和正当性应当由采用这一方法的学者的学术贡献来证成，而不是相反。

因此，笔者从谱系学的视角研究罗马法与法人论争的关系，真正的用意不仅在于反思传统法人学说的现代性，还在于反思我国的民法研究方法和学术品性。

第二节 法人论争的政治社会背景

上文已经指出，法人本质学说并非罗马法、日耳曼法必然发展的产物，而是15世纪以来国家社会现代化进程的产物。如果说拟制说是这一进程初期的产物，那么实在说就是这一进程后期的产物。本节的目的在于揭示法人本质学说与当时社会结构变迁、国家形态演变以及政治观念转变之间的谱系关系，深入理解法人论争的政治和公法旨趣，从而最终消除我国法人研究中的私法主义和技术主义。

一、国家现代化背景下的国家—团体关系

现代国家起源于绝对主义国家，后者是指15~18世纪以君主个人为

---

① 借题发挥并没有贬义，这本是学术研究的一个很平常也很正常的手段，关键是不能"过度"。
② 苏力：《好的研究与实证研究》，《法学》2013年第4期。

国家权力核心的中央集权国家，是对中世纪分散的封建割据状态的反动。在中世纪的西方，精神上天主教会一统天下，缺乏现代民族观念；政治上各领地、采邑和公国缺乏严格的主权观念，更没有统一的宪法，只有各领主之间的契约关系，封建诸侯各自为政，各种特权组织如教会、封建行会、自治市也是自成排他性的体系；法律分为国内法、教会法和商法三个独立体系，而其中的国内法本身又是多元法律体系的混合体。这使得"国家受到国家中的团体的统治权利的绝对限制。在那个时代，国家的统治权力被剥夺了，无数的团体甚至个人拥有统治权力，以至于国家本身濒临崩溃，例如，曾经分崩离析的德意志"[1]。

但从中世纪晚期开始，专制君主建立了隶属于君主的军队、税收以及文官系统，废除了国家中的团体和个人的独立统治权力，加强了对各种社会团体的监控，消除了诸侯割据局面，强化了中央集权，最终出现了西班牙、英国和法国等近代绝对主义国家。

英国和法国分别早在 11 世纪的诺曼征服和 12 世纪后期开始，逐渐走向中央集权制民族国家[2]，并于 16 世纪形成绝对主义国家。[3] 在英国，宗教改革议会（1529～1536 年）制定的一系列法令确立了王权对于国教会的至尊地位，颠覆了"教皇权至尊"的传统观念。[4] 1536 年，英王取消了三大巴拉丁伯爵领的自治权[5]，由英王直接委派的官吏进行治理，又通过 1536 年和 1543 年两部合并法取消了威尔士亲王封号及其公国。[6] 同时期五港同盟和自治市等较大的特许权单位也渐渐演变为国家的公共部门，而大学、行会或公会等较小的特许权团体则逐步转变为丧失公共管理权的市民社会或经济组织。[7] 在法国的波旁王朝，通过《四条论纲》等手段强化了对教会的控制和监督，通过剪除地方势力、迁移大贵族到巴黎，并许以荣誉、头衔和丰厚的年金等手段，加强了对各种封建势力的打击和控制，同时严格控制臣民的结社活动，只有从政府获得特许状的团体才可以公开

---

[1] 〔德〕格奥格·耶利内克：《主观公法权利体系》，曾韬、赵天书译，北京，中国政法大学出版社，2012，第 253 页。
[2] 分别参见〔美〕约瑟夫·R. 斯特雷耶：《现代国家的起源》，华佳等译，上海，上海人民出版社，2010，第 20 页和第 27 页以下。
[3] 参见〔英〕佩里·安德森：《绝对主义国家的系谱》，刘北成、龚晓庄译，上海，上海人民出版社，2001，第 3 页。
[4] 参见刘城：《十六世纪英国"王权至尊"的确立与教皇权的衰落》，《历史研究》2006 年第 2 期，第 138 页。
[5] 参见张乃和：《近代早期英国特许权研究》，北京，人民出版社，2014，第 66 页。
[6] 同[5]，第 60 页。
[7] 同[5]，第 76 页。

存在，一些团体不得不寻求王亲国戚的庇护，甚至国王本人也担任了某些团体的名誉领导人。①

而普鲁士从17世纪才启动现代国家的构建之旅，到1871年才最终在德意志层面上建立绝对主义国家。② 其中，在普鲁士走向现代化至关重要的施泰因、哈登堡改革中，经过1807～1811年一系列改革农民人身依附关系的法令，限制了封建领主团体的公法权力，促使其转变为私法上的资本主义农业经营体③；1808年颁布的《城市条例》使城市获得了更大的自治权，封建领主及行会受到沉重打击④；1810年先后颁布的《工商敕令》和《行业税敕令》确立了职（营）业自由原则，是否加入行会完全取决于从业者个人意志，对旧式行会构成致命性的冲击。⑤ 1821年《公有地分割条例》以及后来的一系列《赎买条例》则导致中世纪的公社解体，农村封建关系被解除。⑥ 1831年修改《城市条例》，自治市的许多重要权力都被国家收回⑦，渐次沦为国家机器的一个部件，耶林在《法律中的目的》中就明确指出："国家这一术语包含市政府"⑧。通过这些改革，普鲁士限制、瓦解了各种封建团体，强化了中央集权。

绝对主义国家的出现导致了社会结构的深刻变迁，这就是国家作为公共权力组织与社会的分野。耶利内克深刻地指出："专制君主的严酷统治瓦解了存在于国家和个人之间的多重层级的中世纪社会，并为国家法上同

---

① 参见乐启良：《近代法国结社观念》，上海，上海社会科学院出版社，2009，第34～35页。
② 参见〔英〕佩里·安德森：《绝对主义国家的系谱》，刘北成、龚晓庄译，上海，上海人民出版社，2001，第252页以下。
③ 参见李工真：《德意志道路：现代化进程研究》，武汉，武汉大学出版社，2005，第45～46页。
④ 参见李工真：《德意志道路：现代化进程研究》，武汉，武汉大学出版社，2005，第42～43页；徐继承：《德意志帝国时期城市化研究：以普鲁士为研究视角（1871～1910）》，北京，中国社会科学出版社，2013，第150页。
⑤ 参见李工真：《德意志道路：现代化进程研究》，武汉，武汉大学出版社，2005，第43页；徐继承：《德意志帝国时期城市化研究：以普鲁士为研究视角（1871—1910）》，北京，中国社会科学出版社，2013，第28～29页。
⑥ See Savigny, *The Roman Law of Persons As Subjects of Jural Relations*, trans. by William Henry Rattigan, London: Wildy & Sons, 1884, pp. 265-266；秦声德：《普鲁士近代农业发展的道路》，《四川大学学报（哲学社会科学版）》1986年第3期，第100页。
⑦ See Savigny, *The Roman Law of Persons As Subjects of Jural Relations*, trans. by William Henry Rattigan, London: Wildy & Sons, 1884, p. 264.
⑧ Rudolf von Jhering, *Law as a Means to an End*, trans. by Isaac Husik, Boston: The Boston Book Company, 1913, p. 229.

质的国民社会奠定了基础。"① 霍布斯则最早揭示了现代国家的基本特征：国家是有独立于其成员人格的人格者。② 基尔克也认为，现代主权观念的实质在于，它将国家视为某种与人民相区隔的事物，国家在特定地域和人口的范围内垄断了所有公共权力。③ 他还指出，现代社会区别于中世纪社会的根本特征概括为个人自主权与国家主权的并存，其代价就是社会中间组织的消失。④

近代资产阶级革命之后，专制君主的上述"杰作"不仅没有被摧毁，"反而在将它引入另一条道路后完善了这一杰作"⑤。所谓"另一条道路"就是指君主立宪主义和民主共和主义。在英国，光荣革命确立了君主立宪政体，议会成为国家的最高权力机关，虽然对于公民小型自愿结社有所放松，但总的来说，以前君主对重要社会组织如封建领主、自治市、特许公司、教会组织以及海外殖民地的控制权力并未被弱化，反而因转移到作为公共权力机关的议会手中而进一步被强化。因此，光荣革命后，英国中央集权化的进程不是放缓而是进一步加速了，其中著名的例子就是北美各殖民地因与议会矛盾激化而争取独立。当然，与法国大革命相比，英国的"强化"还算温和。本书在组织体说的背景部分已经指出，在法国大革命到拿破仑专政期间法国密集颁布了十几项严禁结社的法令，最终实现了历代国王难以企及的中央集权，国家吞并了包括教会在内的所有社会中间组织，垄断了一切社会资源和权力。随着近代民族国家观念的形成和发展，国家获得了远远超越于个人和社会团体之上的神圣地位，而随着现代科学技术和福柯所指出的各种隐蔽统治技术的提高，现代国家官僚体系又获得了空前的社会控制、动员和整合能力。

然而，社会多元化发展的需求仍然超出了全能国家的能力范围。从19世纪初开始，特别是1848年革命以后，现代自由型结社运动席卷西欧各国。⑥

---

① 〔德〕格奥格·耶利内克：《主观公法权利体系》，曾韬、赵天书译，北京，中国政法大学出版社，2012，第253页。
② 参见〔英〕霍布斯：《利维坦》，黎思复、黎廷弼译，北京，商务印书馆，1985，第132页。
③ Gierke, *Community in Historical Perspective: a Translation of Selections from Das deutsche Genossenschaftsrecht*, ed. by Antony Black, trans. by Mary Fischer, Cambridge: Cambridge University Press, 1990, p. 109.
④ Gierke, *Political Theories of the Middle Age*, Trans. by F. M. Maitland, New York: Cambridge University Press, 1900, p. 87.
⑤ 〔德〕格奥格·耶利内克：《主观公法权利体系》，曾韬、赵天书译，北京，中国政法大学出版社，2012，第253页。
⑥ 参见〔意〕萨尔沃·马斯泰罗内：《欧洲民主史——从孟德斯鸠到凯尔森》，黄华光译，北京，社会科学文献出版社，2001，第123页。

在法律不承认甚至严格禁止的情况下，大量所谓"无权利能力社团"具有事实上的权利能力和行为能力，在事实上构成了社会关系的主体，这实际上意味着法律遏制政策的破产。① 到 19 世纪 70 年代以后，产生了工会、雇主联合会、新型教会、行业协会以及巨型企业，从根本上改变了资本主义社会的结构。例如美国学者希尔斯曼就认为，美国工会的兴起标志着美国的一场社会和政治革命，其深刻程度不亚于 1789 年的法国大革命。② 身处这一历史变迁的耶利内克委婉地指出："争取行使一部分国家权力是我们这个时代的被统治阶级的政治斗争的核心特征。这一政治斗争最终开启了由国家进行的统治权力的自我限制和统治权力的委托行使的伟大进程。"③

从这一历史变迁中，我们就会发现，各个法人理论都具有鲜明的政治意图。萨维尼的拟制说发表于现代集权国家有所发展但尚未取得决定性胜利、封建组织尚未完全瓦解而新兴团体已经崭露头角的 1840 年。因此，其关于只有国家才能够创造虚拟法律主体、国家应当强化法人监控体制的主张，实际上就是对绝对主义国家的学术支持；其关于自然法人的论述，则又是对于绝对主义国家的限制。

耶林的法人学说分别发表于德国现代集权国家已经不可逆转地即将取得成功而新型社会团体蓬勃发展的 1865 年和绝对主义国家已经取得成功并进一步深度发展的 1877 年，其否认法人实体性和人格、所有法人都应被国家所吞并的观念和主张，既是对集权过程已经成功的直观反映，也为这一集权过程的极端发展提供了理论辩护。

而稍晚但基本与耶林法人学说同时代的基尔克法人学说，则正好相反，不仅清醒地认识到了现代化集权国家的隐忧，而且从社会中间组织的不断深入发展中获得了构建多元化新型社会形态的学术灵感。故而其关于团体本身就是一个生命体、具有先验人格和伦理人格的一整套学说，无非意在论证团体独立于国家的主体地位，从而为这一社会多元化进程提供理论支撑。

正是这一共同性的社会变迁，使得本限于德国法学界的法人论争演变

---

① 参见〔德〕迪特尔·梅迪库斯：《德国民法总论》，邵建东译，北京，法律出版社，2000，第 854 页。
② 参见〔美〕希尔斯曼：《美国是如何治理的》，曹大鹏译，北京，商务印书馆，1988，第 316 页。
③ 〔德〕格奥格·耶利内克：《主观公法权利体系》，曾韬、赵天书译，北京，中国政法大学出版社，2012，第 254 页。

成为世界性的学术论战,使法人人格这一如此专业、逼仄的问题一下子成为法学、政治学、社会学、经济学和哲学界普遍关注的中心问题。而基尔克对于这一变迁的深刻理解使其学说成为激发论战的有力学术资源,大陆法系所有论者在构建自身学说时都必须回溯到基尔克,而英美法系的法人论争则可以说完全是由于基尔克学说的传入所激发。[①]

二、社会组织的现代化

在国家权力实现现代化的同时,社会组织也正在完成由旧式团体向新型组织的蜕变。上文已经指出,自中世纪晚期以来集权国家的壮大意味着社会中间组织的消亡,但从19世纪下半叶起,又出现了团体的"复兴",但这并不是已经消亡的旧式团体的复活,而是新型社会组织的兴起。

旧式团体是指在中世纪甚至中世纪以前就发展起来的、建立在身份血缘基础上的各种社会组织,如行会、领主团体、教会、公社、村庄、城镇以及自治市等,实际上就是萨维尼所说的"自然法人",基尔克所界定的情感型团体及德国社会学家滕尼斯所说的共同体基本上也属于这一类。在中世纪,旧式团体遍布于整个社会的方方面面,每个人都生活在各自的团体内,他们的生活、工作、道德观念、宗教信仰乃至家庭都需要服从所属团体的监督和管理[②],依靠这种成员与团体间的人身依附和成员之间的等级关系,各种团体保持了相当的稳定性。但另一方面,在封建团体中,农民不能随意离开土地和封建领主,封建领主也不能随意将农民从土地上驱赶出去[③],也就是说虽然成员间存在等级差别和剥削关系,但他们相互依存,经过世代居住后很容易形成稳定的依附关系,因而在组织和成员间以及成员之间容易产生浓厚的依赖心理和乡土情感。从法律上来说,这类团体最重要的特征在于成员资格的取得不是基于个人的自由意志,而是基于血缘、亲缘、地域、阶级等身份性因素,成员资格可以继承但不能随意转让,同时,成员也不能按照自己的意愿退出团体。

然而随着资本主义生产方式的发展,特别是从19世纪初起,随着西方工业化时代的开启,"无根化"的大量农村人口被迫或者主动涌入工业城市,其生存环境发生了根本性的变化。马克思和恩格斯指出,资本主义

---

① 参见〔美〕莫顿·J. 霍维茨:《回溯圣克拉拉案件:公司法理论的发展》,郑相随译,载方流芳主编:《法大评论》,第4卷,北京,中国政法大学出版社,2005。
② 参见乐启良:《近代法国结社观念》,上海,上海社会科学院出版社,2009,第37页。
③ 参见〔美〕哈罗德·J. 伯尔曼:《法律与革命(第一卷):西方法律传统的形成》,北京,法律出版社,2008,第322页。

时代不同于过去各个时代的地方就在于"生产中经常不断的变革,一切社会关系的接连不断的震荡,恒久的不安定和变动"①。这种生活状态,使得人们觉得原来生活虽然贫穷但有安全感,现在却面临一个完全陌生、不安定、不友好的世界,原来生活社区中的脉脉温情也被冷冰冰的利益计算所取代,于是"一种寻求庇护的心理需求日渐强烈"②。在这种情况下,自愿结社便承担了把人们聚集在一起,以消除人与人之间的陌生感、创造安全感的历史重任。在整个欧洲,从1850年到1860年十年间,社团数目翻了一番,参加结社团体的人数则增长了10倍。③ 在英国,到1860年大约有25 000个社会团体,共有300万名会员,虽然其中有一半团体没有得到当局承认,但其工联运动仍然成为欧洲的"典范"④。19世纪70年代的研究表明,大多数英国成年人都参加志愿活动,每个人平均属于5~6个志愿组织,包括工会、友谊协会和各种节俭协会。⑤ 在法国,自从19世纪中叶,特别是20世纪初以来,"法国的全部领土已布满了社团网,如工会、各种职业团体、甚至还有公务员的团体、互助会、慈善会,以及科学、语言学、艺术的社团"⑥。在德国,结社运动也于19世纪初席卷全国,并于该世纪中叶达到高潮,无论社团的数量还是种类,都得到了长足发展,社团不但在传统的信仰、娱乐、职业、公益等领域活动中起到了重要作用,而且渗透进政治领域。正是在这一背景下,产生了著名的德国谚语——"凡有三个德国人在一起,必有一个社团"⑦。

在这次结社运动中兴起的社会团体不同于旧式团体,它是在现代陌生人社会发展起来的、建立于成员自愿结社基础上的各种社会团体,如政党、商会、行业协会、工会、股份公司以及其他社交协会等,个人既可以自由申请加入,也可以自由退出,成员与团体、成员与成员之间都不存在人身依附关系,个人具有更强的独立性。⑧ 这也就是萨维尼所说的"意定

---

① 〔德〕卡·马克思、弗·恩格斯:《共产党宣言》,载《马克思恩格斯全集》,第4卷,北京,人民出版社,1958,第469页。
② 李伯杰:《"三个德国人,必有一社团"》,《读书》2015年第10期,第72页。
③ 参见〔意〕萨尔沃·马斯泰罗内:《欧洲民主史——从孟德斯鸠到凯尔森》,黄华光译,北京,社会科学文献出版社,2001,第123页。
④ 同③,第166页。
⑤ 参见王名等编著:《英国非营利组织》,北京,社会科学文献出版社,2009,第27页。
⑥ 〔法〕莱昂·狄骥:《〈拿破仑法典〉以来私法的普通变迁》,徐砥平译,北京,中国政法大学出版社,2003,第63页。
⑦ 同②,第70页。
⑧ See Gierke, *Community in Historical Perspective*, ed. by Antony Black, trans. by Mary Fischer, Cambridge: Cambridge University Press, 1990, p.170.

法人",基尔克则称其为理性构建型社团、自愿团体或现代社团,滕尼斯则将其纳入"社会"范畴。① 而从旧式团体到新兴团体的变迁,实质上也就是梅因所说的"从身份到契约的运动"②。

随着人们不断地从旧式团体中"解放"出来,成为民法上平等、独立、自由的"自然人",又在自愿平等的基础上结成新的社会团体,形成了旧式团体不断解体,而新型团体不断发展的局面。从各国来看,虽然不乏旧式团体主动转型为新型团体的先例,如基督教会、自治市,但总体而言,大多是旧式团体逐渐消亡,而新型团体另行再生。在德国,从18世纪下半叶到19世纪下半叶,整个社会组织变迁的趋势是,旧式社会组织受到现代民族国家、资本主义生产方式以及新兴团体的三重挤压而迅速消亡,而在同时,新兴的以成员自愿结社为基础的社会组织却如雨后春笋,其中的许多新型组织如商会、职业协会成功取代了旧式行会的功能。③

正是从社会组织变迁和国家现代化的历史背景出发,我们才能从根本上理解,法人论争为什么会肇始于德国。究其原因,以大写的人为中心的德国古典哲学对法学概念和教义学的强大影响、在国族认同中具有重要象征地位德国民法典的制定、以抽象概念体系化为核心的法教义学的发展以及学术界罗马学派与日耳曼学派的路线之争都是重要因素,但笔者认为起决定作用的,乃是德国特有的、浓缩式的现代化过程。④ 与西方其他主要国家英国、法国相比,德国国家现代化进程更为晚成、复杂和急剧。在前者早已形成单一民族国家之时,德国却邦国林立,国家只是一个——借用萨维尼的话来说——"观念整体",因此,德国(而非包括普鲁士在内的各邦国)现代集权国家的产生过程时间很短,并因与国家统一的进程相交织而分外复杂。德国新旧团体的交替过程也极为快速和激烈,甚至本身交叠在一起,大体上只用了一个世纪的时间(从18世纪60、70年代到19

---

① See Gierke, *Community in Historical Perspective: a Translation of Selections from Das deutsche Genossenschaftsrecht*, ed. by Antony Black, trans. by Mary Fischer, Cambridge: Cambridge University Press, 1990, 特别是第3~11章;〔德〕斐迪南·滕尼斯:《共同体与社会——纯粹社会学的基本概念》,林荣远译,北京,商务印书馆,1999,译者前言,第3页。

② 〔英〕梅因:《古代法》,沈景一译,北京,商务印书馆,1959,第97页。

③ See Gierke, *Community in Historical Perspective: a Translation of Selections from Das deutsche Genossenschaftsrecht*, ed. by Antony Black, trans. by Mary Fischer, Cambridge: Cambridge University Press, 1990, pp. 165~167.

④ 参见李工真:《德意志道路:现代化进程研究》,武汉,武汉大学出版社,2005,第108页。

世纪60、70年代)。① 而英法两国都用了好几个世纪才慢慢瓦解旧式团体（当然在法国大革命时期这一进程突然加速了）②，新式团体的兴起也经历了很长时期。因此，相对于英法等国，德国现代国家及社会结构的急剧变迁和激烈冲突自然也更能激发学者的传统文化乡愁和学术灵感，法人论争便是其中一例。③

同时，只有在上述背景下，我们才能更加深入地体察三种学说的不同之处。萨维尼关于自然法人与意定法人的截然两分、法人有独立本体但无人格的逻辑转折实际上反映了萨维尼对于集权国家和旧式团体的矛盾心态：一方面，他欢迎集权国家的诞生，其国家拟制说无非意在利用国家权力抑制新兴团体的发展，防止其危及旧式团体；另一方面，他又维护旧式团体的特权和地位，以自然法人先于法律而具有人格的论断否决了国家对旧式团体的监控权力，其关于法人具有完全脱离于成员的独立本体的论断本身既是对于自然法人在历史上形成的社会实体和地位的直观反映，也是为了防止传统组织因成员的解散行为而解体所进行的学术创造。

耶林对团体的解构、对团体人格的否认以及团体应为国家所吞并的主张实际上都是对传统社会组织不断解体的直观反映，他既不惋惜旧式团体的消亡，也不支持新兴团体的深度发展，相反却对人们的结社倾向冷嘲热讽，主张所有的团体要么应为国家所吞并，要么应依附于国家，所以才在德国主体哲学织就的意义之网中断然否认法人的独立本体和人格。

基尔克虽然有些乡愁和纠结，但总体来说，一方面接受了旧式团体将为新式团体、国家以及市场所取代的命运，另一方面又希望用以德国历史

---

① 新旧团体的交替与农业的资本主义改造过程大体是一致的，关于后者，请参见秦声德：《普鲁士近代农业发展的道路》，《四川大学学报（哲学社会科学版）》1986年第3期。
② 英国对旧式团体的限制可以追溯到1066年的诺曼征服。See Robert Hessen, *In Defense of the Corporation*, Stanford: Hoover Institution Press, 1979, p.4. 而旧式团体的瓦解大体上始于15世纪，参见张乃和：《近代早期英国特许权研究》，北京，人民出版社，2014，第127～128页。法国则在16世纪也开始了这一进程。参见乐启良：《近代法国结社观念》，上海，上海社会科学院出版社，2009，第35页。
③ 除法人本质学说外，这方面的例子还有社会学家斐迪南·滕尼斯的社会学研究，其于1887年出版的社会学名著《共同体与社会——纯粹社会学的基本概念》明显受到这一变迁的刺激和启示。该书将社会组织分为共同体与社会截然对立的两部分，前者主要是旧式团体，而后者则包括了主要的新式团体。在作者笔下，"共同体是古老的，社会是新的"，"共同体是一种持久的和真正的共同生活"，是"一种原始的或者天然状态的人的意志的完善的统一体"，而"社会应该被理解为一种机械的聚合和人工制品"，在其中，人"是基本上分离的"，明显地体现出对共同体的向往和对社会的厌恶。参见〔德〕斐迪南·滕尼斯：《共同体与社会——纯粹社会学的基本概念》，林荣远译，北京，商务印书馆，1999，译者前言，第2～3页。

上的合作团体之旧瓶来装现代社会之新酒，乃以四卷本的鸿篇巨制《德国合作团体法》(1868~1913 年)发掘了德国历史上各类合作团体的学术意义，希望汲取其高于成员但又不完全脱离成员的基本特质来规范、形塑建立在自由结社基础上的各种社会团体，防止现代社团组织的异化；同时，又在现代市民社会背景下以合作团体的理念重构法人—国家关系，反对全能型集权国家，倡导团体与国家的平等和合作关系。

然而，社会组织的现代化不仅仅是身份团体的消亡和志愿团体的兴起这么简单，随着资本主义生产方式进一步扩张，社会分工进一步深化，从 19 世纪末期开始，现代社会组织在内部结构方面发生了由团体到组织体的巨大变迁。就企业而言，个人独资企业和合伙企业越来越边缘化，股份公司成为主要的企业形式[1]；同时，公司巨型化发展使得公司管理模式发生了根本性的变革：普遍实行科层制管理体系，公司权力集中于职业经理阶层之手[2]，公司机关在相当程度上独立于公司成员，成员与管理者的身份明显分化，成员不能单纯以成员的身份参与公司管理，甚至发生了美国学者伯利和米恩斯所揭示的所有权与控制权两权分离的情形。[3] 其他大型社会组织如工会、行业协会、政党也出现了类似的权力集中化、管理专业化现象。德国学者米歇尔斯将这种团体权力集中的现象归纳为"寡头统治铁律"[4]，韦伯则将这种现象称为团体中的科层制现象：权威结构由职位组成；在等级结构内，每一职位的活动内容由上级职位所决定。[5] 这一变迁不仅体现于上述大型社会组织的兴起与变革，而且体现于许多微型社会组织的发展上，典型的例证就是一人公司的出现和发展，它使法人制度的结社主义研究视角陷入了绝境。总之，从团体到组织体的变迁使得法人内部权力结构也出现了绝对主义国家那里所发生的集权现象，法人制度的工具理性或技术理性越来越明显，成了学者们不得不冷静面对的客观现实问题。

---

[1] 如到 20 世纪 30 年代，美国由股份公司经营的制造业已经达到全数的 94% 以上。参见〔美〕阿道夫·A. 伯利、加德纳·C. 米恩斯：《现代公司与私有财产》，甘华鸣等译，北京，商务印书馆，2005，第 16~17 页。

[2] 参见〔美〕小艾尔弗雷德·D. 钱德勒：《看得见的手——美国企业的管理革命》，重武译，北京，商务印书馆，1987，第 587 页。

[3] 参见〔美〕阿道夫·A. 伯利、加德纳·C. 米恩斯：《现代公司与私有财产》，甘华鸣等译，北京，商务印书馆，2005，第 131 页。

[4] 〔德〕罗伯特·米歇尔斯：《寡头统治铁律：现代民主制度中的政党社会学》，任军锋等译，天津，天津人民出版社，2003。该书初版于法人本质之争正酣的 1911 年。

[5] 参见〔德〕马克斯·韦伯：《经济与社会》下卷，林荣远译，北京，商务印书馆，1997，第 89 页以下。

三位学者中，虽然耶林和基尔克在其有生之年目睹了这一变迁，但由于他们有意无意地采取了社团法人研究视角，都没有理解并接受这一变迁，也没有抓住社会组织内部结构变迁的实质。无论是萨维尼、耶林还是基尔克，都以人合型社团作为其学术原型：村社、市镇等中世纪共同体是萨维尼的心灵故乡，耶林明确指出罗马法上的合伙才是其理想型式，基尔克则将合作团体特别是手工业者基尔特当作自己的精神家园。按照社团法人视角，法人被想象成为由成员所构成的统一体，成员与统一体的关系成了法人制度的基本内涵，于是出现了法人完全独立于成员（拟制说）、法人完全不独立于成员（受益人主体说）和法人与成员既独立又统一（有机体说）三种逻辑形态。无成员的法人组织则被想象成是由财产所构成的统一体——财团法人，也被纳入与社团法人相同的逻辑框架之中。然而这一视角所赖以产生的学术原型是 19 世纪末现代大工业时代以前的老化模型，它们都是合伙或者类似合伙的社会团体，在这些团体内部，产权关系并不像现代社会组织那样明确清晰，团体产权与个人产权交叠在一起；社会分工也处于较低层次，法人管理者本身也是成员、成员与管理者高度同质化，内部身份分化不甚明显、法人机关的独立性和专业性不强。① 于是面对这一变迁，学者们仍然机械地套用社团法人视角，例如基尔克虽然认识到现代股份公司不是单纯的社团法人，但仍然将其归入社团法人之列。②

   更成问题的是，学者们不仅没有接受这种变迁，反而基于各自的伦理前见进行谴责和拒斥。耶林激烈诅咒股份公司，基尔克对于大型股份公司、一人公司以及工会等组织也心怀偏见，使学术研究沦为个人情感的工具，错过反思、更新其法人学说的机会。其他学说中只有管理者主体说和组织体说企图顺应并解释这一变迁，但理论上并不成功。因此，从法人本质视角探讨法人组织内部关系，仍然是我们需要面对的学术任务之一。

   总之，法人本质论争是西方社会转型背景下的一次重大思想观念转型，它并不仅仅是我国学界普遍认为的法律技术和逻辑概念之争，也不仅仅是关于法人本质和人格的伦理与哲学之争，更主要的是关于现代国家与社会中间组织关系的政治大讨论。

---

① 具体分析，请参见本书第四章第五节基尔克学说的评价部分。
② See Gierke, *Community in Historical Perspective: a Translation of Selections from Das deutsche Genossenschaftsrecht*, ed. by Antony Black, trans. by Mary Fischer, Cambridge: Cambridge University Press, 1990, p. 200.

三、法人论争的政治思想背景

与上述社会变迁相关联,甚至本身也可以视为这一过程之一部分①的是中世纪晚期以来的政治观念,这些观念不仅是法人论争开展的政治知识背景,而且是这场论争的意识形态背景,虽然未必与法人本质学说有着知识上的传承关系,但与法人本质理论存在着密切的谱系性关联,因而对后者必然会产生深刻的影响。这些影响主要体现在两个方面:一是政治理论关于国家本体的探讨与法人本质理论具有相同的理论构造和知识系谱,二是政治理论关于国家权力与社团组织权力之间关系的论述也影响了法人学说中相关问题的探讨。

(一)国家本体与法人本体的谱系性关联

在绝对主义国家形成、并向民族国家转型的过程中,政治学说也提供了相应的学术支持,学者们围绕着主权的性质和成因,探讨了国家的本体或内在结构,形成了现代国家理论。

最早认识到绝对主义国家趋势的是马基雅维利②,他提出了一种崭新的国家观念,使其超越于国内公民、团体和机构而成为独立的主权性政治实体。而从《君主论》一书来看,似乎国家的本体就是君主。③ 不过,马基雅维利在论述君主专制的时候又"最为明确地表现出了他对罗马共和国的自由和自治的巨大热忱"④,他指出:"君主最重要的一件事就是应该在人民当中生活"⑤。因此,关于国家的构成,马基雅维利并未将君主视为唯一的要素,而是希望人民也能占有一席之地。也就是说,马基雅维利的国家有两个实体:一是君主,二是人民。

在博丹那里,国家是作为主权的所有者出场的。他首先明确了主权的概念,他认为主权是不受法律约束的、对公民和臣民进行统治的最高权力。⑥ 他指出主权具有三个特征:一是最高的,二是永久的⑦,三"是绝

---

① 萨拜因指出,有关政治的理论本身也是政治的一个部分。参见〔美〕乔治·萨拜因:《政治学说史》上册,邓正来译,上海,上海人民出版社,2008,第5页。
② 参见〔美〕乔治·萨拜因:《政治学说史》上册,邓正来译,上海,上海人民出版社,2008,第7页。
③ 参见〔意〕尼科洛·马基雅维里:《君主论》,潘汉典译,北京,商务印书馆,1985。
④ 同①,第21页。
⑤ 同②,第44页。
⑥ 同①,第82页。
⑦ 参见〔法〕让·博丹、〔美〕朱利安·H. 富兰克林:《主权论》,李卫海、钱俊文译,北京,北京大学出版社,2008,第25页。

对的，是主权性的，因为除了自然法或神法外，它不附带任何条件"[1]。作为主权的所有者，国家是由人民所构成的共同体（commonwealth）。[2]但博丹又认为："共同体乃是一个正义的政府，拥有主权性的权力"[3]。这显然是自相矛盾的，因为共同体不同于政府，前者是由人民构成的，而政府则由君主及其下属官吏所构成，并且政府拥有的也不是主权本身，而是"主权性的权力"。在后文中，博丹又认为："人民或君主才永远是主权的合法所有者"[4]。综合博丹这前后矛盾的观点，似乎他和马基雅维利一样，认为国家有两个实体，一是人民，二是君主或政府。

但在保王派那里，国家的实体就是君主。例如君权神授理论的代表人物博絮埃主教就认为，主权源自上帝，它在尘世则具体地表现为国王的人格，因为"君王是一位公共人物，整个国家寄寓在他身上，整个民族的意志都由他来体现"[5]。正是有了这种神学上的支持，同时代的路易十四才能理直气壮地宣称："朕即国家"。

不过，马基雅维利和博丹只提供了一个关于国家的结论，没有说明国家的动因和产生过程。虽然博丹在16世纪最为明确地论述了主权的概念和特征，但并未论证主权如何能够产生，怎样具备这些特征，"只有定义，没有解释"[6]。而君权神授理论在文艺复兴之后已经失去权威性。在这一背景下，直到霍布斯才通过分析国家或主权的产生过程说明了国家本体问题。

霍布斯认为，"对于事物的理解，莫过于知道其成分"，因此，要研究主权和国家的起源，必须从构成国家的要素入手。[7] 国家的要素当然是个人，以此为基础，霍布斯通过社会契约论构建了一个伟大的利维坦——现代集权国家。然而，正如萨拜因所指出的那样，从法人人格角度理解霍布斯的国家及主权理论要比从社会契约论角度更准确些[8]，而斯金纳进一步指出，霍布斯是通过"归属行为"或代理行为理论构建法人人格的。[9] 笔

---

[1] 参见〔法〕让·博丹、〔美〕朱利安·H. 富兰克林：《主权论》，李卫海、钱俊文译，北京，北京大学出版社，2008，第38页。
[2] 同[1]。
[3] 同[1]，第26。
[4] 同[1]，第27页。
[5] 乐启良：《近代法国结社观念》，上海，上海社会科学院出版社，2009，第34页。
[6] 〔美〕乔治·萨拜因：《政治学说史》上册，邓正来译，上海，上海人民出版社，2008，第90页。
[7] 参见〔英〕霍布斯：《论公民》，应星、冯克利译，贵阳，贵州人民出版社，2003，第9页。
[8] 同[6]，第150页。
[9] See Quentin Skinner, "Hobbes and the Purely Artificial Person of the State", *The Journal of Political Philosophy*, Vol. 7, No. 1, 1999, p. 27.

者深为赞同,实际上,社会契约论只是霍布斯国家理论的外观,其内核正是法人理论。

在讨论国家的形成之前,霍布斯先在一般意义上分析了包括国家在内的所有团体的人格是如何产生的。他说:"一群人经本群中每一个人个别地同意、由一个人代表时,就成了单一人格;因为这人格之所以成为单一,是由于代表者的统一性而不是被代表者的统一性。承当这一人格而且是唯一人格的是代表者,在一群人中,统一性没法作其他理解。"① 因此,只有产生了统一的代表者时,才有可能出现单一的人格者——国家和团体。

那么国家的统一代表者是如何产生的呢?这才是社会契约论所要解决的问题。霍布斯认为,每个个人为了保障其利益不受他人侵犯,相互订立信约,都向一个人或多人组成的集体授予其自我管理权,并完全服从后者在公共和平或安全方面作出的行为,不得违抗,也不得收回授权。如此之后,被授权的个人或集体就成为一个超越于、并独立于每个个人之上的独立人格,担当这一人格的人就是代表者,也称为主权者,其他的人都是其臣民。虽然霍布斯认为国家是由统一于这一人格之中的一群个人所构成的共同体,但他又强调国家的本质不在于这群个人,而在于国家的代表者。②

霍布斯还用这套理论解释了臣民团体的统一人格。所谓"团体就是在一种利益或事业中联合起来的任何数目的人"。团体可分为正规团体和非正规团体,前者是"有某一人或多人组成的会议被规定为全体的代表者的团体",其他的则属后者。③ 也就是说,所谓正规团体实际上是指具有统一人格的团体,不正规的是指没有形成统一人格的一群人,而是否正规、是否具有统一人格的界限就在于是否具备统一的代表者。可见,团体和国家一样,其实质和重心在于团体代表者,而不在于其成员。国家主权者对于法人团体的控制也不是通过团体本身,而是通过直接赋予团体的代表者以权力和责任的方式进行。④

到洛克那里,国家的重心又回到了作为整体的人民。洛克也是运用社会契约论解释国家的产生,但在他那里,国家与政府并不是同步产生的,

---

① 〔英〕霍布斯:《利维坦》,黎思复、黎廷弼译,北京,商务印书馆,1985,第125页。
② 参见〔英〕霍布斯:《利维坦》,黎思复、黎廷弼译,北京,商务印书馆,1985,第131~132页。萨拜因也明确地指出这一点,参见〔美〕乔治·萨拜因:《政治学说史》上册,邓正来译,上海,上海人民出版社,2008,第150页。
③ 同①,第174页。
④ 同①,第175、183页。

而是先结合成一个共同体,然后再建立政府。结成共同体的方式就是社会契约,缔约主体为每个个人与其余的人,他说:"当一定数量的人基于其中每人的同意组成一个共同体时,他们就因此把这个共同体形成一个整体,具有作为一个整体而行动的权力,而这是只有经过大多数人的同意和决定才能办到的。"① 可见,与霍布斯不同,共同体的统一性或者说国家的人格并不在于国家的代表者,而在于能够采取共同行动的大多数人。而政府则是通过共同体的大多数人代表人民向立法机构授权之后才成立的,立法机关及执法机关构成了政府,从洛克的理解来看,这种授权行为应是信托行为。② 如果政府任职期限届满或因滥用职权而丧失权力,则最高权力又重归于人民。③ 可见,在洛克那里,国家的真正实体是由个人所构成的人民,在政府存续时,政府只是行使人民委托的有限权力,并以保护人民福祉为依归,而当政府解体时,权力又回到人民手中,国家仍然存续。

这样,在国家人格上,就产生了三种模式。在霍布斯、马基雅维利和博丹那里,国家一方面是众多个人所组成的共同体,另一方面则又体现为能够形成单一意志的主权者。在他们那里,国家的人格不仅是完全虚拟的,而且是"怪诞"的——它有着人民的身体却长着国王的头。④ 尽管霍布斯特别强调后者,但这不仅不能从根本上解决问题,反而更加逻辑不通。在保王派那里,君主既是国家的头,也是国家的身体。而在洛克这里,人民不仅是国家的身体,而且可以在特殊情形下通过其中多数人的意志而成为国家的头,政府则是常态下国家的头。⑤ 在卢梭看来,以上理论都是难以自圆其说的,必须予以超越。

卢梭虽然也在名义上借用了社会契约论解释国家和主权的产生,但却明显地受到了欧洲大陆先验哲学传统的影响,因而实质上是以"公意"来论证国家的产生。不过公意的出场似乎仅仅是个比喻,而不是事实,他说

---

① 〔英〕洛克:《政府论》下,叶启芳、瞿菊农译,北京,商务印书馆,1964,第 60 页;另参考:〔英〕洛克:《政府论》,丰俊功译,北京,光明日报出版社,2009,第 159 页。
② 参见〔英〕洛克:《政府论》下,叶启芳、瞿菊农译,北京,商务印书馆,1964,第 134~135 页。
③ 同②,第 151 页。
④ 从中不难窥见英国革命和法国革命期间处决君主的行为,请参见〔德〕恩内斯特·康托洛维茨:《国王的两个身体》,徐震宇译,上海,华东师范大学出版社,2018,中译本前言,第 6~9 页。
⑤ 基尔克就认为,洛克的国家只能算一个由个人所构成的合伙。See Otto von Gierke, *Natural Law and the Theory of Society*, 1500—1800, trans. Ernest Barker, Cambridge: Cambridge University Press, 1934, p. 128.

"政治体可以被认为是一种类似人体的有机的、有生命的团体",所以,与人体一样,"政治体也是一个具有意志的道德行动者",政治体的这种意志就是公共意志(公意)。① 很显然,公意是先验的。正因为是先验的,所以才是真实的,甚至是纯粹的——"公意永远是公正的,而且永远以公共利益为依归"②,"公意永远是稳固的、不变的而又纯粹的"③。在卢梭那里,与其说是每个人一起订立契约建立国家,倒不如说是先验的公意借助于个人的结合行为外化为国家。

关于国家的产生过程,卢梭指出:"如果我们撇开社会公约中一切非本质的东西,我们就会发现社会公约可以简化为如下的词句:我们每个人都以其自身及其全部的力量共同置于公意的最高指导之下,并且我们在共同体中接纳每一个成员作为全体之不可分割的一部分。只是一瞬间,这一结合行为就产生了一个道德的与集体的共同体,以代替每个订约者的个人……而共同体就以这同一个行为获得了它的统一性、它的公共的大我、它的生命和它的意志。这一由全体个人的结合所形成的公共人格,以前称为城邦,现在则称为共和国或政治体。"④ 可见,国家是建立在先验的"公意"之上的,因此国家也就具有了先验性和实体性,从而不仅超越于个人以及由个人所构成的共同体——人民之上,而且超越于主权者或政府之上。

卢梭是如何将国家人格与人民相区隔的呢?卢梭区分了公意和众意,众意就是共同体中所有成员个别意志的总和。他指出:"众意与公意之间经常总是有很大的差别;公意只着眼于公共的利益,而众意则着眼于私人的利益。"⑤ 也就是说,人民经过投票作出的决议不过体现了全体个人的意志,即众意,而在这个意志之上,还有总体意志(公意)。由于人民虽然不会被腐蚀,但人民往往会受欺骗,所以众意有可能是错误的。而"公意永远是公正的,而且永远以公共利益为依归"。可见众意是经验的,而公意是先验的⑥,前者只有在公民之间没有任何勾结,不曾形成派别与小集团,并且不存在小社会影响到大社会的前提下,经验的众意才会偶然地

---

① 参见〔法〕卢梭:《论政治经济学》,王运成译,北京,商务印书馆,1962,第4~5页。
② 〔法〕卢梭:《社会契约论》,何兆武译,北京,商务印书馆,2003,第35页。
③ 同①,第133页。
④ 同①,第20~21页。
⑤ 同①。
⑥ 参见张龑:《没有社会的社会契约——对卢梭公意理论与传统民意观的批判性考察》,《清华法学》2012年第6期。

体现出公意。① 由此，建立于公意之上的国家就不仅与个人区隔开来，而且与所有个人所构成的集合体——"人民"相分离。②

那么，卢梭又是如何将国家人格与政府划清界限的呢？卢梭认为，国家是三位一体的实体，"当它是被动时，它的成员就称它为国家；当它是主动时，就称它为主权者；而以之和它的同类相比较时，则称它为政权。"③ 卢梭指出，"政府和主权者往往被人混淆，其实政府只不过是主权者的执行人"，"我把行政权力的合法运用称之为政府或最高行政，并把负责这种行政的个人或团体称之为君主或行政官"④。因此，"政府就是在臣民与主权者之间所建立的一个中间体，以便两者得以互相适合，它负责执行法律并维护社会的以及政治的自由"⑤。

其后的黑格尔也强调国家的先验性、实体性和神圣性："国家是绝对自在自为的理性东西，因为它是实体性意志的现实，它在被提升到普遍性的特殊自我意识中具有这种现实性。这个实体性的统一是绝对的不受推动的自身目的，在这个自身目的中自由达到它的最高权利，正如这个最终目的对单个人具有最高权利一样，成为国家成员是单个人的最高义务。"⑥ "自在自为的国家就是伦理性的整体，是自由的现实化"⑦，"神自身在地上的行进，这就是国家"⑧。当然，八面玲珑的黑格尔同时也赋予君主以崇高的地位："国家人格只有作为一个人，作为君主才是现实的。人格表示概念本身，人同时还包含着概念的现实性，而且概念也只有当它这样被规定的时候，才是理念，才是真理。"⑨ "君主这一概念不是派生的，而是绝对地起源于自身的。"⑩

总结政治思想中的国家实体，大体上可以归纳出四种模式：成员—政府型（马基雅维利、博丹）、政府型（保王派、霍布斯）、成员型（洛克）、实体型（卢梭、黑格尔）。当然，这只是逻辑上的"理想型"划分，其中有些学者如霍布斯、黑格尔似乎不能完全地归入某一类型，还有许多学者

---

① 参见〔法〕卢梭：《社会契约论》，何兆武译，北京，商务印书馆，2003，第36、132页。
② 同①，第21页。
③ 同①，第21页。
④ 同①，第73页。
⑤ 同①，第72页。
⑥ 〔德〕黑格尔：《法哲学原理》，范扬、张企泰译，北京，商务印书馆，2009，第289页。
⑦ 同⑥，第294页。在此书中，黑氏还明确提出"哲学主要是或者纯粹是为国家服务"的看法，参见该书序言第9页。
⑧ 同⑥，第294页。
⑨ 同⑥，第337页。
⑩ 同⑥，第338页。

此处并未进行讨论，不过这并不妨碍我们根据将以上模式来观察法人本质理论。

在法人本质理论中，管理者主体说认为法人没有独立实体，但其重心在于管理者，显然与政府型处于同一谱系。当然，这并不意味着管理者主体说的主张者必定支持君主独裁或管理者专权，二者更是一种法律技术意义上的家族相似性。受益人主体说将法人视为由多个受益人构成的集合体，法人的重心在于受益人，法人本身并无独立实体，这一点与洛克的成员型国家观念显然是一致的。萨维尼拟制说和目的财产说则主张法人的重心在于其独立实体，既不同于受益人、也不同于管理者，故应属于卢梭式的实体型法人观念。基尔克有机体说虽然企图实现法人独立实体、受益人以及管理者的辩证统一，但从根本上来说，基尔克强调的仍然是法人独立意志和实体性，故应当和萨维尼拟制说一样归入实体论谱系。而组织体说虽然深受有机体说影响，也赞成法人有其独立本体，但并不赞成法人本身就是一个道德人。而在法人的重心上，组织体说内部又有不同倾向，如奥里乌认为法人的实体应当包括受益人以及管理者，当然归于成员—政府型，而米休德则更强调受益人，故可归入成员型。

如果说法人本体论与政治学上的国家本体论还只是一种间接的谱系关联，那么，法人论争中的国家人格就是其直接体现。国家的私法和公法人格问题一直是法人论争中的主线之一，本书只是在萨维尼、耶林和基尔克的学说部分附带性地探讨了前者，但实际上，后者才是重头戏。只要翻看一下拉班德、迈耶、耶利内克、凯尔森、梅特兰、博赞基特、拉斯基、奥里乌以及狄骥等人的公法著作，就不难明白公法理论与政治学说的承继关系。[1]

总之，法人本质理论与政治话语体系一样，无论是在论说对象上，还是在旨趣和表现形态上，都与当时的政治话语存在着非常类似的谱系结构。这表明，在近现代政治理论背景下，法人论争不可避免地会受到政治话语的潜在影响。实际上，法人团体与国家本身就存在着某种同构性质，国家理论与法人理论相互影响、相互贯通以及相互耦合也是自然的。因此，只有在这一知识背景下，我们才能理解，为什么"在与法人相关的民法论文中，讨论总是回到国家"[2]。

---

[1] 参见 Frederick Hallis, *Corporate Personality: A Study of Jurisprudence*, Aalen: Oxford University Press, 1978; 王天华:《国家法人说的兴衰及其法学遗产》,《法学研究》2012年第5期。

[2] 〔德〕罗尔夫·克尼佩尔:《法律与历史——论〈德国民法典〉的形成与变迁》, 朱岩译, 北京, 法律出版社, 2003, 第70页。

(二) 国家与法人团体的关系

近代以来的政治学说不仅论证了国家权力的正当性，探讨了国家的本体，而且对集权国家与社会中间组织的关系进行了重新定位。

马基雅维利的观念为与社会（团体）相区隔的现代国家的建立和发展指出了道路。"国家作为一种有组织的力量，在其自己的领土内处于至上的地位"，从而"越来越多地承担了规制和控制所有其他社会组织的权利和义务，也越来越多承担起了按照从国家本身的利益出发而公开确定的路线来指导这些组织的权利和义务"①。可见，现代国家不仅超然于其内部社会组织，并且高于后者，后者的地位和命运应当掌握于国家之手，这种立场为后来的政治理论奠定了基调。

在国家与法人的关系上，博丹虽然承认国家内各团体的存在和自治权力，但他强调："第一，所有法人团体都只是在主权者的批准下才得以存在的；第二，它们所拥有的所有权力也都源自主权者的同意。"② 博丹实际上为绝对主义国家监控法人团体提供了立足点。

霍布斯最为详尽地界定了国家与臣民团体的关系。关于这方面，许多学者往往引用霍布斯将社会团体视为"自然人肠道中的虫子"③ 这个著名的比喻④，说明他对于社会中间组织的极端反感态度。但笔者认为，霍布斯这个比喻仅仅是指自治市，而且是在自治市过大和过多的前提下提出的，并不能据以客观全面地说明霍布斯的社团观念。实际上，在笔者看来，他在国家与法人关系问题上的态度称得上"客观"和"冷静"，但其立场也是昭然若揭的。

霍布斯认为臣民所组成的团体可以分为正规团体和非正规团体，其中，正规团体中又分为绝对和独立的团体与不独立团体，前者只有国家，后者则包括国家之外的其他所有团体，因为它们都从属于某一主权者之下。可见，从属团体也要和个人一样，完全地无条件地服从于国家的绝对主权，这种观念与现代中央集权国家的发展是一致的。

---

① 〔美〕乔治·萨拜因：《政治学说史》上册，邓正来译，上海，上海人民出版社，2008，第 26 页；同时参阅了〔美〕乔治·萨拜因：《政治学说史》上册，盛葵阳等译，北京，商务印书馆，1986，第 407 页。
② 〔美〕乔治·萨拜因：《政治学说史》上册，邓正来译，上海，上海人民出版社，2008，第 83 页。
③ 〔英〕霍布斯：《利维坦》，黎思复、黎廷弼译，北京，商务印书馆，1985，第 259 页。
④ 例如萧公权：《政治多元论：当代政治理论研究》，周林刚译，北京，中国法制出版社，2012，第 205 页；〔美〕乔治·萨拜因：《政治学说史》上册，邓正来译，上海，上海人民出版社，2008，第 150 页。

霍布斯进一步指出了从属团体服从国家主权的方式和限度。他认为，从属团体又可再分为政治性团体和私人性团体，前者也称法人，是根据国家的主权者的权力建立的，即根据主权者授予的特许状或证书而成立的所有团体，这实际上囊括了当时的大部分重要团体，如自治市、行省、殖民地、大学、学院、教会、行会、特许公司等。政治性团体除应服从国家法律之外，还必须遵守特许状所许可的范围和限度①，因此，政治团体在很大程度上被纳入国家的科层体系。从中可以看出，耶林之国家吞并法人团体的主张并不是其个人的突发奇想，而是许多学者所共享的知识谱系。

私人团体则是臣民在自己之间组织的、或根据外国人的权力建立的团体，即那些在成立时除遵守所有臣民共同遵守的法律外，没有其他特许状或书面证件的团体。② 因主要的社会团体都须依照特许状成立，故私人团体为数极少，主要包括由父亲或家长管理的家庭，小偷、乞丐为了更好地偷盗和乞讨而组成的帮会，以及外国异议人士建立的流亡党派或团体等。"私人团体有些是合法的，有些是非法的。国家允许存在的就是合法的团体，所有其他的团体都是非法的"③。也就是说，私人团体的合法与否没有法律标准，完全取决于主权者的自由裁量权。很显然，这一观点与萨维尼那里国家与意定团体间的关系以及耶林所界定的国家—团体关系是完全一致的，三者都处于共同的政治话语谱系之中。

非正规的团体是指没有统一的代表者的一群人，如臣民的联盟或临时聚集起来的一群人。④ 这些团体虽然没有统一代表，属于乌合之众，但在霍布斯那里，也是国家的危险因素。他认为，臣民的联盟"对于维持和平与正义没有必要"，而且大都"带有非法图谋的色彩"⑤，所以也应当成为主权者提防打击的对象。即使是临时聚集的人群也包含着潜在的危险，如果人群人数过多，又提不出充分的理由证明其意图合法，就可以认定为参与者"有意识地抱有非法和制造骚乱的目的"⑥。

在卢梭看来，国家是公意的化身，社会团体的存在却干扰了公意的实现。他认为，只有当公民能够充分了解情况并进行了充分讨论、彼此之间

---

① 参见〔英〕霍布斯：《利维坦》，黎思复、黎廷弼译，北京，商务印书馆，1985，第175页。
② 同①，第183页。
③ 同①，第174页。
④ 同①。
⑤ 同①，第183~184页。
⑥ 同①，第185页。

没有任何勾结的时候进行投票，才有可能产生公意。但当公民形成了派别的时候，就形成了以损害大集体为代价的小集团，这时的投票结果就很难产生公意。因为"这些个别的社团的意志经常具有双重关系：对社团内部成员来说，它是公共意志；对大社会而言，它却是个别意志；而且，它对前者来说往往是正确的，而对后者来说则往往是错误的"①。如果其中一个集团大到超过了其他一切集团的时候，就只能产生优势集团的个别意见，根本不可能产生公意。"因此，为了很好地表达公意，最重要的就是国家之内不能有派系存在，并且每个公民只能是表示自己的意见。"② 当然，卢梭也认识到，彻底铲除中间团体是不可能的，所以他又无可奈何地表示："但如果有了派系存在的话，那么就必须增殖它们的数目并防止它们之间的不平等，就像梭伦、努玛和塞尔维乌斯所做的那样。这种防范方法是使公意可以永远发扬光大而且人民也决不会犯错误的唯一好方法。"③

卢梭的观念对康德的政治观念产生了决定性的影响，康德认为，一个理想的国家不应当有任何社团，也不应当有任何阶级和等级。④ 因此，即使对于慈善基金会，国家也可以予以限制或取消，而削弱、取消教会和贵族更是国家责无旁贷的义务。⑤ 可见，康德所指的国家也是一个绝对主义国家。⑥

在团体与国家的关系上，黑格尔在一定程度上承认了团体的地位，但也认为："所谓法人，即社会团体、自治团体、家庭，不管它本身如何具体，它所具有的人格都只是它本身的一个抽象的环节；人格在法人中达不到自己存在的真理。国家则正是一个整体，概念的各个环节在其中都可按各自特有的真理性达到现实性。"⑦ 也就是说，团体只是通向国家的一个中间环节而已，只有国家才是最后的归宿。

除以上学者外，还有许多学者对社会中间团体持怀疑和否定态度，如

---

① 〔法〕卢梭：《论政治经济学》，王运成译，北京，商务印书馆，1962，第6页。
② 〔法〕卢梭：《社会契约论》，何兆武译，北京，商务印书馆，2003，第36页。
③ 同②，第37页。
④ 参见〔德〕康德：《法的形而上学原理——权利的科学》，沈叔平译，北京，商务印书馆，1991，第155页。
⑤ 同④，第206~209页。
⑥ 进一步的分析，可以参见〔法〕狄骥：《公法的变迁·法律与国家》，郑戈、冷静译，沈阳，辽海出版社、春风文艺出版社，1999，第275~278页。
⑦ 〔德〕黑格尔：《法哲学原理》，范扬、张企泰译，北京，商务印书馆，2009，第337页。

法国启蒙学者伏尔泰、狄德罗等。① 另外，当时的古典政治经济学家也从个人出发构建了一个原子化的社会，特别是市场要成为"看不见的手"，前提就是独立自主的个人，因此，古典政治经济学也有意无意地表现出反中间团体的倾向。② 因此，虽然当时也有个别学者如洛克③、孟德斯鸠④从某种意义上肯定了社会中间组织的正面功能，但总的来说，从16世纪一直到19世纪早期的绝大多数政治思想家相信，保障个人自由的唯一途径是增强国家的权力，消除社会中间组织。这种思潮不仅是国家现代化的学术反映，而且为这一进程的促进提供了技术和话语上的支持。

笔者虽然不能一一指出以上政治观念如何具体地影响到法人论争，但萨维尼、耶林和基尔克都不是我国现在闭锁在"学科"和"专业"里的那种民法教授，而是具有开阔的学术视野和敏锐的政治洞察力。如从萨维尼的法人论著来看，他对当时的政治理论是相当了解的。⑤ 而耶林的《法律中的目的》本身就可以视为一部政治学著作，其对当时的政治理论自然是耳熟能详。基尔克则更是以两本书的浩繁篇幅（即《德国合作团体法》第三、四卷）详细深入地研究了从古代到1800年以前欧洲政治思想中的团体理论，其中第三卷被梅特兰翻译的部分即以《中世纪的政治理论》为书名出版发行。⑥ 至于参与法人论争的法理和宪法学者如耶利内克、狄骥、凯尔森、埃利希等对政治学说则更是如数家珍。因此，政治思想对于法人论争的学术影响（启发或者激发）不容置疑。萨维尼的拟制说以及耶林对于社会中间组织的贬低和否定，与当时主流政治观念以及意识形态显然属于同一知识谱系。而有机体说和组织体说则是对这种思潮的反动，或者说是这种思潮刺激下的产物，从这个意义上来说，二者也可以归入这一知识

---

① 参见乐启良：《近代法国结社观念》，上海，上海社会科学院出版社，2009，第40页。
② 同①，第30页。
③ 洛克并没有在一般意义上提到社会团体的功能和地位，他只是讨论了教会的正面功能和独立法律地位，主要侧重于国家不得扶持某些教会，而打击另一些教会。当然，从洛克对于教会作为自愿团体的强调，以及更为主要的是，人民通过社会契约向政府进行有限授权的主张，可以推测他倾向于肯定和支持自愿团体的存在。参见〔英〕洛克：《论宗教宽容——致友人的一封信》，吴云贵译，北京，商务印书馆，2009。
④ 孟德斯鸠主要强调贵族团体对于制衡君主的重要作用。参见〔法〕孟德斯鸠：《论法的精神》，张雁深译，北京，商务印书馆，2002，第15～17页。
⑤ See Savigny, *The Roman Law of Persons As Subjects of Jural Relations*, trans. by William Henry Rattigan, London: Wildy & Sons, 1884, London: Wildy & Sons, 1884, p. 263.
⑥ See Otto von Gierke, *Political Theories of the Middle Age*, trans. F. M. Maitland, New York: Cambridge University Press, 1900.

谱系，尽管其政治旨趣与之截然相反。而且，只有在这一政治思潮所织就的意识形态之网中，我们才能进一步理解，西方法学界关于法人本质的论争为什么没有和我国的民法论争一样成为"茶杯里的风浪"，而是一开始就具有广阔的政治视野。同样，也只有在这一思想背景之下，我们才能理解，为什么法人民事主体资格这样一个高度技术化、专业化的民法问题会成为公法学、政治学、社会学甚至哲学领域普遍关注的热点问题。

当然，也有必要指出，揭示传统法人学说的公法和政治意蕴并不是说民法学研究应当转变为公法学或政治学探究，消除私法主义和技术主义也不是否认私法视角和技术分析的独立价值；而是因为任何一种研究都避免不了一种政治上的预判或前见，即使完全排除政治考量的立场也未尝不是一种政治考量。

第三节　法人论争的法律制度背景

近代以来的国家集权化政策必然要通过一系列具体的法律制度来实现，这些法律制度包括废除封建人身依附关系、解放农民、削夺封建领主的公共管理权、控制社会中间组织、促进工商业发展以及建立现代化的军事、行政以及税收系统等诸多方面。其中，对社会中间组织的控制则主要是通过法人特许制度进行的，该制度构成了法人论争的法律制度背景。本节试图通过对特许制的实践及观念与法人本质学说的内在关联，揭示法人论争并不是完全凌空蹈虚的概念思辨，而是有着直接或间接的法律实践指向。

一、法人特许制的产生及演变

根据萨维尼的研究，特许制源于罗马共和时代。他指出，在罗马共和时代，就已经出现了很多类型的法人组织，但其中的某些组织如社交协会、社交俱乐部越来越发展为影响政治稳定的组织，于是在一系列针对该类团体的禁令无效之后，元老院最终作出了禁止所有自由结社的禁令，按照该禁令，未经国家许可（而且这种许可不会轻易地、频繁地作出），组建、加入社会团体的行为都是犯罪行为，应当受到刑事处罚。[1] 当然，萨

---

[1] See Savigny, *The Roman Law of Persons As Subjects of Jural Relations*, trans. by William Henry Rattigan, London: Wildy & Sons, 1884, p. 191.

第六章 法人论争的知识考古

维尼认为，以上禁令虽然被理解为普遍取缔所有法人团体，但实际上只是禁止那些有危害的或"可疑的"团体，有些确定无害的古老团体如手工业者行会、主教团以及商业企业等并不在取缔之列。[1] 萨维尼接着指出，这种只能经过当局许可才可以设立法人的做法一直延续到当代。[2]

萨维尼还指出，在罗马时代以及当代，特许制不仅运用于甄别社会组织的政治危险性与合法性，也运用于社会组织取得法人资格。他认为，政治审查并非适用于所有的团体，例如手工业者行会、主教团以及商业企业就无须特许；但人格审查毫无例外，任何团体要取得法律人格，都必须经过特许。[3]

不过，根据达夫的研究，特许制在法人人格上的适用，在帝制时代的罗马法中仅有部分体现。如就城市而言，其法律人格问题并不完全属于私法统辖，一个被征服的城市是否能保持其法人地位，是否建立一个新城市，这些都是政治问题。但是，如果城市在政治上能够存在，则其自然享有私法下的法人权利。对于拜占庭的慈善团体，特许不是必需的。但对于古典时代的 Collegium，特许是必不可少的。丧葬互助会则可以像现代公司法一样根据法律准则设立，而无须特许。[4]

大体来说，笔者倾向于认为罗马法特许制与中世纪特许制具有某种谱系关系，也就是说，后者在某些方面具有与前者相同或相似的特质，甚至可能从前者那里借鉴某些知识，但不能认为后者是前者的必然结果或线性发展的产物。

因此，严格来说，萨维尼时代盛行的特许制乃是西欧中世纪开始产生[5]，并伴随着国家中央集权的发展而推广开来的一种专制君主们对下级封建领主、社会团体以及臣民有条件地授予某种特许权的体制，它是确认并强化君主王权和国家中央集权的重要手段。封建君主（在特定领域教皇也是特许权授予主体，如中世纪的大学[6]）是特许权的来源和主体，他既

---

[1] See Savigny, *The Roman Law of Persons as Subjects of Jural Relations*, trans. by William Henry Rattigan, London: Wildy & Sons, 1884, p. 192.
[2] 同[1], pp. 191~192。
[3] 同[1], p. 192。
[4] See P. W. Duff, *Personality in Roman Private Law*, London: Cambridge University Press, 1938, pp. 234~235.
[5] 据现有资料，特许状出现于10世纪的西欧，现存最早的注明日期的特许状为967年法国城市特许状。参见张明中：《中世纪西欧城市特许状探悉》，硕士学位论文，北京师范大学，2008，第7页。
[6] 参见〔英〕海斯汀·拉斯达尔：《中世纪的欧洲大学——大学的起源》，崔延强、邓磊译，重庆，重庆大学出版社，2011，第6页。

可以通过附有一定条件和对价的授予（grant）而得以创立，也可以通过复归（escheat）或没收（forfeiture）等方式予以撤销；特许权的范围不仅包括土地保有方面的权利、封建领主（如威尔士公国、巴拉丁伯爵领）特许权、重大刑事犯罪赦免权等较大的特许权，还包括法人社团，自治市，猎场、公园和养兔场，集市、市场和通行费，免于陪审团服务，国王法庭审判权，执达官审理诉案权，贵族裁判法庭，百户法庭，出版印刷等较小的特许权。① 其中，法人特许制是指授予法人团体以法律人格及其他特权的制度，它是中世纪特许制一个组成部分。

限于本书的研究目的，下文仅讨论国家授予法人资格上的特许制。同时，鉴于西欧诸国封建社会的复杂性，笔者下文将主要以英国为例说明法人特许制的运作实践。因为特许制虽然产生于欧洲大陆，但英国是欧洲较早形成封建中央集权的国家，其特许制度较之同时代的欧洲其他地区更为发达、更为典型。而德国由于长期处于分崩离析状态，其特许制并不发达。

英国封建中央集权趋势始于公元 1066 年的诺曼征服②，而特许制恰恰是随着诺曼征服而由大陆传入英国的。③ 英文中的特许一词为 franchise，该词源自古法语，由诺曼人传入英国。Franchise 原意为自由（freedom）或特权（liberty），其词根为古法语 franc 或 frank，意即"自由的"（free）④。最初，特许制只适用于土地保有关系，后来，伴随着王权的进一步发展，开始全面适用于自治市、行会、教会、慈善信托、大学等法人制度之中，后来伴随海外贸易的发展，特许制度又被运用于商业性法人之中。

首先，关于自治市。自治市既不同于一般的市镇（town），也不同于有主教驻节的城市（city），其英文为 Borough，源自哥特语 bairgan，其最初意思是"掩盖"，后来延伸出"保护、庇护"之意，因此自治市原意为"避难之地"⑤。诺曼征服之后，历代国王都曾不断向自治市颁发特许状，但直到 15 世纪时，才开始承认其法人资格。⑥ 根据美国学者赫森的

---

① 参见张乃和：《近代早期英国特许权研究》，北京，人民出版社，2014，第 6~7 页。
② 参见李红海：《普通法的历史——从梅特兰开始》，北京，清华大学出版社，2003，第 62 页。
③ 参见张乃和：《近代早期英国特许权研究》，北京，人民出版社，2014，第 6 页；Robert Hessen, *In Defense of the Corporation*, Stanford: Hoover Institution Press, 1979, p. 4。
④ 同①，第 6 页。
⑤ 张乃和：《近代早期英国特许权研究》，北京，人民出版社，2014，第 71 页，另可参见〔比〕亨利·皮朗：《中世纪欧洲经济社会史》，乐文译，上海世纪出版集团，上海，上海人民出版社，2001，第 53 页。
⑥ 参见〔英〕F.W. 梅特兰：《英格兰宪政史》，李红海译，北京，中国政法大学出版社，2010，第 37 页。

研究，自治市的法人化与中世纪的税收体制有密切关联。国王为了税收的方便与及时，而将税收任务交由同意移交特定款额于王室财政的税款包收人或私人市民；作为交换条件，税款包收人得享有拥有任何征收上来的超过特定款额的税收的权利。于是城市中的市民为了申请自行征税，以取代作为中介人的税款包收人，从而降低捐税负担①，纷纷设立或选举市参事会。② 如果申请得到国王的批准，则国王就会向市参事会颁发特许状，授予其一定的特权，如自行估税和豁免特定捐税以及其他特权。当最初接受特许状的市参事会成员去世以后，可以通过补选等方式填补，特许状不仅适用于原来申请它的群体，而且适用于他们的后继者。赫森认为，在这种情况下，自治市被视为一个永续性实体，自治市成了一个法人。③

实际上，自治市法人化的原因并不仅仅出于市民的包税需求。根据泰格和利维的研究，国王之所以将自治市拟制为法人，重要原因之一是有意使自治市成为该片土地的"中层领主"。作为法人的自治市不仅作为地主拥有全部出租土地，也作为业权人拥有原本属于封建领主或贵族所有但由于无人继承或不愿继承而被抛荒的全部荒地，"因此成为在自治市内拥有土地的某些真实贵族的领主，这些领主原有的利益于是便被遗忘、买断或者抹杀了"④。因此，自治市的法人化可以视为国王与工商业阶层之间达成的妥协，作为法人的自治市享有包括豁免于普通地方法庭的司法管辖、拥有自己的法庭、自己选举官员、在本市范围内收税以及组建行会并由行会主导自治市组织架构等一系列特权。⑤ 其结果就是牺牲了较小领主的利益，同时使得"每一个城市可以称为一个小的国家，热衷于自己的特权，敌视它的一切邻人"⑥。

其次，关于行会（guild）。一般而言，行会本是技能工匠及贸易商人为了共同利益及成员保护而自愿组成的并由成员承担会费的同业协会。⑦

---

① See Robert Hessen, *In Defense of the Corporation*, Stanford: Hoover Institution Press, 1979, p. 5.
② 当然，设立市参事会也同时出于其他目的，如公共设施的修建、同业行会的管理等。参见〔比〕亨利·皮朗：《中世纪欧洲经济社会史》，乐文译，上海，上海人民出版社，2001，第51页。
③ 同①。
④ 〔美〕迈克尔·E. 泰格、玛德琳·R. 利维：《法律与资本主义的兴起》，纪琨译，上海，上海辞书出版社，2014，第125页。
⑤ 参见〔英〕F. W. 梅特兰：《英格兰宪政史》，李红海译，北京，中国政法大学出版社，2010，第36～37页。
⑥ 〔比〕亨利·皮朗：《中世纪欧洲经济社会史》，乐文译，上海，上海人民出版社，2001，第53页。
⑦ See Bryan A. Garne, *Black's Law Dictionary*, West Group, 1999, seventh edition, p. 714.

但是，到 12、13 世纪，行会不再是私人团体，而是表现出许多行业垄断组织的特征，寻求强制实施统一的产品定价和质量标准，并建立起雇佣工人和学徒的统一工时和工资制度。这种寻求垄断的努力很快与王室控制工商业的企图结合起来：国王赋予行会以特许状，承认其在某个行业的垄断经营权，如此一来，行会制定的规章就不仅拘束其成员，而且从事该行业的任何人都要服从，否则就会受到严厉处罚。[①] 这是一个所谓"双赢"的弈局，对于君主来讲，其既能对工商行业进行管理，又能转嫁管理费用，节省社会控制的成本；对于行会来说，其不仅取得了公法上的法律人格，成为独立于其成员的机构法人，而且能以自治的面目行使行业管理权的政府职能。[②] 由此行会越来越成为其上层阶级的统治工具，也就越来越走向狭隘、闭锁，导致创造力的毁灭。

再次，关于独体法人（corporation cole）。诺曼征服以后，按照法律，英国主教和修道院继续拥有封建保有体系中的教会地产，但当在职的主教或修道院长去世后，其土地权利将转归国王所有。如果继任主教或院长请求国王确认其享有前任的权利，就必须作出巨大补偿。[③] 而教会组织则要求主教或院长应当对其所辖教堂和修道院拥有完全的控制权。为了解决教俗冲突，牧师团体完全可以模仿自治市与行会，向国王申请委任他们为社团法人，即不受成员变动影响的永续性组织。但这样一来，普通教士和僧侣就会与其上级——主教和修道院长——分享权利，这与教会层级秩序观念是相冲突的。[④]

最后的结果是采取折中办法，直接将主教或修道院长视为法人。对于教会来说，既可以维护教会等级体系，又能保护宗教财产权益。对于国王来说，虽然国王攫取宗教财产的机会受到限制，但一方面，国王获得了政

[①] 参见〔比〕亨利·皮朗：《中世纪欧洲经济社会史》，乐文译，上海，上海人民出版社，2001，第 175～176 页；Robert Hessen, *In Defense of the Corporation*, Stanford: Hoover Institution Press, 1979, p.6；方流芳：《公司：国家权力与民事权利的分合》，博士学位论文，中国人民大学法学院，1992，第 29～30 页；虞政平：《股东有限责任：现代公司法律之基石》，北京，法律出版社，2001，第 54 页。

[②] See Charles Gross, *The Gild Merchant: A Contribution to British Municipal History*, 1890, reprint ed., Oxford: Clarendon Press, 1964, p.43; Samuel Williston, "The History of the Law of Business Corporations Before 1800", in *Select Essays in Anglo-American Legal History*, ed. Association of American Law Schools, pp.198～199.

[③] See Robert Hessen, *In Defense of the Corporation*, Stanford: Hoover Institution Press, 1979, p.7.

[④] See Edmund Bayly Seymour, Jr., "The Historical Development of the Common-Law Conception of a Corporation", *American Law Register*, Vol.42, No.9, 1903, p.537.

治的优势，因为独体法人资格是国王授予的，其特许权力源于国王，国王也就取得了对宗教组织的监管权力；另一方面，在前任主教去世而后任主教尚未产生之际，国王仍有干预教会财产的机会。① 此外，这种办法也能为宗教捐助者所接受，因为可以避免因捐助财产收归国有以及在牧师去世后为其法定继承人所继承而导致的捐赠目的落空。② 因此，许多学者都对独体法人制度赞誉有加。③

然而独体法人并非像赫森所认为的是将主教或修道院长的职位特许为永续性的机关，并在法律上独立于偶然成为机关担当者的特定个人。④ 实际上，在梅特兰看来，被视为独体法人的就是一个自然人："一个填补职位空缺并能够'为自己及继任者'保有土地却只有有限寿命的自然人"⑤。而且，独体法人的权利能力相当有限，独体法人观念在实践中也造成了诸多不便。因此，赫森实际上是用现代法人理论解释过去的法律实践。

从次，关于慈善信托（charitable trust）。信托是一种创设大学、医院和慈善机构的法律手段。慈善信托是与私人信托相对的一种信托，其设立是为了有益于特定慈善事业或普遍性公众事业而非私人。⑥ 自公元5世纪以来，古罗马的慈善事业几乎全部为教会所独占，个人要举办慈善事业，只能将资金捐献于教会，此项资金即归教会所有，至于资金的运用乃至慈善目的的实现，完全听任教会随意处理。12、13世纪后，教会将捐助财产视为一种抽象人格，但其设置目的与管理人员悉依教会意志，捐助人无法左右。到文艺复兴之后，捐献人对于教会的这种做法深感不满，大多主张慈善目的及慈善资金的管理应由捐献者自由决定。⑦ 但是这种愿望必须得到国王的支持，否则无法实现。对于国王而言，慈善信托导致财产流入教会之手，相应减少了王室财政收入。因为，信托创办人将财产权利转移

---

① 参见〔英〕F. W. 梅特兰：《国家、信托与法人》，〔英〕大卫·朗西曼、马格纳斯·瑞安编，樊安译，北京，北京大学出版社，2008，第36～37页。
② 参见〔英〕威廉·布莱克斯通：《英国法释义》，第1卷，游云庭、缪苗译，上海，上海人民出版社，2006，第526页。
③ 参见〔英〕威廉·布莱克斯通：《英国法释义》，第1卷，游云庭、缪苗译，上海，上海人民出版社，2006，第526页；Edmund Bayly Seymour, Jr., "The Historical Development of the Common-Law Conception of a Corporation", *American Law Register*, Vol. 42, No. 9, 1903, p. 537。
④ See Robert Hessen, *In Defense of the Corporation*, Stanford: Hoover Institution Press, 1979, p. 8.
⑤ 同①，第33页。
⑥ See Bryan A. Garne, *Black's Law Dictionary*, West Group, 1999, seventh edition, p. 1514.
⑦ 参见李宜琛：《日耳曼法概说》，北京，中国政法大学出版社，2003，第46～47页。

于由受托人构成的理事会,而受托人理事会是个永续性团体,当一位或多位受托人去世之后,其余受托人可以提名继承者填补去世者留下的空缺。如果没有这种信托,国王可以因为财产继承中断而取得财产权利,而信托的成立,实际上使得国王的这一企图无法实现,但是国王又不能阻止以慈善事业为目的的信托,毕竟它是一种人类善德。于是民众与国王达成妥协:王室规定,当信托人创办慈善信托时,必须得到王室的特许状,特许状载明信托的目的、受托人的义务以及国王的监督权,国王可以派人监督信托目的与受托人义务的执行情况,如果特许状遭到违反,信托将会被宣布无效,信托财产要么归还委托人或其继承者,要么归属于国王。[1] 这样,信托法人的设立之权也由教会转入国家。[2] 在信托的法人化过程中,作为法人的信托不过是个名义,真正被视为法人的实质上是受托人构成的集合体。

最后,关于 16 世纪出现的合股公司,也叫特许公司 (chartered company)。[3] 特许公司的发展是一个复杂过程[4],但与前述各类法人一样,特许状得以运用于合股公司,也是两种力量互相妥协甚至互相利用的结果。从国王方面来说,第一,在政府不便[5]从事海外商业扩张之时,利用民间的力量既可以发展海外贸易,又能增加国库收入。在这方面,王室主要是依靠出卖特许状载明的垄断权而增加财政收入的,公司特许状的另一作用

---

[1] See F. M. Maitland, "Trust and Corporation", in *Selected Essays*, ed. by H. D. Hazehine, G. Lapsley, and P. H. Winfield, New York: Books for Libraries, 1968, pp. 157~158; Robert Hessen, *In Defense of the Corporation*, Stanford: Hoover Institution Press, 1979, p. 8.

[2] 参见李宜琛:《日耳曼法概说》,北京,中国政法大学出版社,2003,第 47 页。

[3] 特许公司是指发源于欧洲,始于 16 世纪终于 19 世纪中叶,由国王凭其特权或议会通过特别法令,以授予特许状方式而设立的公司。参见〔英〕戴维·M.沃克:《牛津法律大辞典》,李双元等译,北京,法律出版社,2003,第 191 页。

[4] 具体分析,参见〔日〕大塚久雄:《股份公司发展史论》,胡企林等译,北京,中国人民大学出版社,2001;方流芳:《公司:国家权力与民事权利的分合》,博士学位论文,中国人民大学法学院,1992,第 33~38 页;虞政平:《股东有限责任:现代公司法律之基石》,北京,法律出版社,2001,第 61~91 页。

[5] 在中世纪的欧洲,国王或其政府直接从事商业经营似乎是不可能的事情,一方面,欧洲各王国封建割据状态使国王的权力受到极大抑制,如果国王直接经商,必会引起其他封建领主及教会的反对或群体仿效,这将直接会危及国王的统治秩序,正如孟德斯鸠借用皇帝的口吻所说:"我们做了这种买卖,朝臣也会要做。他们将要比我们更贪婪,更不公正。"另一方面,则与中世纪的观念有关,人民视国王为正义的代表,因而极力寻求国王的保护,这一观念也使其商业活动受到抑制。正如梯欧非露斯皇帝看见一只船载着给他妻子梯欧多拉的商品,就让人把船烧了。他说:"我是皇帝,而你们却让我当货船老板。要是我们也经营穷人的生意,穷人还有地方谋生么?"参见〔法〕孟德斯鸠:《论法的精神》,张雁深译,北京,商务印书馆,1963,第 20 章第 19 节。

就是用作记载销售额的工具。① 第二，还可以向海外扩张力量，开拓殖民地。第三，通过特许状详细记载的国王的特权，还可以实现控制这种商事组织的目的，防止其坐大之后成为反政府的力量。从商人方面来说，其一，海外贸易公司经常需要在他们航行目的地设立哨兵或护卫队，而国王的特许状能够使其在这些地方享有类似自治市的管理权。② 在英国侵占印度过程中立下头功的东印度公司就是其中著例。其二，商人还寻求一种正式许可的对其从事行业的垄断权，以与外国公司展开竞争，因而许多早期贸易公司都取得了在某一特定区域贸易的排他性权力。如英国"土耳其公司"的特许状规定，凡从英国运往土耳其的制造品，非经该公司船舶载运，不许输出。③ 后来，垄断权不仅盛行于海外贸易，而且成为英国早期现代经济的普遍特征。④ 总之，特许时代的公司不是纯粹私人公司，其在相当程度上履行着公共职能。⑤ 正因如此，这种公司实际上为数甚少，直到 19 世纪中期，常见的经营方式还是合伙。⑥

二、法人特许制的特质及与法人论争的谱系关系

与我们当代法人制度相比，法人特许制具有以下特质。

首先，与整个特许制度一样，法人特许制也是现代集权国家崛起的产物。对此，杜威冷静地总结道：

> 在民族国家崛起的过程中，伴随着中央集权的进程，民族国家必然要对各种宗教团体和封建组织要求分割国家权力的主张予以反击。而最

---

① See Paul G. Mahoney, "Contract or Concession? An Essay on the History of Corporate Law", *Georgia Law Review*, Vol. 34, 2000, p. 887.

② See Giles Milton, *Nathaniel's Nutmeg, or the True and Incredible Adventures of the Spice Trader Who Changed the Course of History*, 1999. 转引自 Paul G. Mahoney, "Contract or Concession? An Essay on the History of Corporate Law", *Georgia Law Review*, Vol. 34, 2000, pp. 886~887.

③ 参见〔英〕亚当·斯密：《国民财富的性质和原因的研究》下卷，郭大力、王亚南译，北京，商务印书馆，1974，第 297 页。关于俄罗斯公司、非洲公司及东印度公司的情况，可参见 William Robert Scott, *The Constitution and Finance of English Scottish and Irish Joint-Stock companies to 1720*, Volume 1, New York: Peter Smith, 1951, p. 237.

④ See Armand Budington DuBois, *The English Business Company after the Bubble Act*, 1720~1800, The Commonwealth Fund, 1938, p. 41.

⑤ 参见〔英〕亚当·斯密：《国民财富的性质和原因的研究》下卷，郭大力、王亚南译，北京，商务印书馆，1974，第 304 页及以下；〔德〕托马斯·莱塞尔·吕迪格·法伊尔：《德国资合公司法》，高旭军等译，北京，法律出版社，2005，第 7 页。

⑥ See William W. Bratton Jr., "The New Economic Theory of the Firm: Critical Perspectives from History", *Stanford Law Review*, Vol. 41, 1989, p. 1486.

为有效的反击方式便是国家把其自身以外的所有组织均宣布为非法团体，除非这些团体的权力来自国家的明确授权。因此，国家通过特许的方式，有选择地赋予某些团体以"人"的资格，希望借此遏制那些未经授权的团体的行为，以防它们侵蚀个人自由及对国家的权力构成威胁。①

从特许制的实践状况来看，虽然特许的最初采用都是王权与其他社会力量相妥协的结果，但一开始王权就显示出了某种优势地位。后来随着封建领主势力的衰落，王权得到了进一步的增强，其在特许体制中的优势地位进一步得到了强化。在这一过程中，国王不仅通过监督特许权的实施和违反情况加强了对于特许法人的监督，而且通过特许权（状）的复归和没收等权力实现了对各法人组织的控制和吸收。如果说，在特许制开始阶段，自治市还是国中之国，那么到了 16 世纪，随着英王对自治市控制的日益加强，自治市逐步沦为新兴民族君主国家的地方统治机关。② 自治市的机关化使得国王又可以通过自治市加强对于行会的控制。早在亨利六世时期，自治市的主要统治者就有权废立其内部各行会、公会及会内章程，1504 年，英王亨利七世则将自治市的这一立法权进一步收归国王。独体法人虽然未直接纳入国家机关体系，但受到了国家的严格控制，在宗教改革之后，甚至整个国家的教会体系都受到了国家的控制，因而独体法人已经失去了国家权力与教会权力相妥协的意味，沦为纯粹私法上的主体。而特许公司后来的公共管理权力陆续收归王室，只保留了私法上的商事能力。由此产生了两个深远的历史影响。

其一，社会组织日益被分化为公法人与私法人。那些行使公共权力的特许法人，如自治市、行会越来越融入国家体系之中，成为行政法上的主体或公法人。而独体法人、信托法人和合股公司则越来越成为私法上的纯粹财产能力——准确地说，是财产区隔能力。基尔克指出，尽管主权观念在其他方面（如在路德的顺从要求、路易十四的朕即国家和腓特烈大帝的国家第一公仆之间）存在着巨大差异，但主权概念的实质保持一致，那就是它将国家视为某种与人民相区隔的事物，国家将所有公共权力集中到一个在地域和人口上都具有封闭性的特定范围。③ 因此，不仅封建领主的公法权利被取消，特许法人所享有的公共特权也被渐次收回，公法与私法被

---

① John Dewey, "The History Background of Corporate Legal Personality", *Yale Law Journal*, Vol. 35, No. 6, 1926, pp. 666~667.
② 参见张乃和：《近代早期英国特许权研究》，北京，人民出版社，2014，第 74 页。
③ See Gierke, *Community in Historical Perspective*, ed. by Antony Black, trans. by Mary Fischer, Cambridge: Cambridge University Press, 1990, p. 109.

严格区分开来，公法团体由公法规制，而私法组织则由私法调整。① 实际上，萨维尼将法人权利能力禁锢于私法上的财产能力的做法，正是对于这种现实状况的学术反映。然而，上文已经指出，到了19世纪70年代以后，随着工会、雇主联合会、新型教会、行业协会以及巨型企业的崛起，私法组织经常行使某些公共权力，公法组织也往往借助私法手段实现公共管理目标。而法人治理结构和企业社会责任等综合性法律问题的提出，都从根本上打破了公法私法截然两分的格局。显然，基尔克的社会法观念更能体现、回应我们当今时代的特质。

其二，如果说在开始阶段，特许制只是将社会组织区分为有特权和无特权的组织的话，那么到后来，特许制在合法组织与非法组织、法人组织与非法人组织之间划定了一条难以跨越的鸿沟。法人特许制度虽然是近代绝对主义国家形成的重要制度条件和制度成果，但在资产阶级革命之后，该制度不仅未被抛弃，反而进一步发扬光大，被广泛运用于各种社会组织。无论是旧式社会团体，还是新型社会组织，无论是政治社会功能的团体，还是商事组织，都要接受国家的政治审查，否则就会成为非法组织，受到国家的打击和镇压。一直到19世纪中叶法人论争开始之时，特许制以及由其延伸出来的由各级主管机关行使的行政许可制一直是悬在各种社会组织头上的达摩克利斯之剑，这无疑构成了法人论争的制度背景。

其次，特许状的颁发并非双方平等协商的合同行为，特许状也不能理解为私人团体与政府之间的契约。关于特许状的合同属性，后世存在不同看法。在美国1819年著名的达特茅斯学院（Dartmouth College）一案的判决中，首席大法官马歇尔就认为，特许状是捐赠者、学院董事会和英国国王三者之间的合同，故应受到宪法保护。② 而在后世学者中，基佐也认为特许状是城市平民与封建领主缔结的和平条约。③ 伯尔曼虽然也承认特许状的合同性质，但更强调其不平等性："像封建陪臣契约或婚姻契约那样，特许状是一种进入某种身份的协议，即进入一种其条件由法律规定并

---

① See Gierke, *Community in Historical Perspective*, ed. by Antony Black, trans. by Mary Fischer, Cambridge: Cambridge University Press, 1990, p. 120.
② 参见周详：《美国大学法人制度的创建——从"弗吉尼亚开拓"到"达特茅斯学院董事会诉伍德沃德"》，北京，首都师范大学出版社，2016，第197页。有人将该案判决解读为"契约神圣原则与大学自治传统"。参见任东来等：《美国宪政历程：影响美国的25个司法大案》，北京，中国法制出版社，2005，第40页以下。
③ 参见〔法〕基佐：《欧洲文明史》，程洪逵、沅芷译，北京，商务印书馆，1998，第124页。

且不能由任何一方意志所更改的关系之中的协议。"① 此外，伯尔曼还特别强调国王特许行为的单方性："事实上，大多数欧洲城市和城镇正是通过一种法律行为（通常是授予特许状）而建立的，它们不是简单地出现而是被设立。"② 而泰格和利维则认为："城市居民的合法地位，乃是由最高权威予以规定，而不是取决于市民自身的联合行动。"③

笔者认为，应当承认，在特许制早期阶段，由于王权没有后来强大，特许状的颁发具有某种民事协议中双方讨价还价的色彩。但是，尽管特许状的内容一般是在申请者的申请书基础上加以确定，国王仍有很大的自由裁量权，国王可以拒绝其中的某项申请，甚至可以拒绝整个申请，国家的特许行为缺乏法律规范。如1130～1133年，亨利一世就曾经明文以伦敦市缺乏完善的组织结构为由而拒绝该市的法人资格申请。④ 而在1542年，亨利八世就因政治考量而以不做任何回复的方式否决了伦敦书商公会的法人资格申请。⑤ 后来，伴随着特许行为的日益频繁，在申请和修改特许状时，申请者要经过十分复杂的中间环节，才能最后得到国王御批，由于竞争激烈，申请者往往不得不向国王身边近臣奉送巨额贿赂。此外，这种制度还为官僚从事"官倒"大开绿灯，有许多特许公司的实际控制人就是国王的近臣，而有些则是以参股的形式牟取暴利，这无疑造成了市场秩序的混乱。⑥

以上两点足以说明，特许制不仅体现了国家对于社会中间组织的敌视态度，而且产生了严重的权力寻租问题。由此不难理解，为何法人论争中的抽象问题（法人是否有其本质、是否具有伦理人格）都明显地指向特许制和行政许可制。萨维尼国家拟制说和耶林全能国家观实际上都在为特许制提供法学辩护；有机体说和组织体说则建议实行准则制，国家只保留特定条件下的实质审查权；而法国学派的理想制度则是备案制，国家根本没有实质审查的权力。

---

① 〔美〕哈罗德·伯尔曼：《法律与革命——西方法律传统的形成》，北京，中国大百科全书出版社，1993，第476页。

② 同①，第440页。

③ 〔美〕迈克尔·E. 泰格、玛德琳·R. 利维：《法律与资本主义的兴起》，纪琨译，上海，上海辞书出版社，2014，第123页。

④ See W. Stubbs. *Select Charters and Other Illustrations of English Constitutional History from the Earliest Times to the Reign of Edward the First*, Oxford: Clarendon Press, 1921, p. 129.

⑤ 参见张乃和：《近代早期英国特许权研究》，北京，人民出版社，2014，第163页。

⑥ 参见方流芳：《公司：国家权力与民事权利的分合》，博士学位论文，中国人民大学法学院，1992。

再次，在特许法人那里，被法人化的并非由法人成员所构成的集合体，也不是独立于成员和管理者之外的实体，而是管理者本身。特许状中所提到的成员也与现代法人制度中的成员有所不同，前者是管理者，而后者则无管理权。例如，在自治市中被法人化的是市参事会及市民；在行会中，则是行会管理者；在合股公司中，则是公司管理者；在慈善信托中，则是作为受托人的单个自然人或多名受托人所构成的整体；而在独体法人中，这个特征更为明显，被法人化的只是一个具有有限生命的特定自然人。① 这并非笔者的事后归纳，而是当时的特许状明确载明的事实。如1557年伦敦书商公会特许状规定，公会是由总管1名、监察人2名以及93名团体成员所构成的独立法人。② 而1650年哈佛大学特许状则明确规定，哈佛学院是由7位成员组成的一个整体，包括1名校长、5名评议员和1名司库或会计。③ 1662年英国皇家学会特许状规定："我们将以由会长、理事会、会员组成的皇家学会的名义，组成、规定、创造、构成一个法人团体。"④ 1836年伦敦大学特许状则表达得更为明确："以同样的名字（指伦敦大学——引者注），他们（指伦敦大学主要管理者——引者注）及其继承者在法律上有能力获取、购买和拥有他们及其继承者的任何物品、动产和所有私人财产"⑤。

由此可以看出，在特许法人阶段，法人在很大程度上尚未脱离自然人的形态，被法人化的要么是由作为自然人的管理者所构成的整体，要么干脆是作为自然人的管理者个人。梅特兰指出，之所以如此，是因为"英国法历来喜欢由真实生活中的人来充当法律上的人"⑥。笔者并不否认法律思维在制度构建中的形塑作用，但更为深层的原因可能在于封建领主体制，毕竟最初的特许法人产生于封建领主体系占主导地位的社会环境之中，而且在国王心中，特许法人只不过是另一种封建领主而已。因此，特许法人难免打上领主制度的烙印。而在领主制度中，一如罗马法的家父，

---

① 参见〔英〕F. W. 梅特兰：《国家、信托与法人》，〔英〕大卫·朗西曼、马格纳斯·瑞安编，樊安译，北京，北京大学出版社，2008，第36页。
② 参见张乃和：《近代早期英国特许权研究》，北京，人民出版社，2014，第164页。
③ Harvard Charter of 1650, http://www.math.harvard.edu/history/charter/0001.htm. 2018年6月10日访问。
④ 姚远：《近代早期英国皇家学会社团法人的兴起（1660~1669）》，硕士学位论文，吉林大学，2008，第28页。
⑤ 肖朗、袁传明：《伦敦大学建立与近代英国高等教育改革——以第一特许状为考察中心》，《现代大学教育》2013年第6期，第36页。
⑥ 同①，第37页。

只有作为自然人的领主个人才是更高法律体系上的或外部法律关系中的人，其手下的附庸也像罗马家庭中的家子一样没有外部主体资格，而特许法人之管理者主体化特征无非就是这种特质的体现。也正是因此，在特许法人阶段，不仅是英国，大陆国家也大都透过自然人来理解、构建法人。或许只有贝塞勒和基尔克所发现的德国合作法人是个例外，而德国恰恰又是中世纪封建体系极不发达的国家。[1]

由于管理者在法律上的地位突显，法人不过是管理者实施特许权利的名义和符号而已，因此，特许状是直接规制管理者的，这与管理者主体说有着相同的意蕴，也与萨维尼法人代理说具有相通之处。此外，管理者的突出地位，使得法官在许多案例中倾向于将法人理解为未成年人，而将其管理者理解为未成年人的监护人。[2] 由此，我们也可以进一步理解，为什么萨维尼会认为法人管理者与法人之间的关系是监护人与被监护人关系，以及为什么拟制说和管理者主体说会认为法人无责任能力。而与此相反，有机体说则认为法人是一个超越于成员和管理者之上的独立实体，并且是真正的"人"，其背后的实践逻辑则是法律应当通过法人这一实体来规制其成员及管理者的行为，而不是相反。

最后，特许制下法人的权利能力是各不相同的，因为特许权本身就意味着特权和排他性。梅特兰曾经针对自治市指出："几乎不存在一部英格兰自治市的历史，因为每一个自治市都有其自己的历史。其历史很大程度上依赖于它能从国王或其他领主那里获得的特许状，特许状的大方程度则有赖于其市民准备为此支付多少钱，城市特权只有在支付了相应的对价后才能获得。"[3] 除特许费之外，特许状的大方程度还与特许组织的大小、重要性以及国王的期待等因素有关。因此，各个特许法人不仅在诉讼管辖权、税收豁免权以及出版发行权等特殊权利能力方面各不相同，而且在取得不动产和动产、财产处分、接受捐赠等一般性民事权利能力方面参差不齐。例如，梅特兰指出，独体法人很难拥有动产（甚至包括属地动产），订立合同的权利能力也受到很大限制，"甚至不能牢

---

[1] 参见〔法〕马克·布洛赫：《封建社会》上册，张绪山译，北京，商务印书馆，2004，第298页。

[2] 参见 S. F. Pollock, F. W. Maitland. *The History of English Law before the Time of Edward I*. Cambridge: Cambridge University Press, 1898, p. 484；〔英〕F. W. 梅特兰：《国家、信托与法人》，〔英〕大卫·朗西曼、马格纳斯·瑞安编，樊安译，北京，北京大学出版社，2008，第22页。

[3] 〔英〕F. W. 梅特兰：《英格兰宪政史》，李红海译，北京，中国政法大学出版社，2010，第35页。

固地保有它的教会地产"①。而在现代法人制度中，社会组织一旦取得法人资格就立即享有一般性权利能力，显然，后者更利于降低对方当事人收集法人交易资质方面信息的成本，从而更有利于经济的发展和繁荣。

此外，基尔克认为，特权导致了德国中世纪的合作团体的重大异化："特许团体只是攫取特权的工具，团体因为、也为了追求特权而存在，实际上，团体经常无非是一个法人化的特权而已。"② 各式各样的排他性特权实际上就是垄断权力，必然导致社会条块分割，必然妨碍自由竞争。显著的例子就是封建行会，由于受到特许权的保护，行会逐渐失去了同业互助色彩，越来越走向狭隘、闭锁，造成创造力的毁灭。

还应值得一提的是，由于特许法人只能在特许状所规定的地域和权限范围内进行活动，如果要加以改变，则必须征得特许状颁发者同意，否则即为违反特许状，就会被撤销特权。③ 因而特许制实际上肇始了后来的"越权规则"（rule of ultra vires）。

三、特许说及其与法人论争的谱系关联

在特许制盛行过程中，法学家们也在不断地为该制度提供法学论证，以赋予其合法性，而这些论证构成了一种先于法人本质诸学说的法人观念，这就是特许说（Concession Theory）。而分析特许说与法人本质学说的谱系关联，有助于在上文的基础上进一步揭示法人本质学说的理论特质。

特许说这一术语最早由梅特兰提出④，但与德国法人理论相比，似乎算不上是一种"理论"，更像是法官们就特定案例所进行的零星思考，缺乏体系性和一贯性，甚至谈不上是对法人本质或本体的思考。如在1613年的Sutton's Hospital一案中，首席大法官爱德华·柯克勋爵说道："集合众人的法人是无形的、永续的，仅仅憩息于法律的目的与眷

---

① 〔英〕F. W. 梅特兰：《英格兰宪政史》，李红海译，北京，中国政法大学出版社，2010，第36页。
② Gierke, *Community in Historical Perspective*, ed. by Antony Black, trans. by Mary Fischer, Cambridge: Cambridge University Press, 1990, p. 105.
③ 参见〔德〕马克斯·韦伯：《经济与社会》下卷，林荣远译，北京，商务印书馆，1997，第82页。
④ See F. M. Maitland, "Introduction", in Gierke, *Political Theories of the Middle Age*, New York: Cambridge University Press, 1900, p. xxx.

顾中。"① "没有国王就不可能产生法人资格。"② 在第二年的 Tipling v. Pexall 一案中，柯克进一步总结道："法人与自然人的区别在于，前者由国王创造，而后者由上帝创造。"③ 赫森认为，柯克的意见成了特许说的第一次权威表述。④

后来，英国法学家布莱克斯通总结道："在法律上，人被分为自然人和拟制的人两类。自然人指由自然之神创造的人类，而拟制的人则指从社会和政府的角度由人类法律创造设计的主体，通常被称为法人团体和政治团体。"⑤ 他还指出，尽管在罗马法中，似乎可以不经"君主的同意"即设立法人，"而在英国，要设立任何法人，国王的批准——明示或默示的批准——都是绝对必要的"⑥。拉斯基认为，布氏在此以一种强硬的口气断言了国家限定、控制法人团体的权力。⑦

此外，布莱克斯通还认为，法人可以分为团体法人和独体法人。前者是"由结合成一个团体的许多人共同组成"，然而这些人不是成员，而是"一市的市长和下议院议员、一个学院的院长和所有成员、大教堂的和教堂会议成员"⑧。也就是说，布莱克斯通和萨维尼一样，都将成员视为法人管理者，而不是纯粹的不行使管理权力的成员，而法人也就是由管理者所构成的整体，这与前述特许状中的观念是一致的。

在美国 1819 年著名的达特茅斯学院（Dartmouth College）一案的判决中，首席大法官马歇尔基本是对柯克的话进行系统性的注解："法人是一个拟造物，我们看不到它，也摸不着它，它仅仅存在于法律的沉思之

---

① "The Case of Sutton's Hospital," 10 Coke Rep. la, 32b, 77 Eng. Rep. 937, 973 (K. B., 1613). 转引自 Robert Hessen, *In Defense of the Corporation*, Stanford: Hoover Institution Press, 1979, p. 9.

② Sutton's Hospital, 10 Co. Rep. la, 26b, 77 Eng. Rep. 937, 964~965 (1613), 转引自 Paul G. Mahoney, "Contract or Concession? An Essay on the History of Corporate Law", *Georgia Law Review*, Vol. 34, 2000, p. 882.

③ Tipling v. Pexall, 3 Bulstrode 233 (1614). 转引自 Reuven S. Avi-Yonah, "The Cyclical Transformations of the Corporate Form: A Historical Perspective on Corporate Social Responsibility", *Delaware Journal of Corporate Law*, Vol. 30, No. 3, 2005.

④ See Robert Hessen, *In Defense of the Corporation*, Stanford: Hoover Institution Press, 1979, p. 9.

⑤ 〔英〕威廉·布莱克斯通：《英国法释义》，第 1 卷，游云庭、缪苗译，上海，上海人民出版社，2006，第 142~143 页。

⑥ 同⑤，第 528 页。

⑦ See Harold Joseph Laski, "The Early History of the Corporation in England", *Harvard Law Review*, Vol. 30, No. 6, 1917.

⑧ 同⑤，第 525 页。

中。作为单纯的法律拟造物,法人仅仅拥有其成立时的特许状所赋予其的、要么是明示的要么是其存在所附带的特性。"① 达特茅斯学院是由"国王设立"的,而不是由其成员设立的,因为"法人是其成员权利的受托人"②。而斯托里大法官在其单独陈述的意见书中则两度强调:立法机关可以"在法人的特许状中"保留自己的权力,用以"控制或摧毁……某个法人的固有合法权利"③。在1828年,贝斯特(Best)大法官说:"那些没有立法者的准许,就擅自以团体形式行动的人,篡夺了国王特权,触犯了蔑视国王之罪。"④ 直到1933年,布兰蒂斯法官还宣称:"是授予还是拒绝法人特权永远是国家政策问题。"⑤

国家特许观念并不是英国的特产,在法国大革命中,法学家图莱为1789年11月2日法国国民议会没收宗教财产的法令进行说明时,指出:

> 个人独立于法律而存在,并在法律产生之前便已享有来自天赋及其自己才能的权利;这些权利并不是法律给予的,法律只是对之加以确认而已。不仅如此,法律还对这些权利进行了保护而不能将之撤销,正如个人也不能将之撤销一样……相反,团体却只是由于法律而存在的。所以,法律对和团体有关的一切,甚至其存在本身,有着无边的权威。……团体只是法律的一种虚构和抽象概念;这种虚构和抽象概念是法律随意创造出来的,并在将之创造出来后能够随意改变。因此,法律在将团体建立起来后,也可以将其取消。⑥

显然,这种自然法论证比起柯克的神学解释"高明"了不少。

置放于这一知识谱系中,我们会发现萨维尼的法人拟制说并不是什么

---

① Dartmouth College v. Woodward, 17 U. S. 518, 634 (1819). 当然,国家对于法人的特许权并非该案的核心问题。在本案中,马歇尔大法官毋宁是将特许阐释为阻隔州政府公权力向私法人组织渗透的法律工具,以保障法人自治。然而本书前文已经指出,他的法学论证是极为脆弱的,因为法人特许状并非私人与政府之间的合同。可以想象,如果本案不是因为州政府企图改变达特茅斯学院的性质和功能,而是学院多数成员决定改变学院的办学模式,马歇尔将特许状神圣化和凝固化的裁判思路必将成为这种变革的障碍。
② Dartmouth College v. Woodward, 17 U. S. 518, 637~638.
③ 任东来等:《美国宪政历程:影响美国的25个司法大案》,北京,中国法制出版社,2005,第54页。
④ Harold Joseph Laski, "The personality of Associations", *Harvard Law Review*, Vol. 29, No. 4, 1916, p. 406.
⑤ Louis K. Liggett Co. v. Lee, 288 U. S. 517, 545 (1933) (Brandeis, J., dissenting). 转引自 Paul G. Mahoney, "Contract or Concession? An Essay on the History of Corporate Law", *Georgia Law Review*, Vol. 34, 2000, p. 876。
⑥ 乐启良:《近代法国结社观念》,上海,上海社会科学院出版社,2009,第60页。

横空出世的新观念。但与英国和法国的特许论相比，萨维尼法人理论的"创新之处"就在于利用了德国的"本土资源"——康德的主体哲学——来论证国家特许权力的正当性。萨维尼此举不仅意味着重大的学术断裂，甚至意味着一场文化转型：在政治观念和法律技术之外，它又开启了法人论争中的另外一个潘多拉魔盒——主体哲学，从而引发了法人论争的另一个主要战场——法人本质的哲学之争，使得德国乃至整个大陆法系的法人理论打上了深刻的先验哲学烙印。可以说，主体哲学构成了传统法人论争的文化背景。

第四节 法人论争的文化背景

之所以研究法人论争的文化背景，是希望继本章第一节之后，进一步理解法人之争的深层文化基因，进一步揭示法人学说的现代性和西方性，以实现法学研究进路上的祛魅和超越传统法人学说之学术目的。

关于文化的定义，格尔兹曾说："马克斯·韦伯提出，人是悬在由他自己所编织的意义之网中的动物，我本人也持相同的观点。于是我以为所谓文化就是这样一些由人自己编织的意义之网。"[1] 而法人论争的"意义之网"就是近代以来的主体哲学。

本书在讨论萨维尼、耶林和基尔克的法人学说时已经指出法人学说与主体哲学的密切关联，法人论争在相当程度上始于萨维尼将主体哲学引入法律主体的那个著名公式。没有主体哲学，法人人格不会成为一个哲学问题，法人论争不会如此富有"德国味"[2]，不会如此激烈尖锐，持续时间也不会如此之长。特别是进入20世纪之后，学者们在政治方面基本达成了肯定、支持社会中间组织的共识，且法律技术意义上的法人制度也已基本定型[3]，可以说此后法人论争的主题主要不是政治和法律技术，而是主体哲学。还值得注意的是，整个法人论争的高潮恰恰就出现于20世纪的10、20年代，这不仅说明了主体哲学对于法人理论的影响之深，更能说明学界的反应之烈。例如，杜威在此期间发表的论文就清楚地

---

[1] 〔美〕克利福德·格尔兹：《文化的解释》，韩莉译，南京，译林出版社，1999，第5页。
[2] 语出〔美〕约翰·齐普曼·格雷：《论法律主体》，龙卫球译，载《清华法学》，第2辑，北京，清华大学出版社，2002。
[3] 标志着法人制度完全确立的《德国民法典》于1896年公布，1900年施行，《日本民法典》于1898年施行，更倾向于基尔克学说的《瑞士民法典》也于1907年通过。

指出：

> "主体"与"主体性"在现代德国哲学（该哲学已经直接地，或者通过有关法理学著作，对拉丁国家的法学研究产生了极大影响，并对英国也产生了相当影响）中，占据了"实体"和逻辑意义上的判断的"主体"在古代形而上学中所曾占据的地位。因此，对各类法人共同本质的探索已经受到关于"主体"的哲学理论的深刻影响，以至于如果没有德国哲学的专门知识，特别是关于康德的知识，完全厘清为法人人格而提出的各种不同解决方案的效应是极端困难的。[1]

其实，主体哲学并不仅仅是杜威眼中的一种哲学派别，而是正如福柯所指出的，本质上是"一种文化形式"[2]。福柯认为，主体性构成了现代社会知识体系共同的无意识基础，他将这种隐藏在各种文化现象背后的无意识基础或深层结构称为"知识型"。他指出，近代以来西方文化经历了三个存在着巨大间断性的时期：16世纪到17世纪的文艺复兴时期、17世纪中叶开始的古典时期、18世纪末到19世纪的现代时期[3]，分别形成了三种迥然不同的知识型：文艺复兴知识型塑造了以上帝为主题的文化；古典知识型所塑造的文化主题是自然；现代知识型所塑造的文化主角是"人"，人取代了以前上帝所曾占据的位置，人成了大写的人。[4] 福柯之所以将18世纪末视为现代知识型的始端，就是因为康德的批判哲学定型于这一时刻，而"康德的批判标志着我们的现代性的开端"[5]。因此，主体哲学构成了法人论争的主要文化背景。

还有必要说明的是，研究主体哲学与法人论争的谱系关联，不仅出于揭示法人学说现代性和西方性的学术考古兴趣，也是出于对我国当下学术研究的反思。笔者在本书第一章第一节和本章第一节中已经指出，在我国法律主体研究中，特别是自然人制度的研究中，伦理主义极为盛行。伦理主义最初只是表现为自然法观念，将自然人与自然法上的抽象理念进行机械性的对接，由于法人无法实现这种对接，故而成为法律主体制度中的

---

[1] John Dewey, "The History Background of Corporate Legal Personality", *Yale Law Journal*, Vol. 35, No. 6, 1926, p. 660.
[2] 〔法〕福柯：《哲学与心理学》，尚恒译，载杜小真编：《福柯集》，上海，上海远东出版社，2003，第69页。
[3] 参见〔法〕米歇尔·福柯：《词与物：人文科学考古学》，莫伟民译，上海，上海三联书店，2001，第11页。
[4] 同[3]，第9页。
[5] 同[3]，第317页。

"他者""不正常的人"[①]。但经过具有哲学专业背景的李锡鹤教授的不断阐释[②]，特别是笔者的同学周清林兄的哲学探究[③]，终于将伦理主义推进到了主体哲学层面。[④] 然而，笔者下文将指出，主体哲学本身只是特定历史阶段的产物，不仅它所塑造的主体不是永恒的、绝对的，它自身都是历史的、暂时的；从法律实践角度来说，伦理主义和主体哲学不能有效解决法律技术和实践问题，反而掩盖了法律制度的政治功能，造成了意义和价值的扭曲，干扰了法律技术的实现，妨碍了我们对于具体制度的全面把握。

在本节，笔者试图从总体上考察主体哲学的主要观念，并分析其与法人论争的谱系性关联，然后结合福柯等人的批判指出主体哲学的缺陷，进而揭示整个法人论争的西方性和局限性，力图实现民事主体研究的去主体化、去"哲学"化和去整体化。

一、主体哲学的主体观念

自从笛卡尔提出著名的"我思故我在"命题，现代西方哲学的展开和演进大体上就都是围绕着主体问题进行的。[⑤] 故而哈贝马斯将近现代形而上学总称为"主体哲学"[⑥]，而福柯则称其为"人类学"[⑦]。具体来说，主体哲学是指坚持主体—客体二分，并以主体作为所有知识的真理性和价值性之基础的所有哲学思想的总称。它主要包括了从笛卡尔、康德、费希特、谢林、黑格尔一直到胡塞尔的先验主体哲学体系，从广义上来说，它还包括了洛克和贝克莱等人的经验主体哲学。[⑧] 其中，笛卡尔和康德是主

[①] 借用福柯一本著作的书名，参见〔法〕福柯：《不正常的人》，钱翰译，上海，上海人民出版社，2003。

[②] 参见李锡鹤：《民法哲学论稿》，上海，复旦大学出版社，2000；李锡鹤：《民法哲学论稿》，上海，复旦大学出版社，2009。

[③] 参见周清林：《主体性的缺失与重构——权利能力研究》，北京，法律出版社，2009。

[④] 在《主体性的缺失与重构——权利能力研究》一书的重印本中，作者在书名中直接提出了"主体哲学"的表述，参见漠耘：《主体哲学的私法展开——权利能力研究》，北京，法律出版社，2012。

[⑤] 参见莫伟民：《主体的真相——福柯与主体哲学》，《中国社会科学》2010年第3期，第51页。

[⑥] 〔德〕于尔根·哈贝马斯：《现代性的哲学话语》，曹卫东译，南京，译林出版社，2011。

[⑦] 当然，福柯的人类学并不是实证的人类学，而是指近代以来以大写的人为中心的哲学体系。参见〔法〕米歇尔·福柯：《哲学与心理学》，尚恒译，载杜小真编：《福柯集》，上海，上海远东出版社，2003，第69页。

[⑧] 当然，德国法人理论的哲学观念主要来自前者，因此，本节所说的主体哲学主要是指前者。

体哲学的主要创立者。

在哲学界，关于主体哲学的研究文献可以说汗牛充栋，笔者在此无意缕述主体哲学的发展历程。但为了揭示主体哲学意义之网的特质以及其对法人论争的影响，有必要总结一下主体哲学的主体观念。

首先，主体是人类所有知识之真理性和价值性的基础。按照海德格尔的考证，"主体"（德语 subjekt，英语 subject）一词源自拉丁语 subiectum，该词又是希腊文 υπο-κειμενον 的拉丁翻译和解释，意思是"放在下面和放在基底的东西，已经从自身而来放在眼前的东西"，海氏将其引申为"基础"之意。① 海德格尔进一步指出，在近代哲学以前，传统哲学的主导问题是"什么是存在者"，而不是人或主体的问题，而且主体并不限于人，石头、植物、动物都是主体。直到近代哲学的开端者笛卡尔那里，哲学研究的兴趣才由以前的本体论转向认识论领域，哲学的主导问题也相应地转变为关于真理的无条件的、不可动摇的基础的问题。② 而充当这一基础的就是"主体"，笛卡尔称其为"我"，康德称其为"先验的自我意识"，费希特和谢林称其为"绝对自我"，在黑格尔那里则为"活的实体"，在经验主义者如洛克那里，则是"意识"自我。③

其次，主体哲学的主体并不是指有血有肉有欲求的个人，而是指主体性，即"一种绝对主动性的超出自身进行规范的能力"④，也就是理性。笛卡尔指出："严格说来，我只是一个思维的东西，也就是说，一个精神，一个理智，或者一个理性"⑤。康德则将理性提升为先验的纯粹理性：在认识领域，理性表现为以先天知识形式对后天的感觉材料进行综合整理、并进而创造出自己认识的对象——自然界的能力；在实践领域，理性表现为认识、服从先天"道德律令"，并运用其排斥感性的欲望、爱好，从而创造自己追求的对象——善的意志的能力；而在艺术领域，理性体现为以其先天判断原理在诸认识能力的自由游戏中创造自己审美的对象——美和艺术的能力。⑥ 先验的理性是检验经验世界中的人是否具有主体性的绝对

---

① 参见〔德〕马丁·海德格尔：《尼采》下卷，孙周兴译，北京，商务印书馆，2002，第773～774页。
② 同①，第774页。
③ 参见〔英〕洛克：《人类理解论》，关文运译，北京，商务印书馆，1959，第310页。
④ 周清林：《主体性的缺失与重构——权利能力研究》，北京，法律出版社，2009，第73页。
⑤ 〔法〕笛卡尔：《第一哲学沉思录》，庞景仁译，北京，商务印书馆，1986，第26页。
⑥ 参见杨祖陶：《德国近代理性哲学和意志哲学的关系问题》，《哲学研究》1998年第3期，第9页。

标准:康德指出,没有理性的东西是"物",而有理性的东西才能叫做"人"①。因此,对于具体个人来说,主体哲学未必意味着高贵和解放,这要取决于其是否合乎理性。

再次,主体是先天的。笛卡儿指出:"我""并不依赖任何物质性的东西。所以这个我,这个使我成其为我的灵魂,是与形体完全不同的,甚至比形体容易认识,即使形体并不存在,它还仍然是不折不扣的它"②。理性灵魂"决不能来自物质的力量,跟我所说的其他事情一样,正好相反,它显然应当是神创造出来的"③。而在康德看来,笛卡尔的"我"只是一个依赖于外部经验的经验主体④,因而主张主体乃是"先验的自我意识"⑤,并提出"人为自然立法"⑥"人为自己立法"⑦ 的口号,将主体的先验性提升到了前所未有的高度。而费希特和谢林恰恰就是在这个方向上将康德的思想推向极端,认为物自体是不存在的,"自我"是绝对的、无条件的,作为认识对象的非我是"绝对自我"创造或设定的,人终于取代了上帝。

从次,由于主体是先天独立存在的,所以主体必定是一个不依赖于外物的精神实体。笛卡尔说:"我是一个实体,它的全部本质或本性只是思想。它之所以存在,并不需要地点,并不依赖任何物质性的东西"⑧。从上文对笛卡尔的批评中,康德似乎否认了主体的实体性。但在此后的具体运用中,他似乎并没有将这一主张贯彻到底,因为自我意识或理性实际上充任了审查一切知识的"最高法律机关"⑨,因而不能理解为纯粹的逻辑前设,仍应理解为一种独立于人类知识和客观世界之外的精神实体。至于

---

① 〔德〕康德:《道德形而上学原理》,苗力田译,上海,上海人民出版社,2002,第46页。
② 〔法〕笛卡尔:《谈谈方法》,王太庆译,北京,商务印书馆,2001,第28页。
③ 同②,第46页。
④ 康德指出,笛卡尔的"我在""只把惟一一个经验性的主体宣布为不可怀疑的",然而"若没有任何一个经验性的表象来充当思维的材料,这个'我思'的行动就毕竟不会发生"。参见〔德〕康德:《纯粹理性批判》,邓晓芒译,杨祖陶校,北京,人民出版社,2004,第202、303页。
⑤ 〔德〕康德:《纯粹理性批判》,邓晓芒译,杨祖陶校,北京,人民出版社,2004,第89页。
⑥ 〔德〕康德:《任何一种能够作为科学出现的未来形而上学导论》,庞景仁译,北京,商务印书馆,1978,第93页。
⑦ 同②,第46页。
⑧ 同②。
⑨ 〔德〕于尔根·哈贝马斯:《现代性的哲学话语》,曹卫东译,南京,译林出版社,2011,第23页。

黑格尔，则是直截了当地指出："活的实体，只有当它建立自身的运动时，或者说，只有当它是自身转化与其自己之间的中介时，它才真正是个现实的存在，或换个说法也一样，它这个存在才真正是主体。"①

最后，主体既然是先验的，就不可能源于经验世界，只能自我起源。正如福柯所指出的："人们总是在起源中收集事物的精确本质、最纯粹的可能性、被精心置于自身之上的同一性、静止并异于一切外在、偶然和继替的东西的形式。"② 为了论证主体的纯粹起源、自我界定、自我演进的过程，主体哲学"倒逼"出一套辩证法思想。③ 辩证法通过揭示事物内部的矛盾斗争运动，构建了事物的纯粹而高贵的起源以及线性发展过程（虽然事物的发展过程是按照质量互变和否定之否定规律螺旋式上升的，但仍然是一个线性的发展过程），并且通过将非理性、非人性、物质现象等他者贬谪到次要矛盾、矛盾的次要方面、偶然性或现象等范畴的手法将线性发展观念推向前所未有的程度。可以说，主体哲学是自我起源和线性发展这种现代性话语构建样式的最高级的、也是最极端的例证。

总之，主体哲学采取上帝式全能视角，将人类所有的知识俯视为一个整体，而作为知识可靠性之基石的，正是主体。通过一系列概念演绎，主体哲学实现了人的主体化、主体的绝对化、理性的先验化以及精神的客观化，人类所有知识都只有在"人"那里才能找到它的根基和意义，世界上一切事物也只有在"人"那里才能找到它的存在和价值，"人"和理性成了衡量一切知识、制度和事物的绝对标准。于是，主体哲学构建了一个以"人"为核心的、绝对的、真实的、恒定的、高级的精神世界，而与其相对的经验的、可观察的物质世界则被视为一个相对的、虚幻的、不确定的、低级的世界，人类世界陷入了两个世界的二元对立之中。

自笛卡尔以来，"主体性"原则催生并支撑了启蒙运动和法国大革命，革命的力量又反过来进一步贯彻了主体性原则，主体性确立了现代文化形态，成为现代性的基本准则和精神。到黑格尔时代，主体哲学已经弥散于

---

① 〔德〕黑格尔：《精神现象学》上卷，贺麟、王玖兴译，北京，商务印书馆，1979，第 11 页。
② 〔法〕米歇尔·福柯：《尼采、谱系学、历史》，王简译，载杜小真编：《福柯集》，上海，上海远东出版社，2003，第 148 页；另参考〔法〕米歇尔·福柯：《尼采·谱系学·历史学》，苏力译，载汪民安、陈永国编：《尼采的幽灵》，北京，社会科学文献出版社，2001，第 117 页。
③ 海德格尔就指出：近代先验哲学"为了在存在论上对主体的实体性做出解释而乞灵于辩证法"。参见〔德〕海德格尔：《存在与时间》，陈嘉映、王庆节译，北京，商务印书馆，2016，第 33 页。

社会文化的方方面面，无论是宗教生活、国家和社会，还是科学、道德和艺术等领域，都体现了主体性原则。[1] 可以说，主体哲学不仅是现代性的典型体现，而且反过来进一步界定了现代性，西方文化也相应地进入了福柯所界定的现代知识型时期。因此，当19世纪中叶法学家们讨论法人团体的法律主体地位时，就似乎难以避免该知识型的磁场干扰。特别是在学者们为了特定的政治目的而有意识地利用主体哲学的情况下，更会加剧法学研究的哲学化。

二、主体哲学与法人论争的谱系关联

主体哲学与法人论争的谱系性关系体现在两个方面：一是主体哲学向法学研究的渗透，下文将主要以康德、萨维尼、耶林和基尔克为例进行说明；二是法学界对于主体哲学的批判，这主要体现在狄骥和凯尔森的学说之中。

明确地将主体哲学引向法学的第一人就是康德。在创立主体哲学之后，康德自信地宣布，法学研究不仅应当受到主体哲学的统辖，而且应当从中寻求自己的永恒基础。[2] 具体到法律上的人，康德认为："人，是主体，他有能力承担加于他的行为。因此，道德的人格不是别的，它是受道德法则约束的一个有理性的人的自由……因此，结论是，人最适合于服从他给自己规定的法律——或者是给他单独规定的、或者是给他与别人共同规定的法律。"[3] 而"物，是指那些不可能承担责任主体的东西。它是意志、自由活动的对象，它本身没有自由，因而被称之为物"[4]。也就是说，只有具有内在自由意志或理性的人才具有道德人格，才能成为法律上的人。

按照这一规定，完全不能辨别并控制其行为的精神病人、智力障碍者以及儿童都不可能成为法律上的人，因为他们都没有理性。[5] 当然，关于前二者，康德并没有提及。至于儿童，康德并没有运用其理性论，而是像16、17世纪的自然法学家一样指出："儿童作为人，就同时具有原生的天赋权利"，因而具有法律上的人格。[6] 实际上，康德在此处陷入了循环论

---

[1] 参见〔德〕于尔根·哈贝马斯：《现代性的哲学话语》，曹卫东译，南京，译林出版社，2011，第19～22页。
[2] 参见〔德〕康德：《法的形而上学原理——权利的科学》，沈叔平译，北京，商务印书馆，1991，第38页。
[3] 同[2]，第26页。
[4] 同[2]，第26页。
[5] 这其实也是让当时法学家们十分头痛的问题，参见沈建峰：《权利能力概念的形成和变迁》，《北方法学》2011年第3期，第61～63页。
[6] 同[2]，第99、102页。

证：儿童作为人而有天赋权利，而有天赋权利又说明儿童是"人"，完全丧失了批判哲学的批判精神。但是如果是私生子，那就另当别论。康德明确指出："一个不合婚姻法而生出的私生子来到人间，他就不受法律的保护。这样一个婴儿，也可以说，就像一些违禁的货物被带进了国家，由于在这种方式下，他没有法律上存在的权利，因而毁灭它也同样可以被看作无罪。"① 而私生子之不受法律保护，乃是为了维护未婚先孕妇女的荣誉感，而"人类的荣誉感导致他们的人格长在。"也就是说，私生子之所以不受法律保护，没有法律人格，是因为其不具有伦理人格。可见，按照康德的意思，为了维护人类抽象的、高贵的伦理人格，完全可以消灭某些所谓不具有伦理人格的人的肉体。这无疑是程朱理学以"理"杀人的德国版，而且是已经步入近代的德国版。其实，即使是《圣经》，也只规定私生子及其10代以内的后代不可加入教会而已。而在所谓"黑暗"的中世纪，教会法也不是一概歧视私生子，而是往往针对不同类型采取一些救济措施，绝不会武断地剥夺其生命。② 到文艺复兴时代，私生子的地位更是已经大大提高。因此，康德的观念根本不能用所谓的时代局限性加以开脱。当然，笔者在此也无意诋毁康德，而是指出，即使在人格哲学的"圣人"那里，先验、抽象的人格哲学也并不能总是产生出正确的经验结果，更不用说我们这些"常人"了。因此，那些认为只要从先验哲学中寻求到高贵起源，就可以立即获得真理的想法，是十分荒谬的。

　　依照康德主体哲学本身的逻辑，团体，包括国家，是不可能具有人格的。那么在康德的法学研究中，结果是否如此呢？清林认为，康德对法人团体法律人格的态度是模棱两可的。③ 但笔者认为，康德的态度应当是明确的。的确，康德并没有像后来的萨维尼那样，根据其主体哲学给出明确答案。甚至，虽然康德提到了团体和基金会，还详细讨论了各类基金会的财产权及其继承问题，但其只是就事论事，没有在一般意义上提出基金会的法律人格问题。④ 但这并不意味着康德在团体人格上态度暧昧，其实，在康德看来，团体的价值是可疑的，其存在也大多是负面的，国家中不应

---

① 〔德〕康德：《法的形而上学原理——权利的科学》，沈叔平译，北京，商务印书馆，1991，第170页。
② 参见〔美〕约翰·维特：《西方法律和宗教传统中的非婚生子女》，钟瑞华译，北京，人民出版社，2011，第93~103页。
③ 参见周清林：《主体性的缺失与重构——权利能力研究》，北京，法律出版社，2009，第199~200页。
④ 同①，第206~209页。

允许社团的存在①，国家对基金会也应当加以限制、吞并或者取消。② 因此，团体根本不可能具有主体哲学意义上的人格，自然也就不可能具有法律人格，从而根本没有讨论之必要。但是，在涉及国家时，康德采用"moral person"（法人）进行指称。如在讨论国家的对外关系时，国家可以看作法人③，但与此同时，国家内部行使立法、行政和司法权力的由多人构成的机关也被称为法人。④ 在康德哲学中，"moral person"一词意味着具有理性和自由意志的人，而康德多次将其运用于国家，其意义当然不言自明。再联系上文所述康德的政治态度以及其对于团体人格的"疏忽"，完全可以得出如下结论：康德关于团体人格的观念应当是法人否认说，而在国家人格问题上，则是法人实在说。

从康德的上述研究来看，其法律人格观念与其主体哲学既有总体上连续的一面，甚至有出乎我们意料的连续，如私生子；也有断裂的一面，如儿童。而在法人人格上，我们仍然看到这两种现象，在社会组织上是连续；在国家那里，则是断裂，而决定连续还是断裂的因素正是政治立场。因此，在康德那里，主体哲学作为一种知识是与权力结合在一起的，也就是说主体哲学是一种话语力量。这一点在萨维尼那里得到了更为典型的体现。

据学者考证，第一个将康德主体哲学引入法学研究的是蒂堡，他认为人的唯一理性决定了人作为主体而非被支配的东西。⑤ 但在法学界产生更大影响的无疑是萨维尼。这首先体现在他的法律人格公式：所有的法律都为保障道德的、内在于每个人的自由而存在。因此，法律上的人或权利主体的原初概念，必须与生物人的概念一致。⑥ 拉德布鲁赫认为，这一公式

---

① 参见〔德〕康德：《法的形而上学原理——权利的科学》，沈叔平译，北京，商务印书馆，1991，第155页。

② 同①，第206~209页。

③ 参见 Immanuel Kant, *The Philosophy of Law*, trans. W. Hastie, Edinburgh: Clark, 1887, §53；〔德〕康德：《法的形而上学原理——权利的科学》，沈叔平译，北京，商务印书馆，1991，第179页。

④ 参见 Immanuel Kant, *The Philosophy of Law*, trans. W. Hastie, Edinburgh: Clark, 1887, §48, §49；〔德〕康德：《法的形而上学原理——权利的科学》，沈叔平译，北京，商务印书馆，1991，第143~144页。狄骥认为康德关于国家人格的观念与基督教中上帝三位一体的观念十分相似。参见〔法〕狄骥：《公法的变迁·法律与国家》，郑戈、冷静译，沈阳，辽海出版社、春风文艺出版社，1999，第272页。

⑤ 参见张其鉴：《民法总则中非法人组织权利能力之证成》，《法学研究》2018年第2期，第99页。

⑥ See Savigny, *The Roman Law of Persons As Subjects of Jural Relations*, trans. by William Henry Rattigan, London: Wildy & Sons, 1884, pp.1~2.

属于萨氏为数极少的与其终生坚守的浪漫主义——超个人主义立场相矛盾。[1] 此论富有见地，因为历史法学派的核心概念——民族精神就是一个实体化了的超个人概念，与此处萨氏个人主义式法律主体概念确实存在着矛盾。但假如拉德布鲁赫了解到萨维尼是以一种实用主义的态度运用这一公式，也许就不会如此困惑。

一个明显的例证就是，在提出这个著名公式之后，萨维尼并没有将其完全贯彻下去，而是紧接着提出实证法可以对上述原初概念进行双重修正：一是限制，二是扩张。前者如全部或部分地否定某些个体生物人的权利能力，后者如拟制法人。然而从萨维尼对于自然人权利能力的研究来看，他对当时自然人权利能力上的名目繁多的限制和不平等实际上采取了肯定和支持的态度，而这些限制和不平等明显有违主体哲学，也与康德的法学观念格格不入。因此，在萨维尼那里，主体哲学更多地是掩盖政治前见的话语体系，而不是检验、反思政治前见的刚性标准。

但在法人人格上，萨维尼的公式具有至关重要的理论构建作用。一是只有在主体哲学的意义预设之下，才能论证自然人格的高贵与法人人格的虚伪，才能在法学上承认团体法律人格的同时，又能够在政治学上贬斥社会团体的社会功能和地位。如果没有主体哲学，则自然人格与法人人格都将是法律技术意义上的人格，根本不存在价值位阶上的高下之分。二是论证国家拟制法人人格的理论正当性——由于法人缺乏自然人的自由意志，而只有神圣的国家才能弥补法人的这一缺陷，使其成为权利主体。

可见，与康德一样，萨维尼的法律人格学说与主体哲学既有连续也有断裂，前者明显地体现在法人人格理论之中，而后者则更多地体现在自然人格之中，而断续的关键，则取决于政治判断。这无疑说明主体哲学作为一种话语力量，不仅论证了国家权力，贬低了法人权力，而且掩盖了国家权力的真相。

其次，主体哲学对于萨维尼的影响体现在"观念整体"概念上。本书已经在第二章第二节指出，观念整体也就是观念实体，该实体具有先验性和客观性，这与主体哲学对于主体的界定也是一致的。这种哲学观念也是与萨维尼的价值判断结合在一起的，这就是排除成员对于法人的控制权力，而将这种权力托付于国家。

---

[1] 参见〔德〕古斯塔夫·拉德布鲁赫：《法哲学》，王朴译，北京，法律出版社，2005，第134~135页；〔德〕古斯塔夫·拉德布鲁赫：《法学导论》，米健、朱林译，北京，中国大百科全书出版社，1997，第30页。

最后，主体哲学还为法律主体上的高贵起源和线性发展的各种学说提供了学术样板。在萨维尼那里，自然人格的伦理起源自不待言。更为典型的是，萨维尼还构建了一个现代法人制度的罗马法起源，以及一直持续到当代的线性演进过程，这种学术进路在基尔克那里得到了更为典型的体现。然而在罗马法上，法人不会因为不是"大写的人"而受到压制，因为罗马人还没有产生这种哲学。

对于耶林来说，虽然他已经洞察到主体哲学的虚伪性，并与其保持了一定的距离，但耶林并未完全脱离德国主体哲学的影响，他虽然不承认生物人的先验主体性派生了他的法律主体资格，但仍然承认前者是后者的基础和条件。在这种意义前设中，耶林虽然构筑了法人人格的形而下基础，使其有可能走向另一种法人实在说——正如后来所谓法国学派所主张的那样，但最终继萨维尼否认法人人格的伦理属性之后，又进一步明确地否认了法人的实体性，并抽空了法人人格的实体内涵，使其成为空洞干瘪的法律符号。耶林的这种否认，归根到底是与其政治态度联系在一起的，在法人团体的地位问题上，耶林是比萨维尼还要激进的国家极权主义者。因此，在耶林那里，主体哲学的伦理意义与政治功能也是有机地结合在一起的，主体哲学仍然是一种贬抑法人团体的政治话语。

于是，在康德和萨维尼等人深思熟虑的理论构建之中，哲学上的主体观念不仅全面渗透于法学研究之中，而且将政治前见深深地隐藏在各种抽象概念之中，主体不仅是法律人格的基础，而且是整个法律体系真理性和价值性的基础，正如在主体哲学那里是全部知识的基础一样。到基尔克时代，主体哲学已经深刻地塑造了"法律上的人"这一概念，它不仅为其预设了类似宗教信仰一样的真理底座（法律人格的真理性不是来自社会和法律实践，而是源于主体哲学，法律人格的法律研究应以主体的哲学研究为出发点和根本依据），还向其灌注了强烈的伦理意义（法律人格的"意义"不是来自法律实践，而是来自哲学上的先验主体性，只有后者才能赋予法律主体概念及制度以伦理性、神圣性和权威性），而且摊派了一个刚性的判断标准（要成为法律主体必须是哲学上大写的人，因而生物人是人，而法人不是人），法学研究最终变成了哲学叩问。

在这种背景下，对于支持社会中间组织合法地位的基尔克来说，不可能接受拟制说中由国家赐予的、无伦理意义的法律人格，更不能接受否认说中作为法律符号的法律人格，因为那只能意味着法人地位和价值的贬低和否定。因此，要在主体哲学的意义之网中论证法人人格的实在性，就必须跨越主体哲学在法人人格问题上所造成的形而上和形而下两个世界的鸿沟。不过,第一个跨越者并不是基尔克,也不是贝塞勒,而是黑格尔。

哈贝马斯指出:"黑格尔不是第一位现代性哲学家,但他是第一位意识到现代性问题的哲学家。"① 黑格尔早在耶拿时期,就已经洞察到主体性原则已经渗透到从宗教生活、国家和社会到科学、道德和艺术等方方面面。他一方面颂扬现代世界的优越性:"我们时代的伟大之处就在于自由地承认,精神财富从本质上讲是自在的。"② 另一方面深刻地体察到"主体性不仅使理性自身,还使'整个生活系统'都陷于分裂状态"③。更重要的是,主体哲学还导致了现代社会的深刻危机,这就是,以自我私利为中心的现代道德观念无法实现个人与他人、个人与社会的和谐统一④,"人是目的"的哲学教条体现在现实生活中却是——"在市民社会中,每个人都以自身为目的,其他一切在他看来都是虚无。"⑤ 因此,黑格尔批判了主体哲学主观唯心主义的绝对自我,提出"精神是最高贵的概念,是新时代及其宗教的概念"⑥,客观精神取代自我成了整个世界的统一性的基础。主体性也并不仅仅限于人类:"实体在本质上即是主体,这乃是绝对即精神这句话所要表达的观念。"⑦ 也就是说任何实体都是绝对精神的产物,都具有主体性。因此,在黑格尔的这一精神体系中,人不是唯一的主体,自我不再至高无上,而是受到绝对精神的统摄和约束。

黑格尔还运用其哲学观念论证了国家和法人的伦理人格。黑格尔指出:"国家是伦理理念的现实——是作为显示出来的、自知的实体性意志的伦理精神,这种伦理精神思考自身和知道自身。"⑧ "国家是绝对自在自为的理性东西,因为它是实体性意志的现实。"⑨ 此外,社会团体、自治团体和家庭等法人也都具有实在人格。⑩ 虽然黑格尔并未在一般意义上说明团体组织的实在人格如何产生,但是他论证了同业公会的伦理人格。他

---

① 〔德〕于尔根·哈贝马斯:《现代性的哲学话语》,曹卫东译,南京,译林出版社,2011,第 51 页。
② 〔德〕黑格尔:《全集》,第 20 卷,第 329 页。转引自〔德〕于尔根·哈贝马斯:《现代性的哲学话语》,曹卫东译,南京,译林出版社,2011,第 20 页。
③ 同①,第 25 页。
④ 同①,第 22 页。
⑤ 〔德〕黑格尔:《法哲学原理》,范扬、张企泰译,北京,商务印书馆,2009,第 224 页。
⑥ 〔德〕黑格尔:《精神现象学》上卷,贺麟、王玖兴译,北京,商务印书馆,1979,第 15 页。
⑦ 同⑥。
⑧ 同⑥,第 288 页。
⑨ 同⑤,第 289 页。
⑩ 同⑤,第 337 页。

认为,同业公会具有"公会精神"①、"伦理性"② 和"真理性"③,因此同业公会的法律人格具有先验性和实在性。

在这一知识谱系下,基尔克的工作实际上是将黑格尔关于国家先验人格的哲学论证加以细化和法律化,并推广到所有法人团体,同时使其能够与法律实践相对接。为此,他主要进行了两个方面的工作:一方面运用谢林的有机体观念论证了团体精神和团体意志,团体精神又派生了团体的实体性和伦理性,从而证明了团体人格的实在性和合法性。在此基础上,运用法律行为理论分析了法人人格的产生过程,将哲学论证转化为法律上的动态说明,从而完成了从哲学到社会学再到法学、从"精神"到"现实"的横向线性推演过程。另一方面,通过追溯合作团体观念及法制的日耳曼起源,将合作团体构建为纯粹的日耳曼文化产物,而社会团体的历史就是合作精神与源于罗马和教会的领主理念两种先验精神的对立统一的矛盾斗争过程,而取得终极胜利的必将是合作精神。最终,基尔克构建了一个合作精神的高贵起源外加线性发展的纵向性宏大叙事。

于是,在这个主体哲学之网笼罩一切知识和科学的时代,基尔克使得主体哲学不再是法人具有法律人格的障碍,反而成了证明法人的实体性、伦理性以及合法性的哲学话语和神圣权威。梅特兰之所以称基尔克的理论是"日耳曼文明所专有的"④,原因就在于其在该理论中发现了英国法人观念中所缺乏的法人实体性和伦理性。于是,基尔克就可以凭借主体哲学之伟力,宣扬现代社会中间组织的正面地位和积极功能,促进民间组织的生存和发展,猛烈批判当时流行的特许制度,并在此基础上构建出一种现代化了的法律规制模式。正因如此,基尔克学说在当时取得了极大的成功,不仅直接引发了遍及两大法系的法人论争,而且对世界各国的法人理论和实践产生了深远影响。

然而,黑格尔只是"打算从主体性哲学内部将主体性哲学击破"⑤,他的

---

① 黑格尔甚至认为,公会精神本身能够潜在地转变为国家精神。参见〔德〕黑格尔:《法哲学原理》,范扬、张企泰译,北京,商务印书馆,2009,第351页。
② 黑格尔指出:"除家庭以外,同业公会是构成国家的基于市民社会的第二个伦理根源。"〔德〕黑格尔:《法哲学原理》,范扬、张企泰译,北京,商务印书馆,2009,第285页。
③ 黑格尔说:"同业公会局限的和有限的目的,在自在自为的普遍目的及其绝对的现实中,具有它的真理性。"〔德〕黑格尔:《法哲学原理》,范扬、张企泰译,北京,商务印书馆,2009,第286页。
④ F. M. Maitland, *Introduction*, in Gierke, *Political Theories of the Middle Age*, New York: Cambridge University Press, 1900, p. xxv.
⑤ 〔德〕于尔根·哈贝马斯:《现代性的哲学话语》,曹卫东译,南京,译林出版社,2011,第27页。

哲学体系不过是主体哲学的另一种形态而已，人依然是大写的"人"——"生物人（Menschen）最高贵的事就是成为人（Person）"[1]。而且，黑格尔哲学还具有浓厚的浪漫主义色彩和现代神学特征，在他那里，国家是一个活的有机体，绝对精神则是概念化了的上帝。基尔克学说中杂糅的研究方法、先验的伦理人格，浓烈的意识形态化，宗教般的团体热情、救赎精神以及神秘气息，都与黑格尔哲学有着惊人的内在一致性。因而，基尔克的整套法人学说在获得成功的同时，又典型地体现出了主体哲学对于法学理论的扭曲作用。正因如此，百年后的德国学者克尼佩尔总结道："法人的两个结构——拟制或真实的社团人格——的论证都掉入了一个陷阱，即19世纪受启蒙哲学影响的法学思想所掉入的那个陷阱。"[2]

总之，正是在主体哲学编织的意义之网中，我们才能深入理解哈特所说的法人理论"三重态"——"法人不是人"（否认说）、"法人虽然是人但却是虚构的人"（拟制说）、"法人是真实的人"（有机体说）。虽然"每个理论都对其他理论构成致命的打击"[3]，但它们分享着一个共同的理论前设——法律人格背后存在着高于法律人格、并决定法律人格的绝对的、先验的、大写的伦理人格。因此，传统法人本质诸学说是西方现代知识型的典型体现。

三、法人论争对主体哲学的批判

主体哲学不仅遮蔽了社会现实，扭曲了法学研究，而且掩盖了学者的政治前见，在法人论争后期理所当然地受到了学者们的激烈批判。

本书第三章已经揭示，早在论战初期，耶林就已经开启了主体哲学和先验哲学的祛魅之旅。然而，耶林本人并没有、似乎也无意贯彻到底。但他开启的道路越走越宽、越走越远。随着论战的深入，更多的学者，如赫德尔、宾德尔、耶利内克、凯尔森、法国学派、奥里乌、狄骥、米休德、萨莱耶、杜威、雷丁、维诺格拉多夫、哈里斯、沃尔夫、费拉拉等，纷纷

---

[1]〔德〕黑格尔：《法哲学原理》，范扬、张企泰译，北京，商务印书馆，2009，第52页；〔德〕黑格尔：《法哲学原理》，邓安庆译，北京，人民出版社，2016，第85页。

[2]〔德〕罗尔夫·克尼佩尔：《法律与历史——论〈德国民法典〉的形成与变迁》，朱岩译，北京，法律出版社，2003，第71页。克尼佩尔虽然认识到主体哲学对法人理论的扭曲效应，但由于对基尔克学说理解不深入，因而对其成功表示惊讶："显然矛盾的关于法人作为有器官的、有生命的机体的观点竟然在过去如此成功。"〔德〕罗尔夫·克尼佩尔：《法律与历史——论〈德国民法典〉的形成与变迁》，朱岩译，北京，法律出版社，2003，第70页。克尼佩尔认为基尔克成功的原因在于国家人格问题，实际上，这只是一个次要原因。基尔克成功的总体奥秘就在于，他以扭曲的法学理论契合了扭曲的主体哲学。

[3]〔英〕H. L. A. 哈特：《法理学与哲学论文集》，支振峰译，北京，法律出版社，2005，第27页。

揭去主体哲学为法律主体、人、自然人等概念蒙上的伦理面纱，全面反思法律主体与主体哲学、法学与形而上学的关系。甚至可以说，法人论战后期的核心主题就是彻底地批判主体哲学和先验哲学，因此，法人理论也开始超越"现代知识型"的局限。

限于篇幅，同时也因为第三、五章两章已经有所涉及，故笔者没必要一一缕述这些反思，下文将以狄骥和凯尔森的法人学说作为典型，以点带面地呈现这场学术批判。之所以选择这两人，是因为，一方面，狄骥和凯尔森分别集法社会学和分析法学之大成，分别代表了当时法学界两大基本思想流派的最高水平，他们对于主体哲学的批判从某种意义上来说代表了当时整个法学界对于主体哲学的反思和批判。另一方面，与其他学者不同，他们的整个理论体系在很大程度上都是建立在对近代主体哲学的批判之基础上的，没有主体哲学的刺激，就没有二者剑走偏锋、突兀奇崛的法学理论。因此，如果说其他一些学者对于主体哲学的批判是不自觉、不系统、不全面的话，那么他们的批判就是包含着深刻洞察的、系统的、全面的，甚至呈现出相当程度的颠覆性。

（一）狄骥

狄骥对于主体哲学的批判进路继承于社会实证主义者孔德，而孔德哲学则完全可以视为对包括古希腊思辨哲学、中世纪经院哲学以及主体哲学在内的整个西方形而上学体系的反动。孔德认为，西方哲学史可以分为三个阶段：一是神学阶段，人们运用超自然的上帝和神灵解释世界；二是形而上学阶段，人们以先验或超验的抽象概念解释世界，探求关于事物本质的绝对知识。孔德认为，神学和形而上学虽然在历史上起到了重要作用，但只是人类从童年至成年的精神演变过程中自然固有的"慢性病"而已[1]，因此必须被第三个阶段所取代，这就是实证阶段。在该阶段，人们将放弃对存在物的最早来源和终极目的的探索，不再构建任何绝对观念，而是"处处以单纯的规律探求、即研究被观察现象之间存在的恒定关系，来代替无法认识的本义的起因"[2]。

狄骥指出，形而上学源于人类天性中的一种顽固观念，即："人时常需要以看不见的东西来说明看得见的东西，并在直接能证明的现象后面放上一种看不见的实体，用以作为他所证明的现象的支柱和动因。"[3] 然而

---

[1] 参见〔法〕奥古斯特·孔德：《论实证精神》，黄建华译，北京，商务印书馆，1996，第8页。
[2] 同[1]，第10页。
[3] 〔法〕莱昂·狄骥：《宪法论》，钱克新译，北京，商务印书馆，1959，第3版序言，第15页。

这种观念只是一种信仰或意识形态，尽管从社会角度来说，"这种信仰可能是一种作用很大的动力"，但在科学上是无用的，因为"我们不能用神秘莫测的信仰，也不能用带着诗意的辞句来解决实证科学的问题"①。因此，法学研究的任务应当是"考证事实，只确认用直接观察来证明的事物是真实的，而在法律领域内排除一切先天的观念，排除形而上学的或宗教的信仰对象"②。

狄骥认为，自由意志就是人为制造出来的实体，他虽然不否认自由意志观念在瓦解封建社会中的历史作用，但从根本上来说，"肯定人是自由的这种学说可能是一种宗教信仰的行为、哲学信念，一种祈求，一种希望，一种幻想；但科学上的肯定则完全没有"③。因此，主体哲学不过是使"人类的意志自由用它自己的神秘力量统治着一切的思想"④。既然不存在先验的自由意志，当然也就不存建立在自由意志上的主观权利、主观法和权利主体⑤，只存在客观法上的法律主体，即作为客观法律规则实施对象的实体，而这一实体只能是具有自觉意志的个人。⑥ 也就是说，只有精神健康的成年人（包括奴隶）才是客观法上的主体，而儿童和精神病人都不是法律主体。⑦

在狄骥看来，社会中只存在着个人的自觉意志，集体意志是不存在的，至少是无从证实的。⑧ 因此，"社团本身不是意志的主体，它不是天赋的法律主体：既不是客观的法律主体，也不是主观的权利主体"⑨。基尔克所谓真实的集体人格、集体生命和集体意志只是一种形而上学的信仰，"一种纯粹的思想作用"⑩。

至此，狄骥的诸项结论都与耶林极为相似，故狄骥可以放在耶林的谱系中加以理解。但狄骥在许多方面突破并超越了耶林的学术框架。首先，狄骥逻辑一贯地将法人否认说适用于国家，而不是像耶林那样仅限于法

---

① 〔法〕莱昂·狄骥：《宪法论》，钱克新译，北京，商务印书馆，1959，第 15 页。
② 同①，第 3 版序言，第 11 页。
③ 同①，第 14 页。
④ 同①，第 20 页。当然，狄骥并没有直接使用"主体哲学"一词，而是使用了"形而上学"概念，指的所有先验哲学，但无疑主体哲学是其典型。下文的凯尔森也是如此。
⑤ 同①，第 14、323 页。
⑥ 同①，第 324 页。
⑦ 同①，第 330、336 页。
⑧ 参见〔法〕莱昂·狄骥：《〈拿破仑法典〉以来私法的普通变迁》，徐砥平译，北京，中国政法大学出版社，2003，第 70 页。
⑨ 同①，第 346 页。
⑩ 同①，第 346 页。

人，从而彻底地撕下了近代主权理论、自然法观念以及主体哲学为国家所披上的神圣外衣。他认为，既然不存在集体意志，当然也就不存在主权或国家意志，因此，国家也不是法律主体。"国家作为一种人格来说，它不过是因为人类思想上的幻想而产生出来的一种形而上学的实体。"① "在现实主义的观念中，国家不是一个区别于个人的人格主体。当人们谈及国家的意志时，只是在使用一种隐喻，或者是为了表达便利。"②

其次，在狄骥那里，主体哲学被完全抛弃。法律既不建立于保障人的自由意志的基础上，也不是国家或立法者意志的体现，而是建立于社会协作③和社会职务基础上的社会规范，即所谓"客观法"④。客观法并不是由确认和保障权利的规则所构成，而是由"禁止或命令某件事情的规则"所构成。⑤ 因此，法律主体不过是指"自知其行为的人是在他和别人的关系上服从这些在一种有相当组织的社会制裁下所强加于他的规则，而这种规则构成他所参加的一个社会集团的客观法"⑥。也就是说，法律主体并不意味着权利和自由意志，而是承担义务和责任，从而与主体哲学下的法律主体划清了界限。

最后，狄骥法人否认说的意义和实效与耶林的否认说极不相同，甚至可以说截然相反。例如，在狄骥看来，儿童与精神病人不是法律主体不仅不会贬低、损害二者作为人的尊严和利益，反而恰恰说明其无须承担对他人的义务，而法律主体却对他们负有保护和不得侵犯的义务。⑦ 同样，团体不是法律主体并不意味着团体不是独立的社会目的和利益单元，也不意味着成立团体的人所追求的团体目的和利益不应受到保护，因为"没有社团的权利，但有一项社团所追求的目的；如果这项目的是合法的话，它就受客观法保护"⑧。可见，狄骥一方面承认了团体独立于其成员的实体性，只是不承认其人格而已；另一方面，由于狄骥完全否定了主体哲学的意义前设，再联系狄骥对于工团主义的积极倡导和对社会组织的强烈支持⑨，

---

① 〔法〕莱昂·狄骥：《宪法论》，钱克新译，北京，商务印书馆，1959，第442页。
② 〔法〕狄骥：《公法的变迁·法律与国家》，郑戈、冷静译，沈阳，辽海出版社、春风文艺出版社，1999，第225页。
③ 我国学界一般译为"社会连带"，但该种译法有误。参见龚永芳：《"社会连带主义"之谬》，《理论界》2011年第4期。
④ 〔法〕莱昂·狄骥：《宪法论》，钱克新译，北京，商务印书馆，1959，第13页。
⑤ 同④，第374页。
⑥ 同④，第374页。
⑦ 同④，第338页。
⑧ 同④，第361页。
⑨ 同④，第472~475页。

其法人否认说不仅不会导向对于团体的贬低和敌视，反而通过对为团体目的而行为的自然人主体设定义务，更为有力地保护了团体利益和目的。然而更重要、也为狄骥所特别强调的是，既然团体无须成为法律主体或取得法律人格，也就排除了国家和法律进行拟制以及实行审查的可能，因而他认为，在当时所有的法人学说中，只有他与基尔克的学说"不求援于立法者"①，只有他的学说才能彻底消除国家凭借授予法人资格之机对团体进行审查的权力，也只有他的学说才能从根本上消除"无权利能力社团"问题。其他的学说，无论是萨维尼的拟制说，还是耶林的否认说和法国学派，抑或是组织体说，都或多或少地存在着拟制问题，而"没有任何东西能像虚构的拟制那样危险，也没有任何东西能比它更容易掩盖国家任意专断的手法"②，所以，狄骥说："我要把拟制予以打击，使它完全彻底地消灭干净。"③可见，法人否认说只是狄骥法人理论的虚相，其实相却是比基尔克更彻底的法人实在说，是比法国学派更为激进的自由结社主义。

总之，狄骥对主体哲学的批判并非仅仅出于研究方法上的考量，更重要的原因乃在于政治判断。作为经历过第一次世界大战的公法学家，狄骥深切地认识到，自由意志观念不仅在伦理上贬低、抹杀了社会组织的价值和功能，而且在法律制度层面压制、束缚了它们的生存与发展，于是一方面造就了虽然号称具有自由意志，但实际上毫无自我组织能力的、"一盘散沙的"、"孤立而无能"的个人，另一方面造就了一个具有自由意志和无上主权的、"极端强大"的极权主义国家，最终为现代暴政开辟了道路。④因此，作为自由意志的形而上学，主体哲学必须受到彻底批判。

狄骥在批判主体哲学的同时，也解构甚至取消了法律主体、法律人格以及法人等概念，以至于忽视了法律实践的现实需要，因而在此基础上所构建的法律理论过于简陋，难以操作。

首先，前文已经指出，耶林将法人人格解构为权利义务的归属点就已经违反了我们的日常语言规则，而狄骥甚至将这个法律符号完全废弃，这更将带来法律实践上的操作困难。例如，如果公司不是法律主体，则外部当事人无法识别与其交易的是公司还是其代表人个人，也无法判断交易的法律后果是否由公司承受。当然，狄骥并非没有认识到这个问题，他提出

---

① 当然，狄骥又明确指出，基尔克的学说在科学上是不能接受的。参见〔法〕莱昂·狄骥：《宪法论》，钱克新译，北京，商务印书馆，1959，第364页。
② 同①，第380页。
③ 同①，第362页。
④ 同①，第473～474页。

应当通过法院的个案审判活动加以解决。① 这一观念一方面是对因《法国民法典》未确认团体法人地位，而不得不由法院通过判例对相应类型的团体进行法人化这一司法实践的学术反映；另一方面是出于对行政机关的不信任，以及希望以司法审判权取代行政登记权的政治考量。然而这一安排不仅与其法人否认说存在冲突，而且其可行性值得怀疑。就前者而言，个案审判实践恰恰是确认了团体的人格，而不是否认团体人格，并且法院在个案中作出的法人人格确认并不仅仅具有个案效力，而是对同类团体都具有效性，那些从未进行诉讼的团体也因此立即具有了法人人格。② 就后者而言，通过个案审查赋予法人人格不过是立法缺失的前提下亡羊补牢的办法。对于法院来说，这使得其承担了过多的庭审负担。而对于法人团体来说，由于司法确认须以起诉为前提，而从法人成立到发生法律争议、再到诉至法院并获得法院确认其法人资格的终审判决，往往要相隔很长时间，这实际上过分延长了法人团体取得法律人格的期限，使得同类团体在很长时间内只能以无权利能力社团身份参与民事活动，非常不利于法人的创立和发展。

其次，由于狄骥彻底否定了法人登记制度，因此法人公示制度无法构建，法人财产登记制度更是无从谈起。然而没有这些制度，不仅不利于保护外部当事人的交易安全，也将大大限制法人团体的外部民事交往、加重其内部治理负担，这说明狄骥只考虑了法人制度的公法和政治层面，而未能充分虑及民法层面。

最后，儿童和精神病人不是法律主体的界定一方面没有考虑到无行为能力与限制行为能力的区别，从而未能尊重限制行为能力人的自主意志；另一方面，不能解释儿童和精神病人独立于其监护人的财产和人格利益，而在二者侵害他人权益、其监护人无力赔偿而被监护人有大量财产的情况下，则不能合理解决受害人损害赔偿问题。

从深层原因上来说，狄骥的法人学说甚至他的整个法学理论，实际上是一种对于主体哲学"一朝被蛇咬，十年怕井绳"的过度反应。然而这并不是说狄骥对于主体哲学的批判过火，而是说，狄骥在消除主体哲学对法学研究的消极影响方面并不彻底。因为，狄骥在批判主体哲学这条"蛇"的同时，却将法律概念这些"井绳"也当成蛇加以批判和解构了，这恰恰

---

① 参见〔法〕莱昂·狄骥：《宪法论》，钱克新译，北京，商务印书馆，1959，第379～380页。
② 关于这一司法实践的具体描述，参见张民安：《法国民法》，北京，清华大学出版社，2015，第185～186页。

说明,在狄骥解构法学概念的时候,主体哲学这条蛇仍然在起作用。具体来说,如果说在萨维尼和基尔克那里,主体哲学是通过向法学概念过度灌注先验观念的方式对法学研究施加影响,那么在狄骥那里,则是通过过度解构而产生影响的。因此,狄骥对于主体哲学的批判看似决绝,实质上并不彻底。

如果说上述学术反应是主体哲学在狄骥心中投下的心理阴影,那么"主体"也在狄骥的学术研究中留下了学术阴影——一种尼采所界定的"上帝式阴影"。尼采曾经指出,在上帝死后,人们会构筑许多洞穴来展示上帝的阴影,也就是说人们会寻找或制造上帝的替代物,而"主体"就是这样的替代物。① 对于狄骥来说,他虽然杀死了"主体",然而也和尼采所指出的一样,制造出了"主体"的替代物——"社会协作"。这说明狄骥仍然与主体哲学一样,秉持了一种整体主义的法律观,并将社会协作当作这一整体的基座。笔者承认,实证性的社会协作本质上不同于先验主体,然而当狄骥从实然性的社会协作中推演出其规范性的、以义务为内容的、一元化的"客观法"体系时,社会协作就至少部分地失去了实证性,而转化为先验性的价值观念。因为,社会关系并不总是协作和团结的,还有竞争和对抗关系,而且后者并非都是消极的、负面的,法律也不需要全面压制和消除这些关系。至少,没有竞争就没有社会进步,而当事人之间的法律纠纷就是一种正常的对抗关系,因而法律至少要在一定范围内保护甚至鼓励竞争,并保护当事人之间的对抗性权利。因此,当狄骥将社会协作上升为其法学理论大厦的拱顶石时,也犯了和主体哲学同样的以偏概全的错误。也正因如此,凯尔森批评狄骥的法学理论仍是一种先验的自然法观念。② 从这个意义上来说,狄骥的法学理论仍然没有摆脱主体哲学之先验化、总体化思维模式的影响。

(二) 凯尔森

凯尔森自认为,其纯粹法理论是以康德的先验逻辑哲学为基础的。在凯尔森看来,康德并不是形而上学的构建者,相反,他"在科学的支持下对形而上学"展开了"顽强不屈"的斗争,并因此而赢得了"毁灭一切者"的称号。然而,由于康德"大概不是真正的战士而只是想调和冲突",因而"并没有由他推进到最后的结论"③。但即便如此,其先验逻辑哲学

---

① 参见〔德〕尼采:《快乐的科学》,黄明嘉译,上海,华东师范大学出版社,2013,第191页。
② 参见〔奥〕凯尔森:《法与国家的一般理论》,沈宗灵译,北京,商务印书馆,2013,第197页。
③ 同②,第608页。

也只是"涉及最低限度的形而上学"而已。①但在笔者看来，凯尔森与康德之间存在较大断裂，这不仅体现在他将康德的作为知识与理论真理性之基础的先验概念降低为理论的工具性前提乃至假设②，从而与康德先验哲学存在着相当距离，而且体现在他对康德实践哲学和法哲学的批判和拒斥。凯尔森指出，康德只是在理论哲学上开展了反形而上学的斗争，而在实践哲学方面，特别是在所谓的"绝对命令"上，则完全陷入了形而上学的泥淖。因而，康德"作为一位法律哲学家来说，却还停留在自然法学说的老一套格式中"③。而从凯尔森晚期的著作《纯粹法理论》第2版来看，凯尔森已经从康德回归休谟，从欧陆理性主义回归英美经验主义。④

与狄骥彻底的反对形而上学立场一样，凯尔森是形而上学的激烈批判者，而且同样是基于深刻的政治判断。作为奥地利宪法的主要起草人，作为因政治法西斯化而去职的奥地利宪法法院"终身"大法官，作为一位从纳粹魔爪之下侥幸逃生的犹太人，凯尔森对现代集权政治有着超乎常人的深刻洞察。他认为，催生现代集权政治的正是自然法观念及为前者提供哲学论证的形而上学，二者都设想在经验世界或实证法之上存在着一个至高无上的价值或理念的世界，后者构成了经验世界是否合乎正义和真理的评判标准。然而，在社会实践中，二者往往转化为先验化的、绝对化的，因而是不容置疑的政治意识形态⑤，从而导致反民主、反自由的极权主义政府，因为"一个取消了个人一切自由权的极权国家，如果没有一种由政府系统地宣传的意识形态，是不可能的"⑥。

从科学研究上来说，"意识形态掩盖现实，爱欲之生，恨欲之死，无所不用其极……一切意识形态皆根源于意志而非认知；其产生于利益，而此利益却绝不包含对'真'之追求"⑦。因此，法律科学的根本宗旨应当是将各种意识形态偏见从法学研究中驱逐出去，"尤其不屑于对实在法加以意识形态上之褒贬来为政治利益效劳"，法学的任务仅仅是"描述法律之本来面目，而不因其公正与否妄加褒贬"⑧，从而实现法学研究超然于

---

① 参见〔奥〕凯尔森：《法与国家的一般理论》，沈宗灵译，北京，商务印书馆，2013，第599页。
② 同①。
③ 同①，第609页。
④ 参见张书友：《凯尔森：纯粹法理论》，哈尔滨，黑龙江大学出版社，2013，第25页。
⑤ 参见〔奥〕凯尔森：《法与国家的一般理论》，沈宗灵译，北京，商务印书馆，2013，第572~573页；张书友：《凯尔森：纯粹法理论》，哈尔滨，黑龙江大学出版社，2013，第55页。
⑥ 同①，第428页。
⑦ 〔奥〕凯尔森：《纯粹法理论》，张书友译，北京，中国法制出版社，2008，第49页。
⑧ 同⑦。

统治者等之外的科学性。为此，凯尔森以康德的先验逻辑哲学为基础构建了著名的"纯粹法学"①。

与狄骥一样，凯尔森也反对主观法和法律主体观念。但二者反对的着眼点有所不同，前者侧重于清除先验性，而后者侧重于否定实体性。② 凯尔森指出："客观法与主观法二元论首先强调后者（权利）在逻辑与时间上优先于前者（法律）"③，"与主观法密切关联者乃是法律主体或'人格'之概念，其含义乃是主观法之承载者，尤其是财产所有者；此概念其实根本就是主观法之变形，其关键就在于其造就了一个独立于法律秩序之法律实体"④。在凯尔森看来，主观法与客观法、法律主体与法律的二元对立与形而上学和自然法强调先验理念高于经验世界的观念如出一辙，都是一种意识形态。⑤ 按照主观法观念，法律人格或主体须以自由意志为基础。然而，凯尔森指出，在法律领域，先验的自由意志是不存在的，"义务毫无例外乃一切法律规范皆不可或缺之功能，而权利却并非如此"⑥。即使是私法契约，也不是单凭一方的自由意志而成立，"只能藉双方一致之意思表示建立"，而且"归根结底，其合法性乃是得自客观法，而非来自法律主体自身"。因此，"即便私法领域中也非完全自治"⑦。可见，从法律实践来说，建立在自由意志基础上的法律主体是虚幻的。

凯尔森还从法律主体概念所赖以产生的思维机制分析其虚妄性，显示出他的尼采式透视主义和经验主义哲学倾向。⑧ 他指出："树叶并不是绿色、光滑、弧形等所有这些质之外的一个新的本体，只不过是这些质的一个统合的统一体而已。但是在语言形式所决定的日常想法里，树叶这一实体却被当成是设想在'它的'质之外有一个独立存在的分立的本体。"⑨ 同理，"法律上的人就是法律上的实体。作为法律上的质的义务和权利则

---

① 〔奥〕凯尔森：《法与国家的一般理论》，沈宗灵译，北京，商务印书馆，2013，第609页。
② 关于凯尔森的先验性，参见下文。至于狄骥，上文已经指出他明确承认个人是实体，而且潜在地承认了法人是不同于其成员的实体。
③ 〔奥〕凯尔森：《纯粹法理论》，张书友译，北京，中国法制出版社，2008，第67页。
④ 同③，第68页。
⑤ 同③，第69页。
⑥ 同③，第74页。
⑦ 同③，第69页。
⑧ 英国学者莫里森认为，凯尔森接受了尼采的批判主义，参见〔英〕韦恩·莫里森：《法理学——从古希腊到后现代》，李桂林等译，武汉，武汉大学出版社，2003，第341页。关于尼采对于主体哲学的批判，参见下文。
⑨ 〔奥〕凯尔森：《法与国家的一般理论》，沈宗灵译，北京，商务印书馆，2013，第151页。

属于这实体"①。也就是说，在凯尔森看来，和实体化的树叶一样，法律主体也是一种双重化思维机制的产物，人们先是在客观法上的权利义务之外想象一个实体，然后再将这一实体作为权利义务的主体。他进而指出了这种思维的荒谬性："认识对象的这种双重化是被称为万物有灵论的原始神话思想的特征。根据万物有灵论对自然的解释，人们以为每一个可感觉世界中的对象都是一个不可见的精神的住所，这个精神就是对象的主人，他之'有'这个对象，就像实体有它的那些质、文法上的主语有它的那些谓语一样。"② 凯尔森最后得出结论："法律上的人并不是在'它的'义务和权利之外的一个分立的本体，而只不过是它们的人格化了的统一体，或者由于义务与权利就是法律规范，所以不过是一批法律规范的人格化了的统一体而已。"③

凯尔森还进一步将以上分析具体运用于自然人、法人和国家。

关于自然人，凯尔森认为，自然人不同于生物人，自然人只是某些"法律规范的人格化，这些法律规范由于构成了包含这同一个人行为的义务与权利而调整着这个人的行为"④。"由此可见，自然人并不是自然现实而只是法律思想的构造。它是一个可能并非必然被用来代表某种（并非全部）法律现象的辅助性概念。"⑤ 总之，"所谓'自然人'其实就是一种'法'人"⑥。

同理，法人也不是基尔克那里的具有集体意志的有机体⑦，法人没有独立于其成员之外的团体利益和本体，社团机关"所代表的是社团成员而非社团本身"⑧。因此，"法人只不过是调整有些人行为的秩序的人格化而已，可以说就是对所有那些由秩序所决定的人的行为提供归责的共同点"⑨。

作为公法学家，凯尔森解构法律主体、自然人以及法人的最终目的不过是为"驯服"国家所作的铺垫而已。凯尔森明确指出，将国家当作"异于且先于法律"的自由意志主体，只会使国家具有"超法律之属性"，成

---

① ② ③ 〔奥〕凯尔森：《法与国家的一般理论》，沈宗灵译，北京，商务印书馆，2013，第152页。
④ 同①，第154页。
⑤ 同①，第155页。
⑥ 同①，第156页。
⑦ 在凯尔森看来，有机体说是典型的万物有灵论。参见〔奥〕凯尔森：《法与国家的一般理论》，沈宗灵译，北京，商务印书馆，2013，第171页。
⑧ 同①，第170页。
⑨ 同①，第160页。

为利维坦那样"强大的巨灵"①。因此，在凯尔森看来，国家既不是独立实体，也无伦理人格，"国家，作为通过其机关而行为的主体、作为归属的主体或者作为法人，都是法律秩序的人格化"②。

总之，凯尔森从对主体哲学以及自然法观念的批判出发，完全抽掉了法律主体、法律人格、自然人、法人以及国家等概念中的自由意志，彻底清除了它们的神圣性、实体性，使之成为形式化的、空洞的概念外壳，从而将各种政治的、伦理的以及哲学的意识形态完全屏蔽于法学概念之外。作为社会存在，国家和法人只是其成员的集合体，根本没有独立于其成员之上的团体利益、独立本体和伦理人格；而作为法律主体，国家和法人不过是法律秩序或规范的人格化。这样，在凯尔森看来，就能将国家和团体牢牢地封印在法律的镇妖塔中，防止吞噬个人的"巨灵"的产生。

虽然凯尔森与狄骥基于不同的方向（前者是法律实证主义，而后者则社会实证主义），并运用截然相反的方法（前者是分析法学，后者则是法社会学），然而时至今日，我们仍然能够深切地感受到他们批判形而上学和先验实体的坚定和决绝，以及对极权国家的怵惕和反感，这实际上反映了他们一代学人的共同心声，无疑是值得我们总结和继承的宝贵学术遗产。然而，笔者不得不指出，和狄骥一样，凯尔森的反形而上学立场也是"一朝被蛇咬，十年怕井绳"式的心理反应。

例如，上文已经指出，凯尔森认为："在语言形式所决定的日常想法里，树叶这一实体却被当成是设想在'它的'质之外有一个独立存在的分立的本体。"③ 这实际上犯了一个根本性的错误，在日常语言里，树叶并不总是被想象为存在于其质之外的独立本体，而是视其语境而论，只有在包括主体哲学在内的形而上学中，树叶才总是被设定为一种独立本体。因此，凯尔森在斩断主体哲学这条蛇时，显然是反应过度，将日常语言也当成"井绳"了。正如本书耶林部分所引用的维特根斯坦的观点，将棋盘解构为多个黑方格与白方格的组合，或将一个扫帚称为扫帚把和扫帚头的组合，以及凯尔森将树叶还原为绿色、光滑以及弧形的组合，都可能不符合日常语言的使用方法。④

---

① 〔奥〕凯尔森：《纯粹法理论》，张书友译，北京，中国法制出版社，2008，第114页。
② 〔奥〕凯尔森：《法与国家的一般理论》，沈宗灵译，北京，商务印书馆，2013，第291页。
③ 同②，第151页。
④ 参见〔奥〕维特根斯坦：《哲学研究》，汤潮、范光棣译，北京，生活·读书·新知三联书店，1992，第33、42页。

再如，在凯尔森看来，似乎只要讲主体就必定会实体化，只要实体化就必定上升到主体哲学。在他那里，主体、人格等概念，就如同魔咒一样必然会唤醒被镇压在九层妖塔中的主体哲学，这仍然是一种过于敏感的怵惕之心。维特根斯坦指出，重要的不是概念和词语本身的意义，而是其用法："语词在语言中的用法是语词的意义"①，"一个词的一种意义就是该词的一种使用"②，哲学家的任务就是"把字词从形而上学的用法带回到日常用法。"③ 因此，反对主体哲学并不是反对或取消主体、人格等概念本身，而是反对关于主体概念的主体哲学用法，使其回归于社会日常的用法。

正是由于这样的心理反应或前见，凯尔森的法人学说也不能合理地解释法人本质和人格问题。关于凯尔森认为法人是成员集合体、社团机关代表的是成员而不是法人的观念，本书已经在讨论耶林法人学说部分进行了批判，此处不赘。至于法人是法律秩序的人格化这一界定，则既空洞，又缺乏实证性。法律秩序为什么要人格化？如何人格化？谁来人格化？是法学家吗？显然不是。在法学家认识到人格化时，它就早已在实践当中发生了，法学家只是密那发的猫头鹰而已。从这个角度来说，凯尔森还不如耶林，耶林至少潜在地承认了是成员或受益人在特定的法律关系或法律实践中进行了团体的人格化。实际上，就自然人来说，被人格化的客体并不是法律规范，而是生物人；从最初情形来说，进行人格化的既不是法学家，也不是法律或国家，而是生物人自己及其相对方在特定的法律关系或场域中完成了人格化，国家（或法律）的人格化只是其事后的确认和推广而已。至于法人和国家，被人格化的也不是法律秩序，而是一个萨维尼所说的观念整体；进行人格化的主体则是团体内部利益相关者和外部当事人，甚至法人化的"意义"也是由日常法律交往中的当事人所赋予（当然不一定都是有意识地赋予）的，既不源于神圣的主体哲学，也不来自狄骥和凯尔森的所谓"科学"。因此，我们关于法人本质的研究既不应依赖过度抽象和"向上"而远离日常生活的主体哲学，也不能指望因过度解构和"向下"而同样远离现实的"实证科学"。

更成问题的是，尽管凯尔森一再决绝地与先验哲学划清界限，但却终

---

① 〔奥〕维特根斯坦：《维特根斯坦读本》，陈嘉映编译，上海，上海人民出版社，2015，第117页。
② 同①，第118页。
③ 〔奥〕维特根斯坦：《哲学研究》，汤潮、范光棣译，北京，生活·读书·新知三联书店，1992，第67页。

究没有完全摆脱先验哲学的影响。首先是他仍然采取了一种整体主义和基础主义的理路。先把全部法律规范视为一个有机整体，然后在整体之外找一个底托，这就是"基础规范"。这与康德式全能视角如出一辙，康德是将人类全部知识打包成一个整体，而作为知识真理性基础的，就是先验主体。而后来哈特的进路则完全不同，哈特的承认规则是可以实证的，也是可以实际操作的①，因而就显得高明得多。

其次，与狄骥的"社会协作"一样，凯尔森的基础规范实质上也是主体的替代物。按照凯尔森的界定，基础规范是指作为一个规范体系中所有规范的效力之终极源泉的规范。② 实际上，基础规范无非是康德的"道德律令"的法学化而已，它是凯尔森将法律规范构建为一个封闭性的规范体系不得不作出的逻辑前设，一种阻断社会实证研究无限追溯的因果链条的独断论，并不属于实证法的范畴。因此，凯尔森自己也承认，其基础规范具有一定的先验性，尽管在凯尔森看来只是最低限度的、必要的先验性。③ 在笔者看来，基础规范完全是一个没有必要的理论前设，在法律实践中，基础规范似乎也难以派上用场。因为从终极意义上来说，法律的效力或者规则之被遵守，乃是一个事实问题，这就是受损害方的由其基因所决定的报复行为。④

最后，正如上文所分析的法律人格问题所示，凯尔森以基础规范为原点所构建的封闭的一元性法律体系，将所有法律现象统统转化为法律规范，把法律与社会完全区隔开来，既不利于正确解释某些法律现象，也无助于法律实践问题的解决。

总之，从狄骥和凯尔森可以看出，在法人论争后期，法学界虽然对主体哲学进行了激烈批判和深刻反思，但从总体上来说，并没有真正走出主体哲学的阴影，仍然带有主体哲学的某些烙印。

四、"人"之死与主体哲学之死

总结上文，甚至本书，都可以发现，法人论争中主体哲学的引入不是

---

① 参见〔英〕H. L. A. 哈特：《法律的概念》，许家馨、李冠宜译，北京，法律出版社，2006，第94~95页。
② 参见〔奥〕凯尔森：《法与国家的一般理论》，沈宗灵译，北京，商务印书馆，2013，第175页。
③ 同②，第599页。
④ 进一步的论述，可以参见〔英〕H. L. A. 哈特：《法律的概念》，许家馨、李冠宜译，北京，法律出版社，2006，第82页；苏力：《法律与文学：以中国传统戏剧为材料》，北京，生活·读书·新知三联书店，2006，第1章。

澄清了法学概念，反而是扭曲了法学研究；不能揭示法律制度运作的真相，反而掩盖了法律学说和制度的政治功能；不能有效解决法律技术和实践问题，反而制造了各种"价值"和"意义"的迷雾。因此，有必要从根本上反思主体哲学的局限性和负面效应。

其实，在哲学界，主体哲学一开始就受到了质疑和批判，如与笛卡尔同时代的帕斯卡尔、卢梭、维柯以及德国浪漫主义思想家等。[①] 到后来，尼采、马克思、弗洛伊德等人对主体哲学的批判成了近代哲学向现代哲学转型的分水岭[②]，并从根本上导致了现代哲学各种转向（如语言的转向、生活世界的转向、历史和实践的转向以及后现代转向）的发生。[③] 自黑格尔以后，主体哲学的真正传人只有"非人类现实的""不食人间烟火的"[④]胡塞尔一人而已，即使在他那里，主体哲学的缺陷也不是获得了最终的解决，而是更加突显。而且在其晚年，胡塞尔自己也对主体中心和一元理性产生了动摇。[⑤] 至于其他的哲学家，可以说，都是在某种意义上基于对主体哲学的批判和反思而构建自身的哲学体系的。特别是经过后现代哲学的批判之后[⑥]，近代主体哲学中先验化、实体化、整体性、本原性的主体已经万劫不复，"主体性的黄昏"已然降临。[⑦]

[①] 参见刘放桐等：《现代西方哲学新编》，北京，人民出版社，2000，绪论，第 11 页。

[②] 参见莫伟民：《"人之死"——〈词与物〉的主旨及其哲学意蕴》，《哲学研究》2015 年第 4 期，第 92 页。

[③] 参见刘放桐等：《现代西方哲学新编》，北京，人民出版社，2000，绪论第 2 页。

[④] 这是法国哲学家利科对于胡塞尔的评价，参见倪梁康：《现象学及其效应：胡塞尔与当代德国哲学》，北京，生活·读书·新知三联书店，1994，第 115 页。

[⑤] 参见高秉江：《胡塞尔与西方主体主义哲学》，武汉，武汉大学出版社，2005，第 190 页以下。

[⑥] 主要文献，请参见〔美〕弗莱德·R. 多迈尔：《主体性的黄昏》，万俊人译，桂林，广西师范大学出版社，2013。不过笔者认为，该书遗漏了尼采、维特根斯坦和福柯对主体性的批判，不能不说是重大缺陷。此外，关于法国现代对于主体观念的批评史，可以参见〔德〕彼得·毕尔格：《主体的退隐：从蒙田到巴特间的主体性历史》，陈良梅、夏清译，南京，南京大学出版社，2004。关于尼采、维特根斯坦、海德格尔以及福柯对于主体性批判，可以参见张典：《尼采和主体性哲学》，北京，中国社会出版社，2009；Chantal Bax, *Subjectivity After Wittgenstein: The Post-Cartesian Subject and the "Death of Man"*, Bloomsbury Academic, 2011; François Raffoul, *Heidegger and the subject*, translated by David Pettigrew and Gregory Recco, Atlantic Highlands, N. J.: Humanities Press, 1998;〔法〕米歇尔·福柯：《词与物：人文科学考古学》，莫伟民译，上海，上海三联书店，2001；莫伟民：《主体的命运——福柯哲学思想研究》，上海，上海三联书店，1996；刘永谋：《福柯的主体解构之旅：从知识考古学到"人之死"》，南京，江苏人民出版社，2009；戴蓓芬：《福柯主体理论及其女性主义应用》，北京，清华大学出版社，2019。

[⑦] 参见〔美〕弗莱德·R. 多迈尔：《主体性的黄昏》，万俊人译，桂林，广西师范大学出版社，2013。

第六章 法人论争的知识考古

平心而论，应当承认主体哲学在认识论上的智识贡献，特别是康德的先验主体认识论在认识论领域的确进行了一场"哥白尼式革命"，它有力地揭示了人的理性在认识和行为过程中的重要作用，有着巨大的认知和科学价值，至今仍然为认知科学所证实。[①] 同时还应承认，主体哲学在历史上确实起到过巨大的社会动员作用。本章第二节已经指出，法人本质问题是现代国家发展进程中的产物，而推动这一过程的根本动力则来源于资本主义生产方式。作为一种异质的社会秩序和观念形态，资本主义生产方式要突破建立于人身依附关系之上的基督教和其他种种封建统治秩序，其难度可想而知。主体哲学通过构建先验、绝对、自为、自知的主体，并提出"要有勇气运用你自己的理智"这一启蒙运动的口号[②]，有力地粉碎了中世纪神学枷锁，激发了人的主动创造性，为资本主义运动突破各种封建束缚起到了不可替代的推动作用。

然而，主体哲学是对于人类和世界的一种过于抽象、过于总体化的扭曲反映，它的历史推动作用最终也不是建立于科学基础上，而是以意识形态的狂热力量表现出来的。它在解放和启蒙的同时，带来了异化和压制。

即使在认识领域，也并非仅仅存在一个理性主体。叔本华指出，人的本质是非理性的意志。[③] 罗蒂也认为，"人是一个由信念和愿望构成的无中心网络"[④]。福柯则指出，当人们分析人的语言时，并未发现人的本性、本质或自由，却发现了能决定我们讲话方式的无意识结构。当精神分析医生分析个体的行为或意识时，所遇到的也不是人，而是冲动、本能和驱力。[⑤] 生活常识也告诉我们，人类要是没有恐惧这种非理性心理，就不会有谨慎这种理性品质；没有对财富的欲望或对贫穷的厌恶，就不可能有积极创造财富的理性行为；没有对异性（或同性）的强烈情感，也就不可能有目的、有计划地去追求对方。这说明，人性中非理性因素是不容否认的，其功能也未必是消极性的，在理性与非理性的关系结构中，非理性可

---

① 参见〔美〕阿尔文·戈德曼：《认知科学的哲学应用》，方环非译，杭州，浙江大学出版社，2015，第106~107页。
② 参见〔德〕康德：《历史理性批判文集》，何兆武译，北京，商务印书馆，1990，第22页。
③ 参见〔德〕叔本华：《作为意志和表象的世界》，石冲白译，北京，商务印书馆，1982，第151页。
④ 〔美〕理查德·罗蒂：《后哲学文化》，黄勇编译，上海，上海译文出版社，1992，第186页。
⑤ 参见莫伟民：《主体的真相——福柯与主体哲学》，《中国社会科学》2010年第3期，第54页。

能处于更为深层、更为基础的地位。因此，主体哲学所宣扬的绝对理性即使不是无中生有，也至少是以偏概全。所以，志在"重估一切价值"的尼采直截了当地否定了主体的真实性："'主体'决非实有的东西，而是虚构出来的、安插进来的东西。"① 维特根斯坦也断言："不存在思想着的、表象着的主体"②。

更成问题的是，主体哲学并未谦卑地将理性主体限定在认识论领域，而是狂妄地宣布其为人类一切知识和制度的真理性和正当性的基础。这意味着，主体性被无限制地推广到了社会伦理以及政治生活领域，从而被彻底地意识形态化了。所以，阿尔都塞认为，主体只是一种意识形态上的虚构，并不是对社会现实的真实反映。③ 阿多诺也指出："人的超凡魅力是从普遍的不可抵抗性中借来的"④。于是，本来是理性产物的主体却成了迷信的偶像，大写主体的背后乃是对于理性的非理性狂热，整个世界陷入了对于主体的迷妄之中。只要想想高举理性和自由大旗的法国大革命所表现出来的狂热教条和血腥恐怖，就不难理解这一结论。

当然，主体哲学也并非完全脱离社会现实的凭空抽象，按照马克思主义唯物史观，主体哲学实际不过是对资本主义生产方式乐观的直觉式反映。资本主义生产方式的基本特征是"构成生活中最基本需求的产品和服务是为了以获利为目的的交换而生产，甚至人类的劳动力都成为市场中的一种商品，且所有的经济主体都依赖于市场"⑤。而商品交换必须通过契约关系进行，"商品是天生的平等派"⑥，故契约关系本身就包含了平等、自由和理性计算等精神。⑦ 因此，理性的、具有自由意志的主体首先是对社会生活中契约关系的写照。同时，资本主义的发展必然会瓦解中世纪的各种共同体，这就是梅因所说的"从身份到契约的运动"⑧，从民事主体

---

① 〔德〕尼采：《作为认识的强力意志》，载〔德〕尼采：《偶像的黄昏》，周国平译，北京，光明日报出版社，1996，第118页。
② 〔奥〕维特根斯坦：《维特根斯坦读本》，陈嘉映编译，上海，上海人民出版社，2015，第194页。
③ 参见〔法〕阿尔都塞：《哲学与政治：阿尔都塞读本》，陈越编译，长春，吉林人民出版社，2003，第361页。
④ 〔德〕特奥多·阿多诺：《否定的辩证法》，张峰译，重庆，重庆出版社，1993，第274页。
⑤ 〔加〕埃伦·米克辛斯·伍德：《资本主义的起源——学术史视域下的长篇综述》，北京，中国人民大学出版社，2016，第2页。
⑥ 〔德〕卡尔·马克思：《资本论》，载《马克思恩格斯全集》，第23卷，北京，人民出版社，1972，第103页。
⑦ 参见苏力：《从契约理论到社会契约理论》，《中国社会科学》1996年第3期，第90页。
⑧ 〔英〕梅因：《古代法》，沈景一译，北京，商务印书馆，1959，第97页。

角度来说，其结果就是"个人不断地代替了家族，成为民事法律所考虑的单位"①。主体哲学所倡导的启蒙和解放实际上就是资本主义生产关系和近代以来的社会转型在哲学上的体现和反映；它所宣扬的自由意志和先验理性不过是人能够认识其行为的意义和后果，并为其自由选择的行为承担责任的能力；它所构建的主客体关系也无非是资产阶级与自然之间认识与被认识、改造与被改造关系的精神表征；它所论证的人类知识的真理性，也不外乎是处于上升时期的资产阶级认识世界、征服世界的乐观信念而已。因此，主体性之所以能够成为现代性的基本准则和精神表征，从根本上来说是因为其适合了资本主义生产方式。

然而，主体观念又是对于资本主义社会生活的过于乐观、过于片面的哲学反映。在资本主义发展过程中，人们确实是摆脱了传统的各种封建束缚，但未必就因此而成为一个自由的、纯粹的、大写的人，而是也有可能成为被资本主义生产关系所支配和异化的孤立且无能的个人。马克思和恩格斯指出："单独的个人随着他们的活动扩大为世界历史性的活动，愈来愈受到异己力量的支配……受到日益扩大的、归根结底表现为世界市场的力量的支配……"② 在资本主义社会中，这种异化又常常表现为物化和资本化，物化突出表现为商品、商品消费对人的奴役；而资本化表现为资本及其扩张对人的统治。后来，法兰克福学派的霍克海默、阿多诺、马尔库塞、本雅明、弗罗姆等人以及海德格尔进一步揭示了现代工业社会对于个人的奴役和物化以及现代技术理性对自然的掠夺和破坏。因此，主体哲学的"自我意识"明显地歪曲和掩盖了现代社会中人的自我异化的事实。

与马克思主义唯物史观不同，尼采运用其透视主义，从文化、宗教和哲学传统角度揭示主体哲学的知识谱系。尼采在《论道德的谱系中》明确地指出，主体哲学是在西方浓重的基督教神学氛围和形而上学传统中发展起来的一种哲学形态，他甚至将主体哲学和基督教神学的谱系追溯到柏拉图主义，认为二者都是后者的变种。③ 他认为，主体哲学流行的重要原因在于填补了上帝的空缺：近代以来，上帝逐步从公共领域退回到私人领域，而主体哲学则弥补了公共领域的空缺。在这一过程中，主体哲学虽然推动了启蒙和祛魅的旅程，有力地批判了基督教神学，消解了作为人类全

---

① 〔英〕梅因：《古代法》，沈景一译，北京，商务印书馆，1959，第96页。
② 〔德〕卡·马克思、弗·恩格斯：《德意志意识形态》，载《马克思恩格斯全集》，第3卷，北京，人民出版社，1960，第41~42页。
③ 相关分析，参见吴增定：《尼采与柏拉图主义》，上海，上海人民出版社，2005，第19页。

部知识和价值之基础的上帝,但同时创造了新型的"人间神"——"纯粹、无欲、无痛、无时的认知主体"①——来取代上帝。而同时,主体哲学家们也都自然而然地成为新上帝在人间的代言人,因而下意识地采取了一种上帝式全能视角或先知式旁观者立场。其主要代表人物如笛卡尔、费希特、康德以及黑格尔无不具有强烈的先知情结(这在基尔克身上也有典型体现),总是将自己置于芸芸众生之外和之上,对之救赎性地进行启示和训导。因此可以说,全部主体哲学——按照黑格尔的提法——都是"新时代的宗教"②。

然而,对于主体哲学最全面、最深刻的考察和批判是来自毕生以主体问题为研究重心的福柯。③ 他从更深层面上,也在更广阔的视野中探求了主体和主体哲学的产生根源和历史局限性,并提出了主体走向新的历史的可能性。

在《词与物》中,福柯运用知识考古学,以经济学、生物学和语言学为例分析了先验主体产生的话语机制。他认为,在西方 18 世纪的经济学、生物学和语言学发展过程中,人的分别受到劳动、生命和语言三个先验物之限定的有限认识能力成为这三个领域中知识之普遍性和确定性的基础。④ 也就是说,近代经济学、生物学和语言学已经构建出了先验的语言主体、生命主体和劳动主体,进而发展出了文学、心理学和社会学意义上的具有特定"质"的"人"的概念。⑤ 与这种知识结构一致,康德既颠覆了将经验世界作为知识来源的经验主义,又批驳了将先天的理性观念当作知识来源的唯理主义,而是将具有有限认识能力的认识主体(先验的自我意识)确立为全部知识的可靠来源与基础。可见主体哲学只是对 18 世纪人文科学的总结和发展。⑥ 因而福柯指出,主体哲学及其为人所设定的普遍本质只是一个特定历史时期的知识现象,既不是从来就有的现象,也不是永恒存续的

---

① 〔德〕尼采:《道德的谱系》,周红译,北京,生活·读书·新知三联书店,1992,第 96 页。
② 〔德〕黑格尔:《精神现象学》上卷,贺麟、王玖兴译,北京,商务印书馆,1979,第 15 页。
③ 福柯曾这样总结自己的工作:"我研究的总的主题,不是权力,而是主体"。参见〔法〕米歇尔·福柯:《福柯读本》,汪民安编,北京,北京大学出版社,2010,第 281 页。
④ 参见〔法〕福柯:《词与物:人文科学考古学》,莫伟民译,上海,上海三联书店,2001,第 412 页。
⑤ 参见莫伟民:《主体的命运——福柯哲学思想研究》,上海,上海三联书店,1996,第 135~136 页。
⑥ 参见〔法〕米歇尔·福柯:《词与物:人文科学考古学》,莫伟民译,上海,上海三联书店,2001,第 319~320 页。

现象。①

　　福柯并未仅仅停留于主体的话语分析上，而是进一步分析了主体产生的权力实践机制。其实在福柯之前，海德格尔就已经指出，理性主体是现代国家统治权力的体现②，但是并未展开论述。福柯则运用其谱系学深入细致地揭示了主体是18世纪以"国家理性"为核心的生命权力机制建构的结果。③ 他指出，从中世纪以来，国家治理技术经历了三个历史阶段，一是中世纪到16世纪的封建领土国家，其治理理由围绕君主利益展开，其治理模式并不针对个人，而是针对领土。从16世纪到18世纪，诞生了现代国家，治理对象不再是领土，而是领土中的个人。在这一时期，西方社会将经过基督教改造的古代牧领权力发展为规训全部社会个人的治理技术，并推广到包括军队、监狱、工厂、诊所、医院和学校在内的全部社会机构之中，使其深入地渗透到个人生活的方方面面，以保证个体的行为符合国家要求的模式。④ 福柯认为，主体就是由近现代权力机制在这一治理过程中建构出来的一系列规训"形式"，它不仅包括"标准化"的理性主体，还包括疯子、病人、罪犯、流浪者、同性恋者等"不正常的人"⑤。主体不仅体现为对所谓"正常人"的标准化和格式化，使其成为丧失反思、批判和超越能力的"单向度的人"⑥，更体现为对所谓不正常的人的隔离、压制乃至消灭。⑦ 从根本来说，主体哲学也是这一权力机制的产物，它不过是将现代权力机制构建为人类的自我认同，从而又反过来强化这一机制而已。

　　总之，福柯的研究表明了主体及主体哲学的地域性、历史性和局限性，它们只是西方某个特定历史阶段的知识现象，绝非普遍永恒真理。其

---

① 参见〔法〕米歇尔·福柯：《词与物：人文科学考古学》，莫伟民译，上海，上海三联书店，2001，第505页。
② 参见〔德〕海德格尔：《世界图象的时代》，孙周兴译，载《海德格尔选集》，孙周兴编，上海，上海三联书店，1996，第921~922页。
③ 参见〔法〕米歇尔·福柯：《安全、领土与人口》，钱翰、陈晓径译，上海，上海人民出版社，2010。
④ 参见戴蓓芬：《福柯主体理论及其女性主义应用》，北京，清华大学出版社，2019，第3章第3节。
⑤ 参见福柯的《疯癫与文明》《临床医学的诞生》《规训与惩罚》《性史》《不正常的人》《必须保卫社会》等一系列著作。
⑥ 〔美〕赫伯特·马尔库塞：《单向度的人——发达工业社会意识形态研究》，刘继译，上海，上海译文出版社，1989。
⑦ 参见刘永谋：《福柯的主体解构之旅：从知识考古学到"人之死"》，南京，江苏人民出版社，2009，第147页。

实，当尼采喊出"上帝死了"的时候，就已经预示了"人"的死亡。尼采指出："上帝死了。依照人的本性，人们也会构筑许多洞穴来展示上帝的阴影的，说不定要绵延数千年呢。而我们，我们必须战胜上帝的阴影！"①在他看来，"杀死上帝"的正是主体哲学，而它所创造的先验主体无疑就是需要我们去战胜的上帝阴影，甚至主体哲学本身就是神学在退出世俗领域后所留下的阴影。其实，主体哲学一旦证明上帝不是自主、自足和自因的实体，相同的命运就会降落于主体哲学所塑造的大写的"人"之上，因此，上帝之死必然会引起人之死。而明确宣布这一胜利的正是福柯，他坚定地指出："人将被抹去，如同大海边沙滩上的一张脸。"② 按照福柯的意思，人之死将不同于上帝之死，后者会留下阴影或替代物，但前者将永远不会留下任何印迹，因为海潮退后，海滩上将一无所有——而这同时意味着一切先验哲学的死亡。不过，杀死主体哲学的并不是所谓的"后现代主义"，而是它自己，因为从上帝之死到人之死，正是主体哲学所高扬的、也应当为我们所继承的启蒙精神的体现。③

那么，主体和主体哲学的死亡，会不会引起"法律主体"之死？会不会进而波及自然人和法人？会不会使法学研究因失去"头上的星空"和"心中的道德法则"④ 而陷入迷茫？答案显然是否定的。

首先，"人之死"并不是人或主体这一词语的死亡，不是像狄骥和凯尔森那样单纯地消解、拒斥主体概念，而是大写的人之死，用维特根斯坦的话来说，是主体哲学对于主体的用法之死。福柯指出："我们应该做的，是对特定的理性进行分析，而不应该总是求助于普遍的理性化过程"⑤。也就是说，福柯并不赞成颠覆性地完全消灭理性、主体和人的概念，而只是消除一个总体的、绝对的、先验的、天上的、大写的、本原性的人，提倡一些多元化的、相对的、实证化的、日常化的、技术化的、工具化的人。因此，先验主体的死亡不会导致法律主体的死亡，相反，会使法律主体获得再生和解放——使其摆脱主体哲学意义之网的桎梏，重新恢复到经

---

① 〔德〕尼采：《快乐的科学》，黄明嘉译，上海，华东师范大学出版社，2013，第191页。
② 〔法〕米歇尔·福柯：《词与物：人文科学考古学》，莫伟民译，上海，上海三联书店，2016，第392页。
③ 可参考〔法〕福科：《什么是启蒙》，汪晖译，载《解读与批评》1996年第4期。
④ 〔德〕康德：《康德著作全集》，第5卷，李秋零译，北京，中国人民大学出版社，2006，第169页。
⑤ 〔法〕福柯：《主体与权力》，载汪民安编：《福柯读本》，北京，北京大学出版社，2010，第282页；另可参见〔法〕福柯：《主体与权力》，载〔美〕德赖弗斯、拉比诺：《超越结构主义与解释学》，张建超、张静译，北京，光明日报出版社，1992，第274页。

验性、实证性、技术性（当然并不是有些学者所狭隘理解的私法技术，而是宏观和微观的社会治理技术）和工具性主体的本来面目，从而更有助于我们客观地、科学地思考各种具体的法律主体制度及其实践运作。

其次，主体哲学的死亡不会使法学研究丧失价值坐标。主体哲学说得没错，世界本来是没有意义的，意义是人赋予的。但意义是一个个具体的、有血有肉有欲求的人在具体的关系和实践中赋予的，绝不是抽象的、大写的人"无欲、无痛"地赋予的。因此，世界的意义无须通过先验哲学来揭示和阐释，主体哲学既不是意义和价值的"立法者"，也不是其"阐释者"[1]。社会组织法人化的"意义"就是由参与日常法律交往中的当事人，即社会组织的发起者、成员、管理者、雇员等内部当事人以及捐赠者、受益人、消费者、债权人等外部当事人等利益相关者在具体的法律关系中所赋予的，整个法人制度首先就是为他们服务的。因此，学者们的学术研究应当是让这些虽然既可能"正常"、也可能"不正常"，既可能安全无害、也可能具有某种"危险"（如各种所谓边缘人群），既可能利他、也可能自利，既可能卓越、也可能平庸，既可能富有、也可能贫穷，但却都生活于"平凡的世界"中的真实"主体"说话，以揭示在法律实践中，社会组织的法人化如何影响了他们的利益和欲求的实现，从而从他们的视角揭示、评判并优化法人制度的功能和价值，而不是从主体哲学那里（实际上往往体现为从先验国家那里）寻找崇高神圣的伦理依据。

而且，在社会生活中，意义和价值的分布是多元且大体均衡的。就社会组织而言，它当然是为了个人（而不是民法上的"自然人"）的利益而产生和存在的，但也要看到其独立于其成员或受益人的一面；既有非实体的一面，也有实体的一面；其法律人格既有拟制的一面，也有实在的一面；既具有价值功能总体上积极的一面，也有消极的一面；法人利益相关者既有相互合作的一面，也有利用其优势地位侵害其他利益相关者的一面。因此，只要我们全面地、深入地观察社会和实践，我们的研究结论往往就是客观的、中正的，所谓"不溢美、不隐恶"，即使不能完全做到"价值无涉"，至少也不会发生严重的意义错位和价值扭曲。而一旦上升为极端抽象、高度浓缩的一元化哲学伦理，只会过度抬高某种（些）价值，过度压制另外一些价值，从而导致意义之网的扭曲和变形，最终则是美化一些人，而贬斥另一些人。无论是耶林对于法人组织及其管理者

---

[1] 借用社会学家鲍曼的用语，请参见〔英〕齐格蒙·鲍曼：《立法者和阐释者：论现代性、后现代性与知识分子》，洪涛译，上海，上海人民出版社，2000，第5~6页。

的极端贬低，还是管理者主体说对于管理者的格外拔升，抑或是基尔克对于团体价值的过度推崇，都是这种扭曲状态的典型例证。而有些学者对自然人的膜拜和对法人的敌视，则是一种更为幼稚、更为浅薄、更为荒谬的表现。

再次，从上文也可以看出，主体哲学的死亡其实更有助于确立正确的学术研究出发点和着眼点，这就是合理地解决一个个具体的实践问题，而不是像主体哲学那样企图以上帝的视角总括式地、一劳永逸地解决所有问题。其实，我们人类从来都是在有限的时空中为了有限的目的去解决有限的问题（或有限地解决问题），从来不存在主体哲学那种末世论式的总体解决和终极解决。

从次，学术研究出发点的变化必然带来研究立场的变换，主体哲学的退隐可以使我们更深入地理解本书对于基尔克的反思，即学术研究在相当程度上应当视为服务业，专家学者只是个咨询者、服务者的角色。福柯认为，包括哲学家在内的传统型知识分子是"普遍型知识分子"，他们扮演了"预言家"或"先知"的角色，导致的是对普罗大众的"支配性的后果"。而当代知识分子主要是"特殊型知识分子"，即建立在职业和专业分工基础上的专家学者，他们的任务应当是"奉献人们可能会发现有用的零件和工具"，即他们应当充当参谋和顾问的角色。① 因此，在法人研究中，学者应当自我界定为社会大众的服务者和顾问者的角色②，而不是谋求"先知""革命的预言家"或鲁迅所嘲讽的"乌烟瘴气的鸟导师"③。

最后，从研究方法上来说，主体哲学的消除，为法学研究展开了一片广阔的自由空间。福柯曾说："在我们这个时代，人们只能在人消失后所留下的空白中才能思考。因为，这个空白不会制造空缺；它并不构成一个需要填充的洞穴。它不多不少，正好是一个空间的敞开，在这个空间里，思考再次成为可能。"④ 同样，只有在这个经过祛魅、并且永久除魅的空

---

① 参见〔法〕福柯：《权力的眼睛——福柯访谈录》，严锋译，上海，上海人民出版社，1997，第 72 页。
② 当然，与律师、会计师等中介服务者不同，学者应当是一种相对独立的参谋和顾问，因为他们不由其所服务的最终顾客直接供养，工作成果也不由顾客评议，而是由同行评价。
③ 鲁迅：《导师》，载《鲁迅全集》，第 3 卷，北京，人民文学出版社，2005，第 59 页。
④ Michel Foucault. *The Order of Things: An Archaeology of the Human Sciences*, London: Routledge, 2005, p. 373. 顺便指出，中文新旧译本都没有准确地翻译出"洞穴"一词，后者译为"缺陷"，参见〔法〕福柯：《词与物：人文科学考古学》，莫伟民译，上海，上海三联书店，2001，第 446 页；前者译为"空缺"，参见〔法〕福柯：《词与物：人文科学考古学》，莫伟民译，上海，上海三联书店，2016，第 347 页。其实，福柯此处的原意应当是回应尼采所说的人们所构筑的用以展示上帝阴影的"洞穴"。

白中，我们才可以更加自主地、不受主体哲学干扰地运用当代分析法学、法社会学和法经济学等方法进行科学研究。其实，早期法人理论之所以引入独断性的主体哲学，除了学者们的政治和伦理前见，法学研究方法的不成熟也是重要的诱因。但在法学研究能力极大提高、研究工具极大丰富的今天，哲学独断论不应再是盘踞于法学之上的更为高级的理论依据，哲学不是"科学之科学"，科学的科学性和正确性并不源于哲学，而是源于具体实践问题的合理解决。

当然，也有必要指出，上文对于主体哲学的反思并不意味着法人本质研究无须哲学眼光，恰恰相反，法学研究应当根据实践的需要选择适当的哲学理论作为研究工具或检视性参照系，但其目的是寻求现实问题的合理解决，而不是在"偶像的黄昏"①里制造偶像！

第五节 法人论争的"死亡"

总之，法人论争是近现代以来法学知识体系、国家和社会结构、相关法律制度以及文化和意识形态"现代化"的结果，应当从西方社会"现代化"这一总体进程中加以体认把握。总体来说，法人论争的主要线索一是法学学术的现代化，二是国家—团体关系的现代化。关于前一方面，笔者已在本章第一、四节两节指出，法人论争在很大程度上实现了法学研究中的祛魅。学者们开始反思学术研究中的过度构建倾向，对于所谓国家和法人的集体意志、实在本体和先验人格进行了坚决的否定和还原，主体哲学及其法学影响也受到了激烈的揭露和批判。这些工作虽然未必彻底，但至少使得这些问题失去了争论的必要性，从而使法人论争开始走向沉寂。

而从后一方面来看，经过论战的洗礼，人们一改以往的绝对主义国家观念，普遍接受了肯定团体正面功能和独立价值的多元主义理念。同时，如果说法人论战是用纸和笔教育了人们，那么，同时期的两次世界大战则是用血和泪警醒了人们：生活在现代集权国家中的一盘散沙的人们是如何为了利维坦而集体地、自愿地、光荣地沦为炮灰的。因此，在论战后期，学者无论坚持何种研究方法、何种技术观点，都承认了社会团体的正面功能和独立价值，强烈批评警察国家的行政监控政策，建议采取以更能体现

---

① 语出〔德〕尼采：《偶像的黄昏》，周国平译，北京，光明日报出版社，1996。

自治精神的民法法人制度规制社会团体，通过宽松的民法登记制度普遍地承认各种社会中间组织的合法地位，使法人监控从事前转向事后。

思想观念的改变最终促进了社会组织立法的变革，使近代以来敌视、钳制社会中间组织的立法转向承认、信任甚至鼓励社会中间组织的立法，由事前的预防转向事后的追惩。在法人论争中心的德国，民法典并没有决意变革既有的法人制度，直到 1919 年魏玛宪法第 124 条第 3 款才确认并保护了社团获得权利能力的权利[①]，在相当程度上废除了特许制和行政许可制，该草案的主要起草者即为基尔克的门生普罗伊斯。[②] 当然，直到 1949 年的《基本法》第 19 条第 3 款明文规定了法人的宪法地位，才完全实现了实在说的政治诉求。[③] 法国到 1884 年才赋予工会以合法地位，1901 年《结社法》基本废除了特许制和行政许可制，绝大多数社会组织能够比较容易地获得法律人格，但对宗教仍然倾向于严格控制，直到 1946 年《宪法》才真正实现普遍的登记自由制度[④]，也已经是第二次世界大战之后的事了。在英国，虽然结社限制较法国宽松，但也直到 1906 年才承认结社自由权是一项基本权利，公民只要不违反法律，便有组织宗教、文化、劳工、政治等团体的权利。[⑤] 在美国，虽然总体上来说，美国的结社自由远远超过欧洲大陆，但直到 1935 年的《瓦格纳法》才承认了工人组织参加工会的结社自由是项基本的权利[⑥]，美国联邦法院直到 1958 年才在全国有色人种促进会诉亚拉巴马州案中确认，结社自由是一项第一修正案和第十四修正案保障的宪法权利。[⑦] 此外，瑞士 1907 年《民法

[①] 该条规定：德国人民，其目的若不违背刑法，有组织社团及法团之权。此项权利不得以预防方法限制之。宗教上之社团及法团，得适用本条规定。社团得依据民法规定，获得权利能力。此项权利能力之获得，不能因该社团为求达其政治上、社会上、宗教上目的而拒绝之。

[②] 当然，草案在审议过程中经过许多修改，最终通过的宪法文本与草案有一些变化。参见〔瑞士〕埃里希·艾克：《魏玛共和国史——从帝制崩溃到兴登堡当选（1918～1925）》上卷，高年生、高荣生译，北京，商务印书馆，1994，第 69 页。

[③] 《联邦德国基本法》第 19 条第 3 款规定："基本权利依其性质也可适用法人的，即适用于国内法人机构。"

[④] 1946 年宪法译文第 6 条规定："任何人都可以通过工会和选择参加工会来维护自己的权利和利益"。当然，有人认为法国彻底实行结社自由是在 1980 年。参见乐启良：《近代法国结社观念》，上海，上海社会科学院出版社，2009，第 224 页。

[⑤] 参见王建芹：《从历史视角看欧洲国家社团发展及立法保护》，《社团管理研究》2008 年第 8 期，第 24 页。

[⑥] 参见〔美〕罗伯特·A. 高尔曼：《劳动法基本教程——劳工联合与集体谈判》，马静等译，北京，中国政法大学出版社，2003，第 8 页。

[⑦] 参见邱小平：《表达自由——美国宪法第一修正案研究》，北京，北京大学出版社，2005，第 529 页。

典》、比利时1921年《非营利社团法》和奥地利1951年《社团法》①也确认了普遍的结社自由。

结社自由和组织权利观念不仅在国内法层面得到了实现,而且得到了国际社会的普遍重视。1948年《世界人权宣言》第20条明确规定:"人人有权享有和平集会和结社的自由。任何人不得迫使隶属于某一团体"。1966年《经济、社会、文化权利国际公约》第8条和1966年《公民及政治权利国际公约》第22条又进一步重申细化了不同社会领域的结社权利。②除了联合国三个基本人权公约,许多地区性的公约和议定书也宣布了结社自由原则,如《欧洲人权公约》(1950年)第11条、《欧洲社会宪章》(1961年)第5条和第6条、《美洲人权公约》(1961年)第16条、《非洲公民权利宪章》第10条。此外,许多国际组织也把结社自由列为其基本宗旨,如成立于1919年的国际劳工组织也于1948年和1949年分别通过了《结社自由和保护组织权利公约》和《组织权利和集体谈判公约》。③

上述法律文件的颁布,并不仅仅意味着结社自由作为宪法原则的实现,而是从根本上深刻地改造了西方中央集权国家的权力结构,形成并保持了国家和社会间的均衡关系。首先,国家改变了对社会中间组织严密管制的政策,废止了特许制和行政许可制,普遍采取准则制和登记制,限制国家的自由裁量权;国家对于法人组织的治理重心从事前走向事后,治理手段从依靠公法转向更加依赖私法;法人组织获得了宪法所规定的基本权利,保持了对于国家的相对独立性,不仅制约了国家权力的恣意行使,而且在有力地保持了社会的创造力和活力的同时,减轻甚至避免了近代原子化社会的消极影响。其次,社会组织独立性的另一面就是国家的独立性。在社会组织独立化的过程中,现代国家也实现了与社会其他组织的有效分离,成为超越于各社会组织、各利益集团之上的社会公共组织,从而保留了绝对主义国家的自主性,避免沦为社会强势利益集团所操控的工具主义国家。④ 再次,社会组织在国家和法律面前一律平等,享有平等的法律主

---

① 参见〔英〕阿米·古特曼等:《结社——理论与实践》,吴玉章、毕小青等译,北京,生活·读书·新知三联书店,2006,第288页。
② 参见吴玉章:《社会团体的法律问题》,北京,社会科学文献出版社,2004,第495~496页。
③ 参见刘培峰:《结社自由及其限制》,北京,社会科学文献出版社,2007,第107~110页。
④ 关于自主性国家和工具主义国家的具体分析,请参见杨光斌等:《现代国家成长中的国家形态问题》,《天津社会科学》2009年第4期,第52~54页。

体地位,得到法律的平等保护,任何团体都不得拥有凌驾于其他团体的特权地位。最后,社会组织内部关系也实现了变革,结社自由原则强调成员或其他法人资源提供者的志愿性,保护资源提供者加入退出的自由以及参与法人治理的各项权利,封建人身依附型社会组织受到彻底改造。[1]

总之,学术上的祛魅和政治制度的重大变革,意味着法人论争在很大程度上完成了学术和制度上的历史使命,从而逐渐淡出了哲学、政治学、社会学甚至法学的研究视野,最终演变为我国民法教科书中像文物遗迹一样的法人本质三学说。

当然,法人论争的死亡并不意味着法人本质研究的终结,更不说明法人本质探讨已经失去了研究意义。实际上,无论是在德国,还是在美国,在第二次世界大战结束以后,围绕着法人本质的法学争论仍在继续,有时还会非常激烈。如在德国围绕"企业"与法人的关系,产生了旷日持久的学术争论。[2] 对此,巴尔施戴特曾写道:"被理解为法学结构连接点的企业法和公司法之间的争论,其尖锐程度可能超过了19世纪下半叶罗马语族语言文学学者和日耳曼语族语言文学学者之间的学派之争。"[3] 在美国,多德与伯利围绕公司性质和目的的争论也十分引人注目[4],而科斯于1937年发表的《企业的性质》一文到20世纪70年代也开花结果,开创了公司法和企业法的一种新式研究范式——企业合同理论。[5] 当然,这些争论主要限于公司法领域,而且不以"人格"或"法律主体"为重心,最重要的是完全摆脱了主体哲学的意义之网,因而属于一种新的研究范式。不过,

---

[1] 天主教第二届梵蒂冈大公会议就是其中一例,该会决定提升平信徒在教会中的地位,开始尝试更民主的教会管理方式。参见李冰心:《从梵二会议平信徒传教法令看教友在当今教会中的地位与作用》,《中国天主教》2012年第1期。

[2] 参见〔德〕贡塔·托伊布纳:《企业社团主义:新工业政策与法人的"本质"》,仲崇玉译,《南京大学法律评论》2006年春季号;Thomas Raiser, "The Theory of Enterprise Law in the Federal Republic of Germany," *The American Journal of Comparative Law*, Vol. 36, No. 1, 1988。

[3] 〔德〕托马斯·赖塞尔:《企业和法人》,赵亮译,载易继明编:《私法》,第1辑第1卷,北京,北京大学出版社,2001,第97页。

[4] 具体分析,请参见王文钦:《公司治理结构之研究》,北京,中国人民大学出版社,2005,第95~102页。

[5] 参见〔美〕威廉姆森、温特:《企业的性质》,姚海鑫、邢源源译,北京,商务印书馆,2007;〔美〕哈特等:《不完全合同、产权和企业理论》,费方域、蒋士成编译,上海,上海人民出版社,2011;〔美〕弗兰克·伊斯布鲁克、丹尼尔·费希尔:《公司法的经济结构》,张建伟、罗培新译,北京,北京大学出版社,2005。

在当前,围绕法人的宪法地位问题,法人人格问题再一次成为论争的热点问题。① 在这一背景下,传统法人论争或许将会重新受到关注,但其"复活"是绝对不可能的了。

---

① See Sean Nadel, "Closely Held Conscience: Corporate Personhood in the Post-Hobby Lobby World", *Columbia Journal of Law & Social Problems*, Vol. 50, No. 3, 2017; Paul Kens, "Nothing to Do with Personhood: Corporate Constitutional Rights and the Principle of Confiscation", Vol. 34, *Quinnipiac L. Rev.*, 2015; Caroline Kaeb, "Putting the Corporate Back into Corporate Personhood", Vol. 35, No. 3, *Nw. J. Int'l L. & Bus.*, 2015; Margaret M. Blair, "Corporate Personhood and the Corporate Persona", *University of Illinois Law Review* Vol. 2013, No. 3, 2013; Elizabeth Pollman, "Reconceiving Corporate Personhood", No. 3, *Utah L. Rev.*, 2011; Susanna K. Ripken, "Corporations Are People Too: A Multi-Dimensional Approach to the Corporate Personhood Puzzle", Vol. 15, *Fordham J. Corp. & Fin. L.*, 2009.

结　语

一、法人本质学说的制度启示

前几章已经论证，无论哪种传统学说都不适合作为我国制度构建的指导思想，甚至那种不加反思地直接从外国理论中寻找我国法律制度的"奋斗目标"和评价标准的思维本身都是值得怀疑的。但这并不是说我们不能从传统法人学说的研究中获得某些制度构建和完善方面的启发。实际上，传统法人学说不仅具有许多正面的借鉴意义，也有不少反面的教训，都值得我们挖掘和吸取。鉴于笔者将在另外专门研究法人本质问题的书中结合具体论题进一步总结这些启发，并结合我国实际情况探讨其立法或司法上的可行性，在此只是作为一种阶段性的结论略作提示，而暂不深究其立法或司法上的可行性。

第一，关于法人概念，本书在第三章指出，法人并不是由成员或受益人构成的团体；在第四章指出，法人的本体也不是有机体；在第五章又指出，法人也不是组织（体）。因此，我国《民法典》中的法人定义有待商榷。实际上，从激烈对抗的传统法人理论中得出一个确定的法人定义本身是行不通的。不过，这倒从一个侧面提示我们，通过立法对法人下定义的做法本身就可能值得反思——也许任何定义都有其局限性。因此，可以考虑借鉴《德国民法典》不下定义的立法方式。

第二，按照基尔克有机体说，法人本身就具有先于法律的事实人格，国家只能对这一人格加以承认而不能拟制，只能进行宣布而不能创造。因此，法人登记应当以法人事实人格为依据，法人登记实际上是法人事实人格的认证制度，应当属于行政确认，而不是行政许可。法人设立原则应当采取准则制。登记效力上可以考虑采取对抗制，如果坚持现有的创设制，则应当使法人创设机制多元化，例如可以考虑由法院结合个案来认定社会组织的法人资格的机制，甚至可以考虑基于习惯法来承认法人资格①,从而在根本上解决无权利能力组织的问题。

第三,从各主要法人学说来看,法人概念均不以法人独立承担责任为限。在萨维尼那里,虽然法人是人为假设出来的享有财产能力的主体,似乎暗含了法人的独立责任,但实际上,法人根本不具责任能力,因代表人执行职务所产生的侵权责任由代表人承担。而在耶林那里,合伙正是其法人理论的原型,自然不存在独立责任一说。而基尔克的法人原型则是合作团体,团体财产与成员财产并未像现代公司那样截然区分,也没有独立责任的刚性要求。当然这并不意味着我国法人概念必须按照以上观念进行"重构",毕竟立法不能只考虑理论学说,还要考虑法律实践的路径依赖。但也不能就此推导出"无须重构"的结论②,至少,我国《民法典》将非法人组织与法人并列的做法尚有进一步探讨的余地。

第四,根据有机体说和组织体说的基本观念,私法人的一般设立条件应当限于组织章程(成文或不成文均可)、代表机关、组织名称、住所以及不违反法律的目的宗旨,财产并非所有类型的法人都必须具备的设立要件。

第五,在法人类型划分问题上,传统法人理论似乎都接受了萨维尼创设的社团法人和机构法人分类,并转化为社团法人和财团法人,最后由《德国民法典》加以定型。此后,又为世界上许多国家所采纳。因此在我国《民法总则》制定过程中,多数学者明确支持该种分类。③ 然而,本书

---

① 如在中国嵩山少林寺诉国家工商行政管理总局商标评审委员会商标行政纠纷案(北京市第一中级人民法院 2010—一中知行初字第 1585 号行政判决书)中,法院完全可以根据宗教习惯认定少林寺的法人资格。关于基于习惯法来承认法人资格的进一步论述,可以参见〔德〕托马斯·莱赛尔:《德国民法中的法人制度》,张双根译,《中外法学》2001 年第 1 期,第 34 页。
② 参见梁上上:《中国的法人概念无需重构》,《现代法学》2016 年第 1 期。
③ 如蔡立东:《法人分类模式的立法选择》,《法律科学》2012 年第 1 期;罗昆:《我国民法典法人基本类型模式选择》,《法学研究》2016 年第 4 期;王文宇:《揭开法人的神秘面纱——兼论民事主体的法典化》,《清华法学》2016 年第 5 期;李永军:《以"社团法人与财团法人"的基本分类构建法人制度》,《华东政法大学学报》2016 年第 5 期;谭启平、黄家镇:《民法总则中的法人分类》,《法学家》2016 年第 5 期;谭启平:《中国民法典法人分类和非法人组织的立法构建》,《现代法学》2017 年第 1 期;张谷:《管制还是自治,的确是个问题!——对〈民法总则(草案)〉"法人"章的评论》,《交大法学》2016 年第 4 期;谢鸿飞:《〈民法总则〉法人分类的层次与标准》,《交大法学》2016 年第 4 期;孙宪忠、宋江涛:《民法总则制定需处理好的若干重大问题》,《河北法学》2017 年第 1 期,第 5 页;中国法学会民法典编纂项目领导小组、中国民法学研究会:《中华人民共和国民法典·民法总则专家建议稿(提交稿)》;杨立新等:《〈中华人民共和国民法总则(草案)〉建议稿》,《河南财经政法大学学报》2015 年第 2 期;中国社科院民法典立法研究课题组:《民法总则建议稿》;中国政法大学民商经济法学院民法研究

第六章第二节中已经指出，这种分类的背后乃是一种社团主义视角，该种视角脱胎于中世纪的社会组织形态，已经与现代社会相脱节。而且理论上往往难以自圆其说，例如耶林的受益人主体说就在事实上消解了社团财团分类的价值基础和技术意义，因为社团财团的存在价值都是服务于其受益人，二者都有人的因素和财产的因素。④ 而在基尔克那里，这种分类事实上也带来了一些障碍，如基尔克认为股份有限公司并非纯粹的社团法人，而是兼具社团和财团属性的混合型法人。⑤ 这些都说明，社团法人和财团法人并非像学者们所想象的那样逻辑自洽、切实可行。《民法典》采取营利法人和非营利法人的基本划分是正确的，但在营利非营利的划分标准、非营利法人下的次级类型划分、法人类型公示和特别法人的类型界定等方面，都有待于进一步检讨和完善。

第六，关于法人的行为能力以及法人与其法定代表人之间的关系定位问题，应当将基尔克的机关说和萨维尼的代理说结合起来。也就是说，法人与其代表人的关系应当界定为代理，但代理权的基础关系并不是萨维尼所认为的监护关系，而是基尔克、奥里乌所说的组织关系。这样既有利于理论上的体系性和科学性，又具有实践上的灵活性和可行性，如不仅可以论证法定代表人应就其有重大过失的职务行为直接承担外部责任，而且可以说明高管应为其所管辖的普通职工的某些侵权行为承担外部责任。当然，这并不是简单的知识拼装，而是需要进行创造性的学术构建，限于篇幅和本书研究宗旨，在此不予展开。

二、法人本质理论的学术价值

与制度意义相比，笔者更为看重法人论争研究的学术旨趣。传统法人学说为我们的法人理论研究提供了许多值得挖掘的启发和参考。

首先，法人论争从一个侧面论证了社会中间组织的正面作用，这对于消除我国流行的对社会组织的敌视态度和浅薄幼稚的个人主义，无疑具有

（接上页）所中国民法典研究小组、李永军等：《中华人民共和国民法总则（专家建议稿）》，《比较法研究》2016年第3期；徐国栋主编：《绿色民法典草案》，北京，社会科学文献出版社，2004，第113～114页；张素华：《〈民法总则〉建议稿》，武汉，武汉大学出版社，2017，第13～17页。

④ 进一步的分析，参见仲崇玉：《耶林法人学说的内涵、旨趣及其对我国法人分类的启示》，《法学评论》2016年第5期，第124～125页。

⑤ 基尔克将合股公司称为"以财产为基础的经济社团"。See Gierke, *Community in Historical Perspective*, ed. by Antony Black, trans. by Mary Fischer, Cambridge: Cambridge University Press, 1990, p. 196.

重要的启示意义。从根本上来说，法人论争是国家形态和社会组织形态现代化的产物，也是关于现代国家与社会组织关系的政治大讨论。法人论争的焦点表面上来看是法人是否有独立本体和法律人格的问题，但其背后的实质乃是社会组织及其机关权力的合法性问题。经过法人论争，近代以来的绝对主义国家观念受到清算。在法人论争后期，无论学者在法律技术层面对法人本质持有何种观点，在政治观念上都存在着惊人的一致，那就是反对国家威权主义，主张正视社会中间组织的正面作用、提升其法律地位，倡导构建个人、团体与国家的平衡结构。

其次，从研究视野上来说，法人论争启示我们，应当在国家—社团—个人关系的总体变迁中把握法人制度的基本价值和功能，克服私法主义的狭隘视阈。在法人论争中，即使撇开公法学界和政治学界的学说不谈，只就本书所研究的传统上被认为是"私法学者"的萨维尼、耶林和基尔克而言，他们也无不具有宽广的研究视野。萨维尼虽然将法人问题有意识地限于私法领域，但他一方面明确指出，法人制度的公法属性更具根本性；另一方面，在展开具体法律问题时，萨维尼并不像注释法学派那样的罗马法学究一样脱离社会实践，而是以政治家的眼光，从个人（如成员、代表人）、法人以及国家之间的关系展开论述。即使是看上去十分技术主义的耶林，不仅其《罗马法的精神》直指法人本质和人格的核心问题，实现了初步的去哲学化，其《法律中的目的》更是从政治学、社会学和法学的综合视角，分析了法人组织的社会功能及与国家的关系。至于以法人理论为其毕生研究课题的基尔克来说，其对法人理论、法人制度的研究深度和广度更是我国学界所不能比拟的。虽然他们的结论和观点未必正确，但其广阔的研究视野永远值得我们学习。

再次，从研究旨趣上来说，法人论争提醒我们应当关注法人制度的公法和政治属性。本书已经论证，无论是萨维尼的拟制说、耶林的法人否认说、基尔克的有机体说还是法国的组织体说，法人制度的公法层面一直是学者们关注的重点之一。暂且不论其具体观点的对错，至少这种全面观察法人制度的研究视角值得我们借鉴，特别是在自我封闭的私法主义盛行的当前，更是如此。实际上，法人制度乃是公私交融的综合性法律制度。上文在总结法人论争的制度意义时，已经指出，许多传统上被认为属于私法范围的制度，如类型法定、设立准则、登记公示、权利能力、治理结构以及变更终止等，无不包含了公法上的考量和效应。虽然笔者并不否认现代部门法分工的意义，但这绝不意味着民法研究无须关心法人制度的公法层面。

从次，法人论争为我们提高理论联系实际的能力提供了学习样本。在我国当前的法人理论研究中，要么是向一种抽象的伦理观念或自然法理念无限递归，从而远离实践，要么是从逻辑技术角度就事论事地讨论问题，而忽视其背后的深层理论思考。虽然，本书反对总体性的、先验的构建主义，但笔者并不反对科学的、可实证的理论化和体系化。而传统法人学说则为我们提供了一个将理论与实践相结合的先例，虽然其中的结合方式及结论有待商榷。例如，萨维尼就将对于法人本质的分析与法人人格的取得、代表权的行使及其责任承担"有机"结合了起来。耶林也将法人否认说与法人的功能、法人与国家的关系等制度问题进行了对接，其对法人内部关系和外部关系的区分有着重要的启示意义。至于基尔克则更是以深入的法社会学分析将法人的伦理人格（或事实人格）和经法人登记而取得的法律人格区分开来，同时又将二者联系起来，向我们展示了将对于法人本质和人格的前法律分析和后法律分析相区分又相结合的高超的学术驾驭能力。这些无疑是值得我们有鉴别地进行吸取的。

最后，即使从研究方法上来说，传统法人学说也不乏启发。如耶林对于概念法学的批判，他的法社会学转向以及对于法人本质的法社会学研究，再如狄骥和凯尔森在法人本质问题上的法社会学研究、分析法学研究以及对于先验概念和实体观念的批判与解构。这些研究提醒我们，在法人本质的探索中，应当将关于法人之法律人格的分析法学探讨与关于法人本体以及事实人格的法社会学考察结合起来。此外，本书第六章对法人论争的谱系学研究，实际上也受到了法人论争，特别是基尔克学术研究的启发。基尔克的合作团体理论研究不仅探讨了现代法人观念和制度的日耳曼法起源，也考查了其罗马法和教会法谱系，实际上本身就是一种谱系学的研究。当然，由于受到其爱国热情、构建主义以及黑格尔哲学的影响，其研究最终没能上升到尼采、福柯谱系学那样的高度和自觉，但仍然值得我们沿着他所开拓的谱系学研究再次思考。[①]

三、法人本质学说的学术教训

当然，传统法人学说也留下了许多需要引以为戒的学术教训。

[①] 其实，从基尔克到福柯的连续性也有助于解答一个哲学界争论不休的问题，即福柯到底是属于后现代主义还是现代主义，笔者认为，这一事实可以说明福柯的思想并不属于完全排斥现代主义的极端后现代主义，因为他的思想是对现代主义的反思和纠偏，其目的是建立科学的、祛魅的、实证的现代主义，而不是取消现代主义，故而仍然属于现代主义。

首先，法人之争是在西方主体哲学的文化背景下展开的学术运动，由于主体哲学的干扰，传统法人学说具有浓烈的伦理主义、总体主义和先验主义。然而，本书前文已经指出这些倾向不仅无助于保证法学研究的科学性和客观性，而且造成了严重的意义扭曲和研究障碍。因此，我们应当抛弃浅薄幼稚的伦理主义，清除主体哲学的"意义之网"，在一种除魅的和实证的语境中，着眼于法人制度的实践运作，开展法人以及自然人制度的理论研究，而不是凌虚蹈空地进行抽象的伦理价值推演。

其次，与上一问题相关，传统法人论争还存在过度的意识形态化问题。这不仅体现在受益人主体说及凯尔森之受益人本位的价值前见上，而且体现在萨维尼拟制说、基尔克有机体说以及狄骥的集体本位价值定位上，甚至体现在组织体说中的将不同价值观念企图机械地收拢到一起的失败尝试上。虽然笔者认为，正如哲学诠释学所示，学者在学术研究过程中难免存在一定的价值倾向和意识形态考量，但学者有义务将其限制在必要的限度内，过于强烈的价值追求、过度的意识形态化以及爱国热情只会造就扭曲的"先知情结"，极端不利于法学研究的客观性和科学性。

再次，在研究方法上和进路上，传统法人学说固然能够有所启示，但同样存在许多值得反省的问题。自萨维尼一直到组织体说的概念法学，罗马法学派之罗马法研究中的整体历史观和过度构建主义，基尔克的整体历史观、神秘主义、方法论上的"杂糅主义"以及"学术爱国主义"，甚至狄骥机械简陋的社会自然法和凯尔森过度封闭的纯粹法理论，都从反面警示我们应当将分析法学与社科法学的研究方法结合起来，将法学知识与其他学科的知识联系起来。

最后，从研究视角和进路来说，除管理者主体说以外，传统法人学说基本上都采取了社团法人视角，将财团法人（当然，正确的表述应当是非成员型法人）界定为"他律法人"，贬为法人中的他者和异类，然而这一视角严重脱离了法人组织发展变迁的实质。从 19 世纪后期开始，法人组织出现所有权与控制权两权分离的趋势，从法人本质理论角度来看，实质上就是由团体向组织体的变迁。在这一过程中，非成员型法人才是法人的典型形态，而社团法人反而是一种变态。然而，囿于社团法人视角，法人论争并没有揭示这一变迁的真谛，也就无法正确回答法人本质问题。

总之，由于上述缺陷，传统法人学说不可能，事实上也确实没有正确解释法人的本质和人格。因此，我们应当改变本书导论部分所指出的我国学术研究中的西方主义倾向，对于传统理论，我们无须亦步亦趋，更不必从中寻求法律制度的最高指导思想，而是应当针对我们时代的法律实践，运用当代的研究方法，在有鉴别地继承传统法人学说的基础上，重构法人理论。

其实，笔者之所以看重法人论争的学术研究旨趣，还有一个很重要的考虑在于，对传统法人论争的知识考古有着超越于法人研究之外的一般性学术意义。

虽然前面所总结的学术经验或教训，例如开拓学术视野、理论联系实践、研究方法和进路上的祛魅等，本身就具有超越于法人本质问题之外的学术意义，但笔者认为最为重要的一般意义在于，反思外国法学理论的现代性和西方性，这也是本书第六章的主要目的所在。

当然，现代性问题本身是哲学和文化研究领域中的一个十分复杂、且聚讼纷纭的议题，笔者无意在结语中展开论述。但总结本书的研究结果，可以发现，法人论争在总体上就是西方现代化的一个缩影和标本。法人论争中不仅体现了统一历史观和现代知识型等知识文化现代化特征，而且是西方社会组织结构现代化的产物，而按照韦伯的理解，社会组织结构现代化的主要标志就是包括资本主义企业在内的现代型社会组织和官僚国家机器的产生。[1] 而从我国当前社会状况来看，实际上仍然处于社会组织结构的现代化过程之中，这不仅体现在社会组织内部结构和外部关系的变迁，也表现于国家组织结构的改革。

然而，传统法人理论中的整体历史观、过度的构建主义和主体哲学文化背景等特征表明，西方理论具有明显的西方性和地方性。基于这一发现，我们有必要反省移植、进口西方法学知识中的"西方主义"、"自我殖民化"以及"主体意识缺失"问题。正如陈瑞华教授所指出的，我们应当"树立中国法学研究的主体意识"，将西方理论"作为一种对话者或研究背景，从中国法律制度和实践中提炼出富有说服力的理论"[2]。实际上，本书就是这样一种思路的产物，笔者的最终目的就是独立构建我们自己的法人本质理论，而本书只是其中的前期工作，即外国理论研究综述。

总之，我们对于现代性和现代化的态度应当是双重的。一方面，现代

---

[1] 参见〔德〕于尔根·哈贝马斯：《现代性的哲学话语》，曹卫东译，南京，译林出版社，2011，第2页。

[2] 陈瑞华：《法学研究的社会科学转型》，《中国社会科学评价》2015年第2期，第25页。

化乃是一种不可逆转的发展趋势,想完全回到传统既无可能,也无必要。另一方面,我们应当以后现代主义的精神和眼光实现现代化。现代与后现代不是两个相继的历史时段①,也不是两种完全对立的思潮,后现代应当被理解为一种对现代性和现代化进行反思和扬弃的立场和态度。

---

① 参见苏力:《法治及其本土资源》,北京,北京大学出版社,2015,第287页。

参考文献

一、主要工具书

1. 《德国民法典》，郑冲、贾红梅译，北京，法律出版社，2001。
2. 《德国民法典》，陈卫佐译，北京，法律出版社，2015。
3. 杜景林、卢谌：《德国民法典全条文注释》（上、下），北京，中国政法大学出版社，2015。
4. 《法国民法典》，罗结珍译，北京，北京大学出版社，2013。
5. 《日本民法典》，王爱群译，北京，法律出版社，2014。
6. 《瑞士民法典》，于海涌、赵希璇译，北京，法律出版社，2016。
7. 宋雷：《英汉法律用语大辞典》，北京，法律出版社，2005。
8. 〔英〕戴维·M. 沃克：《牛津法律大辞典》，李双元等译，北京，法律出版社，2003。
9. 薛波：《元照英美法词典》，北京，法律出版社，2003。
10. Bryan A. Garne. Black's Law Dictionary, seventh edition, West Group, 1999.

二、中文著作

11. 崔拴林：《论私法主体资格的分化与扩张》，北京，法律出版社，2009。
12. 戴蓓芬：《福柯主体理论及其女性主义应用》，北京，清华大学出版社，2019。
13. 戴东雄：《中世纪意大利法学与德国的继受罗马法》，北京，中国政法大学出版社，2003。
14. 冯珏：《法人概念论》，北京，社会科学文献出版社，2020。
15. 顾祝轩：《民法概念史·总则》，北京，法律出版社，2014。
16. 何勤华：《西方法学史》，北京，中国政法大学出版社，1999。
17. 胡长清：《中国民法总论》，北京，中国政法大学出版社，1997。
18. 胡玉鸿：《个人的法哲学叙述》，济南，山东人民出版社，2008。

19. 黄风：《罗马私法导论》，北京，中国政法大学出版社，2003。
20. 黄立：《民法总则》，北京，中国政法大学出版社，2002。
21. 江平：《法人制度论》，北京，中国政法大学出版社，1994。
22. 蒋学跃：《法人制度法理研究》，北京，法律出版社，2007。
23. 金锦萍：《非营利法人治理结构研究》，北京，北京大学出版社，2005。
24. 李开国：《民法基本问题研究》，北京，法律出版社，1997。
25. 李锡鹤：《民法哲学论稿》，上海，复旦大学出版社，2000、2009。
26. 李宜琛：《日耳曼法概说》，北京，中国政法大学出版社，2003。
27. 梁慧星：《民法总论》，北京，法律出版社，2007、2017。
28. 梁治平：《清代习惯法：社会与国家》，北京，中国政法大学出版社，1996。
29. 梁治平：《在边缘处思考》，北京，法律出版社，2003。
30. 刘得宽：《民法诸问题与新展望》，北京，中国政法大学出版社，2002。
31. 刘放桐等：《现代西方哲学新编》，北京，人民出版社，2000。
32. 刘永谋：《福柯的主体解构之旅：从知识考古学到"人之死"》，南京，江苏人民出版社，2009。
33. 龙卫球：《民法总论》，北京，中国法制出版社，2002。
34. 梅仲协：《民法要义》，北京，中国政法大学出版社，1998。
35. 莫伟民：《主体的命运——福柯哲学思想研究》，上海，上海三联书店，1996。
36. 秦晖：《政府与企业以外的现代化：中西公益事业史比较研究》，杭州，浙江人民出版社，1999。
37. 秦晖：《传统十论：本土社会的制度、文化及其变革》，上海，复旦大学出版社，2004。
38. 石碧波：《非法人团体研究》，北京，法律出版社，2009。
39. 施启扬：《民法总则》，台北，1995。
40. 史尚宽：《民法总论》，北京，中国政法大学出版社，2000。
41. 苏力：《法治及其本土资源》，北京，北京大学出版社，2015。
42. 苏力：《送法下乡——中国基层司法制度研究》，北京，中国政法大学出版社，2000。
43. 王春梅：《民事主体的历史嬗变与当代建构》，北京，法律出版社，2011。

44. 王春梅：《苏联法对中国民事主体制度之影响》，北京，法律出版社，2017。
45. 王利明：《民法总则研究》，北京，中国人民大学出版社，2003。
46. 王泽鉴：《民法总则》，台北，新学林出版股份有限公司，2014。
47. 吴从周：《民事法学与法学方法：概念法学、利益法学与价值法学——探索一部民法方法论的演变史》，北京，中国法制出版社，2011。
48. 吴玉章：《社会团体的法律问题》，北京，社会科学文献出版社，2004。
49. 徐国栋编：《中国民法典起草思路论战》，北京，中国政法大学出版社，2001。
50. 徐国栋：《民法哲学与民法典》，北京，中国人民大学出版社，2007。
51. 徐国栋：《民法哲学》，北京，中国法制出版社，2009。
52. 杨祖陶：《德国古典哲学逻辑进程》，武汉，武汉大学出版社，2003。
53. 易继明：《私法精神与制度选择》，北京，中国政法大学出版社，2003。
54. 尹田：《民事主体理论与立法研究》，北京，法律出版社，2003。
55. 虞政平：《股东有限责任：现代公司法律之基石》，北京，法律出版社，2001。
56. 余棨昌：《民法要论总则》，北平，朝阳学院出版部，1933。
57. 乐启良：《近代法国结社观念》，上海，上海社会科学院出版社，2009。
58. 张俊浩主编：《民法学原理》，北京，中国政法大学出版社，2000。
59. 张乃和：《近代早期英国特许权研究》，北京，人民出版社，2014。
60. 张善斌：《权利能力论》，北京，中国社会科学出版社，2016。
61. 张翔：《自然人格的法律构造》，北京，法律出版社，2008。
62. 张翔：《非法人团体的事实属性与规范属性》，北京，法律出版社，2016。
63. 赵万一：《民法概论》，武汉，华中科技大学出版社，2014。
64. 赵万一：《民法的伦理分析》，北京，法律出版社，2003、2012。
65. 郑玉波：《民法总则》，北京，中国政法大学出版社，2003。
66. 周枏：《罗马法原论》，北京，商务印书馆，1994。
67. 周清林：《主体性的缺失与重构——权利能力研究》，北京，法律出版社，2009。
68. 朱慈蕴：《公司法人格否认法理研究》，北京，法律出版社，1998。

69. 朱庆育：《民法总论》，北京，北京大学出版社，2013。

三、中文论文

70. 蔡立东：《公司本质论纲——公司法理论体系逻辑起点解读》，《法制与社会发展》2004 年第 1 期。

71. 蔡立东、孙发：《重估"代表说"》，《法制与社会发展》2000 年第 1 期。

72. 蔡立东：《论法人之侵权行为能力》，《法学评论》2005 年第 1 期。

73. 陈瑞华：《法学研究的社会科学转型》，《中国社会科学评价》2015 年第 2 期。

74. 邓峰：《作为社团的法人：重构公司理论的一个框架》，《中外法学》2004 年第 6 期。

75. 方流芳：《公司：国家权力与民事权利的分合》，博士学位论文，中国人民大学法学院，1992。

76. 方流芳：《中西公司法律地位历史考察》，《中国社会科学》1992 年第 4 期。

77. 方流芳：《国企法定代表人的法律地位、权力和利益冲突》，《比较法研究》1999 年第 3、4 期。

78. 方流芳：《公司词义考：解读词语的制度信息——"公司"一词在中英早期交往中的用法和所指》，《月旦民商法杂志》2003 年 9 月。

79. 冯引如：《萨维尼评传》，博士学位论文，华东政法学院，2005。

80. 高依升：《法人人格新探》，《法学杂志》1999 年第 6 期。

81. 葛云松：《法人与行政主体理论的再探讨》，《中国法学》2007 年第 3 期。

82. 何勤华：《近代德国私法学家祁克述评》，《法商研究》1995 年第 6 期。

83. 胡玉鸿：《围绕"人格"问题的法理论辩》，《中国法学》2008 年第 5 期。

84. 黄颂、王连恩：《试论巴托鲁斯的城市共和国思想》，《重庆师院学报（哲学社会科学版）》2002 年第 1 期。

85. 江平、龙卫球：《法人本质及其基本构造研究——为拟制说辩护》，《中国法学》1998 年第 3 期。

86. 蒋学跃：《法人人格权的理论预设——为法人人格权肯定论作辩护》，《求索》2006 年第 9 期。

87. 蒋学跃：《法人本质理论的重新审视与评判》，载梁慧星主编：《民商法论丛》，第 39 卷，北京，法律出版社，2008。

88. 李高中等：《法人组织说批判》，《法学》1996 年第 12 期。

89. 李庆：《论公司的法律人格》，《现代法学》1998 年第 6 期。

90. 李锡鹤：《论法人的本质》，《法学》1997 年第 2 期。

91. 李永军：《民法上的人及其理性基础》，《法学研究》2005 年第 5 期。

92. 李永军：《论权利能力的本质》，《比较法研究》2005 年第 2 期。

93. 刘培峰：《社团管理的许可与放任》，《法学研究》2004 年第 4 期。

94. 马俊驹：《法人制度的基本理论和立法问题探讨（上）》，《法学评论》2004 年第 4 期。

95. 沈建峰：《权利能力概念的形成和变迁》，《北方法学》2011 年第 3 期。

96. 石慧荣：《法人代表制度研究》，《现代法学》1996 年第 4 期。

97. 苏力：《从契约理论到社会契约理论——一种国家学说的知识考古学》，《中国社会科学》1996 年第 3 期。

98. 苏力：《研究真实世界中的法律（译序）》，载〔美〕罗伯特·C. 埃里克森：《无需法律的秩序——邻人如何解决纠纷》，苏力译，北京，中国政法大学出版社，2003。

99. 眭鸿明、陈爱武：《非法人组织的困境及其法律地位》，《学术研究》2004 年第 2 期。

100. 王利明：《论法人的本质和能力》，载王利明：《民商法研究》，第三辑，北京，法律出版社，2001。

101. 王天华：《国家法人说的兴衰及其法学遗产》，《法学研究》2012 年第 5 期。

102. 王文宇：《进出公司法——几点跨领域的观察》，《月旦民商法杂志》2003 年第 1 期。

103. 王涌：《法人应如何分类——评〈民法总则〉的得失》，《中外法学》2017 年第 3 期。

104. 魏玉娃：《一些与公司本质有关的理论问题探讨》，《黑龙江省政法管理干部学院学报》2004 年第 3 期。

105. 吴宗谋：《再访法人论争——一个概念的考掘》，硕士学位论文，台湾大学法学研究所，2004。

106. 谢鸿飞：《论法律行为概念的缘起与法学方法》，载易继明编：《私法》，第4卷，北京，北京大学出版社，2004。

107. 谢鸿飞：《论民法典法人性质的定位》，《中外法学》2015年第6期。

108. 徐国栋：《国家何时产生？》，载易继明编：《私法》，第一辑第一卷，北京，北京大学出版社，2001。

109. 徐国栋：《寻找丢失的人格——从罗马、德国、拉丁法族国家、前苏联、俄罗斯到中国》，《法律科学》2004年第6期。

110. 徐国栋：《人身关系流变考》（上、下），《法学》2002年第6、7期。

111. 徐国栋：《再论人身关系》，《中国法学》2002年第4期。

112. 杨振山：《论我国的法人制度》，《北京政法学院学报》1982年第2期。

113. 尹田：《论法人的权利能力》，《法制与社会发展》2003年第3期。

114. 尹田：《论法人人格权》，《法学研究》2004年第4期。

115. 尹田：《论自然人的法律人格与权利能力》，《法制与社会发展》2002年第1期。

116. 尹田：《无财产即无人格》，《法学家》2004年第2期。

117. 张慧峰：《论法人的本质》，《北京理工大学学报（社科版）》2000年第1期。

118. 张骏：《关于法人本质的再思考——从拟制说出发》，《江南大学学报（人文社会科学版）》2005年第2期。

119. 张民安：《论企业法人民事权利能力之性质》，《法制与社会发展》1997年第5期。

120. 张伟琛：《对主体及主体哲学的批判》，《河南师范大学学报（哲学社会科学版）》2007年第2期。

121. 仲崇玉：《论受益人主体说的人文精神及其启示》，《河北法学》2005年第5期。

122. 仲崇玉：《论权利能力的功能与实质》，《东方论坛》2007年第1期。

123. 仲崇玉：《中世纪西方法人人格观念研究》，《东方论坛》2008年第3期。

124. 仲崇玉：《罗马法中的法人人格观念若干问题辩正》，《东方论坛》2009年第5期。

125. 仲崇玉：《从他治到自治：论我国法人人格制度的改革》，《法学论坛》2011 年第 3 期。

126. 仲崇玉：《萨维尼法人代理说的政治旨趣和知识谱系》，《现代法学》2011 年第 6 期。

127. 仲崇玉：《论萨维尼法人拟制说的政治旨趣》，《华东政法大学学报》2011 年第 6 期。

128. 仲崇玉：《论基尔克法人有机体说的法理内涵和政治旨趣》，《现代法学》2013 年第 2 期。

129. 仲崇玉：《去社团的社团理论——耶林论社会团体的功能与地位》，《现代法学》2016 年第 5 期。

130. 仲崇玉：《耶林法人学说的内涵、旨趣及其对我国法人分类的启示》，《法学评论》2016 年第 5 期。

131. 仲崇玉：《组织体说的法理内涵和政治旨趣》，《私法研究》第 20 卷，法律出版社，2016。

四、中文译著

132. 〔德〕彼得·毕尔格：《主体的退隐：从蒙田到巴特间的主体性历史》，陈良梅、夏清译，南京，南京大学出版社，2004。

133. 〔美〕E. 博登海默：《法理学——法律哲学与法律方法》，邓正来译，北京，中国政法大学出版社，1999。

134. 〔美〕阿道夫·A. 伯利、加德纳·C. 米恩斯：《现代公司与私有财产》，甘华鸣等译，北京，商务印书馆，2005。

135. 〔英〕威廉·布莱克斯通：《英国法释义》，第一卷，游云庭、缪苗译，上海，上海人民出版社，2006。

136. 〔法〕马克·布洛赫：《封建社会》上册，张绪山译，北京，商务印书馆，2004。

137. 〔德〕茨威格特、克茨：《比较法总论》，潘汉典等译，北京，法律出版社，2003。

138. 〔德〕笛卡尔：《第一哲学沉思录》，庞景仁译，北京，商务印书馆，1986。

139. 〔德〕笛卡尔：《谈谈方法》，王太庆译，北京，商务印书馆，2001。

140. 〔法〕莱昂·狄骥：《宪法论》，钱克新译，北京，商务印书馆，1959。

141. 〔法〕莱昂·狄骥：《〈拿破仑法典〉以来私法的普通变迁》，徐砥平译,北京,中国政法大学出版社,2003。

142.〔法〕莱昂·狄骥:《宪法学教程》,王文利等译,沈阳,辽海出版社、春风文艺出版社,1999。

143.〔法〕莱昂·狄骥:《公法的变迁·法律与国家》,郑戈、冷静译,沈阳,辽海出版社、春风文艺出版社,1999。

144.〔美〕弗莱德·R. 多迈尔:《主体性的黄昏》,万俊人译,桂林,广西师范大学出版社,2013。

145.〔日〕富井政章:《民法原论》,第1卷,陈海瀛、陈海超译,北京,中国政法大学出版社,2003。

146.〔法〕米歇尔·福柯:《知识考古学》,谢强、马月译,北京,生活·读书·新知三联书店,2003。

147.〔法〕米歇尔·福柯:《词与物:人文科学考古学》,莫伟民译,上海,上海三联书店,2001、2016。

148.〔法〕米歇尔·福柯:《安全、领土与人口》,钱翰、陈晓径译,上海,上海人民出版社,2010。

149.〔意〕朱塞佩·格罗索:《罗马法史》,黄风译,北京,中国政法大学出版社,1994。

150.〔德〕于尔根·哈贝马斯:《现代性的哲学话语》,曹卫东译,南京,译林出版社,2011。

151.〔英〕H. L. A. 哈特:《法理学与哲学论文集》,支振峰译,北京,法律出版社,2005。

152.〔英〕H. L. A. 哈特:《法律的概念》,许家馨、李冠宜译,北京,法律出版社,2006。

153.〔德〕弗里德利希·冯·哈耶克:《法律、立法与自由》,邓正来等译,北京,中国大百科全书出版社,2000。

154.〔美〕亨利·汉斯曼:《企业所有权论》,于静译,北京,中国政法大学出版社,2001。

155.〔德〕马丁·海德格尔:《存在与时间》,陈嘉映、王庆节译,北京,商务印书馆,2016。

156.〔德〕马丁·海德格尔:《尼采》下卷,孙周兴译,北京,商务印书馆,2002。

157.〔德〕黑格尔:《法哲学原理》,范扬、张企泰译,北京,商务印书馆,1961。

158.〔德〕黑格尔:《精神现象学》上卷,贺麟、王玖兴译,北京,商务印书馆，1979。

159. 〔英〕霍布斯：《利维坦》，黎思复、黎廷弼译，北京，商务印书馆，1985。

160. 〔英〕霍布斯：《论公民》，应星、冯克利译，贵阳，贵州人民出版社，2003。

161. 〔德〕基尔克：《私法的社会任务》，刘志阳、张小丹译，北京，中国法制出版社，2017。

162. 〔德〕汉斯-格奥尔格·伽达默尔：《哲学解释学》，夏镇平、宋建平译，北京，上海译文出版社，2004。

163. 汉斯-格奥尔格·伽达默尔：《诠释学Ⅰ真理与方法》，洪汉鼎译，北京，商务印书馆，2010。

164. 〔奥〕汉斯·凯尔森：《法与国家的一般理论》，沈宗灵译，北京，商务印书馆，2013。

165. 〔奥〕汉斯·凯尔森：《纯粹法理论》，张书友译，北京，中国法制出版社，2008。

166. 〔爱尔兰〕J. M. 凯利：《西方法律思想简史》，王笑红译，北京，法律出版社，2002。

167. 〔德〕康德：《法的形而上学原理——权利的科学》，沈叔平译，北京，商务印书馆，1991。

168. 〔德〕康德：《纯粹理性批判》，邓晓芒译，杨祖陶校，北京，人民出版社，2004。

169. 〔德〕恩内斯特·康托洛维茨：《国王的两个身体》，徐震宇译，上海，华东师范大学出版社，2018。

170. 〔德〕阿图尔·考夫曼，温弗里德·哈斯默尔：《当代法哲学和法律理论导论》，郑永流译，北京，法律出版社，2002。

171. 〔美〕詹姆斯·S. 科尔曼：《社会理论的基础》，邓方译，北京，社会科学文献出版社，2008。

172. 〔德〕格尔德·克莱因海尔、扬·施罗德主编：《九百年来德意志及欧洲法学家》，许兰译，北京，法律出版社，2005。

173. 〔德〕罗尔夫·克尼佩尔：《法律与历史——论〈德国民法典〉的形成与变迁》，朱岩译，北京，法律出版社，2003。

174. 〔德〕古斯塔夫·拉德布鲁赫：《法学导论》，米健、朱林译，北京，中国大百科全书出版社，1997。

175. 〔德〕古斯塔夫·拉德布鲁赫：《法哲学》，王朴译，北京，法律出版社，2005。

176.〔德〕卡尔·拉伦茨：《德国民法通论》上册，王晓晔等译，北京，法律出版社，2003。

177.〔德〕托马斯·莱塞尔、吕迪格·法伊尔：《德国资合公司法》，高旭军等译，北京，法律出版社，2005。

178.〔法〕卢梭：《社会契约论》，何兆武译，北京，商务印书馆，1980。

179.〔法〕卢梭：《论政治经济学》，王运成译，北京，商务印书馆，1962。

180.〔法〕洛克：《政府论（下）》，叶启芳、瞿菊农译，北京，商务印书馆，1964。

181.〔法〕罗素：《西方哲学史》下卷，马元德译，北京，商务印书馆，1976。

182.《马克思恩格斯全集》，第3卷，北京，人民出版社，1960。

183.《马克思恩格斯全集》，第4卷，北京，人民出版社，1958。

184.《马克思恩格斯全集》，第21卷，北京，人民出版社，1965。

185.《马克思恩格斯全集》，第23卷，北京，人民出版社，1972。

186.〔德〕迪特尔·梅迪库斯：《德国民法总论》，邵建东译，北京，法律出版社，2000。

187.〔英〕F.W.梅特兰：《国家、信托与法人》，〔英〕大卫·朗西曼、马格纳斯·瑞安编，樊安译，北京，北京大学出版社，2008。

188.〔英〕F.W.梅特兰：《英格兰宪政史》，李红海译，北京，中国政法大学出版社，2010。

189.〔英〕梅因：《古代法》，沈景一译，北京，商务印书馆，1959。

190.〔法〕孟德斯鸠：《论法的精神》，张雁深译，北京，商务印书馆，1963。

191.〔德〕尼采：《论道德的谱系》，周红译，北京，生活·读书·新知三联书店，1992。

192.〔德〕尼采：《偶像的黄昏》，周国平译，北京，光明日报出版社，1996。

193.〔意〕彼德罗·彭梵得：《罗马法教科书》，黄风译，北京，中国政法大学出版社，1992。

194.〔比〕亨利·皮朗：《中世纪欧洲经济社会史》，乐文译，上海，上海人民出版社，2001。

195.〔比〕亨利·皮雷纳：《中世纪的城市》，陈国樑译，北京，商务印书馆，1985。

196. 〔美〕乔治·萨拜因:《政治学说史》,盛葵阳等译,北京,商务印书馆,1986。

197. 〔美〕乔治·萨拜因:《政治学说史》,邓正来译,上海,上海人民出版社,2008、2009。

198. 〔德〕萨维尼:《法律冲突与法律规则的地域和时间范围》,李双元等译,北京,法律出版社,1991。

199. 〔德〕萨维尼:《论立法与法学的当代使命》,北京,中国法制出版社,2001。

200. 〔德〕萨维尼:《论占有》,朱虎、刘智慧译,北京,法律出版社,2007。

201. 〔德〕萨维尼、格林:《萨维尼法学方法论讲义与格林笔记》,杨代雄译,北京,法律出版社,2008。

202. 〔德〕萨维尼:《当代罗马法体系Ⅰ:法律渊源·制定法解释·法律关系》,朱虎译,北京,中国法制出版社,2010。

203. 〔德〕施托莱斯:《德国公法史》,雷勇译,北京,法律出版社,2007。

204. 〔日〕四宫和夫:《日本民法总则》,唐晖、钱孟姗译,台北,五南图书出版有限公司,1995。

205. 〔英〕亚当·斯密:《国民财富的性质和原因的研究》下卷,郭大力、王亚南译,北京,商务印书馆,1974。

206. 〔日〕松冈义正口述:《民法总则》下,熊元楷、熊元襄编,上海,上海人民出版社,2014。

207. 〔德〕斐迪南·滕尼斯:《共同体与社会——纯粹社会学的基本概念》,林荣远译,北京,商务印书馆,1999。

208. 〔美〕梯利:《西方哲学史》,葛力译,北京,商务印书馆,1995。

209. 〔法〕托克维尔:《旧制度与大革命》,北京,商务印书馆,1992。

210. 〔法〕托克维尔:《论美国的民主》上卷,董果良译,北京,商务印书馆,1991。

211. 〔德〕马克斯·韦伯:《经济与社会》(上、下卷),林荣远译,北京,商务印书馆,1997。

212. 〔德〕维特根斯坦:《哲学研究》,汤潮、范光棣译,北京,生活·读书·新知三联书店,1992。

213. 〔德〕维特根斯坦:《维特根斯坦读本》,陈嘉映编译,上海,上海人民出版社,2015。

214. 〔德〕维亚克尔:《近代私法史——以德意志的发展为观察重

点》，陈爱娥、黄建辉译，上海，上海三联书店，2006。

215. 〔日〕我妻荣：《新订民法总则》，于敏译，北京，中国法制出版社，2008。

216. 萧公权：《政治多元论：当代政治理论研究》，周林刚译，北京，中国法制出版社，2012。

217. 〔德〕霍尔斯特·海因里希·雅科布斯：《十九世纪德国民法科学与立法》，王娜译，北京，法律出版社，2003。

218. 〔德〕格奥格·耶利内克：《主观公法权利体系》，曾韬、赵天书译，北京，中国政法大学出版社，2012。

219. 〔德〕鲁道夫·冯·耶林：《为权利而斗争》，郑永流译，北京，法律出版社，2012。

220. 〔美〕弗兰克·伊斯特布鲁克、丹尼尔·费希尔：《公司法的经济结构》，张建伟、罗培新译，北京，北京大学出版社，2005。

五、中文译文

221. 〔德〕福尔克·博伊庭：《德国公司法中的代表理论》，邵建东译，载梁慧星主编：《民商法论丛》，第13卷，北京，法律出版社，1999。

222. 〔法〕福科：《什么是启蒙》，汪晖译，《解读与批评》1996年第4期。

223. 〔法〕福柯：《主体与权力》，载〔美〕德赖弗斯、拉比诺：《超越结构主义与解释学》，张建超、张静译，北京，光明日报出版社，1992。

224. 〔法〕福柯：《尼采、谱系学、历史》，王简译，载杜小真编：《福柯集》，上海，上海远东出版社，2003。

225. 〔法〕福柯：《尼采·谱系学·历史学》，苏力译，载汪民安、陈永国编：《尼采的幽灵》，北京，社会科学文献出版社，2001。

226. 〔德〕约翰·齐普曼·格雷：《论法律主体》，龙卫球译，载《清华法学》，第2辑，北京，清华大学出版社，2002。

227. 〔德〕汉斯·哈腾鲍尔：《民法上的人》，孙宪忠译，《环球法律评论》2001年冬季号。

228. 〔德〕莫顿·J.霍维茨：《回溯圣克拉拉案件：公司法理论的发展》，郑相随译，载方流芳主编：《法大评论》，第4卷，北京，中国政法大学出版社，2005。

229. 〔德〕基尔克：《人类团体的本质》，仲崇玉译，载梁慧星主编：《民商法论丛》，第57卷，北京，法律出版社，2015。

230. 〔德〕基尔克：《人的社团之本质》，杨若濛译，载张谷、张双根等主编：《中德私法研究》，总第9卷，北京，北京大学出版社，2013。

231. 〔美〕罗纳德·科斯：《企业的性质》，载盛洪：《现代制度经济学》，北京，北京大学出版社，2003。

232. 〔德〕托马斯·莱赛尔：《德国民法中的法人制度》，张双根、唐垒译，《中外法学》2001年第1期。

233. 〔德〕托马斯·赖塞尔：《企业和法人》，赵亮译，载易继明编：《私法》，第1辑第1卷，北京，北京大学出版社，2001。

234. 〔美〕格里高里·A.马克：《美国法中的公司人格理论》，路金成、郑广淼译，载方流芳主编：《法大评论》，第3卷，北京，中国政法大学出版社，2004。

235. 〔德〕弗里德里希·卡尔·冯·萨维尼：《萨维尼论法人的概念》，田士永译，载张谷、张双根等主编：《中德私法研究》，总第9卷，北京，北京大学出版社，2013。

236. 〔德〕贡塔·托伊布纳：《企业社团主义：新工业政策与法人的"本质"》，仲崇玉译，《南京大学法律评论》2006年春季号。

237. 〔日〕星野英一：《私法中的人——以民法财产法为中心》，王闯译，载梁慧星主编：《民商法论丛》，第8卷，北京，法律出版社，1997。

238. 〔日〕星野英一：《非营利团体和非营利法人在日本的立法——日本的前车之鉴》，渠涛译，载渠涛主编：《中日民商法研究》，第2卷，北京，法律出版社，2004。

239. 〔德〕鲁道夫·冯·耶林：《为权利而斗争》，胡宝海译，载梁慧星主编：《民商法论丛》，第2卷，北京，法律出版社，1994。

六、外文著作

240. Stephen Battomley, *The Constitutional Corporation: Rethinking Corporate Governance*, Ashgate, 2007.

241. Meir Dan-Cohen, *Rights, Persons, and Organizations: A Legal Theory for Bureaucratic Society*, Berkeley: University of California Press, 1986.

242. P. W. Duff, *Personality in Roman Private Law*, London: Cambridge University Press, 1938.

243. Ernst Freund, *The Legal Nature of Corporations*, Chicago: The University of Chicago Press, 1897.

244. Otto von Gierke, *Associations and Law: The Classical and Early Christian Stages*, edited and translated by George Heiman, Buffa-

lo: University of Toronto Press, 1977.

245. Otto von Gierke, *Community in Historical Perspective: a Translation of Selections from Das deutsche Genossenschaftsrecht*, ed. by Antony Black, trans. by Mary Fischer, Cambridge: Cambridge University Press, 1990.

246. Otto von Gierke, Die Genossenschaftstheorie und die deutsche Rechtssprechung, Berlin: Weidmann, 1887.

247. Otto von Gierke, *Natural Law and the Theory of Society, 1500—1800*, trans. by Ernest Barker, Cambridge: Cambridge University Press, 1934.

248. Otto von Gierke, *Political Theories of the Middle Age*, trans. by F. M. Maitland, New York: Cambridge University Press, 1900.

249. Frederick Hallis, *Corporate Personality: A Study of Jurisprudence*, Aalen: Oxford University Press, 1978.

250. Robert W. Hamilton, *The Law of Corporations in a Nutshell*, St. Paul: West Publishing Company, 5th edition, 2000.

251. H. L. A. Hart, *Essays in Jurisprudence and Philosophy*, Oxford: Clarendon Press, 1983.

252. Robert Hessen, *In Defense of the Corporation*, Stanford: Hoover Institution Press, 1979.

253. Wesley Newcomb Hohfeld, *Fundamental Legal Conceptions As Applied in Judicial Reasoning and Other Legal Essays*, ed. Walter Wheeler Cook, New Haven: Yale University Press, 1923.

254. Kung Chuan Hsiao, *Political Pluralism: A Study in Contemporary Political Theory*, New York: Harcourt, Brace and Company, INC, 1927.

255. Rudolf von Jhering, Geist des römischen Rechts auf den Verschiedenen Stufen einer Entwickeklung, Teil 3, Leipzig, 1906.

256. Rudolf von Jhering, *Law as a Means to an End*, trans. by Isaac Husik, Boston: The Boston Book Company, 1913.

257. Harold Joseph Laski, *The Foundations of Sovereignty: and Other Essays*, New Haven: Yale University press, 1931.

258. John D. Lewis, *The Genossenschaft-Theory of Otto von Gierke: A Study in Political Thought*. Madison: University of Wisconsin

Press, 1935.

259. F. M. Maitland, *State, Trust, and Corporation*, ed. By David Runciman and Magnus Ryan, New York: Cambridge University Press, 2003.

260. F. M. Maitland, *The Collected Papers of Frederic William Maitland*, Vol. 3, Cambridge: Cambridge University Press, 1911.

261. S. F. Pollock, F. W. Maitland. *The History of English Law before the Time of Edward I*. Cambridge: Cambridge University Press, 1898.

262. Max Radin, *The Legislation of the Greeks and Romans on Corporations*, New York: Columbia Univ. Press, 1909.

263. David Runciman, *Pluralism and the Personality of the State*, Cambridge: Cambridge University Press, 1997.

264. Friedrich Carl von Savigny, *The Roman Law of Persons As Subjects of Jural Relations: Being a Translation of the Second Book of Savigny's System of Modern Roman Law*, translated by William Henry Rattigan, London: Wildy & Sons, 1884.

265. Friedrich Carl von Savigny, System des heutigen Römischen Rechts, Teil II, Berlin: Veit und comp. 1840.

266. F. Schultz, *Classical Roman Law*, Oxford: Oxford University Press, 1951.

267. Philip Selznick, *Law, Society and Industrial Justice*, New York: Russell Sage, 1969.

268. Herbert A. Smith, *The Law of Associations, Corporate and Unincorporated*, Oxford: Clarendon Press, 1914.

269. Sir Paul Vinogradoff, *Introduction to Historical Jurisprudence*, Oxford: Oxford University Press, 1920.

270. Leicester C. Webb, ed., *Legal Personality and Political Pluralism*, Melbourne: Melbourne University Press on behalf of the Australian National University, 1958.

271. 福地俊雄：《法人法の理論》，东京，信山社，1998。

272. 石本雅男：《法人格の理論と歴史》，东京，日本評論社，1949。

七、外文论文

273. William W. Bratton Jr., "Berle and Means Reconsidered at the

Century's Turn", *The Journal of Corporation Law*, Vol. 26, 2001.

274. William W. Bratton Jr., "The New Economic Theory of the Firm: Critical Perspectives from History", *Stanford Law Review*, Vol. 41, 1989.

275. John Henry Cully Ⅲ, "People's Capitalism and Corporate Democracy: An Intellectual History of the Corporation", *Article for Ph. Doctor*, Santa Barbara: University of California, 1986.

276. Michael E. DeBow & Dwight R. Lee, "Shareholders, Nonshareholders and Corporate Law: Communitarianism and Resource Allocation", *Del. J. Corp. L.* Vol. 18, 1993.

277. John Dewey, "The History Background of Corporate Legal Personality", *Yale Law Journal*, Vol. 35, No. 6, 1926.

278. Piet-Hein van Eeghen, "The Corporation at Issue, Part Ⅱ: A Critique of Robert Hesson's 'In Defense of the Corporation' and Proposed Condition for Private Incorporation", *Journal of Libertarian Studies*, Vol. 19, No. 4, 2005.

279. Otto von Gierke, "German Constitutional Law in Its Relation to the American Constitution", *Harvard Law Review*, Vol. 23, No. 4, 1910.

280. Otto von Gierke, "The Nature of Human Associations", trans. by Lewis, in John D. Lewis, *The Genossenschaft-Theory of Otto von Gierke: A Study in Political Thought*. Madison: University of Wisconsin Press, 1935.

281. Friedrich A. Hayek, "The Corporation in a Democratic Society, in Whose Interest Ought It and Will It Be Run", in Melvin Anshen and George L. Bach ed., *Management and Corporations*, New York: McGraw-Hill, 1960.

282. Geoffrey M. Hodgson, "The Legal Nature of the Firm and the Myth of the Firm-Market Hybrid", *International Journal of the Economics of Business*, Volume 9, No. 1, 2002.

283. Katsuhito Iwai (岩井克人), "Persons, Things and Corporations: The Corporate Personality Controversy and Comparative Corporate Governance", *American Journal of Comparative Law*, Vol. 47, 1999.

284. Katsuhito Iwai (岩井克人), "The Nature of the Business Cor-

poration: Its Legal Structure and Economic Functions", *The Japanese Economic Review*, Volume 53, No. 3, 2002.

285. Harold Joseph Laski, "The Personality of Associations", *Harvard Law Review*, Vol. 29, No. 4, 1916.

286. Harold Joseph Laski, "The Early History of the Corporation in England", *Harvard Law Review*, Vol. 30, No. 6, 1917.

287. Arthur W. Machen, Jr., "Corporate Personality", *Harvard Law Review*, Vol. 24, No. 4, 1911.

288. Paul G. Mahoney, "Contract or Concession? An Essay on the History of Corporate Law", *Georgia Law Review*, Vol. 34, 2000.

289. F. M. Maitland, "Trust and Corporation", in *Selected Essays*, ed. H. D. Hazehine, G. Lapsley, and P. H. Winfield, Freeport, New York: Books for Libraries, 1968.

290. F. M. Maitland, "Introduction", in Gierke, *Political Theories of the Middle Age*, Translated by F. M. Maitland, New York: Cambridge University Press, 1900.

291. F. M. Maitland, "Moral Personality and Legal Personality", in H. A. L. Fisher ed. *The Collected Papers of Frederic William Maitland*, Vol Ⅲ, Cambridge: Cambridge University Press, 1911.

292. G. Mark, "The Personification of the Business Corporation in American Law", *The University of Chicago Law Review*, Vol. 54, 1987.

293. Max Radin, "The Endless Problem of Corporate Personality", *Columbia Law Review*, Vol. 32, 1932.

294. Sanford Schane, "The Corporation is a Person: the Language of a Legal Fiction", *Tulane Law Review*, Vol. 61, No. 3. 1987.

295. Bryant Smith, "Legal Personality", *Yale Law Journal*, Vol. 37, No. 3, 1928.

296. Robert T. Sprouse, "Legal Concepts of the Corporation", *The Accounting Review*, Vol. 33, No. 1, 1958.

297. Gunther Teubner, "Enterprise Corporatism: New Industrial Policy and the 'Essence' of the Legal Person", *American Journal of Comparative Law*, Vol. 36, No. 1, 1988.

298. Richard Tur, "The 'Person' in Law", in Arthur Peacocke and

Grant Gillett, *Persons and Personality: A Contemporary Inquiry*, Oxford: Basil Blackwell, 1987.

299. Paul Vinogradoff, "Juridical Persons", *Columbia Law Review*, Vol. 24, No. 6, 1924.

300. Martin Wolff, "On the Nature of Legal Persons", *Law Quarterly Review*, Vol. 54, No. 4, 1938.

301. Reuven S. Avi-Yonah, "The Cyclical Transformations of the Corporate Form: A Historical Perspective on Corporate Social Responsibility", *Delaware Journal of Corporate Law*, Vol. 30, No. 3, 2005.

302. Reuven S. Avi-Yonah, "Corporations, Society and the State: A Defense of the Corporate Tax", *Virginia Law Review*, Vol. 90, No. 5, 2004.

后　记

　　早在研究生二年级下学期（2002年）开题时，我就有了研究法人本质问题的初步想法。之所以想写这个题目，乃是出于个人的知识偏好和前见。我1990年就读于北京师范大学哲学系政治教育专业，受到了一定的哲学和政治学训练。1994年毕业后到青岛大学任马克思主义哲学原理课教师，后来还开设西方哲学史公选课，彼时极为推崇近代主体哲学，尤其是康德哲学。故而在转做民商法学研究之后，对民事主体制度背后的哲学和政治意蕴很感兴趣。特别是阅读民法教科书中的传统法人本质之争，虽然大多只是简要介绍，却让我本能地猜测到其背后所隐藏的极其复杂的、火药味十足的哲学和政治学纠葛。于是萌生了研究法人本质问题的想法，试图运用主体哲学为法人"谋得"与自然人相并列或至少相类似的伦理地位（深入研究后才知道这正是当年基尔克所进行的工作）。而我的导师赵万一教授也很关注民法哲学问题，并已经开始写作《民法的伦理分析》一书①，故而对于我的想法非常赞赏，大力支持。

　　本研究的另一个背景是，当时的许多民法学者（实际上现在仍然没有根本性地改观）严重忽视社会中间组织的正面功能和巨大作用，信奉肤浅的个人主义，崇拜个体，贬低团体，社会自治被狭隘地理解为个人自治，社会团体被看成限制个人自由的负面因素，甚至经常与国家混为一谈，完全违背了现代政治学、公共管理学以及社会学的基本常识。在这些学科看来，个人的力量常常是微弱的，没有社会组织的动员和引导，在国家面前，个人只能是一群一盘散沙的、自私无能的乌合之众。个人、国家与社会组织的关系犹如植物、阳光和大气层的关系，正如植物离不开阳光，现代社会中的个人也离不开国家，但是如果没有大气层的过滤，植物将被阳光中的紫外线全部杀死，如果没有中间团体的阻隔，个人也会受到国家强制力量的伤害。因此，我认为民法法人理论有必要接受其他学科的洗礼和

---

①　参见赵万一：《民法的伦理分析》，北京，法律出版社，2003。

淬炼，这不仅是笔者展开本项研究的重要动因，也是本书特别注重法人理论的公法意蕴和政治面向的主要缘由。

然而由于想法不成熟，硕士论文开题时，各位老师认为我难以驾驭这一题材，于是我的硕士论文最终不得不改为研究一个实务性很强的问题。不过，有了写作实务问题的经验之后，我发现，即使对于哲学出身的我来说，按照法学界的套路做实务研究也要比理论研究容易得多，而且无论是对发表论文、申请项目、促进教学还是从事兼职来说，都有着明显的现实收益。因此，等到2003年读博之后，我一直纠结于是写新兴的信托法制度还是法人本质问题。最终还是学术上的使命感战胜了各种精打细算，冒着英语水平差和不懂德语的风险，已过而立之年的我满怀激情地钻进了洋故纸堆。然而此后的事实证明，这个决定是鲁莽的，甚至是愚蠢的！因为直到17年之后的2020年，我才交出了这本能拿得出手的书稿。而且从内容上来说，这本书不过是这项研究中的文献梳理而已。在学术研究越来越短平快的今天，这是多么不明智！

当然，之所以拖了这么久，不仅是因为个人学养的不足和懒散，也有一些客观原因。在这17年里，本人经历了成家、育女、养老、送终、生病、手术等各种人生大事，还面对了拮据、蜗居、职称等各种人生的压力，有段时间甚至不得不从事兼职律师工作。本人的教学任务也很重，但在课堂上我很少有机会讲解自己的博士论文，即使是在研究生的专题研讨课上，也因为学生对此不感兴趣，所以无法结合教学工作对其进一步修改完善。博士论文答辩后，本人曾多次以本课题申请各类国家级和省部级项目，均铩羽而归。为了提高申请课题的命中率，我不得不提前启动了（本来想在本研究结束之后再开始）实务性的宗教法人及宗教财产研究，由此又分散了一部分精力。因此，博士论文答辩结束之后，虽然也清楚博士论文基本上是采用二手文献写成的，要正式出版必须重写，但在很长的时间里我根本没有精力去修改。在做兼职律师的那段时间里更是没有心情，甚至非常后悔当初的博士论文选题——要是写应用性研究该多好！——一度都想放弃这项研究。

然而，就像自己的诗里所写的："白首未负少年志，黄卷堪酬老病身"。虽然跌宕耽延，在接近知天命的年纪里，总算是对自己有了交代。

虽然有了交代，但不得不说这本书仍然有着不少缺点。

首要的最大的缺点当然是语言问题。笔者天生不擅外语，当年考研就曾因外语两度名落孙山。读研后曾投入很多精力提升英语，后来又开始学习德语。但最终只能做到较为熟练地阅读英文专业文献，至于德语，则屡学屡弃，一直不堪实用。因此，本书是主要依据德语原始文献的英译本写成的，肯定不如德文原始文献精确可靠，对于学说批评研究来说，当然是个明显缺陷。没有英译本的德语文献，则是由朋友和本人指导的研究生翻译的，虽然笔者也与译者一起商讨校订，但肯定仍有不准确、不深入的情形。至于组织体说的法语文献，笔者更是一窍不通，组织体说部分是根据二手文献写成的，因此，无论是在解读的准确性还是深入性上，难免有所欠缺。

其次是法人论争的制度背景需要进一步深化。法人论争并不是真空中进行的玄理清谈，而是具有强烈实践指向的制度检讨。本书介绍了特许制的实践状况和理论表述，但还需要进一步细化，特别是应当进一步分析德国特许制运行的实践状况及其与法人论争的具体关联。另外，或许还存在其他的制度背景，如国家直接向法人组织派遣官员或安插代理人，但由于资料上的限制，本书并未展开。

最后一个缺憾是由于后期项目字数限制，无法将狄骥和凯尔森单列出来加以研究，只好从批判主体哲学的视角放在第六章第四节中附带讨论。笔者本打算在组织体说之后将二者单列一章，以期深化本书方法论方面的反思和法人论争的政治意蕴，这只能等以后修订时再说了。

不过，以上缺陷虽然显著，但尚不至于构成重大缺陷，更算不上致命缺陷。这倒不是王婆卖瓜，而是因为对于解读多种知识、观念和方法交错缠绕的传统法人理论来说，语言固然重要，但同样重要、甚至更重要的是对外国理论敢于平视、俯视、甚至审视而不是一味仰视的学术担当和勇气，是将法律技术、伦理价值、政治理念以及历史背景条分缕析的透视力，是哲学、政治学的眼光和历史学的视野，是将哲学、法理学、政治学和历史学知识和方法熔为一炉的学术驾驭能力。"文章千古事，得失寸心知。"① 笔者当然不敢说自己在这些方面做得多么好，但笔者有意识地朝着这个方向努力了，也尽力了！

至于外语问题，本书所依据的德语文献英译本可信度极高，在研读过程中，完全能够体察到原著的细微意涵。同时，由于本书所依赖的德文文献大多都有英文译本，真正需要直接从德语翻译的并不多，其中需要精译的主要是耶林关于法人本质的几千字，这一部分主要是由柯伟才博士翻译的，柯博士译有耶林作品多部，其译文自然很精确。而本书关于温德沙伊德、目的财产说以及管理者主体说的分析（由本人指导的研究生翻译），

---

① （唐）杜甫：《偶题》。

重在以学说史的手段分析学术谱系的承继和断裂，展示某些在初创者那里被隐藏或被压制的意义，并不需要全面精确地解读这些原始文献。至于组织体说，本书导论部分已经指出，无论是从知识的原创性，还是从理论的自洽性角度来说，都可以不用专门探讨。因此，如果删除这一部分或者作为附录，并不影响本书的完整性。但考虑到这一部分基本实现了本书所设定的有限研究目的，也就敝帚自珍，单列一章。

最后需要说明的是，从博士学位论文答辩到后来部分章节发表、再到国家社科基金后期资助评审过程中，许多审阅者都指出笔者从中获得的"启示"太少——费了这么大的劲（都写了一本书！）却竟然没有从中找出我国立法的指导思想！尤其让某些审阅者无法接受的是，笔者居然还"胆敢"对整个传统法人论争持一种批判性的态度，而自己竟然又没有构建出一个全新理论！于是有人判定——"整个研究完全丧失了价值"。

其实，笔者一开始并没有重构法人理论的"狂妄野心"——如果从传统法人理论中"原装进口"或"进口组装"出一种指导学说，既能免去从事基础理论研究的辛劳，又能多快好省地出成果，何乐而不为？然而即使抛开"国情不同"这一理由，传统法人理论也不适合作为我们的指导思想。这首先是因为，传统法人学说都是主体哲学意义之网中的无望囚徒，而且都和主体哲学一样存在本质主义、基础主义、形式主义以及过度的构建主义等倾向。为此，本人甚至推翻了自己的前见，从主体哲学的拥趸转变为批判者（这也就是我在博士学位论文后记中所说的"自我毁灭"）。其次，从法律技术上来说，各学说自身也都存在这样那样的根本性缺陷，不能客观有效地解释法人现象。最后，从实践效果上来说，各理论往往是在某个阶段或角度促进了法律实践，但在另一个阶段或层面又阻碍了法律实践。

反观上述批评意见，实际上正是本书绪论部分所批评的西方主义的典型体现。本书结语部分已经指出，学术研究中这种重移植、轻反思、重实用、轻基础的走捷径心态必然导致"自我殖民"的恶果，实乃学术研究中"不能承受之轻"。"自我殖民"和"不能承受之轻"并不是什么后现代主义的大惊小怪和敏感矫情，因为这种心态会严重地限制我们的洞察力和创造力。因此，本书不仅没有"完全丧失了价值"，恰恰相反，置放于我国对外国学术重引进、轻反思，重移植、轻批判的学术研究现状之中，可能格外有意义！

在本书写作过程中，我自始至终得到了我的硕士和博士导师赵万一教授的热情支持和悉心关怀。赵老师精深务实的治学情怀、淡泊达观的人生态度、宽宏仁厚的为师之道以及对我的期许和鼓励，都为我提供了不竭的研究动力和学术勇气。在赵老师身边学习的时光至今令人怀念！而在毕业后自己有些消极泄气的时候，赵老师一如既往地满怀期许和厚望，在调到赵老师身边工作的几年里，更是多次催促我早日出版本书。可以说，没有赵老师的鼓励和支持，就不可能有这本书的出版。

感谢博士后合作导师刘保玉教授的教导和指点，刘老师对于民法教义学的精深造诣和对民法实务问题的深切关注让我受益匪浅，与刘老师谈论民法是难得的学术享受。本书的完成也与刘老师的督促和善意的批评密切相关。

感谢博士论文的盲评专家覃有土教授、朱慈蕴教授、叶林教授、韩长印教授和周友苏研究员，感谢博士答辩委员覃有土教授、余能斌教授、李开国教授、杨树明教授、石慧荣教授、王洪教授和汪世虎教授，感谢国家社科基金后期资助项目的五位匿名评审专家。他们的许多修改意见对于优化本书的结构、深化澄清写作思路、印证充实某些观点、补充夯实研究资料起到了重要指导作用。即使笔者不能接受的批评性意见，也促使笔者进一步思考，并在本书中作出回应和说明，从而进一步深化了某些分析。而对于他们给予的鼓励、肯定和赞赏，笔者更是心怀感恩。

感谢为本书提供研究资料的亲朋好友。他们是当时在清华大学攻读博士后、现在担任贵州省国资委副主任的安丰明先生，当时在英国访学、现在担任西南政法大学民商法学院院长的李雨峰教授，当时在美国攻读博士后、现任教于佐治亚州立大学的郑玉军教授，在德国攻读博士学位、现为西南政法大学博导的徐以祥教授，集美大学的温荣利教授以及台湾连邦法律事务所的林东乾博士。没有这些参考资料，本书不可能写成。

另外还要特别感谢至今尚未谋面的、现在苏州大学法学院任教的柯伟才博士为我高质量地翻译了德文资料。当时在西南政法大学读博、现在烟台大学法学院任教的王圣礼博士帮我初译了梅特兰的一篇论文，青岛科技大学研究生王译萱、罗鹏和樊琳琳也帮我翻译了一部分德文资料，青岛大学研究生席昌伟和黄小俊帮我翻译了一些日文资料。在此也一并致谢。当然责任由我承担。

最后，感谢中国人民大学出版社的编辑们，他们的耐心、细心、专业和严谨也是本书得以顺利出版的重要保障。

仲崇玉
2023年5月24日于青岛

图书在版编目(CIP)数据

法人本质学说研究/仲崇玉著. --北京：中国人民大学出版社，2023.9
国家社科基金后期资助项目
ISBN 978-7-300-32023-6

Ⅰ.①法… Ⅱ.①仲… Ⅲ.①法人制度-研究-中国 Ⅳ.①D923.04

中国国家版本馆 CIP 数据核字（2023）第 147688 号

国家社科基金后期资助项目
法人本质学说研究
仲崇玉　著
Faren Benzhi Xueshuo Yanjiu

出版发行	中国人民大学出版社		
社　　址	北京中关村大街 31 号	邮政编码	100080
电　　话	010-62511242（总编室）	010-62511770（质管部）	
	010-82501766（邮购部）	010-62514148（门市部）	
	010-62515195（发行公司）	010-62515275（盗版举报）	
网　　址	http://www.crup.com.cn		
经　　销	新华书店		
印　　刷	唐山玺诚印务有限公司		
开　　本	720 mm×1000 mm　1/16	版　次	2023 年 9 月第 1 版
印　　张	24.25 插页 2	印　次	2023 年 9 月第 1 次印刷
字　　数	418 000	定　价	98.00 元

版权所有　侵权必究　印装差错　负责调换